Klippert · Methoden-Training

Heinz Klippert

Methoden-Training

Übungsbausteine für den Unterricht

11. Auflage

Beltz Verlag · Weinheim und Basel

Dr. *Heinz Klippert*, Jg. 1948, Diplom-Ökonom; Lehrerausbildung und Lehrertätigkeit in Hessen; seit 1977 Dozent am Lehrerfortbildungsinstitut der evangelischen Kirchen in Rheinland-Pfalz (EFWI) mit Sitz in Landau. Zahlreiche Veröffentlichungen zum Arbeitsfeld »Schulentwicklung« sowie zum Methodentraining, zur Teamentwicklung und zum Kommunikationstraining mit SchülerInnen. Trainer, Berater und Ausbilder in Sachen »Pädagogische Schulentwicklung«.

11., überarbeitete und neu ausgestattete Auflage 2000

Gesetzt nach den neuen Rechtschreibregeln
Lektorat: Peter E. Kalb

http://www.beltz.de
Herstellung: Klaus Kaltenberg
Satz: Satz- und Reprotechnik GmbH, Hemsbach
Druck: Druckhaus Beltz, Hemsbach
Umschlaggestaltung: Federico Luci, Köln
Printed in Germany

ISBN 3-407-62409-3

Für meine Eltern

Sie haben glücklicherweise
keine Scheu gehabt, mir
Selbstständigkeit, Selbstbestimmung
und Selbstverantwortung
zuzumuten und abzuverlangen.

Inhaltsverzeichnis

Vorwort

Das vorliegende Buch ist entstanden aus einer gewissen persönlichen und biografischen Betroffenheit heraus. Als Absolvent des zweiten Bildungsweges mit achtjähriger Verweildauer in einer einklassigen Volksschule in einem kleinen nordhessischen Dorf habe ich mich während meines Bildungsganges oft gefragt, welche Qualifikationen ein Schüler eigentlich braucht, damit er sein Leben einigermaßen erfolgreich meistern kann. Ist es wirklich mit der klassischen Belehrung und Paukerei getan? Macht das Füllhorn des Kultur- und Spezialwissens, das über den Schülern ausgeleert wird, bereits die viel zitierte (Menschen-)Bildung aus? Derartige Fragen haben mich während meines Studiums, meiner Lehrertätigkeit und meiner langjährigen Arbeit in der Lehrerfortbildung weiter begleitet. Besonders virulent sind sie geworden, als die Schulzeit meiner Töchter begann und ich mit wachsender Skepsis zusehen musste, was in unseren Grundschulen und Gymnasien so alles verlangt und gelehrt und was andererseits zum Teil sträflich vernachlässigt wird (in den übrigen Schularten sieht es kaum anders aus). Verlangt und entfaltet wird eines vor allem: die Fähigkeit nämlich, ohne Rücksicht auf Verluste das Kurzzeitgedächtnis einzusetzen und die verordneten Daten, Formeln, Merksätze, Tafelbilder und sonstigen (Lehrer-) Weisheiten brav zu lernen, auch wenn diese Wissensbestände zumeist nur von kurzer Dauer sind. Heraus kommt auf Schülerseite nur zu oft ein lernstrategischer Opportunismus, der verhältnismäßig wenig mit der viel gepriesenen Erziehung zur Mündigkeit zu tun hat, dafür aber mehr mit Anpassung, Gedankenlosigkeit und intellektueller Bequemlichkeit. Wenn heute vielerorts über mangelnde Motivation, Konzentration, Eigeninitiative und Zivilcourage der Schüler geklagt oder aber die geradezu chronische Unselbstständigkeit und Hilflosigkeit vieler Kinder von Lehrer- wie von Elternseite moniert wird, dann sollten sich die zuständigen Erzieher einmal eindringlicher fragen, was sie womöglich zur Genese dieser Defizite beitragen. Oder anders gefragt: Tun wir tatsächlich das Nötige, um in der Schule Persönlichkeiten heranzubilden, die in puncto Selbstständigkeit, Selbstbestimmung und Selbstverantwortung hinreichend geübt und ermutigt sind? Muten wir den Kindern entsprechende Aufgaben zu? Lassen wir ihnen die Freiheitsgrade, die sie als Nährboden für die Entfaltung von Selbstständigkeit und Mündigkeit so dringlich brauchen? Trauen wir den Schülern genügend zu, um ihren Ehrgeiz, ihre Eigeninitiative und ihr Selbstvertrauen nachdrücklich zu provozieren? Zugegeben, die Bedingungen, unter denen schulisches Arbeiten heute stattfindet, machen eine konsequente Verfolgung des Lernziels Selbstständigkeit nicht gerade leicht. Verwöhnte Schüler, überfüllte Klassen, stofflich überfrachtete Lehrpläne, fehlende Arbeitshilfen und eine vorrangig auf Belehrung setzende Lehrerbildung sind unbestreitbare Handikaps. Gleichwohl müssen die Schüler in der skizzierten Richtung verstärkt gefordert und gefördert werden – ein Ziel, das im Übrigen weder neu noch revolutionär ist.

Rückblickend auf meine eigene Schulzeit in der einklassigen Landschule, habe ich den Eindruck, dass dort zumindest in einem Punkt Bemerkenswertes gelungen ist: in dem Punkt nämlich, dass der vielseitig verantwortliche Lehrer uns Schüler zwangsweise losgelassen und zu eigenständigem Lernen, Arbeiten, Entscheiden, Kontrollieren, Kooperieren und Problemlösen veranlasst hat. Wir mussten uns über weite Strecken selbst helfen, da der Lehrer als Helfer und Animateur nur sehr begrenzt zur Verfügung stand. Eigeninitiative und Selbst-Management wurden unter diesen Vorzeichen zwangsläufig gelernt. Trial and error war kein Fremdwort, sondern tägliche Praxis. Geführt wurde weniger durch Detailanweisungen und Detailkontrollen, sondern in erster Linie durch verbindliche Ziel- und Zeitvorgaben des Lehrers. Heute nennt man diesen Führungsstil »management by objectives«. Methoden wurden unter diesen Bedingungen ganz beiläufig gelernt, indem Erfolg versprechende (Lern-) Wege gesucht, ausprobiert und nötigenfalls modifiziert wurden. Die Delegation von Aufgaben und Verantwortung war an der Tagesordnung. Kurzum: Selbstständigkeit, Selbstbestimmung, Selbstverantwortung und Methodenlernen wurden alltäglich gefordert und gefördert, nicht immer in einer offenen und angstfreien Atmosphäre, aber doch mit großer Konsequenz und Geduld. Mag sein, dass ich Glück mit meinem Lehrer und mit meinem Lernumfeld hatte; das ändert jedoch nichts an der Tatsache, dass es die skizzierte Bildungs- und Erziehungspraxis dringlich verdient, in unseren heutigen Schulen neu belebt und gepflegt zu werden.

Als ich nämlich später – nach einigen ähnlich lehrreichen Jahren in verschiedenen Einrichtungen des zweiten Bildungsweges – ins Studium kam, konnte ich feststellen: Die Absolventen der klassischen Gymnasien hatten zwar eine Unmenge an Kultur- und Spezialwissen gelernt, das meiste davon jedoch längst wieder vergessen. Mir dagegen war auf meinem Bildungsweg vieles erst gar nicht angeboten worden. Unter dem Strich hatte sich unsere Bildungsdifferenz weitgehend abgebaut. Allerdings brachte ich eines mit, das ich vergleichsweise intensiv geübt und gefestigt hatte, nämlich eine breite Palette an Methoden und Techniken des selbstständigen Arbeitens. Davon zehre ich bis heute.

Meinen Töchtern Jana, Verena und Anna wünsche ich, dass sie möglichst vielen Lehrern begegnen mögen, die das Lernziel Selbstständigkeit ernst nehmen und das damit korrespondierende Methodenlernen pflegen.

Landau *Heinz Klippert*

Einleitung

Die Methodenkompetenz unserer Schüler ist über weite Strecken unbefriedigend (vgl. die nachfolgenden Ausführungen in Abschnitt I.1.2). Gravierende Lern-, Leistungs- und Motivationsprobleme sind die Folge. Von daher ist es nahe liegend, die Diskussion über den Stellenwert und die Wirksamkeit materialer und formaler Bildung neu aufzunehmen, wie sie bereits in der reformpädagogischen Ära in den 20er- und 30er-Jahren geführt wurde. Vorstöße und Ansätze hat es seither immer wieder gegeben, dem Methodenlernen im weitesten Sinne mehr Gewicht zu geben. Umgesetzt wurden sie mehr oder weniger konsequent in einer Reihe von Freien Schulen, in der Bielefelder Laborschule wie in zahlreichen Gesamtschulen; auch im Grundschulbereich ist im Zusammenhang mit der Einführung von Freiarbeit und Wochenplanarbeit Bemerkenswertes in Gang gekommen. Ähnliches gilt für viele Hauptschulen, in denen sich angesichts der eklatanten Lernschwächen der meisten Schüler zunehmend die Einsicht durchsetzt, dass die Schüler zunächst einmal methodisch auf die Füße gebracht werden müssen, indem sie kleinschrittig mit elementaren Lern-, Arbeits-, Gesprächs- und Kooperationstechniken vertraut gemacht werden, die unabdingbare Voraussetzung für selbstbewusstes und routiniertes Lernen sind. Zusätzlich unterstrichen wird die Dringlichkeit eines verstärkten Methoden-Trainings in unseren Schulen durch die erklärten Reformbemühungen in Richtung auf mehr offenen Unterricht, konsequentere Projektarbeit und eine nachdrückliche Intensivierung eigenverantwortlichen Arbeitens und Übens. Ohne eine entsprechende Eigenständigkeit und Methodenkompetenz der Schüler ist die Umsetzung dieser Optionen nun einmal zum Scheitern verurteilt. Mit anderen Worten: Offener Unterricht verlangt Gestaltungskraft, Handlungsorientierung setzt Handlungskompetenz voraus, eigenständiges Arbeiten erfordert intensive methodische Übungen und Klärungen. Die Lehrkräfte müssen den Schülern vermehrt Gelegenheit dazu geben.

Diese Einsicht setzt sich innerhalb der Lehrerschaft zunehmend durch. Ein deutliches Indiz dafür ist nicht zuletzt die stark angestiegene Nachfrage nach Lehrerfortbildungstagungen mit Schwerpunkt »Methoden-Training«. Derartige Tagungen biete ich seit nahezu zehn Jahren ziemlich regelmäßig an, und zwar als Trainingstagungen, bei denen es vornehmlich um zweierlei geht: zum einen um die persönliche Sensibilisierung der beteiligten Lehrkräfte, zum anderen um das praktische Vorstellen und/oder Durchspielen erprobter Übungsarrangements für den (Fach-)Unterricht. Diese Tagungen waren und sind Ideenbörse, kritische Prüfinstanz und Forum für konstruktiven Erfahrungsaustausch. Eine Reihe von Anregungen und konzeptionellen Vorentscheidungen, die in dieses Buch eingeflossen sind, haben ihre Wurzeln in diesen Tagungen mit methodeninteressierten und methodenerfahrenen Lehrkräften aus Rheinland-Pfalz und einigen anderen Bundesländern (Nordrhein-Westfalen, Hessen und Bayern). Dank somit an alle, die ihre Kreativität eingebracht und kritische Rückfragen gestellt haben.

Zum Aufbau des Buches: Im Kapitel I wird der bereits angerissene Begründungsrahmen für ein verstärktes Methodenlernen in unseren Schulen näher ausgeführt und ausgefüllt. Dabei geht es sowohl um die pointierte Problematisierung und Kritik des herkömmlichen Lehr-/ Lernverständnisses als auch darum, die wichtigsten Elemente und Vorzüge des anvisierten Methoden-Trainings überblickshaft kenntlich zu machen.

Im zweiten Kapitel werden auf rund 140 Seiten zahlreiche konkrete Übungsarrangements und -materialien dokumentiert und kommentiert, die erprobte unterrichtspraktische Wege aufzeigen, wie die Methodenkompetenz der Schüler gezielt gefördert werden kann. Die einzelnen Unterrichtsbausteine können wahlweise im Unterricht eingesetzt werden, je nachdem, welcher fachliche, zeitliche und altersmäßige Kontext gegeben ist. Zugeordnet sind sie insgesamt vier Trainingsfeldern, die unterschiedliche Zielsetzungen und Akzente aufweisen. Trainingsfeld 1 ist z. B. als Propädeutikum konzipiert, d. h., die entsprechenden Übungen zielen darauf, die Schüler zum (selbstkritischen) Nachdenken über ihr eigenes Lernen und etwaige Lernschwierigkeiten zu veranlassen. Trainingsfeld 2 konzentriert sich auf ausgewählte Methoden der Informationsbeschaffung (Lesen, Nachschlagen, Befragen etc.), Trainingsfeld 3 auf grundlegende Methoden der Informationsverarbeitung und -aufbereitung (Strukturieren, Visualisieren, Gestalten etc.). Im Trainingsfeld 4 schließlich werden ausgewählte Übungen zur Verbesserung der Arbeits-, Zeit- und Lernplanung vorgestellt.

Die entscheidende Besonderheit des umrissenen Praxiskapitels ist, dass über empfehlenswerte Lern- und Arbeitstechniken nicht nur geschrieben und informiert wird, wie das für die meisten Methoden-Bücher gilt, sondern Methodenlernen wird als experimentelles Geschehen aufgefasst. Dementsprechend werden praktische Übungsbausteine für die alltägliche Unterrichtsarbeit dokumentiert, die den interessierten Lehrkräften Anregungen und Beispiele an die Hand geben, mit deren Hilfe sie ihren Schülern bestimmte methodische Schlüsselerfahrungen vermitteln können (vgl. dazu die näheren Ausführungen in Abschnitt I.2).

Im abschließenden Kapitel III werden schließlich einige schul- und unterrichtsorganisatorische Schlussfolgerungen und Anregungen skizziert, die bei der Intensivierung des Methodenlernens im Schulalltag bedacht werden sollten. Dabei geht es u. a. auch um den korrespondierenden Wandel der Lehrerrolle, denn der Lehrer ist im methodenorientierten Unterricht in erster Linie Moderator, Organisator und Berater – ein Rollenverständnis, mit dem sich viele Pädagogen nach wie vor ziemlich schwer tun. Aber das kann und wird sich ändern, nicht zuletzt mithilfe des vorliegenden Buches.

I. Warum ein verstärktes Methoden-Training wichtig ist

Zu den zentralen Aufgaben der Schule gehört es, die Selbstständigkeit und Selbsttätigkeit der Schüler zu fordern und zu fördern. Darin sind sich die Bildungsverantwortlichen hierzulande weithin einig. Selbstbestimmung, Mitbestimmung und Selbstverantwortung sind entsprechende Bildungskategorien, wie sie von namhaften Pädagogen ausgewiesen werden (vgl. Schulz 1990; Klafki 1991). »Bildung als Selbst-Bildung«, so umreißt Rainer das Grundkonzept dieses auf **Mündigkeit** zielenden Unterrichts (vgl. Rainer 1981, S. 124). Die Konsequenz dieses Anspruchs für das Lernen der Schüler: Selbststeuerung bzw. »Selbst-Management« sind gefragt (vgl. Wang 1982). Beides aber ist aufs Engste mit dem nachhaltigen Erwerb einschlägiger Lern- und Arbeitstechniken gekoppelt (vgl. dazu die Abbildungen 2 und 3 auf den Seiten 28 und 31). Hugo Gaudig und andere Reformpädagogen haben diesen Anspruch bereits in den 20er-Jahren dieses Jahrhunderts nachdrücklich formuliert. Ihr Credo, die Schüler müssten vor allem Methode(n) lernen, ist bis heute jedoch nur unbefriedigend eingelöst worden. Das zeigen sowohl der Schulalltag als auch die empirische Unterrichtsforschung. Stattdessen herrschen im Unterricht nach wie vor Belehrung und Unterweisung vor. Betriebe, Eltern, Bildungspolitiker, Lehrplanmacher und nicht zuletzt die Schüler selbst fordern in den letzten Jahren zwar zunehmend die Vermittlung grundlegender »Schlüsselqualifikationen« wie Selbstständigkeit, Methodenbeherrschung, Zielstrebigkeit, Planungs- und Organisationsfähigkeit, ohne die in der modernen Berufs- und Arbeitswelt kaum noch jemand auskommt. Doch die Schulen reagieren auf diese Alarmsignale bislang eher zögerlich und vielfach auch recht ratlos. Das vorliegende Buch will dieser Ratlosigkeit entgegenwirken.

LAUT RIESELT DER STOFF

Denkanstoß: Wer lernt hier eigentlich was?

1. Einige Impressionen aus dem Schulalltag

Was wird in der Schule heute eigentlich gelernt? Bei näherem Hinsehen gewinnt man den Eindruck: Allzu viel hat sich gegenüber früher nicht verändert. Die Inhalte und die Lernziele sind teilweise neu gefasst worden, aber die Dominanz der rezeptiven Wissensvermittlung ist weithin geblieben. Nach wie vor beherrschen Stoffhuberei, verbal-abstrakte Belehrung und enge Führung und Unterweisung das Unterrichtsgeschehen. Hage u.a. haben das in einer neueren Untersuchung zum Methodenrepertoire von Lehrern (mal wieder) eindringlich belegt. Ihr Befund: Mehr als drei Viertel der Unterrichtszeit werden in der Sekundarstufe I mit direktiven, lehrerzentrierten Verfahren ausgefüllt, die fast ausschließlich der (rezeptiven) Wissensvermittlung dienen (vgl. Hage u.a. 1985, S. 151 und 141). Dem Methodenlernen der Schüler kommt demhingegen weder im Unterricht noch in den Lehrplänen, noch in den Schulbüchern größerer Stellenwert zu. Im Gegenteil, der Unterricht zielt in erster Linie auf fachlich-stoffliche Belehrung und auf enzyklopädische Kenntnisvermittlung, weniger hingegen auf die Vermittlung grundlegender Lern- und Arbeitsmethoden. In den Lehrplänen wird auf die Bedeutung des Methodenlernens bestenfalls in den Vorworten hingewiesen, ansonsten aber dominieren die obligaten Stoffziele. Die Schüler sollen »wissen« und »erkennen«, »einsehen« und »verstehen«, ihnen sollen »Einblicke« und »Überblicke« vermittelt werden, damit sie möglichst umfassend informiert sind. Diese rezeptive Ausrichtung ist nicht nur kennzeichnend für die Lehrpläne, sondern sie prägt auch und zugleich die Lehrerausbildung, die Lehrmittel sowie die gesamte Unterrichtsorganisation.

Diese einseitige Akzentsetzung hat im Schulalltag nur zu oft fatale Konsequenzen. Das zeigen u.a. die folgenden Beispiele und Hospitationserfahrungen des Verfassers, die zwar nicht vorschnell verallgemeinert werden dürfen, wohl aber nachdenklich machen sollen.

- Lehrer K. hält es zwar grundsätzlich für wichtig, dass seine Schüler bereit und in der Lage sind, im Atlas bestimmte geographische Grundinformationen nachzuschlagen; die Unterrichtszeit ist ihm für derartige methodische Übungen jedoch zu kostbar, da er ja schließlich die Verpflichtung habe – wie er im Gespräch erklärt –, den geltenden Lehrplan »durchzubringen«. Nachschlageübungen sieht er bestenfalls im Rahmen der Hausaufgaben vor. Dabei aber sind die Schüler auf sich alleine gestellt; methodischen Klärungsprozessen sind von daher natürlich recht enge Grenzen gesetzt. Die alltäglich zu beobachtende Tatsache, dass sich viele Schüler nur ungern und mit wenig Geschick auf Nachschlagewerke einlassen, hängt ganz sicher auch damit zusammen, dass im obligaten Unterricht zu wenig verbindliche Übungsphasen angesetzt werden.

- Lehrer S. ist begeisterter Musiker. Er ist kenntnisreich, engagiert und weiß viel zu erzählen, wenn er die einzelnen Musikinstrumente vorstellt und charakterisiert, die laut Lehrplan zu behandeln sind. Die Schüler der Klasse 8 schreiben mehr oder weniger hektisch und durchdacht mit; die Übersichtlichkeit der Hefteintragungen lässt bei den meisten sehr zu wünschen übrig. Wie man eine Mitschrift anfertigt, überarbeitet und gestaltet, das haben die Schüler, wie sie selbst erklären, weder in Musik noch in anderen Fächern näher thematisiert und geübt. Entsprechend schwer tun sich viele von ihnen. Am Ende der Unterrichtseinheit haben die Schüler durchschnittlich 15 bis 20 DIN-A4-Seiten mit heterogenen Informationen voll geschrieben und sollen diesen Stoff bis zur nächsten Klassenarbeit »lernen«. Erwartet wird von ihnen, dass sie möglichst detailliert Bescheid wissen. Nur, wie prägt man sich ein derartiges Stoffquantum nachhaltig ein? Der Lehrer macht sich darüber offenbar wenig Gedanken; schließlich sollen die Schüler lernen. Dass sich die meisten in der Klasse mit der Vorbereitung der Klassenarbeit schwer tun, ist wenig verwunderlich.

- Lehrerin M. ist eine gestrenge Geschichtslehrerin, detailbesessen und mit besonderer Vorliebe für zahlreiche historische Spezialgebiete, insbesondere im Bereich der Frühgeschichte. Ein derartiges Spezialgebiet nimmt sie gerade extensiv durch. Sie macht umfängliche Tafelbilder, fragt und erläutert, leuchtet Nuancen aus und betont Fakten und Aspekte, die ein »normal Interessierter« kaum behalten kann. Am Ende lässt sie eine Klassenarbeit schreiben, in der sie sich im Wesentlichen auf ihre Tafelanschriften und die verschiedentlich eingestreuten Merksätze stützt. Die Schüler wissen diese »Vereinfachung« zu schätzen. Eine Schülerin, die brav auswendig gelernt hat, schreibt eine »1«. Auf die Frage, ob sie von dem Gelernten übernächste Woche wohl noch was wisse, meint sie nur lakonisch: »Wozu denn!?« Einige Mitschüler, die die Frage mitbekommen haben, reagieren ähnlich erstaunt und anspruchslos. Bleibt nur zu fragen: Was haben die Schüler eigentlich an dauerhafter Qualifikation erworben?

- Schüler A. soll im Rahmen des Deutschunterrichts ein Referat über einen namhaften Schriftsteller und ein von diesem verfasstes Theaterstück schreiben und irgendwann vor der Klasse vortragen. Er hat sich bis dato allerdings weder mit Fragen der Gliederungsgestaltung, der Zitierweise, der Literaturauswertung und -archivierung, des Literaturverzeichnisses noch mit der Gestaltung des Layouts und der Präsentation des Referats näher vertraut machen können. Dafür blieb im gängigen Unterricht keine Zeit. Was also macht Schüler A.? Er schreibt aus der vom Lehrer zur Verfügung gestellten Sekundärliteratur ganze Passagen mehr oder weniger gedankenlos ab. Die formale Referatgestaltung wird zum Teil sträflich vernachlässigt. Die Präsentation vor der Klasse sieht schließlich so aus, dass die schriftliche Ausarbeitung langatmig vorgelesen wird. Trotzdem erhält Schüler A. eine »2+«. Wie man ein Referat besser vorbereiten, ausarbeiten, gestalten und präsentieren kann, das ist auch jetzt noch kein Thema. Schließlich geht es ja um Literatur und Literaten!?

- Lehrer R. teilt den Schülern einer 9. Klasse einen vierseitigen Informationstext mit Grundinformationen zum Thema Arbeitslosigkeit aus. Die Schüler erhalten die Aufgabe, aus dem vorliegenden Material die wichtigsten Ursachen der Arbeitslosigkeit herauszufiltern und in einem übersichtlichen Schema darzustellen. Doch die meisten Schüler reagieren ebenso hilflos wie unsicher, da sie derartige Arbeitsaufträge, wie sie im anschließenden Gespräch bekunden, nicht gewohnt sind. In aller Regel sagt der Lehrer, was wichtig ist und was gelernt werden muss. Von daher können sie sich normalerweise ganz auf die Lehrkräfte, ihre Tafelbilder und ihre sonstigen Instruktionen verlassen. Selbstständiges Exzerpieren und Strukturieren ist eher die Ausnahme – so zumindest der Tenor in der betreffenden Klasse. Vieles spricht dafür, dass es in anderen Klassen nicht wesentlich besser aussieht.

- Schülerin S. hat ihre Sozialkunde-Klassenarbeit zurückbekommen – Note: »Fünf«! Die Enttäuschung ist groß, die Ratlosigkeit ebenso. Denn Schülerin S. hat sich, wie sie mit Tränen in den Augen betont, alle Mühe gegeben, die Klassenarbeit gut vorzubereiten. Zwei Freundinnen bestätigen dies. Sie hat stundenlang gelesen und gepaukt. Sie hat das betreffende Kapitel im Schulbuch mehrfach »angeguckt«; Gleiches gilt für das Hausheft. Aber sie hat, wie sie erzählt, bei alledem große Schwierigkeiten gehabt, »den ganzen Kram in den Kopf zu bekommen«. Auf die Frage, ob sie im Unterricht irgendwo mal gelernt und geübt habe, wie man eine Klassenarbeit systematisch vorbereite und wie man das Gedächtnis stützen könne, reagiert sie mit Erstaunen und Kopfschütteln. Nein, das sei im Unterricht eigentlich noch nie ein Thema gewesen. Jeder mache das eben auf seine Weise – irgendwie. Aber ein durchdachtes Konzept habe sie nicht. Und die Mitschüler? Die meisten von ihnen hätten wohl auch keines.

- Hospitation in einer Grundschule: Die Schüler der vierten Klasse machen Freiarbeit/Wochenplanarbeit. Sie sitzen paarweise zusammen und bearbeiten die zur Auswahl stehenden Übungsblätter. Von eigenständigem und eigenverantwortlichem Arbeiten ist allerdings wenig zu sehen. Auftretende Probleme und Unsicherheiten werden routiniert und zielstrebig an die Lehrerin herangetragen und in aller Regel von dieser ausgeräumt. »Soll ich rot oder grün unterstreichen?«, »Ist das Ergebnis richtig?«, »Die Arbeitsanweisung verstehe ich nicht« …, so oder ähnlich lauten die zahlreichen »Hilferufe« der Schüler, die von der Lehrerin mit großer Geduld und Hilfsbereitschaft beantwortet werden. Der Effekt ist, dass viele Schüler ihre eigenen Problemlösungspotenziale erst gar nicht mobilisieren, geschweige denn mit dem jeweiligen Partner etwaige Schwierigkeiten abklären. Sie verlassen sich lieber auf die Autorität der Lehrerin, die entscheidet und kontrolliert, anweist und korrigiert, Probleme löst und zudem noch Zuwendung entgegenbringt. So gesehen, wird die offenkundige Unselbstständigkeit der Schüler nur mehr belohnt und verstärkt.

Wie gesagt, die angeführten Beispiele und Hospitationserfahrungen dürfen nicht vorschnell verallgemeinert werden. Gleichwohl spiegeln sie ein grundsätzliches Problem unserer Schulwirklichkeit; das Dilemma nämlich, dass dem »Lernen des Lernens« in aller Regel vergleichsweise wenig Aufmerksamkeit entgegengebracht wird. Bewusst oder unbewusst unterstellen die meisten Lehrkräfte, dass die Schüler ihre Arbeitslinie gefälligst selbst zu finden haben. Das gilt für die Zeit- wie für die Arbeitsplanung, für Textarbeit wie für Gruppenarbeit, für Mnemotechniken wie für Visualisierungsmethoden, für Referate wie für Vorträge. Wenn die Schüler den richtigen Dreh nicht finden, drohen Sanktionen und/oder einschneidende Misserfolge. Dass die verantwortlichen Lehrkräfte mit ihren problematischen Lernauffassungen und Lehrstilen zu diesem Versagen unter Umständen maßgeblich mit beigetragen haben, ist unstrittig und wird durch die skizzierten Hospitationserfahrungen nur mehr veranschaulicht. Ein Trost ist dies für die betreffenden »Problemschüler« gleichwohl nicht.

2. Viele Schüler haben wenig Methode

Wie einschlägige empirische Untersuchungen zeigen, führen mehr als 50 Prozent der Schüler ihre Lernschwierigkeiten maßgeblich darauf zurück, dass ihnen die nötigen Methoden und Techniken zur Planung und Steuerung ihres eigenen Lernens fehlten (vgl. Hilligen 1985, S. 209). Gelernt wird irgendwie, aber meist ohne klares Konzept. Das führt vor allem bei lernschwächeren Schülern zu ausgeprägtem Lernversagen (vgl. Löwe 1972; Hurrelmann 1980), die nur selten von selbst auf tragfähige Methoden kommen. Ursächlich für das auftretende Lernversagen ist unter anderem, dass viele Schüler ausgesprochen einkanalig und monoton lernen. Das gilt laut Keller vor allem für die gängige Textarbeit. Die betreffenden Schüler versuchen den Textinhalt aufzunehmen, indem sie ihn mehrmals durchlesen. Allerdings steigen bereits beim zweiten Durchlesen die hinlänglich bekannten Abschweifungen und Ablenkungen abrupt an (vgl. Keller 1986, S. 84). Ein anderes Symptom für die methodische Unbedarftheit vieler Schüler: Nur wenigen (11 %) gelingt es, »die Lernzeit so einzuteilen, dass sie vor Klassenarbeiten nicht unter Zeitdruck geraten« (vgl. ebd., S. 29).

Mangelnde Methodenbeherrschung ist freilich keineswegs nur das Problem lernschwächerer Schüler, sondern beklagt wird sie auch von Gymnasiasten. Nach einer von Schräder-Naef angeführten Befragung von 765 Absolventen Zürcher Gymnasien fanden zwar 71 Prozent der Befragten die an ihrer Schule vermittelte Allgemeinbildung »gut« oder sogar »ausgezeichnet«, gleichzeitig aber waren rund drei Viertel der Absolventen mit der dort praktizierten »Anleitung zum selbstständigen Arbeiten« mehr oder weniger unzufrieden. Konkret: 42 Prozent vertraten die Ansicht, ihre Schule habe diese Aufgabe teilweise mangelhaft, weitere 30 Prozent, sie habe sie genügend erfüllt (vgl. Schräder-Naef, 1987 S. 17).

Nähere Aufschlüsse über die konkreten Defizite auf Schülerseite geben mehrere Befragungen, die der Verfasser zur Vorbereitung schulinterner Studientage an verschiedenen rheinland-pfälzischen Schulen durchgeführt hat (befragt wurden rund 800 Schüler). Grundlage dieser Befragungen waren der in Abbildung 1 dokumentierte Fragebogen, der in ausgewählten Klassen der Jahrgangsstufen 6 bis 10 eingesetzt und von den betreffenden Schülern anonym ausgefüllt wurde. Einbezogen waren sowohl Hauptschulen als auch Realschulen als auch Gymnasien. Zusammenfassend lässt sich als Rückmeldung resümieren:

Der Mehrzahl der Schüler/innen fällt es nach eigenem Bekunden »eher schwer«,
- den Lernstoff längerfristig zu behalten sowie den eigenen Lernerfolg treffend einzuschätzen;
- im Unterricht zielstrebig zu arbeiten sowie etwaige Probleme und Schwierigkeiten beim Lernen zu überwinden;
- umfangreiche Materialien/Texte durchzuarbeiten und das Wesentliche daraus zu entnehmen;

Fragebogen für Schüler

	Folgendes zu leisten …	**fällt mir …** **eher schwer**	**eher leicht**
Lern- und Arbeitstechniken	Lernstoff längerfristig zu behalten		
	Vokabeln/Begriffe/Daten zu lernen		
	Klassenarbeiten frühzeitig vorzubereiten		
	Einen guten »Spickzettel« zu machen		
	Berichte/Protokolle/Referate zu schreiben		
	Gezielt zu üben und zu wiederholen		
	Selbstständig (ohne Lehrer-/Elternhilfe) zu lernen		
	Im Unterricht zielstrebig zu arbeiten		
	Probleme/Schwierigkeiten beim Lernen zu überwinden		
	Umfangreiche Materialien durchzuarbeiten		
	Längere Texte konzentriert zu lesen		
	Aus Texten das Wesentliche zu entnehmen		
	Wichtigen Lernstoff übersichtlich zusammenzufassen		
	Schaubilder und Tabellen rasch zu verstehen		
	Die eigenen Gedanken schriftlich darzulegen		
	Berichte übersichtlich zu gestalten (zu gliedern)		
	Gezielt zu unterstreichen (zu markieren)		
	Hefte/Mappen ordentlich zu führen		
	Nachschlagewerke (Lexika u. a.) regelmäßig zu benutzen		
	Hausaufgaben selbstständig zu erledigen		
	Den eigenen Lernerfolg treffend einzuschätzen		
	Längere Zeit ruhig zu sitzen		
Gesprächstechniken	*Vor der Klasse frei zu reden*		
	Beim Reden den Faden nicht zu verlieren		
	Nach Stichworten einen kleinen Vortrag zu halten		
	An der Tafel etwas zu erläutern		
	Etwas zu sagen, auch wenn ich unsicher bin		
	So zu reden, dass die Mitschüler zuhören		
	Bei Diskussionen auf die Mitschüler einzugehen		
	Nicht immer zum Lehrer hin zu reden		
	Den Mitschülern aufmerksam zuzuhören		
	Beim Reden die Mitschüler anzuschauen		
	Zu warten, bis ich an der Reihe bin		
	Eine Diskussion/ein Gruppengespräch zu leiten		
	Andere Ansichten gelten zu lassen		
	In Gruppen erfolgreich zusammenzuarbeiten		
	Einem längeren Lehrervortrag aufmerksam zu folgen		

Abb. 1

- wichtigen Lernstoff zusammenzufassen und entsprechende Berichte übersichtlich zu gliedern und zu gestalten;
- Klassenarbeiten frühzeitig vorzubereiten sowie den Lernstoff gezielt zu üben und zu wiederholen;
- vor der Klasse frei zu reden und/oder nach eigenen Stichworten einen kleinen Vortrag zu halten;
- bei Diskussionen auf die Mitschüler einzugehen und so zu reden, dass diese aufmerksam zuhören;
- an der Tafel etwas zu erläutern und/oder trotz Unsicherheit einen mündlichen Beitrag zu liefern;
- einem längeren Lehrervortrag aufmerksam zu folgen und/oder längere Zeit ruhig zu sitzen.

Bei den übrigen methodischen Anforderungen lag die Quote der Schüler, die Schwierigkeiten eingestanden, zwar mehr oder weniger deutlich unterhalb der 50-Prozent-Marke, aber teilweise beruhte diese relativ positive Selbsteinschätzung eher auf Missverständnissen denn auf tatsächlicher Methodenkompetenz. Das zumindest ergaben gezielte Nachfragen etwa zur Gruppenarbeit, zu den Hausaufgaben, zum Vokabellernen und zur Arbeit mit Nachschlagewerken. Alles in allem wurde bei der Besprechung der Befragungsergebnisse ziemlich deutlich, dass es vielen Schülern in Bezug auf ihre Lernmethodik doch erheblich an Problembewusstsein und Selbstkritikfähigkeit mangelt. Vieles sehen sie schlichtweg als normal an, was objektiv unzulänglich und verbesserungsbedürftig ist. Von daher muss Methoden-Training, gleich wo es stattfindet, immer auch »Sensitivity-Training« sein und das unterentwickelte Problembewusstsein der Schüler entfalten helfen.

Das bestätigen auch und nicht zuletzt die für die befragten Klassen verantwortlichen Lehrkräfte. Die von ihnen geäußerten Einschätzungen zur Methodenkompetenz ihrer Schüler waren insgesamt noch deutlich kritischer als die der Schüler selbst. Rund 60 Prozent der befragten Lehrkräfte zeigten sich diesbezüglich »eher unzufrieden«, knapp zehn Prozent signalisierten sogar, sie seien »sehr unzufrieden«. Beklagt wurden von Lehrerseite u. a. die dürftige Lesefähigkeit und -bereitschaft vieler Schüler, ihre geringe Ausdauer und Konzentration, ihre Unsicherheit und Unselbstständigkeit bei komplexeren Arbeitsaufträgen, ihre mangelnde Eigeninitiative und Problemlösungsfähigkeit, ihre geringe Gesprächsbereitschaft und -kompetenz, ihre mangelhafte Teamfähigkeit, ihre Unfähigkeit, anderen zuzuhören, ihre dürftige Ordnungsliebe, ihr rasches Vergessen des Lernstoffes sowie, last but not least, ihre überwiegend geringe Lernmotivation.

Zugegeben, die zuletzt skizzierten Befragungsergebnisse sind weder repräsentativ, noch dürfen sie kurzschlüssig generalisiert werden, denn das Methodenrepertoire der Schüler ist von Schulart zu Schulart und von Jahrgangsstufe zu Jahrgangsstufe natürlich verschieden. Gleichwohl signalisieren die angeführten Befunde dreierlei recht deutlich: zum einen die unzureichende Methodenausstattung vieler Schüler, zum Zweiten ihr überwiegend unterentwickeltes Problembewusstsein und zum Dritten die Zielrichtungen eines verstärkten Methoden-Trainings an unseren Schulen (vgl. dazu die näheren Ausführungen in Abschnitt I.7).

3. Der Teufelskreis der Belehrung

Der gängige lehrerzentrierte, verbal-abstrakte Unterricht ist immer dann relativ erfolgreich, wenn die Rezeptionsbereitschaft und -fähigkeit der Schüler ausreichend vorhanden ist, d. h., wenn die Schüler bereit und in der Lage sind, konzentriert zuzuhören, den dargebotenen Lernstoff überlegt aufzunehmen, einzuspeichern und erfolgreich zu behalten. So gesehen, stellt der tradierte Unterricht sehr stark auf den abstrakt-verbalen Lerntyp ab – vor allem in den Gymnasien, den Realschulen und berufsbildenden Schulen. Was dabei freilich übersehen wird: Die abstrakt-verbalen Lerner sind in den besagten Schularten in der absoluten Minderzahl (Schätzungen gehen von ca. zehn Prozent des Schülerpotenzials aus). Das Gros der Schüler in der Sekundarstufe I wird dem praktisch-anschaulichen Lerntyp zugerechnet, d. h., sie benötigen zum erfolgreichen Lernen möglichst solche Anforderungen und Aufgaben, die mit praktischer Lerntätigkeit verbunden sind. Das gilt keineswegs nur für die jüngeren Schüler in der Orientierungsstufe, sondern auch für die älteren in den Jahrgangsstufen 7 bis 10 und darüber. Selbst Erwachsene lernen in der Regel nicht nur motivierter, sondern auch effektiver, wenn ihnen aktiv-kreative Zugänge zum jeweiligen Lernstoff eröffnet werden.

Weitere Indizien für die Fragwürdigkeit der rezeptiven Belehrung ergeben sich, wenn man die moderne Medien- und Konsumkultur näher unter die Lupe nimmt. Kennzeichnend für diese »Kultur« ist, dass sie das vorhandene Rezeptionsbedürfnis unserer Schüler in hohem Maße stillt und damit den Instruktionen sendenden Lehrern das Leben mehr und mehr erschwert. Lehrkräfte, die diese veränderten Umstände ignorieren und unbeeindruckt auf die Wichtigkeit und Attraktivität ihrer »Botschaften« setzen, erleben schon mal leicht ihr Waterloo. Erstaunlich ist das nicht. Denn Jugendliche, die tagtäglich über mehrere Stunden hinweg Filme, Videoclips und/oder Computerspiele genießen, sind nun einmal relativ verwöhnt und lassen sich daher von den gängigen Lehrerdarbietungen nicht mehr vom Stuhl reißen. Ausnahmen gibt es zwar, aber das angedeutete Grundproblem der medialen Prägung und Verwöhnung der Schüler bleibt. Zunehmende Disziplinprobleme, motorische Unruhe, Konzentrationsmängel, Leistungsversagen und allgemeine Lernunlust sind nicht zuletzt Folgen dieser alltäglichen Berieselung und Unterhaltung. Welche pädagogischen Konsequenzen ergeben sich daraus? Nahezu alles spricht dafür, dass Lehrer umdenken und die Modalitäten ihrer gängigen Unterrichtsarbeit verändern müssen. Chancenreich und bildungswirksam zugleich sind erwiesenermaßen aktive, kreative und kooperative Lern- und Arbeitsprozesse, die den betreffenden Schülern konkrete Identifikation ermöglichen, die Konzentration entstehen lassen und greifbare Erfolgserlebnisse mit sich bringen. Das manische Festhalten an umfassender Belehrung ist auf jeden Fall kein sinnvoller Ausweg aus der angedeuteten »Bildungsmisere« (vgl. Klippert 1991).

Zugespitzt formuliert: Was ist denn eigentlich der Bildungseffekt der traditionellen Belehrung und Unterweisung? Ein wahrlich fragwürdiges Resultat ist ganz gewiss die dadurch induzierte Unselbstständigkeit, Unsicherheit und Gedankenlosigkeit auf Schülerseite. Wozu sich unnötige Gedanken über den Lernstoff machen, so mögen sich zahlreiche

Schüler fragen, wenn die Essentials letztlich doch vom Lehrer bestimmt, geklärt und entsprechend abgeprüft werden? Diese erfahrungsgestützte Logik führt nachgerade zwangsläufig zu intellektueller Anspruchslosigkeit und zu schleichender Entmündigung. Zugegeben, diese Kritik ist hart und zugespitzt formuliert, aber deshalb nicht falsch. Die immer wiederkehrenden Klagen vieler Professoren über die mangelnde Studierfähigkeit der Studenten ist ebenso ein Indiz dafür wie die ausgesprochen deutliche Kritik vonseiten vieler (Groß-)Betriebe an der dürftigen Eigeninitiative, Methoden- und Sozialkompetenz der angehenden Lehrlinge.

Verständlich wird diese verbreitete »Inkompetenz«, wenn man bedenkt, dass die Schüler im traditionellen Unterricht methodisch in aller Regel viel zu wenig gefordert und gefördert werden. Von daher mangelt es ihnen naturgemäß an methodischer Klärung und Routine, denn die im Unterricht praktizierten Lernmethoden sind über weite Strecken Lehrermethoden, d. h., die Lehrkräfte weisen an und bahnen so den methodischen Weg *für* die Schüler. Kein Wunder also, dass viele Schüler recht hilflos sind, wenn die gewohnte Lehreranweisung fehlt. Die gelegentliche Methodenbelehrung durch die Lehrkräfte ist zwar gut gemeint, bewirkt zumeist aber wenig, da sie mehr oder weniger abstrakt und appellativ bleiben muss. Wie bereits gesagt: Methoden müssen praktisch-experimentell geübt und gelernt werden; sie können erfahrungsgemäß nur sehr begrenzt »gelehrt« werden!

Letzteres aber wird im traditionellen Unterricht viel zu wenig bedacht und umgesetzt. Daher ist der nachfolgende Teufelskreis weithin vorgezeichnet. Die einseitige Belehrung führt sowohl zu mehr oder weniger ausgeprägten Frustrationen und Verweigerungstendenzen aufseiten der (verwöhnten) Medienkinder als auch dazu, dass die viel beklagte Unselbstständigkeit im Schulalltag über Gebühr trainiert wird. Dies alles äußert sich nicht nur in wachsender Unmündigkeit, sondern gefährdet auch und zugleich jedweden dauerhaften Lernerfolg. Dargebotene Stoffe werden vielleicht brav (auswendig) gelernt, aber oft genauso schnell wieder vergessen. Die Folge: Lernversagen droht und neuerliche Frustrationen stehen ins Haus. Resignation, Hilflosigkeit und Selbstzweifel sind von daher für viele Schüler geradezu programmiert. Die häufig zu beobachtende Reaktion auf Lehrerseite: Der Lehrer hilft, predigt, droht, sanktioniert und nimmt die Lernschwierigkeiten seiner Schüler womöglich zum Anlass, den Lernstoff zu wiederholen. Aber wohin führt das letztlich? Am Ende sind unter Umständen alle frustriert. Der Lehrer lastet das entstandene Dilemma den betreffenden Schülern an, diese wiederum sehen ihrerseits in aller Regel den »unfähigen« Lehrer als den Schuldigen. Der Teufelskreis ist perfekt. Gewiss, im realen Unterrichtsgeschehen stellen sich die Hintergründe etwaiger Lern- und Motivationsprobleme zumeist differenzierter und auch komplizierter dar, als das im skizzierten Ableitungszusammenhang zum Ausdruck kommt. Gleichwohl steht außer Zweifel, dass die traditionelle Belehrung und Unterweisung eine Reihe unnötiger Probleme, Frustrationen und Reibungsverluste produziert, die sich durch eine konsequentere Handlungs- und Methodenorientierung der Unterrichtsarbeit beträchtlich verringern lassen.

4. Methodenlernen fördert Mündigkeit

Worin besteht eigentlich der spezifische Bildungswert des Methodenlernens? Grundsätzlich lässt sich sagen, dass ein Schüler, der gelernt hat, selbstständig zu arbeiten, zu entscheiden, zu planen, zu organisieren, Probleme zu lösen, Informationen auszuwerten, Prioritäten zu setzen, kritisch-konstruktiv zu argumentieren etc., ganz gewiss an persönlicher Autonomie und Handlungskompetenz dazugewonnen hat (vgl. die Methodenübersicht in Abb. 2). Oder anders ausgedrückt: In dem Maße, wie sich sein Methodenrepertoire erweitert und festigt, wächst auch seine Selbststeuerungs- und Selbstbestimmungsfähigkeit – und damit seine Mündigkeit. Mündigkeit im strengen Sinne des Wortes umfasst zwar erheblich mehr als die hier zur Debatte stehende Methodenbeherrschung. Dazu gehören unter anderem auch solche Tugenden wie Kritikfähigkeit, ethisch-moralische Integrität, Sachkompetenz, Urteilsfähigkeit, Zivilcourage, soziale Sensibilität und manches andere mehr. Aber ohne Methodenbeherrschung ist Mündigkeit sicherlich nicht wirkungsvoll erreichbar. Die Fähigkeit und Bereitschaft, selbstständig, zielstrebig, kreativ und methodenbewusst anstehende (Lern-)Aufgaben zu lösen, gehört schlechterdings zu einer mündigen Person dazu. »Nur wer gelernt hat, seinen eigenen Lernprozess selbstständig zu organisieren, wird unabhängig werden von fremdbestimmten Lernprozessen und damit die notwendige Selbstständigkeit in späteren Entscheidungs- und Handlungssituationen erlangen. Nur wer Lernen gelernt hat, wird immun sein gegen Manipulationsversuche einzelner Informationsträger und wird gemeinsam mit anderen zu mündiger Selbstbestimmung finden.« (Rainer 1981, S. 132) Im Prinzip ist diese Sichtweise Ausdruck demokratischer, schulreformerischer Ansätze, die den Schüler als handelndes Subjekt im Unterricht akzeptieren und fördern wollen. Dahinter steht die von Reformpädagogen immer wieder erhobene Forderung nach verstärkter Mitbestimmung als Weg zu mehr Selbstbestimmung und Mündigkeit (vgl. Wenzel 1987, S. 35 f.).

Einer dieser Reformpädagogen ist Hugo Gaudig. In seiner Schrift »Die Schule im Dienste der werdenden Persönlichkeit« hat er bereits 1922 die herausragende Bedeutung der Lernmethodik der Schüler betont. Seine Forderung, die Schüler müssten vor allem Methoden lernen, war Ausdruck und Resultat seines unkonventionellen Bildungsverständnisses, das die Fähigkeit und Bereitschaft zur »Selbsttätigkeit« ganz obenan stellte (vgl. Gaudig 1922). Selbsttätigkeit ist für Gaudig ein zentrales Moment der Persönlichkeitswerdung; und Methodenlernen sieht er als wichtige Voraussetzung und Gewähr dafür an. Von daher plädiert er dafür, die gesamte Bildungsarbeit nach dem Prinzip der Selbsttätigkeit zu organisieren, d.h., die selbstständige Tätigkeit des Schülers müsse zur beherrschenden Unterrichtsform werden, und zwar in allen Phasen der schulischen Arbeitsvorgänge: »Beim Zielsetzen, beim Ordnen des Arbeitsgangs, bei der Fortbewegung zum Ziel, bei den Entscheidungen in kritischen Punkten, bei der Kontrolle des Arbeitsvorganges und des Ergebnisses, bei der Korrektur, bei der Beurteilung soll der Schüler freitätig sein.« (Ebd., S. 93) Mit diesem Votum für eine persönlichkeitsbildende »Arbeitsschule« grenzt sich Gaudig entschieden von der traditionellen »Lernschule« mit ihrem unfruchtbaren Enzy-

Methodenkompetenz		
Vertraut sein mit zentralen Makromethoden	**Beherrschung elementarer Lern- und Arbeitstechniken**	**Beherrschung elementarer Gesprächs- und Kooperationstechniken**
– Gruppenarbeit – Planspiel – Metaplanmethode – Fallanalyse – Problemlösendes Vorgehen – Projektmethode – Leittextmethode – Schülerreferat – Facharbeit – Unterrichtsmethodik – Feedback-Methoden etc.	– Lesetechniken – Markieren – Exzerpieren – Strukturieren – Nachschlagen – Notizen machen – Karteiführung – Protokollieren – Gliedern/Ordnen – Heftgestaltung – Visualisieren/Darstellen – Bericht schreiben – Arbeitsplanung (z. B. Klassenarbeit vorbereiten) – Arbeit mit Lernkartei – Mnemo-Techniken – Arbeitsplatzgestaltung etc.	– Freie Rede – Stichwortmethode – Rhetorik (Sprach-/Vortragsgestaltung) – Fragetechniken – Präsentationsmethoden – Diskussion/Debatte – Aktives Zuhören – Gesprächsleitung – Gesprächsführung – Zusammenarbeiten – Konfliktmanagement – Metakommunikation etc.
Makromethoden	**Mikromethoden**	

Abb. 2

klopädismus und ihrem ausgeprägten Streben nach Lückenlosigkeit und rezeptiver Stoffvermittlung ab. Natürlich kann diese »Schule der Selbsttätigkeit«, wie Gaudig nachdrücklich betont, nur funktionieren, wenn die Schüler im Besitz der grundlegenden Methoden sind, die ansonsten nur der Lehrer beherrscht und zelebriert (vgl. Odenbach 1963, S. 39). Methodenlernen, Selbsttätigkeit, Persönlichkeitsentwicklung und Mündigkeit sind für Gaudig also aufs Engste miteinander verknüpft.

Wolfgang Schulz hat diese Interdependenz in einem neueren Aufsatz zum »Lernziel Selbstständigkeit« ähnlich betont. Bildung ist für ihn ganz wesentlich auf offenere und handlungsbezogenere Formen des Unterrichts angewiesen, die Selbstständigkeit, Selbstbestimmung und Selbstverantwortung auf Schülerseite fordern und fördern (vgl. Schulz 1990). Bildung in diesem Sinne zielt auf Mündigkeit in einem sehr weiten Sinne des Wortes. Wachsende Unabhängigkeit und Autonomie der Schüler sind darin ebenso einbegriffen wie schöpferische Kompetenz, (Selbst-)Kritikfähigkeit, Mitbestimmungsfähigkeit und mitmenschliche Solidarität (vgl. ebd., S. 35 f.). Allerdings gibt es laut Schulz eine zentrale Restriktion: »Wer schon Jahre der Unterdrückung seiner Person bei ihren Versuchen, selbsttätig zu lernen, hinter sich hat und stattdessen mit Lernen als Anpassung an die herrschenden Weltinterpretationen Erfolg gehabt hat, schaltet nicht sofort um, bloß weil ihm ein Freiraum gewährt wird.« (Ebd., S. 35) Die Wahrnehmung von Freiheit und Gestaltungsräumen muss alltäglich geübt und gefordert werden. Von daher ist ein flankierendes

Methoden-Training unerlässlich, das auf Schülerseite Fähigkeit und Bereitschaft ausbilden hilft, die eingeräumten Freiheitsgrade eigenständig und verantwortungsbewusst auszufüllen.

Das allein garantiert zwar – wie erwähnt – noch keine hinreichende Bildung von Mündigkeit, ist aber eine ganz entscheidende Voraussetzung dafür. Nur wenn es gelingt, wie Klafki schreibt, »... jene Einstellungen und jene methodischen Fähigkeiten zu entwickeln, die es dem jungen und dem erwachsenen Menschen ermöglichen, in einer Welt, deren Erkenntnisbestände, Anforderungen, Chancen und Gefahren sich schnell wandeln, selbstständig oder mit fremder Hilfe immer neue Lernprozesse zu vollziehen«, dann wird sowohl das »Lernen lernen« als auch die Bildung von Mündigkeit Auftrieb bekommen (vgl. Klafki 1991, S. 70 f.). Denn was hilft den Schülern die bestgemeinte Aufklärung über Demokratie, Friedenssicherung, Gerechtigkeit, ökologisches Haushalten und andere fundamentale Themen, wenn sie sich in diese Lernfelder nicht eigenständig und methodisch versiert hineinarbeiten können?! Mündigkeit verlangt nun einmal nach aktiver Auseinandersetzung und nach tätigem Begreifen. Das reflektierte Einüben methodisch-instrumenteller Fähigkeiten und Fertigkeiten im Unterricht ist ein wichtiger Beitrag zu dieser Art von Bildungsarbeit. Dass es – wie Klafki fordert – im Zusammenhang mit emanzipatorischen Zielsetzungen, Inhalten und Fertigkeiten erfolgen sollte, nicht aber losgelöst von begründbaren, humanen und demokratischen Prinzipien, ist unbestritten richtig und wichtig. Nur darf dieser Anspruch nicht dazu führen, das im Unterricht unerlässliche Einüben simpler Lern- und Arbeitstechniken, die unter Umständen an recht banale Inhalte festgemacht werden, gering zu schätzen oder gar zu diskreditieren. Kleinschrittiges instrumentelles Lernen ist gleichsam der Nährboden, aus dem sich ein auf Mündigkeit zielender Unterricht speist. Indem Methoden trainiert werden, wird – um im Bilde zu bleiben – Düngemittel zugeführt, das die beabsichtigten Wachstumsprozesse gewährleistet. Oder anders ausgedrückt: Ein Schüler ohne Methoden ist wie ein Blinder ohne Orientierungsstab. Er ist ganz zwangsläufig auf die Hilfe anderer angewiesen und bleibt damit über Gebühr unmündig. Diese fragwürdige Fürsorglichkeit gilt es zu durchbrechen.

Dies gilt nicht zuletzt angesichts der ausgeprägten Entmündigung, die in vielen (Klein-) Familien heutzutage stattfindet – zumindest im Kleinkind- und Grundschulalter. Zugespitzt formuliert: Wohlmeinende Eltern setzen in dieser prägenden Phase nur zu oft alles daran, ihre Kinder zu verwöhnen und zu bevormunden, zu animieren und zu reglementieren, zu beschützen und zu kontrollieren, ihnen Verantwortung abzunehmen und für nahezu alles Verständnis aufzubringen (vgl. Giesecke 1988, S. 40 ff.; v. Cube/Alshuth 1989, S. 151 ff.). Sie planen und organisieren, sie ergreifen die Initiative, machen nötigenfalls die Hausaufgaben, lösen etwaige Probleme, treffen Entscheidungen – kurzum: Sie »managen« ihre Kinder häufig in einer Art und Weise, dass diese nur unzureichend Anlass haben, eigene Wege zu suchen, auszuprobieren und eine eigene Arbeitslinie zu kultivieren. Wohl gemerkt, das gilt vorrangig für das Vor- und Grundschulalter – und natürlich verhalten sich glücklicherweise nicht alle Eltern in dieser fatalen Art; gleichwohl ist die angedeutete »sanfte Entmündigung« vieler Kinder allenthalben zu beobachten. Die betreffenden Eltern meinen es in aller Regel nur gut und wollen ihre Kinder vor unnötigen Fehlern und Problemen bewahren. Doch die tatsächliche Wirkung ihrer fürsorglichen Erziehung ist eher die, dass Unselbstständigkeit und Unsicherheit einschneidend gefördert werden. Die Schule kann diese Prägung zwar nicht verhindern, wohl aber kann und muss sie kompensatorisch wirken, indem sie den Schülern nachdrücklich eigenverantwortliches Arbeiten und Lernen abverlangt und zutraut.

5. Mit Methode zu mehr Lernerfolg

Bildung ist mehr als fachspezifischer Kenntniserwerb – das ist vorstehend bereits angedeutet worden. Bildung zielt im weiteren Sinne auf inhaltlich-fachliches Lernen, auf methodisch-strategisches Lernen, auf sozial-kommunikatives Lernen und nicht zuletzt auf affektives Lernen (vgl. Abb. 3). So gesehen, darf der Lernerfolg der Schüler keineswegs nur an ihren fachspezifischen Reproduktionsleistungen festgemacht werden, wie das im Schulalltag nur zu oft geschieht, sondern er muss auch daran gemessen werden, ob und inwieweit die Schüler bestimmte eingeführte und geübte Methoden beherrschen (vgl. die Methodenübersicht in Abb. 2). Selbstverständlich ist ein derartiger Lernerfolg zwingend daran gebunden, dass im Unterricht ein entsprechendes Methodenlernen stattfindet. Ansonsten werden den Schülern unter Umständen Leistungsdefizite angelastet, die sie gar nicht zu verantworten haben. Beispiele für diese Ungerechtigkeit finden sich im Schulalltag zur Genüge. Zwischenfazit also: Methoden-Training mit Schülern fördert sowohl deren Methodenkompetenz als auch ihren Lernerfolg im Sinne des ausgewiesenen erweiterten Lernbegriffs (vgl. Abb. 3).

Unterstrichen wird dieser Konnex von Methode und Lernerfolg seit einigen Jahren ganz dezidiert vonseiten der Wirtschaft. Zwar verstehen die (Groß-)Unternehmen Methodenschulung enger und funktionaler, als das im letzten Abschnitt aus pädagogischem Blickwinkel zum Ausdruck gebracht wurde. Gleichwohl ist die verbreitete Einschätzung, dass die Fachkompetenz relativ zur Methoden- und zur Sozialkompetenz an Bedeutung verliere (vgl. Mannesmann-Demag 1988, S. 11), auch für die allgemein bildenden Schulen relevant und wegweisend. Angesichts der anhaltenden Wissensexplosion und der damit verbundenen Weiterbildungsnotwendigkeiten »... ist das Erlernen von Fähigkeiten, eine expandierende Informationsflut möglichst ökonomisch zu bewältigen, um für sich neue Erkenntnisse zu erschließen und verfügbar zu machen, wichtiger als das Aneignen eines möglichst großen Quantums von Daten, Fakten und Kenntnissen zum Zwecke der ›Vorratshaltung‹. Dies vor allem, weil Methoden und Techniken des Informationsgewinns weniger schnell veralten als Informationen selbst.« (Rainer 1981, S. 129 f.) Diese Einschätzung gilt nicht minder für Methoden der Informationsverarbeitung, -aufbereitung und -speicherung. Sie alle sind Inbegriff erfolgreichen Lernens – im schulischen wie im betrieblichen Bereich.

Für methodenzentriertes Arbeiten und Lernen spricht aber auch, dass dieses mittelbar dazu beiträgt, das inhaltlich-fachliche Lernen der Schüler zu effektivieren und ihre längerfristige Behaltensleistung zu steigern. Wie die empirische Lernforschung zeigt, behalten die Schüler durchschnittlich nur etwa 20 Prozent von dem, was sie hören, ca. 30 Prozent von dem, was sie sehen bzw. lesen, aber rund 80 bis 90 Prozent von dem, was sie sich in tätiger Weise aneignen (vgl. Witzenbacher 1985, S. 17). Dieser Befund bestätigt nicht nur den herausragenden Stellenwert der praktischen Lerntätigkeit, sondern ist auch und zugleich ein Beleg für die positive Korrelation zwischen fachlichem Lernen, eigenständigem Arbeiten und Methodenbeherrschung; denn ohne tragfähige Lernmethodik keine wirksame

Erweiterter Lernbegriff			
Inhaltlich-fachliches Lernen	**Methodisch-strategisches Lernen**	**Sozial-kommunikatives Lernen**	**Affektives Lernen**
- Wissen (Fakten, Regeln, Begriffe, Definitionen ...) - Verstehen (Phänomene, Argumente, Erklärungen ...) - Erkennen (Zusammenhänge erkennen ...) - Urteilen (Thesen, Themen, Maßnahmen ... beurteilen) etc.	- Exzerpieren - Nachschlagen - Strukturieren - Organisieren - Planen - Entscheiden - Gestalten - Ordnung halten - Visualisieren etc.	- Zuhören - Begründen - Argumentieren - Fragen - Diskutieren - Kooperieren - Integrieren - Gespräche leiten - Präsentieren etc.	- Selbstvertrauen entwickeln - Spaß an einem Thema/an einer Methode haben - Identifikation und Engagement entwickeln - Werthaltungen aufbauen etc.

Abb. 3

Lerntätigkeit und ohne tätiges Lernen keine befriedigende Fachkompetenz. Methodenkompetenz und Fachkompetenz sind somit aufs Engste miteinander verknüpft. Das müsste all denjenigen, die der Stoffvermittlung absolute Priorität einräumen, eigentlich zu denken geben und Mut machen, das Methodenlernen im (Fach-)Unterricht nachhaltig zu verstärken – zumal der erschreckende Schwund an mühsam dargebotenem Wissensstoff allenthalben bekannt ist und immer wieder auch beklagt wird. Selbst von Schülerseite kommen entsprechende Klagen, wie in Abschnitt I.2 gezeigt wurde. Mit einer entwickelteren Lernmethodik ließe sich dieser Wissensschwund sicherlich mindern.

Untermauert wird diese These durch einschlägige lern- und motivationspsychologische Befunde, die hier nur schlaglichtartig angedeutet werden können. »Der durchschnittliche Unterricht«, so schreibt Hans Aebli, »holt aus Büchern vergegenständlichte Begriffe, Wissensinhalte. Er macht sie den Schülern verständlich (wenn es gut geht), weckt in ihrem Denken richtige Vorstellungen, baut mit ihnen im besten Falle ein adäquates Bild der Wirklichkeit auf. Aber das Handeln kommt zu kurz ... vergessen (wird), dass Erkenntnisse zuerst einmal durch Suchen und Forschen, durch Beobachten und Nachdenken gewonnen werden müssen ... Man kann sich Vorstellungen und Begriffe nicht in fertiger Form einverleiben. Man muss sie nachschaffen, nachkonstruieren. Nur dann sind sie etwas wert. Dem Begriff geht das Begreifen voraus, der Einsicht das Einsehen.« (Aebli 1983, S. 182 f.) Daraus folgt für Aebli: Die Schüler müssen, um erfolgreich handeln und begreifen zu können, möglichst reflektierte methodische »Handlungsschemata« aufbauen, die ihr Lernen abstützen und einprägsam machen.

Unter Motivationsgesichtspunkten hat dies ferner zur Konsequenz – darauf hat J. S. Bruner wiederholt hingewiesen –, dass mit dem Erwerb derartiger Handlungsschemata und der darauf fußenden Handlungskompetenz eine ausgesprochen tragfähige »Kompetenz-Motivation« entsteht. Diese besteht darin, dass die Schüler aus Erfahrung wissen, wie sie an die gängigen Aufgaben und Probleme herangehen müssen. Daher können sie mit hoher Wahrscheinlichkeit mit einem Erfolg rechnen; das aber ist naturgemäß motivierend (vgl. Bruner 1981, S. 22 ff.). Hinzu kommt: Die selbst gesteuerte Auseinandersetzung mit den jeweiligen Inhalten, die Mitbestimmungsmöglichkeiten sowie das Erleben der Sinnhaftigkeit des eigenen Tuns – dies alles hat erheblichen Einfluss auf die Motivation der Schüler. Oder anders ausgedrückt: Derjenige Schüler, der sich selbst als Subjekt und Verursacher von Lernergebnissen sieht, ist in aller Regel engagierter, motivierter und effektiver als jener, der mehr oder weniger widerwillig »beschult« wird (vgl. Wenzel 1987, S. 31 f.).

Entscheidend für wirksame und motivierende Lernprozesse ist letzten Endes die individuelle mentale Aktivität und die individuelle kognitive Konstruktionsleistung der Schüler. Dieser Befund der konstruktivistischen Lerntheorie (vgl. u.a. Maturana/Varela 1984) spricht eindeutig für die Bedeutung und den praktischen Nutzen des hier zur Debatte stehenden Methodentrainings. Schüler, die erfolgreich lernen und behalten wollen, müssen möglichst oft und möglichst versiert zu Konstrukteuren von Erkenntnis- und Problemlösungsmustern werden. Sie müssen immer wieder angeregt und angeleitet werden, den Lernstoff in methodisch durchdachter Weise zu ordnen und so zu organisieren, dass sich einprägsame Strukturen und Handlungsabläufe ergeben, die eine längerfristige Verankerung des Gelernten gewährleisten. So gesehen ist Lernen also vor allem Konstruktion von Bedeutungen, Strukturen und Problemlösungen durch die Schüler selbst. Mit anderen Worten: Wissen wird nicht – wie dies die Verfechter des darbietenden Unterrichts meinen – einfach von außen übernommen und kognitiv abgespeichert, um zu einem späteren Zeitpunkt wieder flexibel abgerufen und reproduziert werden zu können. Nein, nachhaltiges, vernetztes Wissen ist hochgradig darauf angewiesen, dass es in den Gehirnen der Schüler zunächst einmal geformt und in möglichst eingängiger Weise verankert wird. Dazu aber müssen die betreffenden Schüler über geeignete Werkzeuge (skills) verfügen – Werkzeuge, die im Unterricht eingeübt und systematisch kultiviert werden müssen.

Von daher kommt dem Methodenlernen und dem entdeckenden/problemlösenden Lernen der Schüler große Bedeutung zu. Will sagen: Das methodisch versierte Erarbeiten bzw. Konstruieren eigener Erkenntnis- und Handlungsmuster tritt notwendig vor das Katechisieren und Reproduzieren des obligatorischen Lernstoffs. Diese Maxime der konstruktivistischen Lerntheorie verlangt zwingend nach einer veränderten Lernkultur. Einer Lernkultur, die Lernen über Lehren, Konstruktion über Instruktion und Produktion über Reproduktion stellt. Das hier in Rede stehende Methodentraining ist ein wichtiger Beitrag zur Verwirklichung dieser Lernkultur. Fazit also: Wer den Lernerfolg der Schüler mehren und die Vermittlung zukunftsgerechter »Schlüsselqualifikationen« sicherstellen will, der kommt letztlich nicht umhin, dem Methodenlernen mehr Raum und Gewicht zu geben, als das in unseren Schulen bislang üblich ist.

6. Entlastungsperspektiven für Lehrer

Eine verstärkte Ausbildung grundlegender Lernmethoden hilft freilich nicht nur den Schülern, sondern trägt auch und zugleich zur Entlastung der betreffenden Lehrkräfte bei. Zwar ist der Lehrer, der in methodischer Hinsicht nachdrücklichere Akzente setzen und Übungen durchführen möchte, zunächst einmal genötigt, entsprechende Materialien und Lernarrangements vorzubereiten bzw. aufzuspüren; ferner muss er mehr oder weniger ungewohnte Wege beschreiten, sein Rollenverständnis korrigieren und seine eigene Unterrichtsmethodik weiterentwickeln. Das alles ist nicht immer leicht und bringt in der Anfangsphase in aller Regel eine gewisse (kreative) Mehrarbeit mit sich. Nur, diese Mehrarbeit ist erfahrungsgemäß vorübergehend und sie zahlt sich mittel- und längerfristig auf alle Fälle aus.

Diejenigen Lehrkräfte, die sich auf den Weg gemacht und ihre Schüler methodisch einigermaßen konsequent gefördert und gefordert haben, können dieses vielfältig bestätigen – ganz zu schweigen davon, dass sie durch ihre kreative Arbeit an und mit neuen Lehrmitteln zumeist deutlich ermutigt, inspiriert und zu konstruktiver Zusammenarbeit mit interessierten Kolleginnen und Kollegen veranlasst wurden. So gesehen, kann selbst der zusätzliche Vorbereitungsaufwand eine entlastende Funktion haben, indem man nämlich bei sich selbst neue pädagogische und methodische Möglichkeiten und Fähigkeiten entdeckt, die sowohl dem eigenen Ego als auch der Zukunftsperspektive der eigenen pädagogischen Arbeit gut tun. Dass diese Art der Selbsterprobung und Selbstbestätigung höchst wichtig und nötig ist, bestätigen nicht zuletzt die alarmierenden Ausmaße des so genannten »Burnout-Effekts« unter Lehrern. Neues ausprobieren, konzipieren, diskutieren – das belebt, befriedigt, eröffnet neue Chancen und wirkt so der offenkundigen »Sinnkrise« im Schulalltag entgegen.

Methodenorientierte Innovationen entlasten die beteiligten Lehrkräfte aber auch und vor allem dadurch, dass auf diese Weise den Schülern mehr konstruktive Selbsttätigkeit möglich wird. In dem Maße nämlich, wie die Schüler eigene Lernstrategien kultivieren, entwickelt sich erfahrungsgemäß nicht nur ihre intrinsische Motivation, sondern auch ihre Fähigkeit, in eigener Regie zu arbeiten und zu lernen. Sie werden selbstständiger, zielstrebiger und konstruktiver in ihrem Lernverhalten (vgl. Abb 4). Die Lehrkräfte können sich dadurch stärker zurücknehmen. Sie erleben weniger Streß und nervliche Anspannung. Ihre Beanspruchung durch hilflose Schüler nimmt ab (vgl. Abb. 4). Viele Lehrerinnen und Lehrer sehnen sich zunehmend nach einer derartigen Schule, in der man sich »wohl fühlen« kann (vgl. Miller 1992). »Sich wohl fühlen« hängt aber nicht nur von der Atmosphäre im Lehrerzimmer, von der Ausstattung der Schule oder von ähnlichen außerunterrichtlichen Faktoren ab, sondern ganz wesentlich auch davon, ob die Schüler im Unterricht motiviert, engagiert und möglichst störungsfrei arbeiten und lernen. Dieses aber gelingt umso besser, je fundierter die methodische Grundbildung der Schüler ist. Ergo: Wer in die Methodenschulung seiner Schüler investiert, der fördert über kurz oder lang auch seine eigene Entlastung und Berufszufriedenheit.

Vorzüge des Methodentrainings für Schüler und Lehrer

Methodentraining

fördert auf Schülerseite ...	reduziert auf Lehrerseite ...
Methodenkenntnis und Methodenbeherrschung	Allseitige Verantwortlichkeit
↓	↓
Selbstständigkeit und Selbstvertrauen	Beanspruchung durch hilflose Schüler
↓	↓
Motivation und Eigeninitiative	Hyperaktivität und Helferdrang
↓	↓
Problemlösungsfähigkeit	Angst vor dem Versagen der Schüler
↓	↓
Zielstrebigkeit und Ausdauer	Nervliche Anspannung
↓	↓
Konstruktives und effektives Lernen	Stress durch zirkuläre Lernprozesse

Abb. 4

7. Das neue Haus des Lernens

Das hier in Rede stehende Methodentraining ist Teil einer grundlegenden Neuorientierung der Unterrichtsarbeit. Dreh- und Angelpunkt der angestrebten neuen Lernkultur ist das eigenverantwortliche Arbeiten und Lernen der SchülerInnen, kurz »EVA« genannt (vgl. Abb. 5), und zwar mit dem Ziel, die im Dachgeschoss des Unterrichtsgebäudes angesiedelten Schlüsselqualifikationen möglichst wirksam zu erreichen. Zu diesen Schlüsselqualifikationen zählt erstens die Fachkompetenz im engeren Sinne (Fachwissen, Strukturwissen, Kritik- und Urteilsfähigkeit, Problembewusstsein, Problemlösungsfähigkeit), zweitens die Beherrschung elementarer Lern- und Arbeitstechniken, drittens die Fähigkeit zur überzeugenden Kommunikation und Argumentation, viertens die Fähigkeit und Bereitschaft zur konstruktiven und regelgebunden Zusammenarbeit in Gruppen sowie fünftens der Aufbau spezifischer Persönlichkeitsmomente wie Selbstvertrauen, Selbstwertgefühl, Eigeninitiative und Durchhaltevermögen.

In einem Unterricht, in dem vorwiegend der Lehrer exzerpiert, strukturiert, interpretiert, analysiert, argumentiert, fragt, kontrolliert, kritisiert, organisiert, Probleme löst und in sonstiger Weise das Lernen managt und dominiert, können die Schüler diese Schlüsselqualifikationen naturgemäß nur schwer erwerben. Von daher ist »EVA« zwingend angesagt. Allerdings setzt die Intensivierung des eigenverantwortlichen Arbeitens und Lernens im Unterricht auch voraus, dass die Schüler über einigermaßen tragfähige methodische Kompetenzen und Routinen verfügen, die ihnen persönlichen Erfolg sichern und nachhaltige Motivation aufbauen helfen. Konkret: Sie müssen die gängigen Lern- und Arbeitstechniken beherrschen, sie müssen argumentations- und kommunikationsfähig sein und sie müssen gelernt haben, konstruktiv und regelgebunden im Team zu arbeiten. Gerade an diesen Basiskompetenzen aber mangelt es vielerorts nach wie vor ganz erheblich. Hier muss zwingend nachgebessert werden, wenn das skizzierte »Neue Haus des Lernens« ein solides Fundament bekommen und das eigenverantwortliche, methodenbewusste Arbeiten und Lernen der Schüler konsequent ausgebaut werden soll.

Die in Abbildung 5 angedeuteten »Sockelqualifikationen« betreffen zum einen das Einüben elementarer Lern- und Arbeitstechniken wie Nachschlagen, Markieren, Exzerpieren, Strukturieren und Visualisieren, zum zweiten das Training grundlegender Argumentations- und Kommunikationstechniken bis hin zur Rhetorik sowie drittens die systematische Kultivierung von Teamfähigkeit durch vielfältige Übungen und Reflexionen. Ohne diese methodenzentrierte Übungs- und Klärungsarbeit steht das eigenverantwortliche Arbeiten und Lernen auf ziemlich tönernen Füßen. Nur, wer leistet diese Qualifizierungsarbeit in unseren Schulen?

Die meisten Lehrkräfte hierzulande haben derartige Qualifizierungsstrategien weder während ihrer eigenen Schulzeit noch während ihrer Ausbildung an der Universität oder im Studienseminar erlebt und haben deshalb verständlicherweise Scheu davor, das skizzierte Methodentraining in Angriff zu nehmen. Von daher bedarf es zur Fundierung der skizzierten Unterrichtsarbeit nicht nur einschlägiger Trainingsmaßnahmen für die

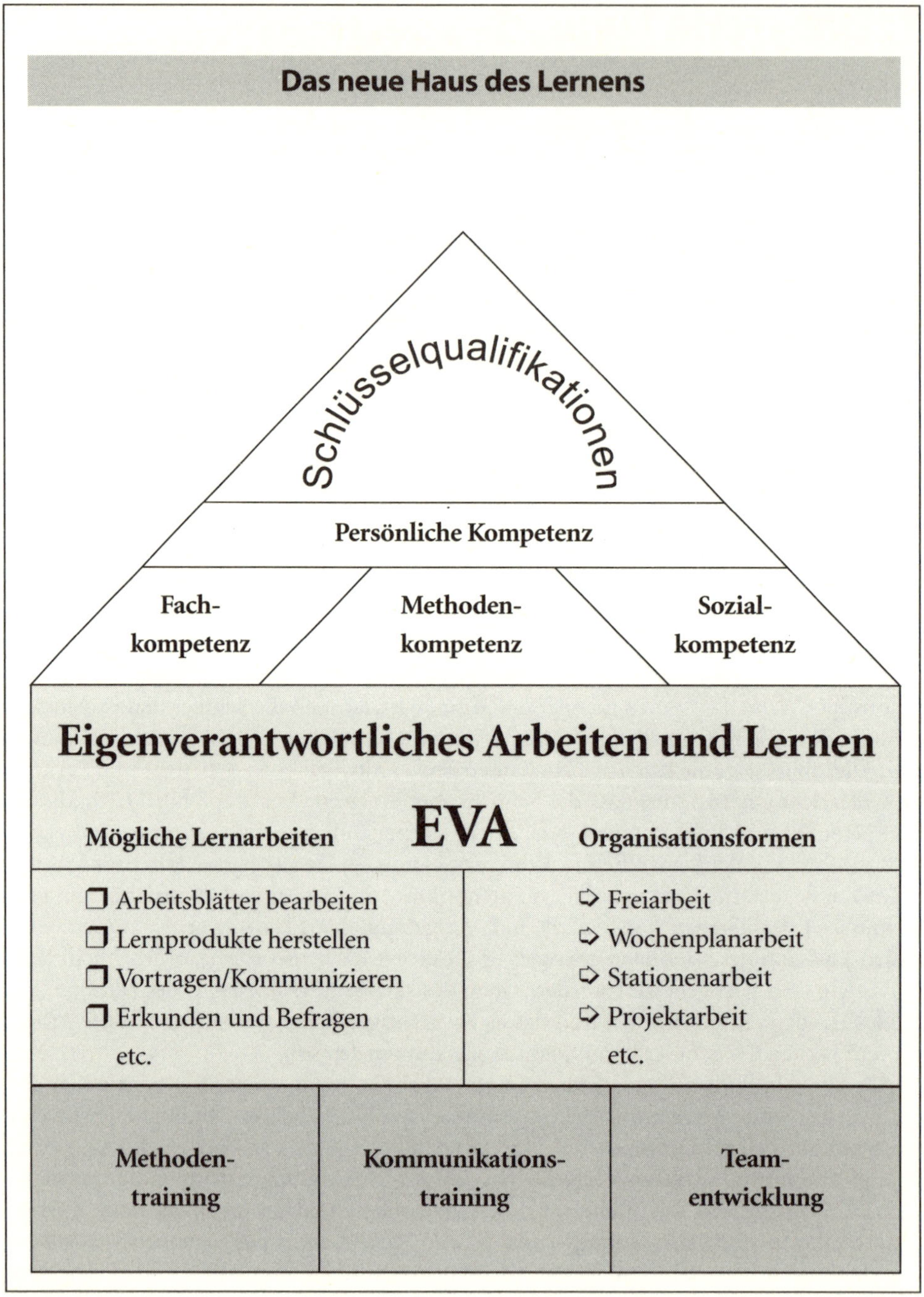

Abb. 5

Schüler, sondern auch und zugleich solcher für die Gruppe der Lehrkräfte. Diese Trainingsarbeit ist eine zentrale Aufgabe und Herausforderung für die Lehrerfortbildung – und ein essentielles Merkmal der hier ins Auge gefassten neuen Lernkultur.

II. Trainingsbausteine für die praktische Unterrichtsarbeit

In diesem Kapitel werden mehr als 120 erprobte und bewährte Arrangements zur Förderung der Lern- und Arbeitsmethodik der Schüler dokumentiert. Diese »Übungsbausteine ergeben selbstverständlich kein abgeschlossenes Trainingsprogramm, sondern sind in erster Linie als »Ideenbörse« gedacht, die beispielhaft zeigt, wie die Schüler zum methodenzentrierten Arbeiten, Üben und Reflektieren in den unterschiedlichsten Lernsituationen und Fächern veranlasst werden können. Interessierte Lehrkräfte können die dokumentierten Übungsbausteine teils direkt, teils als Anregung übernehmen, um für den eigenen Unterricht analoge Lernarrangements zu entwickeln.

Methodentraining meint hier und im Folgenden das systematische Einüben elementarer *Lern- und Arbeitstechniken* mittels vielfältiger Übungen und methodenzentrierter Reflexionen. Welche Lern- und Arbeitstechniken dabei anvisiert werden, zeigt ansatzweise Abbildung 5. Kennzeichnend für das hier anvisierte Methodentraining ist, dass das Methodenlernen der Schüler phasenweise ins Zentrum der Unterrichtsarbeit gerückt wird und in den betreffenden Lernphasen Vorrang vor der Stoffvermittlung erhält. Zwar wird in den methodenzentrierten Phasen auch Stoff behandelt, aber dieser ist eher sekundär. Das Unterrichtsgeschehen kreist in den methodenzentrierten Übungsphasen vorrangig um das methodische Vorgehen der Schüler, um ihre Unsicherheiten und Defizite, ihre Anfragen und positiven Ansätze zur Verbesserung der eigenen Lern- und Arbeitsmethodik. Dementsprechend werden Experimente durchgeführt, methodische Strategien erprobt und verglichen, auftretende Probleme besprochen, Regeln erarbeitet und geklärt, persönliche Tipps ausgetauscht und von Lehrerseite natürlich auch konkrete Anregungen gegeben. Die Methodik der Schüler wird also zum vorrangigen Lerngegenstand, während die fachspezifischen Inhalte in diesen Trainingsphasen einen deutlich nachgeordneten Stellenwert haben.

Dieses bedeutet andererseits jedoch nicht, dass dadurch der fachspezifische Kompetenzerwerb der Schüler über Gebühr beeinträchtigt wird. Vielmehr sind Methodenlernen und fachliches Lernen in hohem Maße komplementär. Der vermeintliche Gegensatz von Fachkompetenz und Methodenkompetenz ist insofern irreführend, als damit suggeriert wird, die Schüler könnten auch ohne differenzierte Methodenbeherrschung nachhaltig fachlich lernen. Zwar ist richtig, dass in den methodenzentrierten Übungsphasen in aller Regel weniger Lernstoff dargeboten bzw. »durchgenommen« werden kann, doch das heißt ja nicht, dass die SchülerInnen deshalb weniger lernen. Vor allem längerfristig sind die Lerneffekte auf Schülerseite ganz entscheidend davon abhängig, dass sie den Lernstoff methodisch durchdacht erschließen und systematisch im Gedächtnis verankern können. Das aber wiederum ist eine Frage der Methodenbeherrschung. Will sagen: In dem Maße, wie die Schüler lernen, den je anstehenden Lernstoff sinnfällig zu strukturieren und zu visualisieren. Informationen rasch nachzuschlagen und selektiv zu lesen, Fragen zu formulieren und Lernkärtchen anzulegen, stringent zu schreiben und zu protokollieren, hilfreiche Exzerpte zu erstellen und Mitschriften anzufertigen, Ordnung zu halten und die eigene Arbeit zu organisieren, Klassenarbeiten geschickt vorzubereiten und den häuslichen Arbeitsplatz sinnvoll zu gestalten – in dem Maße werden sie auch das eigene Lernen effektiver und erfolgreicher gestalten können. So gesehen sind Methodentraining und fachliches Lernen aufs Engste miteinander verwoben und im alltäglichen Unterricht notwendigerweise als Einheit zu betrachten und zu »pflegen«.

Wichtig ist, dass das methodenzentrierte Arbeiten nicht nur sporadisch im Fachunterricht stattfindet, sondern – wie erwähnt – gelegentlich zu regelrechten »Crashkursen« verdichtet wird, die den Schülern Gelegenheit geben, sich ebenso intensiv wie vielschichtig mit methodischen Fragen und Strategien auseinanderzusetzen und die eigene Lernmethodik gezielt zu verbessern. Wie ein derartiger Crashkurs als Wochentraining ablaufen kann, zeigt Kapitel III.6. dieses Buches (vgl. Seite 257ff). Die hier in Rede stehenden Übungsbausteine lassen sich zu vier abgrenzbaren Methodenfeldern gruppieren. Erstens »Methoden der Informationsbeschaffung und -erfassung«, zweitens »Methoden der Informationsverarbeitung und -aufbereitung«, drittens »Methoden der systematischen Arbeits-, Zeit- und Lernplanung« sowie viertens diverse propädeutische Übungen, die die Schüler zum (selbst-)kritischen Nachdenken über das eigene Lernen sowie über etwaige

WICHTIGE LERN- UND ARBEITSTECHNIKEN
(Einige Beispiele)

Markieren	Ordnung halten
Rasch lesen	Arbeitsplatzgestaltung
Nachschlagen	Protokollieren
Fragen formulieren	Mitschrift anfertigen
Auswendig lernen	Prüfungen vorbereiten
Exzerpieren	Visualisieren
Zusammenfassen	Heft gestalten
Strukturieren	Arbeitsplan erstellen
»Spicker schreiben«	Entscheidungen treffen
Stringentes Schreiben	Zeit einteilen

etc.

Abb. 6

Lernprobleme bewegen. Einen Überblick über diese Methoden-Palette vermitteln die Abbildungen 6 und 7. Zu üben sind u.a. Nachschlage-, Lese-, Analyse-, Frage-, Ordnungs-, Strukturierungs-, Visualisierungs-, Präsentations-, Schreib-, Planungs- und Entscheidungstechniken. Thematisiert werden aber auch Fragen und Strategien zur Förderung der eigenen Gedächtnisleistung – angefangen bei einfachen Mnemotechniken über Lernkarteiarbeit, Mindmapping und suggestopädische Methoden bis hin zur wirksamen Vorbereitung von Klassenarbeiten sowie zur lernfördernden Gestaltung des häuslichen Arbeitsplatzes.

Erwiesen ist nämlich, dass sich die Lern- und Behaltensleistung der Schüler erheblich steigern lässt, wenn diese geübt und gelernt haben, bewährte Mnemotechniken einzusetzen und/oder einprägsame Lernplakate, Spickzettel und sonstige Strukturmuster zu erstellen. Auch das systematische Arbeiten mit einer Lernkartei unterstützt die Gedächtnisleistung ganz entscheidend (vgl. Bönsch 1988; Metzig/Schuster 1982). Hilfreich ist darüber hinaus die grundsätzliche Auseinandersetzung mit lernpsychologischen Gegebenheiten und Befunden – etwa zur Funktionsweise des Gedächtnisses oder zum Biorhythmus des Menschen – oder auch das Erstellen von Arbeits- und Zeitplänen z.B. zur Vorbereitung von Klassenarbeiten oder zur Realisierung von Wochenplänen.

Die dokumentierten Übungsbausteine auf einen Blick
Nachdenken über Lernen – ein Propädeutikum
■ Schülerbefragung mit Auswertung ■ Problemorientierte Karikaturen-Rallye ■ Würfelspiel zum Thema Lernen ■ Lerntypen-Test ■ Rätselhaftes zum Thema Lernen ■ Lerntipps entdecken und klären ■ Lückenhafte Lernstrategien ■ Übungen zur Selbstmotivation ■ Schüler als Lernberater …
Methoden der Informationsbeschaffung und -erfassung
■ Übungen zur Förderung des Lesetempos ■ Übungen zum systematischen/verständnisvollen Lesen ■ Markieren und unterstreichen ■ Zusammenfassen, Strukturieren, Exzerpieren ■ Arbeiten mit Nachschlagewerken ■ Das kleine ABC des Fragens ■ Streifzug durch die Bibliothek …
Methoden der Informationsverarbeitung und -aufbereitung
■ Handwerkliche Grundtechniken festigen ■ Arbeitsmittel im Überblick ■ Beiträge im Heft gestalten ■ Diagramme und Tabellen entwerfen ■ Visualisieren im Klassenraum ■ Schreiben mit Methode und Übersicht ■ Das Einmaleins des »wissenschaftlichen« Arbeitens …
Methoden der Arbeits-, Zeit- und Lernplanung
■ Planvolle Prüfungsvorbereitung ■ Methoden zur Steigerung der Gedächtnisleistung ■ Strategische Übungen zu den Hausaufgaben ■ Das kleine Einmaleins der Zeitplanung ■ Übungen zur Arbeitsplanung ■ Übungsbausteine zur Verbesserung der Problemlösungsfähigkeit …

Abb. 7

Wenn in diesem Buch immer wieder von *»Techniken«* die Rede ist, dann ist dieser Terminus durchaus mit Bedacht gewählt. Er soll deutlich machen, dass die Schüler ganz elementare Lern- und Arbeitsroutinen brauchen, um durchdacht und nachhaltig lernen und begreifen zu können. Von daher sind die in diesem Buch dokumentierten methodischen Arrangements und Materialien in aller Regel recht einfach zugeschnitten. Sie sollen zeigen und methodisch konkretisieren, wie die Schüler an elementare Lern- und Arbeitstechniken herangeführt und zum methodenbewussten Umgang mit den unterschiedlichsten Aufgaben und Inhalten veranlasst werden können. So gesehen sind die hier dokumentierten Methoden überwiegend fächerübergreifend zu verstehen. Ob und in welcher Form sie letzten Endes im Unterricht genutzt werden, hängt davon ab, welche Inhalte und Lernziele jeweils zur Behandlung anstehen. Denn Methoden sind nicht einfach Selbstzweck, sondern sind in erster Linie Instrumente zur effektiveren Durchdringung der je anstehenden fachspezifischen Aufgaben und Problemstellungen.

Methodenlernen und inhaltlich-fachliches Lernen sind also – wie bereits erwähnt – zwei Seiten der gleichen Medaille. Ohne Methode kein inhaltliches Lernen, und ohne Inhaltsbezug kein methodisches Lernen. Während es im gängigen Fachunterricht eher so ist, dass sich die Aufmerksamkeit der Lehrer und Schüler überwiegend oder ausschließlich auf die Inhaltsaspekte richtet, kreist das Unterrichtsgeschehen in den methodenzentrierten Lernphasen primär um das methodische Vorgehen der Schüler, um ihre intuitiven methodischen Handlungsmuster, ihre Unsicherheiten und Unzulänglichkeiten, ihre positiven Ansätze und ihre potentiellen Möglichkeiten zur Optimierung der eigenen Lern- und Arbeitsmethodik. Dementsprechend werden Experimente gemacht, Strategien ausprobiert und verglichen, methodische Fragen und Probleme besprochen, Regeln erarbeitet und visualisiert und natürlich auch Tipps von Seiten der Lehrkräfte gegeben. Die Methodik wird also zum Lerngegenstand.

Kennzeichnend für die nachfolgend dokumentierten Übungsarrangements und -materialien ist mithin, dass sie den Schülern in vielfältiger Weise Gelegenheit geben, methodenzentriert zu experimentieren auf diesem Wege hilfreiche methodische Verfahrensweisen und Einsichten zu entdecken. Dieses kleinschrittige »learning by doing« sucht man in den gängigen Methodenbüchern in aller Regel vergebens. Entweder es werden sehr grundsätzliche Ausführungen zur Bedeutung des Methodenlernens gemacht (vgl. z.B. Geppert/Preuß 1980; Rainer 1981; Wenzel 1987) oder aber es werden mehr oder weniger generelle Anregungen für Lehrer und/oder Schüler gegeben, die ihre Lernstrategien verbessern wollen (vgl. z.B. Leitner 1991; Ott u.a. 1990; Hülshoff/Kaldewey 1990; Bronnmann u.a. 1981; Arbeitsgemeinschaft Lernmethodik 1988; Keller 1986). Konkrete Trainingshilfen für jene Lehrkräfte, die in ihrem Unterricht gezielte methodische Übungen und Reflexionen einfädeln möchten, sind bislang eher die Ausnahme. Diesem Mangel an praxiserprobten Übungshilfen und -arrangements soll mit dem vorliegenden Buch entgegengewirkt werden.

Die nachfolgend dokumentierten Übungsbausteine sind als Unterrichtshilfen für die Hand des Lehrers konzipiert. Gleichzeitig sind sie so gestaltet, dass die Schüler damit unmittelbar zum methodenzentrierten Arbeiten und Reflektieren veranlasst werden können. Welche Bausteine wann eingesetzt und mit welchen Inhalten verbunden werden, ist von den je zuständigen Lehrkräften zu entscheiden. Die mehr als 120 Übungsbausteine in diesem Buch bieten in erster Linie Anregungen und Beispiele, wie die Schüler methodenzentriert gefordert und gefördert werden können. Sie zeigen, wie die Schüler zum (selbst-)kritischen Nachdenken über das eigene Lernen veranlasst werden können, wie sie in puncto selbstständige Informationsbeschaffung und -verarbeitung trainiert und wie sie zu einer effektiveren Arbeits-, Zeit- und Lernplanung hingeführt werden können. Selbstverständlich sind bei alledem fachspezifische Adaptionen möglich und häufig sogar nötig.

Als Chance und Perspektive dieser methodenzentrierten Unterrichtsarbeit ist zu sehen, dass die Schüler auf diese Weise angeregt und ermutigt werden, das eigene Lernen auf den Prüfstand zu stellen und die persönlichen Lern- und Arbeitstechniken bewusst und durchdacht weiterzuentwickeln. Ziel dieser Trainingsarbeit ist es, im besten Sinne des Wortes methodische Routinen entstehen zu lassen. Diese »Routinebildung« auf Schülerseite ist freilich alles andere als vordergründiger Drill. Mit anderen Worten: Den Schülern werden von Lehrerseite nicht einfach bestimmte Rezepte übergestülpt, sondern sie entwickeln im Wege des »learning by doing« gangbare Lern- und Arbeitstechniken, die ihnen helfen, erfolgreicher und nachhaltiger zu lernen, gehirngerecht zu strukturieren und zu visualisieren, Informationen rasch nachzuschlagen, Klassenarbeiten vorzubereiten, Arbeitspläne zu erstellen etc. Von daher widerspricht diese Art des Methodentrainings keineswegs den emanzipatorischen Zielsetzungen einer auf Mündigkeit und Selbstbestimmung ausgerichteten Bildungsarbeit.

Zum Layout: Die einzelnen Übungsbausteine sind jeweils deutlich gekennzeichnet und fortlaufend nummeriert. Sie sind grafisch so gestaltet, dass die betreffenden Materialien übersichtlich und recht problemlos reproduziert werden können. Zum jeweiligen Übungsbaustein (B 1, B 2 etc.) gehört stets eine knappe Einführung mit unterrichtspraktischen Hinweisen, Erfahrungen und weiterführenden Anregungen, ferner die Dokumentation der entsprechenden Materialien und Arbeitsblätter. Die ausgewählten Übungsbausteine erheben weder den Anspruch auf Vollständigkeit, noch verbindet sich mit ihnen die Vorstellung, dass sie in einer bestimmten Klasse allesamt eingesetzt werden können. Das ist aus zeitlichen wie aus didaktischen Gründen nun einmal nicht ratsam. Gedacht sind die dokumentierten Übungsarrangements vielmehr als »Steinbruch«, den interessierte Lehrkräfte wahlweise sowohl zur Vorbereitung einschlägiger Trainingswochen als auch zur punktuellen Methodenpflege im Fachunterricht nutzen können.

1. Nachdenken über Lernen – ein Propädeutikum

Hintergrund dieses Propädeutikums ist die Erfahrung, dass viele Schüler weder zu Hause noch in den Grundschulen, noch in den weiterführenden Schulen ausreichend Gelegenheit erhalten, ihre persönliche Lernmethodik kritisch zu hinterfragen, konstruktiv zu überdenken und mit anderen Personen darüber zu diskutieren. Folglich werden auftretende Lernschwierigkeiten nur zu oft vordergründig als individuelle Schwäche hingenommen, einfach verdrängt oder aber der betreffenden Lehrperson angelastet, die das Problemfach unterrichtet – um nur einige Standardreaktionen zu erwähnen. Von daher ist es wenig verwunderlich, dass es vielen Schülern an entsprechendem Problembewusstsein mangelt (vgl. Abschnitt I.2). Die Frage ist nur: Wie lässt sich dieser fatale Zustand verändern? Wie lassen sich methodische Sensibilität und Lernbereitschaft auf Schülerseite auf- und ausbauen? Die bisherigen Erfahrungen zeigen, dass die entscheidende Voraussetzung für diese Sensibilisierung die ist, dass den Schülern offenkundige Lernprobleme bzw. methodische Unzulänglichkeiten sehr konkret, einleuchtend und inspirierend vor Augen geführt werden – sei es durch entsprechende Experimente im Unterricht und deren Auswertung, sei es durch korrespondierende Lernspiele und Kreativitätsübungen, sei es durch die gezielte (Selbst-) Befragung der Schüler, sei es durch die Dokumentation problematischer Lernstrategien fiktiver Schüler oder sei es auch dadurch, dass sich die Schüler wechselseitig als Lernberater versuchen. Wichtig ist nur, dass ein ebenso anregender wie motivierender Anlass geschaffen wird, der die Schüler zum konstruktiven Nachdenken über ihre eigenen Lernstrategien und -probleme sowie zum offenen Gespräch darüber ermutigt. Ziel der nachfolgenden Übungen ist es von daher stets, einmal das Problembewusstsein und die Selbstkritikfähigkeit der Schüler zu fördern, zum Zweiten aber auch und zugleich darauf hinzuarbeiten, dass wegweisende Lerntipps entwickelt und auf Plakaten, Folien sowie in einem separaten »Methoden-Hefter« festgehalten werden, in den auch sonstige methodenzentrierte Materialien und Arbeitsergebnisse aufgenommen werden. Zeit und Geduld sind bei alledem ähnlich unerlässlich wie geeignete Lernspiele, Impulsmaterialien (z. B. Karikaturen) und sonstige Arbeitsunterlagen. Nicht zuletzt muss eine möglichst angstfreie Atmosphäre vorherrschen, damit die Schüler zur nötigen Offenheit und (Selbst-)Kritikfähigkeit finden können. Dafür zu sorgen ist eine der wesentlichen Aufgaben des Lehrers. Ansonsten ist er in erster Linie Organisator, Serviceleistender, Moderator und Berater. Die nachfolgenden Übungsbausteine werden die Besonderheiten dieser Rolle näher deutlich werden lassen.

B 1: SCHÜLERBEFRAGUNG MIT AUSWERTUNG

GRUNDIDEE: Im abgebildeten Fragebogen werden methodische Anforderungen und Aufgaben angesprochen, die in der Sekundarstufe I – einschließlich Orientierungsstufe – ziemlich alltäglich sind. Da die Schüler erfahrungsgemäß recht unklare Vorstellungen von ihrer eigenen Lernmethodik haben und/oder sich zum Teil auch deutlich überschätzen, erhalten sie Gelegenheit zur Selbst-Diagnose. Dass dabei objektive Ergebnisse herauskommen, kann und darf nicht erwartet werden. Fehleinschätzungen und mangelndes Problembewusstsein sind auf Schülerseite nun einmal da. Indem sie mithilfe des Fragebogens mobilisiert und sichtbar gemacht werden, können sie thematisiert, diskutiert und wechselseitig korrigiert werden.

ÜBUNG: Der ausreichend kopierte Fragebogen wird an die Schüler verteilt und von diesen anonym ausgefüllt. Zur Einstimmung ist es wichtig, dass der verantwortliche Lehrer deutlich macht, wozu die Befragung dienen soll. Nämlich zur offenen und ehrlichen Klärung und Besprechung bestehender Lernschwierigkeiten sowie dazu, sinnvolle Wege zu finden, wie das eigene Lernen erfolgreicher gestaltet werden kann. Während der Befragung sollten Hilfen und Interpretationen von Lehrerseite möglichst unterbleiben, damit die Schüler nicht unnötig abgelenkt werden. Überarbeitungen und/oder Ergänzungen der vorgegebenen Items sind natürlich möglich, je nachdem, welche Klassenstufe angepeilt wird. Auf eine konzentrierte individuelle Bearbeitung des Fragebogens ist zu achten. Der gängige Zeitbedarf für diese Bearbeitung beträgt ca. 10 Minuten.

AUSWERTUNG: Die Auswertung der Befragungsergebnisse erfolgt in der Weise, dass die ausgefüllten Fragebögen vom Lehrer »gemischt« und portionsweise auf mehrere Schülergruppen verteilt werden. Diese Gruppen zählen die Antworten aus. Anschließend werden die zu den einzelnen Items gemeldeten Häufigkeiten auf eine vorbereitete Folie übertragen, die zudem kurzfristig für die Schüler kopiert wird. Nun gibt es mehrere Möglichkeiten der Weiterarbeit: Die erste Möglichkeit ist die, dass einige wenige besonders interessante Ergebnisse bzw. Items von den Schülern ausgewählt und im Plenum schrittweise besprochen werden. Eine zweite Variante besteht darin, dass die ausgewählten »Schlüsselergebnisse« zur näheren Beratung und Stellungnahme an die bestehenden Gruppen verwiesen werden (je ein Item pro Gruppe), die ihre Einschätzungen – Erklärungen, Ratschläge – anschließend im Plenum vortragen und zur Diskussion stellen. Eine dritte Möglichkeit schließlich wird im Rahmen des nächsten Übungsbausteins näher konkretisiert. Ganz gleich, wie die Auswertung letztendlich organisiert wird, entscheidend ist, dass auf Schülerseite methodenorientierte Gärungs- und Klärungsprozesse in Gang kommen, die das Problembewusstsein steigern und die methodische Kreativität reifen lassen. Am Ende der Übungssequenz sollten einige methodische Schlussfolgerungen (Lerntipps) zu den besprochenen Problemfeldern schriftlich festgehalten werden.

ZEITBEDARF: Je nachdem, wie extensiv die Auswertungsphase gestaltet wird, sind ein bis zwei Unterrichtsstunden anzusetzen. Prädestiniert sind für die Übung vor allem die Klassenlehrer und die Deutschlehrer.

B 1 SCHÜLERBEFRAGUNG

Wenn du über dein alltägliches Lernen nachdenkst, dann wirst du sicher feststellen, dass dir manches leichter von der Hand geht, anderes schwerer fällt. Im folgenden Fragebogen findest du einige Anforderungen bzw. Aufgaben, die du aus deiner ganz persönlichen Erfahrung heraus beurteilen sollst – und zwar ehrlich! Kreuze also bitte an, ob dir die Erledigung der jeweiligen Aufgabe »eher schwer« oder »eher leicht« fällt! Nur Mut: Schwierigkeiten darfst du zugeben; sie sind normal und andere Schüler haben sicher auch welche!

DIESES ZU LEISTEN …	**FÄLLT MIR …**	
	eher schwer	**eher leicht**
Mit Spaß und Freude zu lernen		
Lernstoff längerfristig zu behalten		
Klassenarbeiten gut vorzubereiten		
Regelmäßig zu üben und zu wiederholen		
Vokabeln gründlich zu lernen		
Fremde Texte rasch zu lesen und zu verstehen		
Aus Texten das Wichtigste herauszufinden		
Nachschlagewerke regelmäßig zu nutzen		
Zu einem Thema selbst etwas zu schreiben		
Ein Schema oder eine Tabelle zu erstellen		
Lernstoff übersichtlich zusammenzufassen		
Hefte/Mappen ordentlich zu führen		
Die eigene Arbeit sorgfältig zu planen		

<u>Hinweis:</u> Wenn du mit einer Vorgabe gar nichts anzufangen weißt, dann frage im Notfall deine(n) Lehrer/in! Aber sicher schaffst du's auch allein!

B 2: PAARGESPRÄCH ZUM THEMA KLASSENARBEITEN

GRUNDIDEE: Die Vorbereitung von Klassenarbeiten ist erfahrungsgemäß eines der Schlüsselprobleme vieler Schüler, obwohl sie dieses häufig gar nicht so wahrnehmen. Klassenarbeiten werden vorbereitet – irgendwie. Aber eine bewusste Reflexion und Strategiebildung ist eher die Ausnahme. Gleichwohl verfügen manche Schüler über ein ausgefeilteres Repertoire, andere über wenig oder gar keine Methodik. Warum nicht die Schüler ins Gespräch miteinander bringen, damit sie ihre mehr oder weniger unterschiedlichen Strategien versuchsweise offen legen, vergleichen, hinterfragen und sich auf diese Weise wechselseitig Anstöße zu geben? Genau dieses geschieht mit dem hier vorgestellten Karussell-Gespräch. Sein Vorteil: Durch die Verlagerung der Auseinandersetzung in anonyme Kleinstgruppen wird erfahrungsgemäß sowohl die Angst der Schüler reduziert als auch ihr Aktivitätsgrad entscheidend erhöht.

ÜBUNG: Zunächst wird das Thema (Vorbereitung von Klassenarbeiten) benannt und das dokumentierte Arbeitsblatt verteilt, mit dessen Hilfe sich die Schüler einen Überblick über den Gesamtablauf der Übung verschaffen können. Anschließend erhalten sie einige Minuten Zeit, um sich zum besagten Thema einige stichwortartige Notizen zu machen. Das alles geschieht noch im Plenum. Sodann wird die Sitzordnung entsprechend der Skizze im Arbeitsblatt verändert, d. h., die Schüler setzen sich paarweise in einem großen Doppelkreis gegenüber. Dazu werden nötigenfalls die Tische an die Außenwände des Klassensaales geräumt oder aber die Gesprächspaare setzen sich – falls die Tische im Rechteck stehen – an den Tischen gegenüber. Auf jeden Fall müssen ein deutlich sichtbarer Innenkreis und Außenkreis entstehen. Das weitere Prozedere verläuft wie im beigefügten Arbeitsblatt beschrieben. Für die einzelnen Gesprächssequenzen sind jeweils ca. fünf Minuten anzusetzen – etwa zwei Minuten Bericht, ca. eine Minute Zusammenfassung, ca. zwei Minuten freier Meinungsaustausch zum Thema. Der Lehrer läutet den Wechsel z. B. mit einer kleinen Glocke ein. Wie häufig sich das Karussell letztlich bewegt, d. h., die Schüler im Innen- oder Außenkreis weiterrücken und neue Gesprächspaare bilden, das hängt von ihrer Grundmotivation und vom Zeitkontingent des Lehrers ab. Erfahrungsgemäß sollten zwei Gesprächskontakte das Minimum, vier das Maximum sein.

AUSWERTUNG: Die Auswertung erfolgt zweistufig: Zunächst äußern sich die Schüler in einer offenen Feedback-Runde zu ihren Eindrücken und Erfahrungen während der Paargespräche (Was war interessant? Was war schwierig?). In einem zweiten Schritt werden einleuchtende/Erfolg versprechende Regeln für das Vorbereiten von Klassenarbeiten zusammengetragen und schrittweise festgehalten. Letzteres kann durch Zuruf im Plenum geschehen oder aber zwecks intensiverer Sondierung und Klärung von Kleingruppen mit je vier bis fünf Schülern geleistet werden. Produkt der gesamten Übung kann z. B. ein Wandplakat und/oder eine entsprechende Regel-Übersicht im erwähnten »Methoden-Heft« sein.

ZEITBEDARF: Je nachdem, wie viele Paargespräche zugelassen werden und ob die Auswertungsphase mit oder ohne separate Gruppenarbeit abläuft, ist mit einem Zeitansatz von ein bis zwei Unterrichtsstunden zu rechnen. Prädestiniert sind für die Übung vor allem die Klassenlehrer und/oder die Lehrkräfte für Deutsch. Praktikabel ist sie allerdings auch in anderen Fächern.

B 2 PAARGESPRÄCH

Lernprobleme haben viele Schüler. Jeder hat aber auch seine Methoden, mit denen er gut zurechtkommt. Häufig sind es kleine Tricks und Gewohnheiten, die sich bewährt haben und das eigene Lernen fördern. Ganz gewiss gilt das auch für dich! Wie ist es z.B. mit der Vorbereitung der Klassenarbeiten? Wie gehst du üblicherweise vor und womit hast du möglicherweise deine Probleme? Das vorgesehene »Paargespräch« (siehe Skizze) gibt dir Gelegenheit, mit anderen Schülern darüber zu sprechen und Erfahrungen auszutauschen. Nutze die Chancen, denn voneinander lernt man unter Umständen eine ganze Menge. Wie das Paargespräch im Einzelnen abläuft, zeigen die folgenden Hinweise:

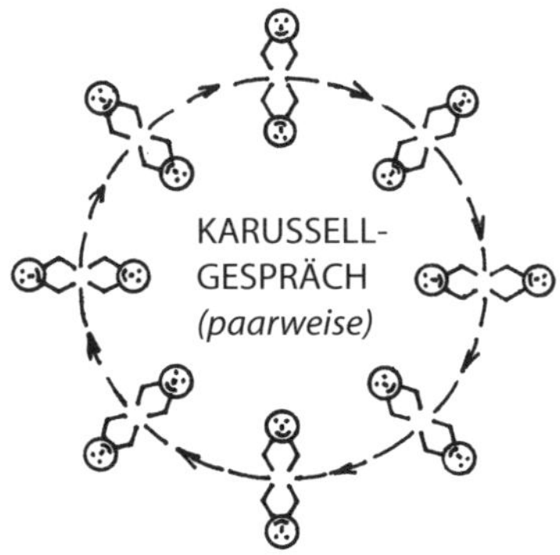

THEMA

»VORBEREITUNG VON KLASSENARBEITEN«

Macht euch zunächst zum angegebenen Thema einige Notizen, damit ihr grob wisst, was ihr eurem Gesprächspartner erzählen wollt, sobald ihr an die Reihe kommt! Der Notizzettel darf als Stütze mitgenommen werden.

Setzt euch anschließend entsprechend den Anweisungen eures Lehrers paarweise gegenüber, sodass sich ein Innen- und ein Außenkreis ergibt (siehe Skizze). Diejenigen im Innenkreis berichten alsdann ihren Gesprächspartnern im Außenkreis, wie sie bei der Vorbereitung ihrer Klassenarbeiten vorgehen und welche Probleme es eventuell gibt. Die Zuhörer im Innenkreis passen genau auf, machen sich bei Bedarf Notizen und fassen anschließend die Ausführungen ihres jeweiligen Gesprächspartners in eigenen Worten zusammen. Danach bleibt noch ein wenig Zeit für einen lockeren Meinungsaustausch zum Thema »Klassenarbeiten«.

Wenn der Lehrer das Signal gibt, rücken alle, die im Innenkreis sitzen, im Uhrzeigersinn zwei Stühle weiter, sodass sich neue Gesprächspaare ergeben. Nun sind diejenigen im Außenkreis an der Reihe, über ihre Vorbereitung von Klassenarbeiten zu berichten. Die Gegenseite hört zu … usw. Der weitere Ablauf ist genauso, wie zuletzt beschrieben.

Sofern ihr Interesse und Zeit habt, könnt ihr das »Karussell« noch weiter drehen und euch mit weiteren Partnern austauschen. Am Ende erfolgt eine Auswertung der Gespräche. Dazu wird euch euer Lehrer nähere Hinweise geben.

B 3: PROBLEMORIENTIERTE KARIKATUREN-RALLYE

GRUNDIDEE: Wie bereits erwähnt, setzt ein konstruktives Methodenlernen auf Schülerseite voraus, dass entsprechende »Anstöße« vermittelt werden, die methodenzentriertes Nachdenken, Diskutieren und Planen in Gang bringen. Ein derartiges Impulsmaterial sind die abgebildeten Karikaturen, die alltägliche Problemsituationen von Schülern teils lustig, teils überzeichnet, auf jeden Fall aber hintersinnig und anregend vor Augen führen. Die Palette der »Anstöße« reicht vom Chaos am häuslichen Schreibtisch über die gängigen Motivations- und Lernprobleme beim Bücherlesen, Vokabellernen, bei den Hausaufgaben oder bei der Vorbereitung von Klassenarbeiten bis hin zum Problem des Vergessens und der Angst vorm Lernen schlechthin. Die abgebildeten Karikaturen müssen keineswegs alle eingesetzt werden, sondern stellen ein Wahlangebot dar.

ÜBUNG: Vorbereitend kopiert der Lehrer die ausgewählten Karikaturen auf DIN-A4-Format – am besten auf dünne Pappe, die noch durch den Kopierer läuft. Zu Beginn der Übung werden die vergrößerten Karikaturen in gewissen Abständen an den Außenwänden des Klassenraumes mit Tesakrepp angeheftet, und zwar so, dass die Karikaturen selbst verdeckt sind. Nun werden entsprechend der Karikaturenanzahl Kleingruppen gebildet (nach dem Zufallsprinzip), die sich je eine Karikatur vornehmen, diese umdrehen und unter folgenden Gesichtspunkten besprechen: (a) Auf welches Lernproblem will der Karikaturist aufmerksam machen? (b) Wie sehen die entsprechenden Erfahrungen der Gruppenmitglieder aus? (c) Wodurch kann man dem besagten Lernproblem eventuell entgegenwirken? (Stichworte: Problem? – Persönliche Erfahrung? – Mögliche Gegenmaßnahmen?) Pro Karikatur hat jede Gruppe drei bis fünf Minuten Besprechungszeit. Alsdann gibt der Lehrer das Signal zum Wechsel. Die Gruppen gehen im Uhrzeigersinn zur nächsten Station und besprechen die dort vorgefundene Karikatur in der beschriebenen Weise. Aus zeitlichen, organisatorischen und motivationalen Gründen empfiehlt sich eine Beschränkung der eingesetzten Karikaturen auf fünf bis maximal sieben.

AUSWERTUNG: Nachdem im »Rundlauf« alle Stationen besucht worden sind, sammelt der Lehrer die betreffenden Karikaturen ein und lässt in einem ersten Auswertungsschritt jede Gruppe eines der Blätter wahlweise ziehen. Die auf diese Weise gleichmäßig verteilten Karikaturen werden von zu bestimmenden Gruppensprechern – nach einer kurzen gruppeninternen Beratungsphase – anhand gleichartiger Folien vor dem Plenum zusammenfassend kommentiert, und zwar unter Berücksichtigung der oben genannten Leitfragen. Die betreffenden Folien muss der Lehrer vorab kopieren. Alsdann wird in einem zweiten Auswertungsschritt der Auftrag gegeben, die bestehenden Gruppen sollen zu ihrer jeweiligen Karikatur bzw. dem darin zum Ausdruck kommenden Lernproblem wegweisende Lerntipps zusammentragen und auf einem »Lernplakat« veranschaulichen. Die so entstandenen »Lernplakate« werden im Klassenraum als stete Erinnerung ausgehängt (natürlich kann der skizzierte Auswertungsablauf auch gekürzt und/oder modifiziert werden).

ZEITBEDARF: Je nachdem, wie viele Karikaturen eingesetzt und welche zeitlichen Spielräume für das Erstellen der »Lernplakate« gelassen werden, ist mit einem Zeitbedarf von zwei bis drei Unterrichtsstunden zu rechnen – möglichst im Block. Prädestiniert sind für diese Übung in erster Linie die Klassenlehrer und/oder die Deutschlehrer.

B 3 KARIKATUREN-RALLYE

B 3 KARIKATUREN-RALLYE

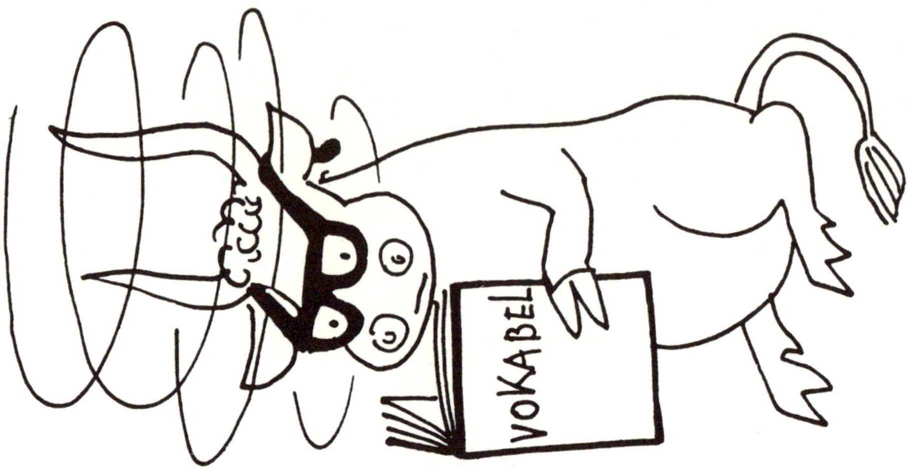

B 3	KARIKATUREN-RALLYE

B 3 KARIKATUREN-RALLYE

B 3 KARIKATUREN-RALLYE

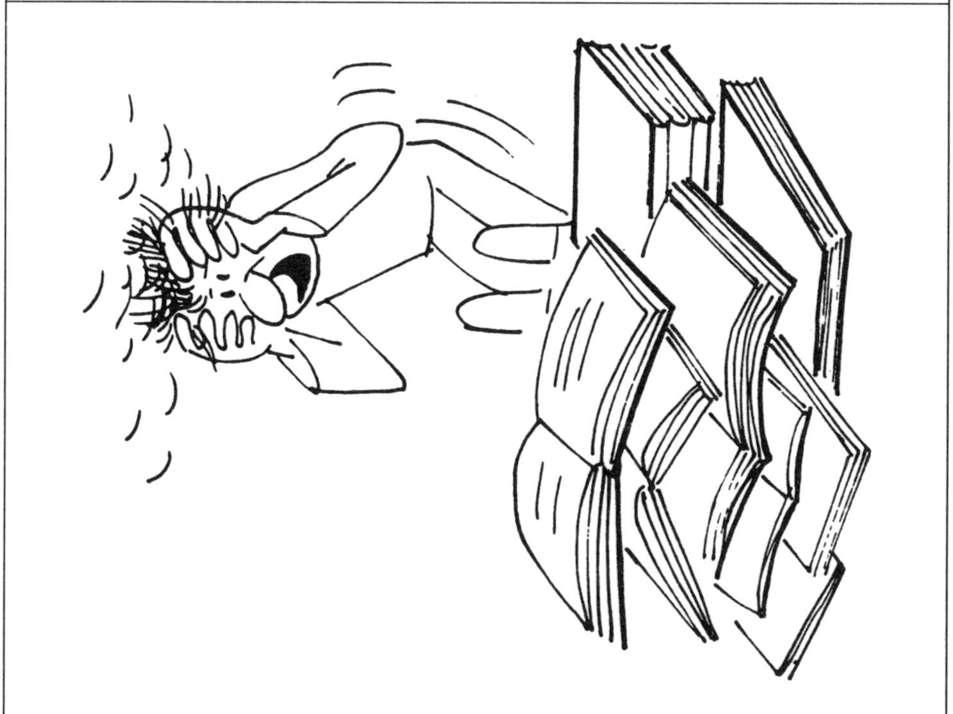

B 4: WÜRFELSPIEL »DEM LERNEN AUF DER SPUR«

SPIELIDEE: Das dokumentierte Würfelspiel führt in motivierender Weise die unterschiedlichsten Aspekte des Themas »Lernen« vor Augen, und zwar in Gestalt themenzentrierter Spielkarten. Letztere zeigen, dass man beim Lernen manches falsch machen kann. Sie geben aber auch Anregungen, wie man die alltäglichen Lernstrategien möglicherweise verbessern kann. Mithilfe von »Lernkarten«, »Fragekarten« und zahlreichen Überraschungsfeldern (A bis S) werden die Schüler zum Nachdenken über ihr eigenes Lernen angeregt. Korrespondierende Entscheidungsfragen und Gespräche – insbesondere in der Auswertungsphase – unterstützen diesen Prozess.

ÜBUNG: Das Würfelspiel wird in vier bis fünf Kleingruppen gespielt. Dementsprechend müssen vier bis fünf Spielböden im DIN-A3-Format hergestellt werden (entsprechende Kopien auf Pappe aufkleben). Jeder Spielgruppe werden überdies sechs verschiedenfarbige »Püppchen«, ein Würfel, eine komplette Spielanleitung (s. Spielübersicht und Spielfelder-Beschreibung) sowie je ein Stapel »Lernkarten« und »Fragekarten« (s. Anlage) zur Verfügung gestellt. Außerdem muss jeder Gruppe ein mehrspaltiges Protokollblatt zum Eintragen der erzielten Punkte vorliegen. Zum Spiel selbst: Gespielt wird mit jeweils vier bis sechs Spielern an separaten Tischen.
Jede Gruppe wählt/bestimmt einen Spielleiter, der für die Einhaltung der Spielregeln zuständig ist. Er verliest ferner die betreffenden Lern- bzw. Fragekärtchen und die Spielfelder-Beschreibungen; außerdem protokolliert er die erzielten Punkte. Wegen dieser Aufgabenvielfalt nimmt der Spielleiter in der Regel nicht am Würfeln teil. Der Spielablauf selbst wird in den dokumentierten Spielmaterialien näher beschrieben; Gleiches gilt für die einzelnen Spielfelder. Gespielt wird normalerweise eine halbe Stunde; dann wird der Spielvorgang mit dem Hinweis auf das Ende der ersten »Trainingsstunde« abgebrochen. Gewonnen hat, wer am Ende des Spiels die höchste Punktzahl erreicht hat.

AUSWERTUNG: In einer ersten Feedbackrunde können sich die Schüler spontan dazu äußern, was ihnen am Spiel gefallen, was sie eventuell gestört und/oder was ihnen möglicherweise Probleme bereitet hat. Alsdann berichten die Spielleiter über ihre Beobachtungen und etwaige Schwierigkeiten in der jeweiligen Gruppe. Schließlich werden die einzelnen Lern- und Fragekärtchen thematisiert, d. h. die darauf angeführten Lernstrategien und -fragen. Dieses kann auf zweierlei Weise geschehen: Der erste Weg sieht so aus, dass die besagten Kärtchen nach und nach im Plenum vorgelesen und von den Schülern (oder auch vom Lehrer) gezielt kommentiert werden. Als Alternative dazu bietet sich Gruppenarbeit an, d. h., die vorliegenden Kärtchen werden gleichmäßig auf mehrere Kleingruppen verteilt, die die betreffenden Lernsituationen und -fragen besprechen und knappe Stellungnahmen vorbereiten. Diese Stellungnahmen werden anschließend im Plenum vorgetragen. Der Lehrer kann sich in dieser Phase mit Rückfragen, Alltagsbeobachtungen, kritischen Hinweisen und natürlich mit gezielten Lerntipps »einmischen«. Auf diese Weise kann er gewünschte Lernstrategien verstärken.

ZEITBEDARF: Für die Einführung und Durchführung des Würfelspiels ist eine Unterrichtsstunde zu veranschlagen (ca. 30 Minuten reine Spieldauer). Für die beschriebene Auswertungsphase ist eine weitere Unterrichtsstunde anzusetzen. Prädestiniert sind für die Durchführung des Spiels vorrangig die Klassenlehrer. Einsetzbar ist es eventuell auch im Rahmen eines Schullandheimaufenthaltes.

B 4 WÜRFELSPIEL

SPIELÜBERSICHT

SPIELIDEE

Das Würfelspiel führt in spielerischer Weise in das Thema »Lernen« ein. Es zeigt, dass man beim Lernen manches falsch machen kann. Es zeigt aber auch, dass diese Schwächen und Fehler nicht sein müssen. Durch »Lernkarten«, »Fragekarten« und zahlreiche Überraschungsfelder (A bis S) wird zum Nachdenken über das eigene Lernen angeregt. Lernen will eben gelernt werden!

Anstöße gibt es im Spielverlauf genug, denn der Weg durch das »Lern-Labyrinth« ist weit und mit vielen Hürden und Umwegen gepflastert. Lob und Tadel liegen dicht beieinander. Fehler kommen ebenso vor wie gute Lernleistungen, die entsprechend belohnt werden. Allerdings: Wenn man Pech hat, dann ist das Spiel zu Ende, noch bevor man dem Lernen so richtig auf die Spur gekommen ist. Bitter ist das deshalb, weil man dann keine Punkte mehr gewinnen kann.

Ach ja, Punkte: Natürlich gibt es im Spiel auch Gewinner und Verlierer. Gewonnen hat allerdings nicht der, der am schnellsten das Ausgangstor (»Ende«) erreicht hat. Vielmehr ist derjenige Spieler Gewinner, der auf seinem Weg durch das Lern-Labyrinth die meisten Punkte sammelt, weil er sich beim Lernen besonders gescheit anstellt. Wann es Pluspunkte und wann es Minuspunkte gibt, das geht aus der Beschreibung der Spielfelder hervor. Die erzielten Punkte tragt jeweils gleich in den entsprechenden Protokollbogen ein!

MITSPIELER
Das Würfelspiel kann mit vier bis sechs Personen gespielt werden. Gewürfelt wird im Uhrzeigersinn. Wer anfängt, ist egal.

SPIELBEGINN
Die gewürfelte Zahl entscheidet darüber, in welche Richtung vorgerückt werden muss (3, 4 nach links; 1, 5 nach unten; 2, 6 nach rechts).

SPIELFELDER
Nähere Hinweise zu den einzelnen Spielfeldern findet ihr auf den nächsten beiden Seiten!

SPIELPROTOKOLL
Jede Gruppe hat einen »Schriftführer« zu bestimmen, der die von den einzelnen Mitspielern erzielten Punkte in den Protokollbogen einträgt und zusammenzählt.

SPIELDAUER
Die Spielzeit beträgt im Normalfall 30 Minuten. Dann ist die erste Trainingsstunde zu Ende; das Spiel wird abgebrochen (die Spielzeit kann auch verlängert werden).

GEWINNER
Gewonnen hat, wer am Ende des Spiels die höchste Punktzahl erreicht hat; er/sie erhält die Auszeichnung »Lerngenie«!

B 4 WÜRFELSPIEL

SPIELFELDER-BESCHREIBUNG

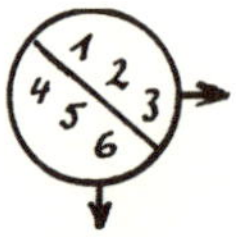

Wenn du diesen Verteilerkreis erreichst, musst du stoppen, auch wenn noch nicht alle Augen weitergezählt wurden. Warte, bis alle anderen Mitspieler gewürfelt haben. Würfele dann erneut und rücke in die Richtung vor, die durch die gewürfelte Zahl angegeben wird (im angeführten Beispiel: 1, 2, 3 nach rechts; 4, 5, 6 nach unten).

Wenn du auf dieses Feld kommst, ziehe eine entsprechende »Lernkarte«. Darauf ist ein bestimmtes Lernverhalten irgendwelcher Schüler/innen beschrieben, das positiv oder negativ beurteilt werden kann. Lies die Karte deinen Mitspielern vor und gib dein Urteil ab. Begründe deine Meinung! Finden deine Mitspieler deine Einschätzung richtig, erhältst du fünf Pluspunkte, finden sie sie falsch, gibt es fünf Minuspunkte (in Zweifelsfällen den Lehrer fragen!). Tragt die Punkte in den Protokollbogen ein!

Wenn du auf dieses Feld kommst, ziehe eine entsprechende »Fragekarte«. Wenn du die gestellte Frage zufrieden stellend beantworten kannst (Jury sind deine Mitspieler/innen), dann erhältst du fünf Pluspunkte, andernfalls gibt es nichts! (Tragt die Punkte gegebenenfalls in den Protokollbogen ein!)

Wenn du auf das ovale Feld »Ende« kommst und dann auch noch die Zahl 6 würfelst, dann ist für dich das Lerntraining vorzeitig zu Ende. Du hast zu wenig Ausdauer bewiesen und kaum Fortschritte gemacht; deshalb erhältst du einen Punktabzug von 10 Punkten. (Trage die Punkte in den Protokollbogen ein!)

A .... wie ANGSTHASE: Du hast vor allem Angst. Du traust dir zu wenig zu und bleibst deshalb mit deinen Leistungen häufig hinter dem zurück, was du eigentlich könntest! *(– 5 Punkte)*

C .... wie CLEVERLE: Du bist ein cleverer Schüler. Du machst dir Spickzettel, Probearbeiten, Skizzen, Tabellen und sonstige Aufzeichnungen, um den Lernstoff besser im Gedächtnis zu verankern. Das erhöht deinen Lernerfolg! *(+ 5 Punkte)*

E .... wie EIGENBRÖTLER: Du lernst immer nur allein. Das erschwert es dir, den Lernstoff aktiv zu verdauen. Entsprechend groß ist deine Unsicherheit *(– 5 Punkte)*

F .... wie FLEISSARBEITER: Du kapierst vieles nicht gleich beim ersten Hören oder Lesen. Doch du arbeitest hartnäckig und gründlich und hast deshalb auch Erfolg! *(+ 5 Punkte)*

G .... wie GLÜCKSPILZ: An deiner Schule wird eine Arbeitsgemeinschaft eingerichtet, in der man das Lernen üben kann. Du bist zugelassen worden. *(+ 5 Punkte)*

B 4 WÜRFELSPIEL

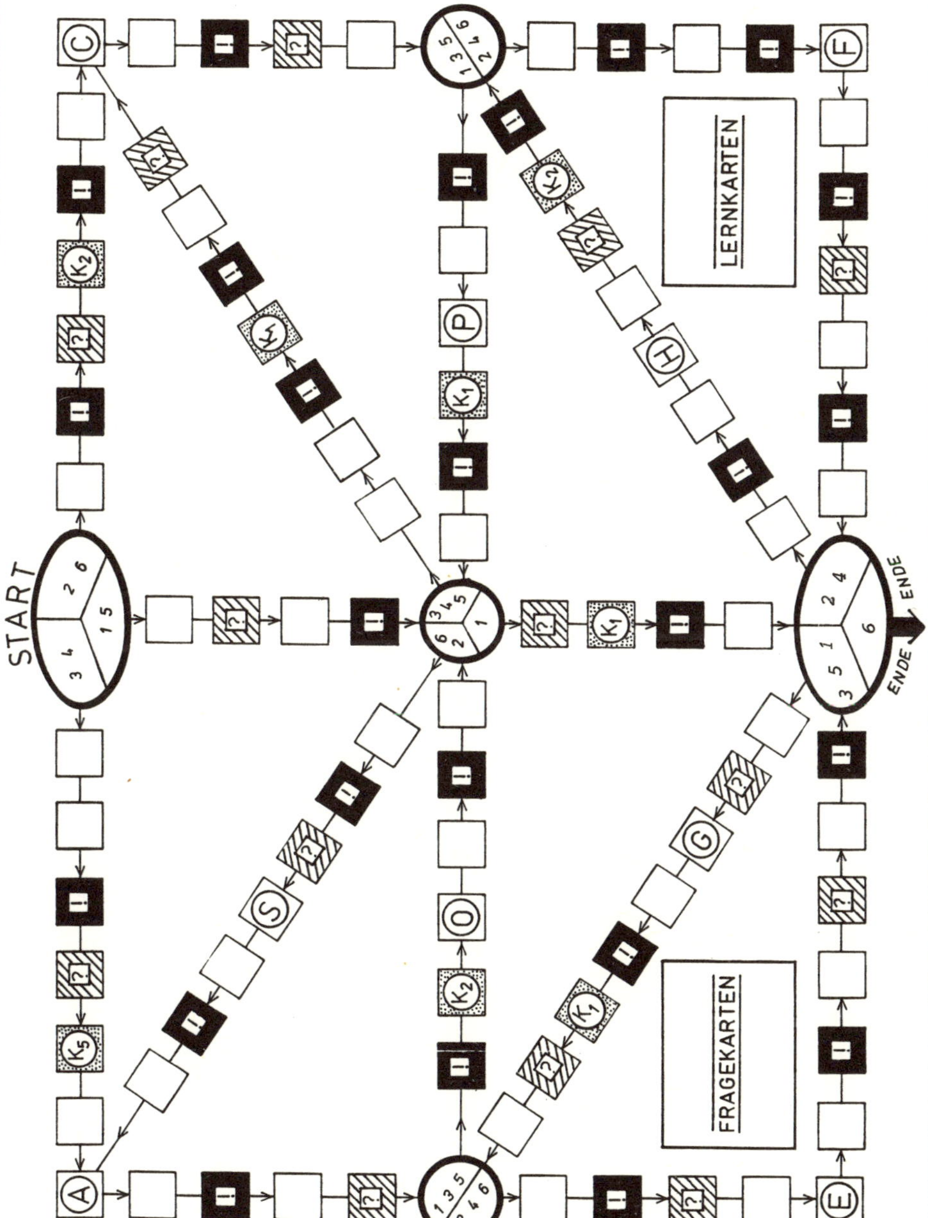

B 4 WÜRFELSPIEL

SPIELFELDER-BESCHREIBUNG

H .... wie HILFSBEDÜRFTIGER: Du lässt dir von allen möglichen Leuten helfen. Dabei wäre es für dein Lernen besser, wenn du es selbst versuchen würdest! *(– 5 Punkte)*

K_1 .... wie tolle KLASSENARBEIT: Du hast in deiner letzten Klassenarbeit eine »1« geschrieben, weil du frühzeitig mit der Vorbereitung begonnen und regelmäßig wiederholt hast. *(+ 10 Punkte)*

K_2 .... wie gute KLASSENARBEIT: Du hast in deiner letzten Klassenarbeit eine »2« geschrieben, weil du dich zusammen mit zwei Freunden sorgfältig vorbereitet hast. *(+ 5 Punkte)*

K_5 .... wie schlechte KLASSENARBEIT: Du hast deine letzte Klassenarbeit völlig verhauen, weil du kaum vorbereitet und entsprechend unsicher und durcheinander warst! *(– 5 Punkte)*

O .... wie OPTIMIST: Du bist ein ausgesprochener Optimist und traust dir was zu. Das ist auch gut so, denn wer an sich glaubt und dann auch noch fleißig arbeitet, der hat auch Erfolg! *(+ 5 Punkte)*

P .... wie PROFI: Du hast dein Lernen gut im Griff. Auf deinem Schreibtisch herrscht Ordnung; du arbeitest gewissenhaft; du wiederholst regelmäßig; du teilst deine Hausaufgaben gut ein usw. *(+ 10 Punkte)*

S .... wie STÖRENFRIED: Du hast während der letzten Gruppenarbeitsphase wieder nur rumgekaspert. Das schadet sowohl deinem Lernen als auch dem Arbeitsprozess der Gruppe. *(– 5 Punkte)*

PROTOKOLLBOGEN

Spieler 1	*Spieler 2*	*Spieler 3*	*Spieler 4*	*Spieler 5*	*Spieler 6*

(So kann euer Protokollbogen aussehen. Zahlen immer gleich eintragen!!)

B 4		WÜRFELSPIEL
	LERNKARTEN	
Petra erhält ein Test-Blatt mit acht Aufgaben. Sie beginnt, ohne zu überlegen, mit der Bearbeitung von Frage 1.	*Tina soll einen zweiseitigen Text in Biologie erarbeiten. Sie liest den Text mehrere Male durch.*	*Hannah soll einen Aufsatz schreiben. Sie macht sich zuerst eine Gliederung mit Stichworten.*
Jens findet eine Lernkartei mit Frage-Antwort-Kärtchen blöde. Das mache viel zu viel Arbeit.	*Heiko soll einen Sachtext durcharbeiten und sinnvoll markieren. Heiko markiert fast alles.*	*Jochen sitzt meist ohne jede Pause stundenlang an seinen Hausaufgaben. Oft ist er ganz geschafft.*
Lisa notiert sich, während sie einen Sachtext liest, am Rand Stichworte, Symbole und Fragestellungen.	*Mirko hat auf seinem Schreibtisch Lexika und Wörterbücher griffbereit stehen, um rasch nachschlagen zu können.*	*Verena macht sich zu einem Stoffgebiet eine übersichtliche Zusammenfassung in Tabellenform.*
Bernd soll ein Referat übers Waldsterben schreiben. Er schreibt zwei Zeitungsartikel fast komplett ab; das war's denn.	*Tanja macht ihre Hausaufgaben am liebsten bei fetziger Musik. Das lenkt ab und macht die Arbeit um einiges erträglicher.*	*Nico bereitet einen Vokabeltest in Englisch vor. Er liest sich die Vokabeln samt Übersetzung zweimal durch.*
Britta ist der Ansicht, dass sie sich keine Notizen zu machen braucht, da sie ja alles im Kopf hat.	*Andreas hat ein schlechtes Gedächtnis. Deshalb lernt er für Klassenarbeiten immer erst am Tag vorher.*	*Katrin hasst das mühsame Nachschlagen im Lexikon. Sie lässt das lieber ihre Mutter machen. Das geht schneller.*
Axel legt während seiner Hausaufgaben öfter mal kurze oder längere Pausen ein, um dann wieder konzentrierter bei der Sache zu sein.	*Anja hat auf ihrem Arbeitstisch stets nur das Nötigste liegen, was sie für die Erledigung ihrer jeweiligen Hausaufgaben gerade braucht.*	*Uwe drückt sich möglichst darum, etwas schriftlich zu machen. Er glaubt, dass er auch ohne das lästige Schreiben gut lernen kann.*

B 4		WÜRFELSPIEL
	LERNKARTEN	
Sina übt in mehreren Fächern mit kleinen Lernkärtchen, die sie selbst erstellt. Vorne notiert sie Fragen, auf den Rückseiten die Antworten.	*Claudia soll in einem längeren Text das Wichtigste markieren. Sie nimmt ihren Bleistift und unterstreicht ziemlich viel.*	*Ralf hat an seiner Tür einen Zeitplan hängen, in den er seine anstehenden Klassenarbeiten und Übungsphasen regelmäßig einträgt.*
Robert macht sich für die nächste Klassenarbeit in Erdkunde einen übersichtlichen »Spickzettel«, auf dem er das Wichtigste zusammenfasst.	*Heiko ist bei Gruppenarbeit stets der »King« in seiner Gruppe. Er macht die Arbeit und ist in jeder Hinsicht der Wortführer.*	*Jan macht seine Hausaufgaben immer direkt nach dem Mittagessen, obwohl er sich mit vollem Magen meist ziemlich schwer tut.*
Birgit beginnt ihre Hausaufgaben stets mit dem, was sie relativ gerne macht. Das baut sie auf und macht die weitere Arbeit leichter.	*Sandra führt, wenn sie Englisch zu Hause übt, öfter Selbstgespräche, hält sich vor dem Spiegel kleine Vorträge oder spricht auf Tonband.*	*Oliver verwendet gerne Textmarker, wenn er Texte durchzuarbeiten hat. Das lässt das Wesentliche gleich ins Auge springen.*
Petra formuliert zu zwei Zeitungsseiten, die sie durcharbeiten soll, mehrere Fragen, auf die in den Artikeln eingegangen wird.	*Thomas schaut sich zu Beginn der Klassenarbeit erst mal alle Aufgaben/Fragen genau an. Dann beginnt er mit der Bearbeitung von Frage 4.*	*Silke erstellt zum Ersten Weltkrieg eine Übersicht mit wichtigen Ursachen, Ereignissen und sozialen Auswirkungen.*
Thomas sitzt an seinen Hausaufgaben. Seine Mutter will ihm helfen, damit er es auch richtig macht. Doch Thomas will es alleine probieren.	*Klaus übt oft mit seinem Freund Thomas zusammen. Beide stellen sich gegenseitig Fragen und helfen einander, wenn etwas unklar ist.*	*Ulf macht sich für die nächste Klassenarbeit in Sozialkunde einen »Spickzettel«, den er aber nicht mit in den Unterricht nimmt.*
Wenn Jana eine Klassenarbeit vorbereitet, dann beginnt sie meist schon eine Woche vorher und übt jeden zweiten Tag zehn bis 20 Minuten.	*Wenn Birgit Vokabeln übt, dann spricht sie diese laut aus, schreibt sie auf, erstellt sich Probetests, schreibt kleine Beispielsätze auf usw.*	*Anna führt einen kleinen Terminkalender, in den sie sich wichtige Termine und Aufgaben einträgt. Das entlastet das Gedächtnis.*

B 4		WÜRFELSPIEL
	FRAGEKARTEN	
Auf welchem Lernweg behältst du am meisten? (a) Lesen, (b) Hören, (c) Sprechen, (d) praktisches Tun	Sollte man verwandte Fächer – z. B. Englisch und Französisch – unmittelbar hintereinander lernen?	Viele Schüler haben Schwierigkeiten, den Lernstoff längerfristig zu behalten. Warum wohl?
Warum ist es wichtig, dass man den Lernstoff nicht nur liest, sondern z. B. dazu auch etwas schriftlich macht?	Eine Redewendung besagt: »Gut gefragt ist halb gelernt!« Was soll damit wohl ausgedrückt werden?	Was kannst du tun, damit du dir den Lernstoff besser merken kannst? Nenne mindestens zwei Ansatzpunkte!
Wie heißt das fehlende Wort im folgenden Satz? »Je größer die Motivation, desto .... der Lernerfolg!«	Sicher hast du schon mal Gruppenarbeit mitgemacht. Was findest du gut an dieser Arbeitsform? Was stört dich?	Das Sprechen über ein Thema fördert das Behalten des betreffenden Lernstoffes. Was folgt für dich daraus?
Textmarker helfen, den Lernstoff längerfristig zu behalten. Warum wohl?	Warum sollte man bei den Hausaufgaben mit was Leichtem beginnen?	Warum ist es wichtig, regelmäßig zu üben und zu wiederholen?
Wie gehst du an lange Texte heran, wenn du sie erarbeiten sollst?	Wie gehst du vor, wenn du Vokabeln zu lernen hast?	Wie bereitest du deine Klassenarbeit z. B. im Fach Biologie normalerweise vor?
Warum ist es ungünstig, wenn man bei der Textarbeit zu viel unterstreicht?	Wie versuchst du deine Lernunlust – falls sie dich überkommt – zu überwinden?	Wie sieht es bei dir auf dem Schreibtisch aus, wenn du Hausaufgaben machst?
Die Experten sagen: Die meisten Schüler/innen seien »praktische Lerner«. Was meinen sie wohl damit?	Warum sollte man mit der Vorbereitung einer Klassenarbeit nicht erst am Abend vorher anfangen?	Landläufig heißt es: »Unser Gedächtnis ist wie ein Sieb.« Erläutere diesen Spruch!

B 5: EIN EINFACHER LERNTYPEN-TEST

GRUNDIDEE: Die meisten Schüler stützen sich bei ihrem Lernen ganz vorrangig auf das Hören und auf das Sehen/Lesen. Der gängige lehrerzentrierte, rezeptive Unterricht leistet dieser Orientierung nachdrücklich Vorschub. Lernaktivitäten wie Schreiben, Nachschlagen, Strukturieren, Lernkärtchen anlegen oder experimentelles Arbeiten in Gruppen werden vielfach als eher lästiges Arbeiten angesehen und entsprechend widerwillig angegangen. Was die meisten Schüler dabei allerdings weder wissen noch näher bedacht haben, ist die Tatsache, dass das Gros unter ihnen die praktische Lerntätigkeit zwingend braucht, um den jeweiligen Lernstoff nachhaltiger begreifen und im Gedächtnis bewahren zu können. Arbeit und Anstrengung zahlen sich also aus! Diese Erkenntnis soll durch den dokumentierten Lerntypen-Test induktiv gewonnen werden. Dass sie begründet und berechtigt ist, zeigen die entsprechenden Befunde der empirischen Lernforschung. Danach behalten wir etwa 20 Prozent von dem, was wir hören, 30 Prozent von dem, was wir lesen, 70 bis 80 Prozent von dem, was wir in eigenen Worten und Sätzen sagen, und sogar 90 Prozent von dem, was wir eigenverantwortlich tun (vgl. Witzenbacher 1985, S. 17). Dieser hohe Behaltenseffekt beim Handeln ist insofern wenig verwunderlich, als in den entsprechenden Handlungsvollzügen mehr oder weniger ausgeprägt auch das Sehen/Lesen und das (Zu-)Hören aufgehoben sind. Von daher ergibt sich also als grundsätzliche Schlussfolgerung, dass beim Lernen möglichst viele Sinne zu beteiligen und die Lernaktivitäten insgesamt zu intensivieren sind (vgl. Vester 1978). Mithilfe des dokumentierten Lerntypen-Tests soll diese Erkenntnis auf Schülerseite »reifen«.

ÜBUNG: Der ausreichend kopierte Lerntypen-Test wird an die Schüler verteilt und vom Lehrer eingehend erläutert. Sodann füllen die Schüler den Testbogen nach bestem Wissen und Gewissen aus. Anschließend errechnen sie die Punktwerte für die drei Lerntypen »Hören«, »Sehen« und »Handeln«, indem die betreffenden Einzelziffern addiert werden. Erfahrungsgemäß haben nahezu alle Schüler den höchsten Wert beim Lerntyp »Handeln«. Ausnahmen gibt es zwar gelegentlich, aber diese sind insgesamt eher selten. Spürt man den Hintergründen dieser Ausnahmen nach, so stellt man fest, dass es sich bei den betreffenden Schülern in aller Regel um spezifisch begabte und/oder trainierte Kinder handelt.

AUSWERTUNG: Der erste Auswertungsschritt besteht darin, dass die Schüler mit je einem oder zwei Banknachbarn die erzielten Ergebnisse vergleichen und fragliche Punkte bzw. Differenzen erläutern und besprechen. Ferner muss jede Kleingruppe ein besonders interessantes bzw. bemerkenswertes Ergebnis auswählen und anschließend im Plenum vorstellen. Die zweite Auswertungsphase sieht so aus, dass unter der Regie des Lehrers zunächst ermittelt wird, wie sich die Gesamtheit der Schüler auf die drei Lerntypen verteilt; dieses geschieht per Handzeichen. Alsdann stellen die Sprecher der Kleingruppen ihre ausgewählten »Brennpunkte« vor; Kommentare des Lehrers und der Mitschüler können sich anschließen. Zu guter Letzt werden die Schüler aufgefordert, je einen persönlichen Vorsatz für die weitere Lernarbeit auf einzelne Kärtchen zu schreiben und an eine Wandzeitung zu heften.

ZEITBEDARF: Für die Testeinführung und die Testbearbeitung sind etwa 15 Minuten zu veranschlagen, für die Auswertung etwa eine halbe Stunde. Einsetzbar ist der Lerntypen-Test im Prinzip in allen Fächern.

B 5 LERNTYPEN-TEST

LERNTYPEN-TEST

Im Folgenden findest du verschiedene »Lernwege«. Trage in die zugehörigen Kästchen rechts eine [3] ein, wenn du auf dem jeweiligen Lernweg viel behältst; eine [2], wenn du einiges behältst, und eine [1], wenn du wenig behältst! Berechne anschließend für die unten angegebenen Lerntypen »Hören«, »Sehen« und »Handeln« die entsprechenden Zahlenwerte!

LERNWEGE

(a) *Ich mache mir zu einem Sachtext eine Tabelle* .... ☐

(b) *Der Lehrer hält einen Vortrag zum Unterrichtsthema* .... ☐

(c) *Ich sammle in Biologie verschiedene Pflanzen, klebe sie in eine Mappe und schreibe kurze Erläuterungen dazu* .... ☐

(d) *Unsere Lehrerin zeigt uns in Sozialkunde einen Zeichentrickfilm zur Bundestagswahl (ohne Kommentar)* .... ☐

(e) *Eine Mitschülerin liest einen Text aus dem Schulbuch vor* .... ☐

(f) *Ich schaue mir die Bilder und Zeichnungen im Schulbuch an* .... ☐

(g) *Ich fertige mir zu einem Lernstoff eine Zeichnung an* .... ☐

(h) *Ich höre mir eine Englisch-Übungskassette an* .... ☐

(i) *Der Lehrer zeigt uns Dias zum tropischen Regenwald* .... ☐

(j) *Der Lehrer erklärt mir, wie der Bundeskanzler gewählt wird* .... ☐

(k) *Ich schreibe die zu lernenden Vokabeln auf einen Zettel* .... ☐

(l) *Ich schaue mir im Museum eine Ausstellung an* .... ☐

(m) *Ich lese mir einen Text im Schulbuch durch* .... ☐

(n) *Eine Mitschülerin trägt das Ergebnis ihrer Arbeitsgruppe vor* .... ☐

(o) *Ich führe im Chemieunterricht einen einfachen Versuch durch* .... ☐

(p) *Ich höre im Radio eine Reportage zu einem aktuellen Thema* .... ☐

(r) *Ich betrachte ein Bilderbuch zum Alltagsleben in Afrika* .... ☐

(s) *Ich schreibe mir zu einem Text das Wichtigste heraus* .... ☐

Addiere die oben eingetragenen Ziffern!

LERNTYP HÖREN:	Ziffern	(b) + (e) + (h) + (j) + (n) + (p)	=	________
LERNTYP SEHEN:	Ziffern	(d) + (f) + (i) + (l) + (m) + (r)	=	________
LERNTYP HANDELN:	Ziffern	(a) + (c) + (g) + (k) + (o) + (s)	=	________

B 6: RÄTSELHAFTES ZUM THEMA LERNEN

GRUNDIDEE: Rätsel sind erfahrungsgemäß motivierend und inspirierend, da die vorgegebene Lückensituation nach Klärung und Vervollständigung verlangt – vorausgesetzt, die Rätselaufgaben sind so beschaffen, dass die Schüler reelle Erfolgsaussichten haben. Die dokumentierten Rätsel entsprechen diesen Überlegungen. Sie dienen allesamt dazu, wichtige orientierende Grundinformationen zum Thema Lernen an die Schüler heranzutragen und entsprechende Klärungen anzustoßen. Damit die Schüler die betreffenden Informationen konzentriert und interessiert lesen, sind bestimmte Essentials zu suchen. Das sind beim Arbeitsblatt 6a die passenden Begriffe, beim Arbeitsblatt 6b die fehlenden Satzbausteine, beim Arbeitsblatt 6c die falsche These und beim Arbeitsblatt 6d die falschen Wörter, die durch die passenden Begriffe zu ersetzen sind. Klare Ergebnisse und eine verlässliche Selbstkontrolle der Schüler werden durch die jeweils vorgegebenen Kontrollhilfen und -hinweise sichergestellt. Von daher ist überdies gewährleistet, dass die eingestreuten Fehler keineswegs so stehen bleiben, sondern von den Schülern bewusst und durchdacht korrigiert werden. Gleichzeitig schleifen sich auf diese Weise die dargebotenen Informationen relativ intensiv ein. Ohne die angedeuteten Lücken- bzw. Fehlersituationen ist das erfahrungsgemäß wesentlich weniger der Fall.

ÜBUNG: Die Schüler bearbeiten in Stillarbeit das eine oder andere Rätsel, das der Lehrer ausgewählt und ausreichend kopiert hat. Das »Wie« der Bearbeitung ergibt sich aus den Arbeitshinweisen auf den Arbeitsblättern. Die Bearbeitung kann grundsätzlich in Einzel- oder in Partnerarbeit erfolgen. Letztere ist immer dann sinnvoll, wenn die Gefahr besteht, dass einzelne Schüler mit dem betreffenden Rätsel womöglich Schwierigkeiten haben und mutlos werden könnten. Unter diesen Umständen kann das »Helfer-Prinzip« der Partnerarbeit gute Dienste leisten. Auf jeden Fall aber haben die Schüler aufgrund der vorgegebenen Arbeits- und Kontrollhilfen die Möglichkeit, sich recht gut selbst zu helfen und zu vergewissern.

AUSWERTUNG: Im Anschluss an die Bearbeitung und Selbstkontrolle der Schüler werden die ausgefüllten/korrigierten Arbeitsblätter zwischen je zwei oder drei Tischnachbarn ausgetauscht und nochmals durchgesehen. Etwaige Unklarheiten können bei dieser Gelegenheit angesprochen und wechselseitig geklärt werden. Nötigenfalls kann der Lehrer als Experte befragt werden; allerdings sollte er sich möglichst zurückhalten. Am Ende der Auswertungsphase kann den Schülern überdies der Hinweis gegeben werden, vor dem Hintergrund der erarbeiteten Informationen einen persönlichen »Merksatz« (Vorsatz) zu formulieren, der in der nächsten Woche besondere Beachtung finden soll. Die so gegebenenfalls gewonnenen »Merksätze« werden von den betreffenden Schülern im Plenum vorgelesen und können eventuell im »Lerntagebuch« der Klasse festgehalten werden (Protokollführer sind Schüler).

ZEITBEDARF: Da die Arbeitsblätter flexibel ausgewählt und eingesetzt werden können, kann als Zeitrahmen sowohl eine Einzelstunde als auch eine Doppelstunde angesetzt werden. Wenn alle vier Arbeitsblätter bearbeitet und ausgewertet werden, ist eine Doppelstunde unerlässlich. Einsetzbar sind die dokumentierten Arbeitsblätter prinzipiell in allen Fächern. Sie eignen sich ferner für Klassenarbeiten, Freiarbeits- und Vertretungsstunden.

B 6a KREUZWORTRÄTSEL

LÖSUNGSWORT

1) Fremdwort für Erinnern (es gibt ein entsprechendes Kartenspiel!)
2) Er ist bei Klassenarbeiten zwar verboten, aber trotzdem hilfreich
3) Man braucht sie, um erfolgreich lernen und arbeiten zu können
4) Üben und Wiederholen fördern das ... des Lernstoffs
5) Eine wichtige Voraussetzung für erfolgreiches Lernen
6) In diesen Teil des Gedächtnisses musst du den Lernstoff bringen
7) Das solltest du bei der Texterarbeitung gefälligst tun
8) Mit diesem Gefühl im Nacken kann man schwer lernen
9) Worte und Zahlen behalten wir schlechter als ...
10) Durch diese Tätigkeit prägt sich der Lernstoff besser ein
11) Wenn man es regelmäßig tut, steigt der Lernerfolg
12) Das Gegenteil von Motivation und Lernfreude
13) Auf diesem Lernweg prägt sich der Stoff nur unzulänglich ein
14) Beim Lernen sollte man möglichst viele davon beteiligen

!

Trage die gesuchten Wörter ins obige Rätsel-Schema ein! Kontrolltipp: Die gesuchten Begriffe ergeben sich aus den folgenden Silben ...

NIS · REN · LUST · TEL · GEDÄCHT · TION · NE · RIE · ZET · REN · DEN · UN · HALTEN · HOLEN · TRA · BEN · ZEIT · DER · KIEREN · SIN · MEMO · HÖ · SPICK · LERN · METHO · WIEDER · BE · SCHREI · BIL · KONZEN · ANGST · LANG · MAR

B 6b LÜCKENTEXT

LÜCKENTEXT

GUT GEPLANT IST HALB GELERNT!

Egal, welche Aufgaben du zu erledigen hast, mit ________ und Köpfchen geht vieles besser. Denke nur an den alltäglichen Unterricht. Da sollst du z. B. einen Bericht oder einen ________ schreiben, einen Text erarbeiten, das Wichtigste aus einem ________ herausschreiben, im Lexikon ________, einen Text sinnvoll markieren, ein Arbeitsblatt oder ein Plakat anschaulich ________, eine Tabelle anlegen, ein Referat oder ein Protokoll schreiben, einen Versuch vorbereiten und ________, in Gruppen mit anderen Schülern sinnvoll zusammenarbeiten, die Unterrichtszeit so ________, dass eine bestimmte Aufgabe in vorgegebener ________ erfüllt wird, einen kleinen Vortrag halten und vieles andere mehr. Die Lehrer geben dir ständig solche ________, die du im Grunde genommen nur dann erfolgreich erledigen kannst, wenn du ________ und methodisch durchdacht vorgehst.
Das Gleiche gilt beispielsweise auch für das Vorbereiten der ________. Der Lernstoff kann sich im Gedächtnis nämlich nur dann einprägen, wenn er schrittweise und mit der nötigen Konzentration ________ wird. Genau daran aber ________ es bei vielen Schülern. Sie fangen mit der Wiederholung des Lernstoffes häufig erst ________ vor der Klassenarbeit an und wundern sich dann, wenn am nächsten Tag im Kopf noch alles durcheinander geht und ein Großteil des Gelernten gar nicht mehr ________ werden kann. Oder sie schieben den Lernstoff so lange vor sich her, bis ein großer ________ entsteht, der eigentlich nur Angst und ________ zur Folge haben kann. Das erschwert das Lernen und es vermindert den möglichen ________.
Planvolles und ________ durchdachtes Arbeiten ist aber nicht nur im Unterricht und vor Klassenarbeiten erforderlich. Es hilft zum Beispiel auch bei den »lästigen« ________. Viele Schüler quälen sich nämlich unnötig, sitzen verbissen und lustlos an ihren Aufgaben. Die Zeit ________, aber die Arbeit geht nicht von der Hand. Das muss allerdings nicht so sein! Indem man sich z. B. schöpferische ________ gönnt, die Fächer bzw. Aufgaben geschickt abwechselt, mit etwas Leichtem bzw. ________ beginnt, den Arbeitsplatz übersichtlich gestaltet usw., dadurch kann man die Hausaufgaben nicht nur erträglicher, sondern auch ________ gestalten. Planung muss also sein. Oder anders ausgedrückt: Das ________ muss gelernt werden!

Arbeitshinweis:

Trage bitte die nachfolgenden Begriffe so in den obigen Lückentext ein, dass sich sinnvolle Sätze ergeben!

AUFGABEN · BERG · PLANVOLL · LERNEN · ERINNERT · PLANUNG · ERFOLGREICHER · ZEIT · KLASSENARBEITEN · NACHSCHLAGEN · PAUSEN · STRESS · INTERESSANTEM · METHODISCH · GESTALTEN · EINGEPRÄGT · DURCHFÜHREN · AUFSATZ · HAUSAUFGABEN · SACHTEXT · EINTEILEN · MANGELT · LERNERFOLG · VERSTREICHT · KURZ

B 6c FEHLERSUCHE

DA STIMMT DOCH EINIGES NICHT!

Arbeitshinweis:

Eine These ist falsch! Welche? Außerdem hat sich in jede These ein falsches Wort eingeschlichen. Bitte korrigieren!

B 6d FEHLERSUCHE

FEHLERSUCHE

ES GIBT VIELE WEGE, AUF DENEN MAN LERNEN KANN!

In der Schule wird zumeist über das Auge und das Heft gelernt. Der Lehrer erläutert einen Sachverhalt, er macht ein Tafelbild, er beantwortet Informationen der Schüler, er zeigt eine Folie oder einen Film, er lässt die Schüler im Schulbuch zeichnen, er korrigiert, ergänzt und gibt bestimmte Arbeitsanweisungen. Die Schüler ihrerseits lesen, diskutieren, hören zu usw. Wer über das Gehör und das Ohr gut aufnehmen und behalten kann, ist schlecht dran. Man spricht in diesem Zusammenhang vom »visuellen Lerntyp« und vom »auditiven Lerntyp«.

Schüler, die mehr visuell veranlagt sind, nehmen Neues schwerer über das Auge auf. Sie lesen gerne und relativ erfolglos und sie schätzen Schaubilder und sonstige grafische Darstellungen als Lernhilfen. Schüler, die stärker den Sehkanal bevorzugen, prägen sich den Lernstoff relativ gut ein, indem sie anderen Menschen zuhören oder sich selbst etwas erzählen. Die dritte und bei weitem kleinste Gruppe der Schüler ist allerdings mehr praktisch veranlagt, d. h., sie lernen am besten dadurch, dass sie etwas hören. Diese Schüler rechnet man dem »motorischen Lerntyp« zu. Motorisch heißt hierbei, dass die betreffenden Lehrer ihren Bewegungsapparat einsetzen (müssen), um den Lernstoff dauerhafter zu vergessen (schreiben, zeichnen, gestalten, basteln, experimentieren, ausschneiden, anmalen, aufkleben, Versuche machen usw.).

Selbstverständlich gibt es bei den beschriebenen Lernwegen keine scharfe Trennung, sondern in aller Regel werden alle drei Umwege mehr oder weniger intensiv genutzt. Allerdings ist erwiesen, dass über den Hörkanal durchschnittlich etwa 20 Prozent behalten werden, über den Tätigkeitskanal rund 30 Prozent, aber auf dem Weg des praktischen Handelns etwa 80 bis 90 Prozent. Deshalb ist es dem »Durchschnittsschüler« unbedingt abzuraten, viel zu schreiben, zu rechnen, zu zeichnen, zu markieren und anderes mehr zu lassen, was die praktisch-handwerkliche Seite des Lernens betont. Wie sagte doch der bekannte Pädagoge Diesterweg: »Was der Schüler sich nicht selbst erarbeitet hat, das ist er nicht und das hat er nicht.« Oder Goethe: »Denken und Tun, Tun und Denken, das ist die Summe aller Weisheit.«

ARBEITSHINWEIS:

In den obigen Text haben sich **16** falsche Wörter eingeschlichen, die den Sinn entstellen. Suche diese Wörter und ersetze sie in sinnvoller Weise durch die folgenden Begriffe!

OHR · SEHKANAL · LEICHTER · GRÖSSTE · TUN · BEGREIFEN · LESEN · ERFOLGREICH · TUN · SCHÜLER · RATSAM · FRAGEN · LERNWEGE · HÖRKANAL · AUGE · GUT

B 6e LÖSUNGSBLATT

LÖSUNGSBLATT

Bei Baustein 6c ist das mittlere Statement zum Vokabellernen falsch, da ähnlicher Lernstoff möglichst nicht direkt hintereinander geübt werden sollte, weil er sich sonst wechselseitig löscht. Die falschen Wörter in den Sprechblasen sind von links nach rechts: »Kurzzeitgedächtnis« statt Langzeitgedächtnis, »vergessen« statt behalten, »schwerer« statt leichter!

Die in Arbeitsblatt 6d hineingerutschten falschen Wörter sind im Folgenden dunkel unterlegt. Die richtigen Wörter finden sich am unteren Ende des Arbeitsblattes 6d.

ES GIBT VIELE WEGE, AUF DENEN MAN LERNEN KANN!

In der Schule wird zumeist über das Auge und das Heft gelernt. Der Lehrer erläutert einen Sachverhalt, er macht ein Tafelbild, er beantwortet Informationen der Schüler, er zeigt eine Folie oder einen Film, er lässt die Schüler im Schulbuch zeichnen, er korrigiert, ergänzt und gibt bestimmte Arbeitsanweisungen. Die Schüler ihrerseits lesen, diskutieren, hören zu usw. Wer über das Gehör und das Ohr gut aufnehmen und behalten kann, ist schlecht dran. Man spricht in diesem Zusammenhang vom »visuellen Lerntyp« und vom »auditiven Lerntyp«.

Schüler, die mehr visuell veranlagt sind, nehmen Neues schwerer über das Auge auf. Sie lesen gerne und relativ erfolglos und sie schätzen Schaubilder und sonstige grafische Darstellungen als Lernhilfen. Schüler, die stärker den Sehkanal bevorzugen, prägen sich den Lernstoff relativ gut ein, indem sie anderen Menschen zuhören oder sich selbst etwas erzählen. Die dritte und bei weitem kleinste Gruppe der Schüler ist allerdings mehr praktisch veranlagt, d. h., sie lernen am besten dadurch, dass sie etwas hören. Diese Schüler rechnet man dem »motorischen Lerntyp« zu. Motorisch heißt hierbei, dass die betreffenden Lehrer ihren Bewegungsapparat einsetzen (müssen), um den Lernstoff dauerhafter zu vergessen (schreiben, zeichnen, gestalten, basteln, experimentieren, ausschneiden, anmalen, aufkleben, Versuche machen usw.).

Selbstverständlich gibt es bei den beschriebenen Lernwegen keine scharfe Trennung, sondern in aller Regel werden alle drei Umwege mehr oder weniger intensiv genutzt. Allerdings ist erwiesen, dass über den Hörkanal durchschnittlich etwa 20 Prozent behalten werden, über den Tätigkeitskanal rund 30 Prozent, aber auf dem Weg des praktischen Handelns etwa 80 bis 90 Prozent. Deshalb ist es dem »Durchschnittsschüler« unbedingt abzuraten, viel zu schreiben, zu rechnen, zu zeichnen, zu markieren und anderes mehr zu lassen, was die praktisch-handwerkliche Seite des Lernens betont. Wie sagte doch der bekannte Pädagoge Diesterweg: »Was der Schüler sich nicht selbst erarbeitet hat, das ist er nicht und das hat er nicht.« Oder Goethe: »Denken und Tun, Tun und Denken, das ist die Summe aller Weisheit.«

B 7: LERNTIPPS ENTDECKEN UND KLÄREN

GRUNDIDEE: Die Schüler sollen natürlich nicht nur für die bestehenden Lernprobleme sensibilisiert und zur Mobilisierung ihrer eigenen methodischen Fantasie und Erfahrung veranlasst werden. Vielmehr müssen sie auch zusätzliche Informationen und Lerntipps erhalten, damit sie sich weitergehend vergewissern und Sicherheit gewinnen können. Einige derartige Grundinformationen wurden bereits im Rahmen des Bausteins B 6 mit dem Ziel dargeboten, dass die Schüler sie »induktiv« erschließen sollen. Dieses Prinzip des entdeckenden Lernens gilt auch für die hier zur Debatte stehenden Lerntipps. Denn Lerntipps einfach zur Lektüre anzubieten oder im Lehrervortrag mehr oder weniger appellativ zum Besten zu geben ist vielleicht Zeit sparend, sichert aber in aller Regel keine hinreichend bewusste/konzentrierte Aufnahme durch die Schüler. Diesem Dilemma wird mit den dokumentierten Silben-Puzzles entgegengewirkt, die einmal die Motivation der Schüler fördern, indem sie viele kleine Erfolgserlebnisse bescheren, zum anderen bewirken sie eine relativ intensive »Zur-Kenntnis-Nahme« der besagten Lerntipps – zumal diese im Klartext aufgeschrieben und anschließend noch näher begründet und erläutert werden müssen.

ÜBUNG: Die Schüler erhalten die dokumentierten Arbeitsblätter und stellen auf der Basis der vorgegebenen Silben die betreffenden Lerntipps zusammen (im Klartext sind diese aus dem Lösungsblatt zu ersehen). Diese Arbeit wird im Rahmen von Einzel- oder Partnerarbeit geleistet. Erfahrungsgemäß empfiehlt sich Partnerarbeit, damit die Schüler sich nötigenfalls wechselseitig helfen und vergewissern können. Wenn der jeweilige Lerntipp gefunden ist, trägt jeder Schüler die betreffende Formulierung in die Freizeile ein (s. Arbeitsanweisung).

AUSWERTUNG: Die Auswertung und Vertiefung der Lerntipps erfolgt zumeist zweistufig. In einer ersten Stufe werden neue Partnergruppen gebildet. Die jeweiligen Lernpartner gehen nun die einzelnen Lerntipps der Reihe nach durch, lesen diese vor und begründen/erläutern deren Bedeutung. Dieses geschieht abwechselnd. Anschließend »verlost« der Lehrer vorbereitete Pappkarten mit je einem der angegebenen Lerntipps in der Klasse, sodass jeder Schüler mindestens eine Karte hat (auf größeres Schriftbild achten!). Diese Karten werden nun von den betreffenden Schülern an eine eigens dafür vorbereitete Wandzeitung geheftet. Die darauf notierten Lerntipps werden laut vorgelesen und nochmals kurz begründet/erläutert. Der Lehrer kann sich in dieser Phase gegebenenfalls mit zusätzlichen Erläuterungen, Korrekturen oder Tipps einbringen. Auf diese Weise wird eine gewisse »Objektivierung« sichergestellt. Die komplette Lerntipp-Übersicht (s. Lösungsblatt) kann den Schülern unter Umständen noch als »Schlussdokument« an die Hand gegeben werden. Auch ist es durchaus denkbar und sinnvoll, die Schüler die 39 Lerntipps zu homogeneren Gruppen von je fünf bis zehn Tipps zusammenstellen zu lassen, damit das ganze Spektrum übersichtlicher wird.

ZEITBEDARF: Für das Herausfinden und Aufschreiben der 39 Lerntipps sind – je nach Altersstufe und methodischer Vorbildung – etwa 20 bis 40 Minuten zu veranschlagen. Da für die skizzierte Auswertungsphase nochmals 20 bis 30 Minuten zu rechnen sind, ist als Minimum eine Einzelstunde anzusetzen, in der Regel jedoch eine Doppelstunde zu empfehlen. Prädestiniert sind für die Übung vorrangig die Deutschlehrer und/oder die Klassenlehrer.

B 7 SILBEN-PUZZLE

LERNTIPPS

1) AUF LERN GEN LERNE MEH WE REREN

2) HOLE WIEDER STÄNDEN MÄSSIGEN AB IN REGEL

3) FERTIGE UND AN DIR SKIZ NUNGEN ZEICH ZEN

4) KLEINE DIR TIEREN TATE DIK LASS ÜBUNGS DIK

5) FÜR FRÜH BEIT KLASSEN DIE ZEITIG ÜBE AR

6) KA DEM ZEIT DEINE PLANE LERN MIT TERMIN LENDER

7) KÄRT KABELN RIGE SCHREIBE SCHWIE VO AUF CHEN

8) FÄCHER HINTER ÄHN NICHT EIN ANDER LERNE LICHE ANDER

9) MACHE AUF MÄSSIG DEINE GABEN HAUS REGEL

10) WICHTIGE MATIONEN FRA LAUT GEN UND INFOR LIES

11) LUNG GABEN DIE STETS BEACHTE GENAU AUF STEL

12) STOFF SAMMEN FASS WICH ZU LICH TIGEN LERN SCHRIFT

13) NACH WERKE BEREIT HALTE SCHLAGE GRIFF

Ordne die Silben in jeder Zeile so, dass sich ein wichtiger Lerntipp ergibt!
Trage den jeweiligen Lerntipp in die freie Zeile darunter!

B 7 SILBEN-PUZZLE

LERNTIPPS

14) STOFF HILFE FRAGE CHEN ÜBE LERN DEN MIT KLEINER KÄRT

15) DEINE GENAU UND RAUS SCHAUE LER FEH AN LERNE DIR DA

16) DENKE ZU RIGEN ESELS AUS BRÜCKEN DATEN SCHWIE DIR

17) DEIN HEFT LICH ÜBER LICH GESTALTE HAUS ORDENT UND SICHT

18) BELOHNE NACH ARBEIT ETWAS NES DICH TANER DURCH SCHÖ GE

19) AUS FERN DIO LERNEN SCHALTE BEIM RA UND SEHER

20) DRINGENDE TEN AUF GEN SCHIEBE ARBEI NICHT MOR VER

21) MITTEL LINEAL TEXT NUTZE MARKER UND WIE ARBEITS

22) LEHRER NEN BEI DICH NICHT SCHEUE GEN FRA ZU

23) GEDÄCHT ENTLASTE GUTE DURCH WAND DEIN NIS EINE PINN

24) AUF TIONEN KLEINE POR IN GABEN AUF HAUS DEINE DIR TEILE

25) ARBEITE UNTER AKTIV KON TRIERT MIT ZEN UND RICHT IM

26) MUTIGEN NICHT ERFOLG ENT LASS MISS EINEN DICH DURCH

Ordne die Silben in jeder Zeile so, dass sich ein wichtiger Lerntipp ergibt!
Trage den jeweiligen Lerntipp in die freie Zeile darunter!

B 7 SILBEN-PUZZLE

LERNTIPPS

27) PROBLEME DEINE SCHEN ANDEREN SPRECHE LERN ÜBER MEN MIT

28) EINE SE GE LICH MAL PAU MACH LEGENT

29) UNTER UND KIERE TIGES STREICHE MAR WICH

30) LICH SICHT DEI GESTALTE NEN PLATZ ÜBER ARBEITS

31) TEL SPICK ÜBUNG DIR MACH ZUR EINEN ZET

32) HOLE UND PARTNER EINEM LERN MIT WIEDER ÜBE

33) AB LUNG SORGE DEN HAUS GABEN FÜR WECHS AUF BEI

34) MACH PLAN CHEN WO PLAN EINEN UND TAGES EINEN DIR

35) DIR AUF NOTIZ TEL SCHREIBE IDEEN KLEINE ZET

36) TRÄGE ZUM VOR LERN NE STOFF KLEI DIR HALTE

37) DIR ZU GLAU AN ER TRAUE ETWAS UND BE DEINEN FOLG

38) STELLE MEN DIR SAM SELBST ZU EINEN TEST ÜBUNGS

39) LENKEN NICHT SCHÜ VON LASS DICH MIT LERN AB

Ordne die Silben in jeder Zeile so, dass sich ein wichtiger Lerntipp ergibt!
Trage den jeweiligen Lerntipp in die freie Zeile darunter!

B 7 LÖSUNGSBLATT

LÖSUNGSBLATT

1) LERNE AUF MEHREREN LERNWEGEN!
2) WIEDERHOLE IN REGELMÄSSIGEN ABSTÄNDEN!
3) FERTIGE DIR ZEICHNUNGEN UND SKIZZEN AN!
4) LASS DIR KLEINE ÜBUNGSDIKTATE DIKTIEREN!
5) ÜBE FRÜHZEITIG FÜR DIE KLASSENARBEIT!
6) PLANE DEINE LERNZEIT MIT DEM TERMINKALENDER!
7) SCHREIBE SCHWIERIGE VOKABELN AUF KÄRTCHEN!
8) LERNE ÄHNLICHE FÄCHER NICHT HINTEREINANDER!
9) MACHE DEINE HAUSAUFGABEN REGELMÄSSIG!
10) LIES WICHTIGE INFORMATIONEN UND FRAGEN LAUT!
11) BEACHTE STETS GENAU DIE AUFGABENSTELLUNG!
12) FASS WICHTIGEN LERNSTOFF SCHRIFTLICH ZUSAMMEN!
13) HALTE NACHSCHLAGEWERKE GRIFFBEREIT!
14) ÜBE DEN LERNSTOFF MITHILFE KLEINER FRAGEKÄRTCHEN!
15) SCHAUE DIR DEINE FEHLER GENAU AN UND LERNE DARAUS!
16) DENKE DIR ZU SCHWIERIGEN DATEN ESELSBRÜCKEN AUS!
17) GESTALTE DEIN HAUSHEFT ORDENTLICH UND ÜBERSICHTLICH!
18) BELOHNE DICH NACH GETANER ARBEIT DURCH ETWAS SCHÖNES!
19) SCHALTE BEIM LERNEN RADIO UND FERNSEHER AUS!
20) VERSCHIEBE DRINGENDE ARBEITEN NICHT AUF MORGEN!
21) NUTZE ARBEITSMITTEL WIE LINEAL UND TEXTMARKER!
22) SCHEUE DICH NICHT, DEINEN LEHRER ZU FRAGEN!
23) ENTLASTE DEIN GEDÄCHTNIS DURCH EINE GUTE PINNWAND!
24) TEILE DIR DEINE HAUSAUFGABEN IN KLEINE PORTIONEN AUF!
25) ARBEITE IM UNTERRICHT AKTIV UND KONZENTRIERT MIT!
26) LASS DICH DURCH EINEN MISSERFOLG NICHT ENTMUTIGEN!
27) SPRECHE MIT ANDEREN MENSCHEN ÜBER DEINE LERNPROBLEME!
28) MACH GELEGENTLICH MAL EINE PAUSE!
29) UNTERSTREICHE UND MARKIERE WICHTIGES!
30) GESTALTE DEINEN ARBEITSPLATZ ÜBERSICHTLICH!
31) MACH DIR ZUR ÜBUNG EINEN SPICKZETTEL!
32) ÜBE UND WIEDERHOLE MIT EINEM LERNPARTNER!
33) SORGE BEI DEN HAUSAUFGABEN FÜR ABWECHSLUNG!
34) MACH DIR EINEN TAGESPLAN UND EINEN WOCHENPLAN!
35) SCHREIBE DIR IDEEN AUF KLEINE NOTIZZETTEL!
36) HALTE DIR KLEINE VORTRÄGE ZUM LERNSTOFF!
37) TRAUE DIR ETWAS ZU UND GLAUBE AN DEINEN ERFOLG!
38) STELLE DIR SELBST EINEN ÜBUNGSTEST ZUSAMMEN!
39) LASS DICH VON MITSCHÜLERN NICHT ABLENKEN!

B 8: LÜCKENHAFTE LERNSTRATEGIEN

GRUNDIDEE: Die im Rahmen von Baustein B 7 ermittelten Lerntipps sind natürlich nur Schlaglichter, die ziemlich wahllos aufgezählt werden. Eine aufgabenbezogene Bündelung und Erläuterung fehlt. Diese Einbettung und nähere Konkretion leisten die vorliegenden Arbeitsblätter a bis e [illegible]itung die Schüler mit zusätzlichen Impulsen versieht. Die Klär[illegible]n wird weiter vorangetrieben, indem die Schül[illegible]gebenen Lücken ausfüllen zu könn[illegible] hinzu kommt eine relativ aus[illegible]serlebnisse gewährleistet. Da [illegible]n Satzlücken auszufüllen, sind [illegible]n, aus denen sich die gesucht[illegible]olgserlebnisse der Schüler sow[illegible]

Nächste Woche: Lerntipps besprechen u. Zuordnungen machen lassen!

ÜBU[illegible]ntweder gebündelt [illegible]earbeitet. Der Lehre[illegible]n Regeln der Bearbeitung hi[illegible]suchten Begriffe lassen sich [illegible]icht die Zahl der angegebene[illegible]m Zweiten geben die angefü[illegible] deren Kontrolle zu, indem di[illegible]. Von der Sozialform her emp[illegible] wechselseitig unterstützen [illegible]eßlich zusammengeheftet und in [illegible]men.

AUSWERTU[illegible] werden die in die Lücken eingetragenen Formulierungen verglich[illegible] und etwaige Unklarheiten besprochen. Das machen die jeweiligen Lernpartner in eigener Regie. Sodann liest der Lehrer im Sinne eines Quiz ausgewählte Merksätze aus den Feldern 1 bis 15 vor und die Schüler müssen im Schnellverfahren das betreffende Feld suchen und die jeweilige Nummer auf einen Zettel schreiben. Die gefundenen Zahlen werden der Reihe nach notiert und von den erwähnten Lernpartnern anschließend verglichen und überprüft. Auf diese Weise wird den Schülern ein zusätzlicher Anstoß gegeben, die dokumentierten Lernregeln bewusst einzuspeichern. Gleiches gilt für eine weitere mögliche Auswertungsvariante: das Illustrieren einzelner Lernregeln. Dazu schneidet der Lehrer die 15 Regelfelder in Streifen auseinander, klebt sie auf gesonderte Blätter (DIN A4 oder DIN A3) und lässt die Schüler paarweise »losen«. Die gezogenen Regelfelder werden nun punktuell illustriert. Diese Arbeit kann unter Umständen in eine kleine Ausstellung einmünden.

ZEITBEDARF: Für die Bearbeitung und Kontrolle der Arbeitsblätter sowie für das angedeutete »Quiz« sind je nach Altersstufe ein bis zwei Unterrichtsstunden zu rechnen. Werden die 15 Regelfelder zusätzlich illustriert, so ist der Zeitansatz entsprechend zu erweitern. Durchführbar ist die Übung grundsätzlich in allen Fächern. Wird illustriert, so bietet sich z. B. der Kunstunterricht an.

B 8 | LÜCKENTEXT

Das Lernen muss gelernt werden – keine Frage. Übungsmöglichkeiten werden in der Schule zwar immer wieder mal angeboten, aber insgesamt wird dem Thema »Wie lerne ich am besten?« zu wenig Aufmerksamkeit geschenkt. Kein Wunder also, wenn sich viele Schüler beim Lernen unsicher fühlen und häufig auch sehr umständlich und ungeschickt vorgehen, sodass am Ende nur wenig hängen bleibt.
Wie verschiedene Schülerbefragungen zeigen, ist mehr

als die Hälfte der Schüler der Ansicht, dass die bestehenden Lernschwierigkeiten darauf zurückzuführen sind, dass nicht hinreichend klar ist, wie erfolgreich gelernt werden kann und muss. Den meisten Schülern fehlt es nach eigenem Bekunden an den nötigen Lern- und Arbeitstechniken, die im Unterricht nun einmal nötig sind. Aber nicht nur dort: Auch zu Hause beim Erledigen der Hausaufgaben oder beim Vorbereiten von Klassenarbeiten braucht man Kniffs und Tricks, damit die Arbeit rasch von der Hand geht und möglichst viel hängen bleibt. Einige Anregungen dazu findest du im folgenden Lückentext.

LÜCKENHAFTE LERNSTRATEGIEN

1 LERNE AUF MEHREREN LERNWEGEN: DURCH ZUHÖREN, LESEN UND SELBSTSTÄNDIGES TUN. VERLASS DICH NICHT ZU SEHR AUFS _______ UND GELESENE, DENN DAS BLEIBT MEIST NICHT ALLZU LANGE IM __________ HÄNGEN. AM BESTEN BEHÄLTST DU BILDHAFTE EINDRÜCKE, ERLEBNISSE UND NATÜRLICH ALL DAS, WAS DU SELBST GESCHRIEBEN, ___________, UNTERSTRICHEN, __________ UND IN SONSTIGER WEISE PRAKTISCH GEMACHT HAST. DESHALB: ÜBERWINDE DEINE TRÄGHEIT UND _______ MÖGLICHST OFT UND KONKRET MIT DEM ZU LERNENDEN UNTERRICHTSSTOFF.

2 DEIN GEDÄCHTNIS BRAUCHT »STÜTZEN«! VERKNÜPFE DAHER ______ EINPRÄGBARE LERNINHALTE MIT BEKANNTEM, D. H. MIT BEGRIFFEN, EREIGNISSEN UND _______, DIE SICH BEI DIR GANZ FEST EINGEPRÄGT HABEN. AUCH MERKVERSE SIND HÄUFIG EIN GUTES MITTEL, UM DER __________ NACHZUHELFEN. AUF DIESE WEISE KANNST DU DEM _________ EINEN RIEGEL VORSCHIEBEN.

▶ *Kontroll-Tipp: Die gesuchten Wörter setzen sich aus den folgenden Silben zusammen:*

GE · NIS · AR · SCHWER · ERIN · HÖRTE · GEZEICH · TE · VER · BIL · GE · NET · DERN · NERUNG · DÄCHT · BEI · GESSEN · STALTET · GE

B 8 LÜCKENTEXT

3 ÜBE UND __________ DEN ZU LERNENDEN STOFF REGELMÄSSIG! AUCH DADURCH KANNST DU DEINEM GEDÄCHTNIS KRÄFTIG NACHHELFEN. DENN MIT JEDER WIEDERHOLUNG GRÄBT SICH DER BETREFFENDE LERNSTOFF ______ INS GEDÄCHTNIS HINEIN. DAS HEISST: ER WANDERT MEHR UND MEHR VOM KURZZEITGEDÄCHTNIS INS __________________, WO ER UNTER UMSTÄNDEN MONATE-, JAHRE- ODER SOGAR LEBENSLANG HÄNGEN BLEIBT. WENN Z. B. ALTE LEUTE NOCH LIEDER, GEDICHTE ODER PSALMEN AUS IHRER JUGENDZEIT _________ WISSEN, DANN HAT DAS GANZ SICHER MIT DER WIEDERHOLUNG ZU TUN.

4 ÜBE UND WIEDERHOLE NICHT VERBISSEN UND __________! SIEH VIELMEHR ZU, DASS DU IN KLEINEN _________ LERNST, HIER MAL 20 MINUTEN, DORT MAL 20 MINUTEN. DAS IST BESSER, ALS ___________ AM STÜCK ZU PAUKEN. AUCH PAUSEN SIND WICHTIG, DAMIT SICH KÖRPER UND _____ WIEDER EIN BISSCHEN ERHOLEN KÖNNEN. KLEINE GYMNASTISCHE ÜBUNGEN, EIN SPAZIERGANG IM GARTEN, EINE KURZE TEEPAUSE ..., DAS ALLES BELEBT UND _______ DEINE LEISTUNGSFÄHIGKEIT.

5 MACHE DEINE HAUSAUFGABEN __________! VERMEIDE, DASS DU AN EINEM TAG ÜBERLASTET BIST, WÄHREND DU AN ANDEREN _____ KAUM ETWAS ZU TUN HAST. SORGE BEI DEINEN HAUSAUFGABEN FÜR FRISCHE LUFT UND KLEINE ERHOLSAME UNTERBRECHUNGEN, DAMIT DU EINIGERMASSEN FRISCH UND _____________ BLEIBST. BEGINN DEINE HAUSAUFGABEN MÖGLICHST MIT ETWAS, WAS DU GUT ______, UND NICHT MIT EINER AUFGABE, DIE DIR EHER ______ FÄLLT. DENN WENN DER START GUT IST, DANN GIBT DIR DAS AUFTRIEB FÜR DIE WEITEREN ARBEITEN. AUSSERDEM: TEILE DEINE HAUSAUFGABEN IN ÜBERSCHAUBARE PORTIONEN EIN UND FREUE DICH NACH JEDER ERLEDIGTEN AUFGABE ÜBER DEINEN ______.

6 HALTE DEINEN ARBEITSPLATZ IN _______! ACHTE DARAUF, DASS DU DIE WICHTIGSTEN _____________ GRIFFBEREIT ZUR VERFÜGUNG HAST. DINGE, DIE DICH ABLENKEN KÖNNTEN, LEGE BESSER WEG. RADIO, KASSETTENREKORDER ODER GAR FERNSEHER SOLLTEN WÄHREND DER HAUSAUFGABEN AUF ALLE FÄLLE __________, DA SIE DEINE _____________ UND DEINE AUFNAHMEFÄHIGKEIT ERHEBLICH MINDERN.

▶ *<u>Kontroll-Tipp:</u> Folgende Silben passen oben:*

WIEDER · VER · REGEL · HOLE · KRAMPFT · MÄSSIG · TIEFER · POR · TAGEN · LANG · TIONEN · ZEIT · STUNDEN · LANG · AUFNAHME · GEDÄCHT · FÄHIG · NIS · GEIST · KANNST · AUS · FÖR · SCHWER · WENDIG · DERT · ERFOLG · ORD · MITTEL · KON · NUNG · AUS · ZENTRATION · ARBEITS · BLEIBEN

B 8 — LÜCKENTEXT

7 LEGE DIR EINE PINNWAND (KORKWAND) ZU UND MACHE DIR – WENN NÖTIG – STICHWORTARTIGE NOTIZEN, HEFTE DIE ENTSPRECHENDEN ___________ ÜBERSICHTLICH AN DIE ________. WAS DU SCHWARZ AUF WEISS DORT FESTGEHALTEN HAST, DAS MUSST DU DIR NICHT MEHR MÜHSAM MERKEN. DAS _________ DEIN GEDÄCHTNIS UND MACHT DEINEN ____ FREI FÜR ANDERE WICHTIGE DINGE, DIE DU LERNEN BZW. ERLEDIGEN MUSST.

8 GREIFE AUF NACHSCHLAGEWERKE ZURÜCK, WENN DU IRGENDETWAS NICHT GENAU WEISST UND ______ MÖCHTEST. ____________ IST ALLEMAL BESSER, ALS SICH VON ELTERN ODER SONSTIGEN EXPERTEN VORSCHNELL ______ ZU LASSEN. WAS DU SELBER GEKLÄRT HAST, DAS SITZT AM ______. ACHTE DESHALB DARAUF, DASS DU DIE ÜBLICHEN ______ UND WÖRTERBÜCHER ZUR HAND HAST.

9 LÄNGERE TEXTE LIES NICHT EINFACH SO DURCH, SONDERN GEHE MIT KÖPFCHEN VOR: __________ DEN TEXT ZUNÄCHST, DAMIT DU GROB WEISST, UM WAS ES GEHT. LIES DEN TEXT DANN _________ DURCH, MARKIERE WICHTIGE STELLEN, NOTIERE GEEIGNETE ZEICHEN (SYMBOLE) AM RAND, STELLE DIR EVENTUELL ______ ZUM TEXT UND FASSE AM ENDE DEN GESAMTTEXT NOCHMALS MÜNDLICH UND/ODER ___________ ZUSAMMEN.

10 LERNE VOKABELN UND SONSTIGE DATEN NICHT NUR, INDEM DU SIE __________! WENN SIE SICH EINPRÄGEN SOLLEN, MUSST DU SIE SCHREIBEN ODER IN SONSTIGER WEISE ANSCHAULICH FESTHALTEN. AUCH DAS LAUTE _____ BZW. DAS _________ UND ABSPIELEN MIT DEM KASSETTENREKORDER KANN SEHR HILFREICH SEIN. AUF JEDEN FALL SOLLTEST DU DICH SCHRIFTLICH UND ________ WIEDERHOLT KONTROLLIEREN, OB DIE ZU LERNENDEN VOKABELN/DATEN AUCH TATSÄCHLICH ______. ARBEITE BEI BESONDERS SCHWIERIGEM LERNSTOFF MIT EINER __________ (LERNKÄRTCHEN) ODER MIT SONSTIGEN GEDÄCHTNISSTÜTZEN, DIE DIR GELÄUFIG SIND (MERKVERSE, BILDER USW.)

▶ *Kontroll-Tipp: Die gesuchten Wörter setzen sich aus den folgenden Silben zusammen:*

NOTIZ · REN · LEXI · SCHRIFT · LICH · ZETTEL · NACH · KA · LICH · PINN · SITZEN · SCHLA · ÜBER · AUF · LERN · WAND · GEN · FLIEGE · DURCH · MÜND · LIEST · ENT · HEL · GRÜND · LESEN · LASTET · FEN · LICH · GEN · KOPF · BE · FRA · NEHMEN · KLÄ · STEN · KARTEI

Achtung! Die Zahl der Striche entspricht der Zahl der Buchstaben!

B 8 LÜCKENTEXT

11 FANGE MIT DER VORBEREITUNG EINER KLASSENARBEIT NICHT ERST AM _______ TAG AN! SCHLAUER IST ES, EINIGE TAGE VORHER ZU BEGINNEN UND JEDEN TAG VIELLEICHT 20 _______ ZU LERNEN. MACHE DIR »SPICKZETTEL« UND SONSTIGE ZUSAMMENFASSUNGEN, STELLE DIR FRAGEN UND __________ SIE, HALTE DIR KLEINE VORTRÄGE, SPRECHE MIT LERNPARTNERN DEN _____ NOCH MAL DURCH USW. SO BEKOMMST DU AM EHESTEN DEN NÖTIGEN __________. AM TAG VOR DER KLASSENARBEIT SOLLTEST DU MÖGLICHST NICHTS _____ MEHR LERNEN, WEIL DICH DAS AM NÄCHSTEN TAG NUR DURCHEINANDER BRINGT. EINE KURZE ____________ MUSS GENÜGEN.

12 LASS DICH VON »BESSERWISSERN« VOR DER ARBEIT NICHT ________ MACHEN. LIES DIR ZU BEGINN DER KLASSENARBEIT DIE GESTELLTEN AUFGABEN GENAU DURCH UND KLÄRE, WAS GEGEBEN UND WAS _______ IST. DURCHDENKE DEN LÖSUNGSWEG IN ALLER RUHE. SCHWEIFE BEI DEINER ANTWORT NICHT AB. BEARBEITE ZUNÄCHST DIE AUFGABEN, BEI DENEN DU AUF ANHIEB ________ WEISST. DIE _____________ AUFGABEN KOMMEN DANACH. BEI AUFSÄTZEN ODER SONSTIGEN LÄNGEREN SCHRIFTLICHEN AUSFÜHRUNGEN SCHREIBE DIR ZUERST EINIGE __________ AUF UND MACHE DIR EINE KLEINE GLIEDERUNG DEINES GEDANKENGANGES. DADURCH GEWINNST DU SICHERHEIT UND VERMEIDEST, DASS DU WOMÖGLICH DEN _____ VERLIERST.

13 SCHEUE DICH NICHT, FRAGEN ZU STELLEN, WENN DU ETWAS NICHT ___-_______ HAST, DENN ______ ZU STELLEN IST KEIN AUSDRUCK VON DUMM-HEIT, SONDERN EIN ZEICHEN VON ________. BEVOR DU JEDOCH FRAGST, ÜBERLEGE DIR ZUERST, WAS DU ______ WILLST. SOLLTEN SICH WOMÖGLICH EINIGE MITSCHÜLER ÜBER DEINE FRAGEREI LUSTIG MACHEN, SO LASS DICH DADURCH NICHT _______. INSGEHEIM SIND SIE WAHRSCHEINLICH NUR ________, WEIL DU DEN MUT HAST ZU FRAGEN. WAS DIE LEHRER ANGEHT, SO SOLLTEST DU KEINE _______ ZURÜCK-HALTUNG ZEIGEN. DIE MEISTEN LEHRER SIND DURCHAUS _____ FÜR FRAGEN DER SCHÜLER. MANCHE FREUEN SICH SOGAR DARÜBER, WENN FRAGEN KOMMEN, DENN DAS IST EIN ZEICHEN VON _________.

▶ *<u>Kontroll-Tipp:</u> Die gesuchten Wörter setzen sich aus den folgenden Silben zusammen (Zahl der Striche = Zahl der Buchstaben):*

LETZTEN · BLICK · BE · STANDEN · IRREN · MI · NEUES · SCHEID · FRA · NEI · NUTEN · WIEDER · SCHWIE · GEN · DISCH · BE · HOLUNG · RIGEREN · KLUG · FALSCHE · ANT · VER · STICH · HEIT · OFFEN · WORTE · RÜCKT · WORTE · WIS · IN · STOFF · GE · FADEN · SEN · TERESSE · DURCH · FRAGT · VER · BE

B 8 LÜCKENTEXT

14 WENN DU MAL EINEN FEHLER MACHST, DANN NIMM'S NICHT SO ______. FEHLER MACHT SCHLIESSLICH JEDER. WICHTIG IST NUR, DASS DU DIR DEINE ______ GENAU VORNIMMST UND DARAUS ETWAS LERNST. DESHALB SOLLTEST DU KORRIGIERTE TESTS UND ________________ AUCH NICHT EINFACH ZU DEN AKTEN LEGEN, SONDERN DIE WOMÖGLICH AUFGETRETENEN FEHLER SORGFÄLTIG ____________ UND DIE NÖTIGEN ________ DARAUS ZIEHEN.

15 PLANEN IST NOTWENDIG! DAMIT DU BEI DEINER (LERN-)ARBEIT JEDERZEIT DEN _________ BEHÄLTST, SOLLTEST DU DIR EINEN TERMINKALENDER BZW. EIN TERMINPOSTER ZULEGEN. PLANE DIE ANSTEHENDEN ARBEITEN __________ UND TRAGE DIE ENTSPRECHENDEN TERMINE ÜBERSICHTLICH EIN. MERKE: GUT _______ UND ORGANISIERT IST HALB _______!

LERNWEGE

Welcher Weg führt aus dem Lernlabyrinth heraus?

▶ *Kontroll-Tipp: Die oben gesuchten Wörter setzen sich aus den folgenden Silben zusammen:*

SCHWER · ARBEI · SCHLÜS · ZEITIG · FEH · TEN · SE · GE · LER · DURCH · ÜBER · PLANT · KLAS · DENKEN · BLICK · GE · SEN · FRÜH · LERNT

Achtung! Die Zahl der Striche entspricht der Zahl der Buchstaben!

B 9: ARBEITSBLÄTTER ZUR SELBST-MOTIVATION

GRUNDIDEE: Erfolgreiches Lernen ist nicht nur eine Frage der Lerntechnik i. e. S., sondern auch und zugleich eine Frage des Selbstbewusstseins und Selbstvertrauens. Zwar kann man im Unterrichtsalltag des Öfteren den Eindruck gewinnen, dem Gros der Schüler mangele es keineswegs an Selbstbewusstsein, aber das täuscht in vielen Fällen. Ganz »innen drin« sind viele Schüler relativ unsicher und von Selbstzweifeln geplagt. Damit aber besteht die Gefahr, dass sie aufgrund ihres negativen Selbstbildes ihre potenziellen Möglichkeiten nur unzulänglich ausschöpfen. Diesem verbreiteten »Understatement« entgegenzuwirken ist das zentrale Ziel der vorliegenden »Mutmacher«. Oder anders ausgedrückt: Die Bearbeitung der dokumentierten Materialien soll dazu beitragen, die Selbst-Motivationskräfte der Schüler zu mobilisieren und dadurch einem vorschnellen Resignieren vorzubeugen. Nicht dass leistungsschwache Schüler auf diesem Wege nun gleich zu guten Schülern werden. Das ist in aller Regel nicht zu erwarten. Gleichwohl können die ermutigenden Gedanken, die die Schüler bei ihrer Kombinationsarbeit entdecken, die Einstellung zur eigenen Leistungsfähigkeit positiv verändern und eine selbstbewusstere Grundeinstellung anbahnen. Da aufbauende Gespräche zwischen den Schülern hinzukommen, sind die vorliegenden »Mutmacher« ein durchaus hilfreicher Anstoß zur Verbesserung der Lernkompetenz.

ÜBUNG: Die Schüler erhalten die dokumentierten Arbeitsblätter a bis c und bearbeiten diese entsprechend den angeführten Arbeitshinweisen und sonstigen Vorgaben. Als Sozialform bietet sich hierbei Partnerarbeit an, damit sich die Schüler nötigenfalls wechselseitig unterstützen können. Die geforderten Eintragungen werden allerdings von jedem Schüler vorgenommen. Das gilt für die »Merksätze«, die sich aus den Sprechblasen ergeben ebenso wie für die »positiven Gegengedanken«, die aus dem Buchstabenrätsel resultieren und dem eigenen Lern-Pessimismus gegebenenfalls entgegengesetzt werden können.

AUSWERTUNG: Zunächst werden die Arbeitsergebnisse auf ihre Richtigkeit hin kontrolliert. Das geschieht einmal dadurch, dass sich jeder Schüler anhand der vorgegebenen Kontrollhilfen selbst kontrolliert. Zum Zweiten vergleichen die jeweiligen Lernpartner ihre ermittelten »Mutmacher-Sätze« und kontrollieren sich damit nochmals wechselseitig. Daran anschließend werden Gruppen mit je vier bis fünf Schülern gebildet, die auf der Basis des Arbeitsblattes (a) persönliche Erfahrungen und Sichtweisen austauschen. Dazu gehört, dass sich jedes Gruppenmitglied vorab einen »Störgedanken« überlegt, der beim eigenen Lernen häufiger vorkommt. Die betreffenden Störgedanken werden reihum genannt, erläutert und gemeinsam besprochen – und zwar vorrangig unter dem Gesichtspunkt: »Was tue ich dagegen?« Ausgehend von den beiden Arbeitsblättern (b) und (c) kann darüber hinaus z. B. ein Spruch des Tages/der Woche gekürt werden, indem von Schülerseite der eine oder andere Vorschlag gemacht, begründet und anschließend abgestimmt wird.

ZEITBEDARF: Je nachdem, wie extensiv die Auswertungsphase gestaltet wird, sind ein bis zwei Unterrichtsstunden zu veranschlagen. Steht nur eine Einzelstunde zur Verfügung, so muss die Lösung des Sprechblasen-Rätsels unter Umständen zurückgestellt werden. Einsetzbar sind die dokumentierten Arbeitsblätter grundsätzlich in allen Fächern.

B 9a — BUCHSTABEN-RÄTSEL

STÖRGEDANKEN	POSITIVE GEGENGEDANKEN
Ich darf keinen Fehler machen.	___ler ma__t sch______ich je___ m_al!
Ich bin schon wieder ganz nervös	__dere Sch____ si__ __ch ner___!
Ich kapiere das nicht	I__ muss ein____ noch___ __nau über_____!
Ich werde bestimmt nicht fertig	Lie___ ____sam un_ rich___, al_ ____ell!
Ich kann das nicht	__h pro_____ d__ ein____ _a_!
Mir gelingt überhaupt nichts	I__ ha__ _ch__ v__l__ _____aff_!
Ich habe keine Lust mehr	___ wer__ __ch d__h ni__t klein_______ la____!
Ich bin ein schlechter Schüler	___ h___ __ch _ei__ St__k__!
Ich habe vor allem Angst	___ wer__ _ein_ A____ sc___ ____wind__!
Ich weiß überhaupt nichts	M__ w__d g___ sic___ w__ ___fall__!
Das wird bestimmt wieder nichts	_c_ w__d_ _a_ sc___ ____ffen!
Das wird wieder 'ne Fünf	_ot__ s___ sch___ß____ __ch_ _ll__!
Mathe kann ich nicht	W___ i__ ü__, __mm_ _c_ _ch__ da___t__!
Ich verstehe nur Bahnhof	___ m___ m__h _u_ __ss__ k_____trie___!
Ich mache bestimmt wieder einen Fehler	A__ __hl___ __nn _a_ _er___!
Schon wieder was Neues	_eu__ _u l_r___, __ch_ d___ S__ß!
Ist das wieder langweilig	W__ s__h ___gw_____, _s_ ___ber ______eilig!

Suche zu den in der linken Spalte genannten »Störgedanken«, die dein Lernen hemmen, die passenden »positiven Gegengedanken«! Beachte dabei die vorgegebenen Buchstaben und Striche! Je Strich ein Buchstabe!

B 9b RÄTSELHAFTE SPRECHBLASEN

»MUTMACHER«

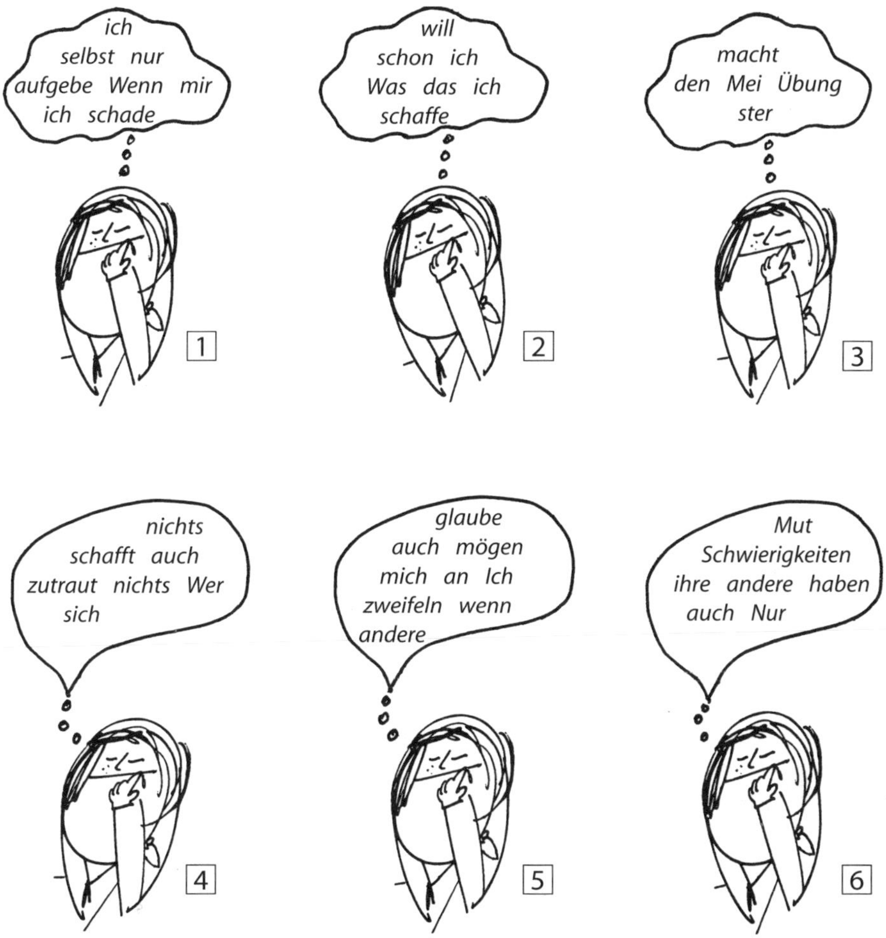

Trage bitte die herausgefundenen »Merksätze« aus den obigen Sprechblasen in die nachfolgenden Kästchen ein!

1	4
2	5
3	6

B 9c RÄTSELHAFTE SPRECHBLASEN

»MUTMACHER«

7

8

9

10

11

12

☞ *Trage bitte die herausgefundenen »Merksätze« aus den obigen Sprechblasen in die nachfolgenden Kästchen ein!*

7	10
8	11
9	12

B 10: SCHÜLER VERSUCHEN SICH ALS LERNBERATER

➔ GRUNDIDEE: Damit die Schüler ihre methodisch-strategischen Möglichkeiten weiter gehend durchdenken und konkretisieren, werden ihnen ausgewählte Problemfälle von Schülern vorgestellt, die mit gravierenden Lernschwierigkeiten zu kämpfen haben (s. Arbeitsblatt). Ausgehend von den dokumentierten Fallstudien sollen die Schüler kurze »Gutachten« schreiben, in denen sie die bestehenden Schwierigkeiten ansatzweise analysieren und den betreffenden Problemschülern gezielte Ratschläge erteilen. Hierbei können sie sich auf die in B 7 bis B 9 vorgestellten Lernregeln und -tipps stützen, die der Lehrer gegebenenfalls bereitstellen muss. Wie kommt man zu den benötigten Fallstudien? Zum einen kann der Lehrer entsprechende Problemskizzen liefern, die auf alltäglichen Beobachtungen beruhen. Anregungen dazu geben die in Baustein B 4 (Würfelspiel) abgedruckten »Lernkärtchen«, die typische Lernfehler von Schülern ansprechen. Beispiele für das »Design« derartiger Problemskizzen finden sich im abgedruckten Arbeitsblatt. Die zweite Möglichkeit ist die, dass die Schüler selbst in Kleingruppen eigene Problemsituationen identifizieren und nach dem vorliegenden Muster beschreiben, damit sie im nächsten Schritt von anderen Gruppen thematisiert und versuchsweise therapiert werden. Auf diese Weise wird sowohl das Problembewusstsein gefördert als auch strategisches Denken geübt.

➔ ÜBUNG: Zunächst werden mehrere Kleingruppen mit je drei bis vier Schülern gebildet. Jede Gruppe erhält eine bestimmte Problemskizze (als Kopie oder Karte). Die eingegebenen Problemskizzen können verschieden oder (teilweise) auch gleich sein. Die beschriebene Problemsituation wird von den Gruppenmitgliedern gelesen, diskutiert und auf mögliche Lösungsstrategien hin überdacht. Darauf aufbauend schreiben sie ein entsprechendes Kurzgutachten, in dem (a) die bestehenden Lernschwierigkeiten versuchsweise erklärt und (b) Anregungen gegeben werden, wie der/die betreffende Schüler/in dagegen angehen sollte. Als Informationsgrundlage können hierbei – wie erwähnt – die Materialien B 7 bis B 9 dienen.

➔ AUSWERTUNG: Die erstellten »Gutachten« werden anschließend – mitsamt der Problemskizze – zwischen den Gruppen ausgetauscht, kritisch gegengelesen und unter Umständen mit Kommentaren versehen zurückgegeben. Dieser Schritt ist besonders interessant und wichtig, wenn mehrere Problemfälle arbeitsteilig verhandelt werden. Anschließend liest der Lehrer die bearbeitete/n Problemskizze/n im Plenum vor und die betreffenden »Expertengruppen« nehmen entsprechend ihrem »Gutachten« Stellung dazu. Darauf folgt eine offene Diskussion, in deren Verlauf der Lehrer zusätzliche Tipps geben, Wichtiges verstärken und Problematisches korrigieren kann. Gleiches gilt natürlich auch für die Schüler. Sofern genügend Zeit bleibt, kann unter Umständen noch eine weitere Anwendungs- und Verarbeitungsphase angeschlossen werden: nämlich das persönliche Breatungsgespräch in Rollenspielform. Dazu muss sich jeder Schüler vorbereitend ein persönliches Lernproblem überlegen. Anschließend setzen sich je zwei Schüler zusammen bzw. gegenüber. Ein Schüler trägt sein Problem vor, der andere spielt den Berater – und umgekehrt (s. B 2).

➔ ZEITBEDARF: Der Zeitbedarf variiert erfahrungsgemäß zwischen ein bis drei Unterrichtsstunden – je nachdem, wie die Vorbereitungs- und die Auswertungsphase gestaltet werden. Prädestiniert sind für die Übung vor allem die Klassenlehrer und die Deutschlehrer.

B 10 | FALLSTUDIEN

Lest euch den vom Lehrer zugewiesenen Problemfall genau durch! Überlegt: (a) Wodurch kommt es wohl zu den beschriebenen Schwierigkeiten? (b) Was sollte der/die betreffende Schüler/in machen, um die bestehenden Schwierigkeiten abzubauen? Schreibt zu eurem Fall ein entsprechendes »Gutachten«! Gebt darin möglichst hilfreiche Ratschläge!

PROBLEMFALL 2

Jens versucht mal wieder, die anstehenden Vokabeln zu lernen. Seine Mutter hat ihm Druck gemacht; allerdings hat er eigentlich gar keine Lust. Jens geht sein Vokabelheft von oben bis unten durch; er überfliegt die Vokabeln einmal, zweimal. Er hält die Englisch-Spalte zu und versucht, die englischen Wörter zu erinnern. Doch vieles will einfach nicht in seinen Kopf. Beim Lernen von Geschichtszahlen und anderen Daten ist es ähnlich. Kaum gelernt – schon wieder vergessen! Jens meint, er habe einfach ein schlechtes Gedächtnis. Andererseits ist er sich unsicher, ob er nicht doch etwas falsch macht.

PROBLEMFALL 1

Karen hat ihre Klassenarbeit zurückbekommen – eine »5«. Sie versteht die Welt nicht mehr, denn sie hat noch am letzten Tag stundenlang gelernt. Sie hat sich sowohl die Mappe als auch die entsprechenden Seiten im Schulbuch mehrfach durchgelesen. Zwar war Karen am Morgen vor der Klassenarbeit ziemlich nervös und auch während der Arbeit nicht besonders konzentriert, aber eine »3« hätte sie nach all dem Aufwand auf jeden Fall erwartet, zumal sie zu den gestellten Aufgaben eine ganze Menge geschrieben hat – mehr als viele andere. Karen ist gleichermaßen verzweifelt wie ratlos.

PROBLEMFALL 3

Wenn Thomas an die Schule denkt, dann hat er oft ein mulmiges Gefühl im Bauch, obwohl er eigentlich ein recht guter Schüler ist. Komischerweise beschleicht ihn immer wieder eine seltsame Angst vor dem, was da wohl kommen könnte, und er weiß nicht, wie er sie loswerden kann. Thomas möchte überall gut sein und arbeitet verbissen daran. Für die Hausaufgaben nimmt er sich viel Zeit; er gönnt sich kaum eine Pause. Er liest und liest; er will über alles Bescheid wissen, damit er sich im Unterricht nicht blamiert. Thomas ist darauf bedacht, möglichst keine Fehler zu machen, denn was sollte der Lehrer davon halten. Bei der Mitarbeit im Unterricht hält er sich sehr zurück, um nur von den Mitschülern nicht gehänselt oder ausgelacht zu werden. Er fürchtet im Grunde nichts mehr als den Hohn der Mitschüler. Am liebsten wäre Thomas überall perfekt, denn seine Eltern erwarten viel von ihm. Leider ist da immer wieder diese Angst, die ihn lähmt.

2. Methoden der Informations-beschaffung und -erfassung

Nachdem es im vorangehenden Trainingsfeld mehr grundsätzlich um die Problematisierung und Thematisierung des alltäglichen Lernverhaltens der Schüler ging, zielen die Übungsbausteine im folgenden Kapitel auf die Vermittlung elementarer Fähigkeiten und Fertigkeiten im Bereich der Informationsbeschaffung. Sich Informationen in eigenständiger, zielstrebiger und wirksamer Weise beschaffen zu können ist eine Grundvoraussetzung für erfolgreiches Lernen. Die Schüler werden alltäglich aufgefordert zu lesen, zu markieren, mit Nachschlagewerken zu arbeiten, wichtige Informationen zusammenzufassen, die Bibliothek zu nutzen, Befragungen bzw. Interviews durchzuführen, mit der Computerdatei zu arbeiten und vieles andere mehr. Erwartet wird dabei stets, dass sie über die entsprechenden Techniken und Einsichten verfügen, um die gängigen Wege der Informationsbeschaffung erfolgreich zu beschreiten. Doch können sie das tatsächlich? Wie sowohl Lehrer- und Schülerbefragungen als auch korrespondierende Unterrichtsexperimente wiederholt gezeigt haben, haben viele Schüler in der Sekundarstufe I erhebliche Schwierigkeiten beim Lesen und Verstehen von Texten, beim Markieren und Archivieren von Informationen, bei der Nutzung von Nachschlagewerken und Bibliotheken, bei der Befragung etwaiger Experten etc. Gelesen wird meist in der Weise, dass die betreffenden Texte mehr oder weniger »bewusstlos« optisch abgetastet werden; gezieltes Markieren, Symbolisieren, Zusammenfassen, Sich-selbst-Befragen, Strukturieren etc. sind eher die Ausnahme. Bleibt der Leseerfolg aus – und das ist nur zu oft der Fall –, dann entwickeln sich die hinlänglich bekannten Frustrationen und Abwehrreaktionen nach dem Motto: »Das kann ich nicht und das macht mir auch keinen Spaß.« Ähnliche Sperren und Defizite finden sich auch in Bezug auf andere Wege der Informationsbeschaffung (Nachschlagen, Fragen etc.).

Dieser Teufelskreis muss durchbrochen werden! Die nachfolgenden Übungsbausteine bieten diesbezüglich erprobte Arbeitshilfen und Anregungen, die den Schülern Gelegenheit geben, sich mit elementaren Techniken der Informationsbeschaffung und -aufnahme vertraut zu machen und auf diese Weise die eigene Arbeitslinie zu verbessern. Sie helfen, schlechte Gewohnheiten bewusst zu machen und hilfreiche methodische Strategien einzuüben und zu reflektieren. Dabei gelten die gleichen Grundsätze wie im letzten Kapitel. Die einzelnen Übungsbausteine sind durchweg so angelegt, dass die Schüler in tätiger Weise lernrelevante Materialien und Regeln erschließen. Sie probieren und entdecken, sie diskutieren und klären, sie vergewissern sich und bilden gewisse methodische Routinen. Natürlich ist es mit diesem Basistraining alleine nicht getan, sondern längerfristig betrachtet, müssen immer wieder ähnliche Übungen und Wiederholungen angeboten werden, damit sich die angebahnten Strategien dauerhaft festigen können. Entsprechende Gelegenheiten und Erfordernisse gibt es in nahezu allen Fächern, denn die angesprochenen Techniken der Informationsbeschaffung kommen im Grunde genommen überall zum Tragen. Das machen die nachfolgenden Übungsbausteine weiter gehend deutlich.

B 11: ÜBUNGEN ZUR FÖRDERUNG DES LESETEMPOS

➔ GRUNDIDEE: Rationelles Lesen ist eine Grundvoraussetzung für erfolgreiches Lernen. Dazu gehört ganz wesentlich die Fähigkeit und Bereitschaft, einen Text gegebenenfalls diagonal zu überfliegen, um bestimmte Schlüsselinformationen zu entnehmen oder aber einen Eindruck davon zu gewinnen, um was es im jeweiligen Text geht. Das gängige Wort-für-Wort-Lesen der Schüler ist vielfach nicht nur ermüdend und wenig wirksam, sondern es ist oft genug auch Zeitvergeudung, weil eigentlich nur eine ganz selektive Textauswertung gefordert ist. Die dokumentierten Arbeitsmaterialien sollen für diese Art des selektiven Lesens (Survey-Lesen) sensibilisieren, motivieren und ansatzweise auch qualifizieren. Bei den Materialien a bis e geht es jeweils darum, unter Zeitdruck so viele Informationen wie möglich zu finden. Die entsprechenden Zeitrichtwerte sind auf den einzelnen Arbeitsblättern angegeben (s. Arbeitshinweise). Allerdings handelt es sich dabei wirklich nur um »Richtwerte«, die in Abhängigkeit von der Klassenstufe und der Lesefertigkeit der Schüler selbstverständlich verändert werden können. Nur sollte ein spürbarer Zeitdruck bestehen, damit die Notwendigkeit zum selektiven Lesen deutlich wird. Zusammenfassende Tipps und Erläuterungen zum »Schnell-Lese-Training« finden sich – in Rätselform – in den Arbeitsblättern f bis h. Die Absicht bei allen diesen Experimenten: Die Schüler üben sich darin, größere Textsegmente auf einen Blick zu erfassen; sie entwickeln entsprechende Reduktions- und Selektionsstrategien; sie erzielen greifbare Erfolgserlebnisse beim Lesen und steigern dadurch nicht zuletzt ihre Motivation und ihr Selbstvertrauen.

➔ ÜBUNGEN: Die dokumentierten Arbeitsblätter werden wahlweise eingesetzt. Die Schüler legen die Blätter zunächst verdeckt auf ihren Tisch, bis der Lehrer die nötigen Erläuterungen gegeben hat. Zu diesen Erläuterungen gehören sowohl Hinweise zum Verlauf der Übung als auch Angaben zur Vorgabezeit (s. dazu die Arbeitshinweise auf den einzelnen Blättern). Die Zeitvorgaben können – wie erwähnt – variiert werden, aber die eingeräumte Bearbeitungszeit muss auf jeden Fall knapp bleiben. Im Anschluss an seine Einführung gibt der Lehrer das »Kommando«, das betreffende Arbeitsblatt umzudrehen und gemäß den Arbeitshinweisen zu bearbeiten. Hierbei kann sowohl Einzelarbeit als auch Partnerarbeit angesetzt werden, je nachdem, ob einzelne Schüler Unterstützung und/oder Kontrolle brauchen oder nicht. Mit zunehmender Übung sollte jedoch auf alle Fälle zur Einzelarbeit übergegangen werden. Nach Ablauf der Bearbeitungszeit gibt der Lehrer das entsprechende Signal (z. B. mit einer kleinen Glocke oder einem Küchenwecker).

➔ AUSWERTUNG: Hierzu werden in der Regel Kleingruppen mit zwei bis vier Schülern gebildet. Die bearbeiteten Übungsblätter werden ausgetauscht und von den Gruppenmitgliedern wechselseitig kontrolliert und ausgewertet. Anschließend besprechen die Gruppenmitglieder, wie sie beim Lesen vorgegangen sind und wo es unter Umständen Schwierigkeiten gegeben hat. Tipps und Anregungen werden ausgetauscht und/oder vom Lehrer in der anschließenden Plenarphase eingebracht (beim wiederholten Einsatz von Übungsblättern kann die gruppeninterne Auswertung entfallen). Eine Zusammenfassung wichtiger Schnell-Lese-Tipps findet sich in den Arbeitsblättern f bis h. Ansonsten ist es wichtig, derartige Schnell-Lese-Übungen regelmäßig zu wiederholen.

➔ ZEITBEDARF: Der Zeitansatz ist recht variabel, je nachdem, wie viele Übungsblätter eingesetzt, bearbeitet und in welcher Weise sie ausgewertet werden. Entsprechende Übungen sind in allen Fächern möglich.

B 11a SUCHAUFGABEN

FORSCHER-NAMEN ENTDECKEN

Er war Amerikaner, wurde 1847 geboren und war Erfinder von Beruf. Er hatte sogar ein richtiges Laboratorium in Menlo Park bei New York und ein ganzes Team von Angestellten, die für ihn arbeiteten. Etwa 1300 bis 1500 Patente ließ Edison anmelden. Am bekanntesten ist wohl der Phonograph, der Vorläufer des Grammophons, mit dem Töne aufgezeichnet und wiedergegeben werden können. Auch die Erfindung der Glühlampe nahm er für sich in Anspruch. Außerdem verbesserte er viele andere Erfindungen, so etwa auch das Telefon von Graham Bell. Und nicht zuletzt ist es seinem unermüdlichen Erfindergeist zu verdanken, dass es Kino gibt. Eine erste öffentliche Filmvorführung gab es in Menlo Park im Jahre 1891. Er lebte bis 1931.

Viele Erfindungen soll er angeblich gemacht haben, dieser Grieche. Er lebte bereits im dritten Jahrhundert vor Christus. Er entwickelte etliche Lehrsätze in der Mathematik und entdeckte physikalische Gesetze; seine Formeln werden bis heute angewendet. Es gelang ihm zum Beispiel, die Flächen von Kreisen und Ellipsen zu berechnen oder die Inhalte von Kugeln. Er fand auch das Hebelgesetz heraus. Berühmt wurde Archimedes vor allem durch eine besondere Entdeckung, die als das »Archimedische Prinzip« bezeichnet wird. Als – so wird berichtet – sein Badewasser überlief, kam er zunächst darauf, dass der Rauminhalt (Volumen) eines Körpers der Menge Wasser entspricht, die er verdrängt. Das brachte ihn darauf, dass ein in Flüssigkeit getauchter Körper so viel an Gewicht verliert, wie das Gewicht der Flüssigkeitsmenge beträgt, die er verdrängt. Vieles war das Ergebnis von Experimenten, die er machte.

»Über den Ursprung der Arten« heißt das Buch dieses Engländers, der 1809 geboren wurde. Es geht darin um die Evolution, also um die Geschichte der Lebewesen auf der Erde. Er hat beschrieben, wie sich die Vielfalt der Arten aus zuerst einfacheren Formen allmählich entwickelt hat. Das, so Darwin, sei die Folge einer natürlichen Auslese. Plötzliche Veränderungen im Erbgut (Mutationen) hätten sich in der Umwelt als »bessere Ausrüstung« erwiesen. Das ist das »Überleben der Tüchtigsten«. Wer weniger gut zurechtkommt, stirbt aus. Angefeindet wurde unser Forscher, als er in seine Forschungen auch den Menschen einbezog und für den Menschen und den Menschenaffen einen gemeinsamen Vorfahren annahm – vor Millionen von Jahren.

Er war Geistlicher, Arzt und Mathematiker, errechnete einen genauen Kalender und führte ein neues Münzsystem ein. Vor allem aber war er Astronom. Er erkannte die Sonne als Mittelpunkt unseres Weltalls, um die die Erde und die Planeten kreisten – und nicht umgekehrt. Allerdings konnte das Kopernikus zu seiner Zeit nur vermuten. Erst später wurde der Beweis geliefert. Trotzdem wird sein neues Weltbild bis heute als »kopernikanische Wende« bezeichnet.

Arbeitshinweis: Suche durch schnelles Überlesen der einzelnen Texte den Familiennamen des jeweiligen Forschers und notiere ihn im entsprechenden Kasten!
Tipp: Jeder Name wird im Text genau einmal genannt! (Vorgabezeit zwei bis drei Minuten)

B 11b — SUCHAUFGABEN

FRAGEN ZUR RAUMFAHRT

Sputnik

Am 4. Oktober 1957 schickte ihn – als ersten künstlichen Satelliten – die Sowjetunion in den Weltraum. Damit begann der Wettlauf im All. Sputnik 1 war eine nur 58 Zentimeter große Aluminiumkapsel mit drei langen Antennen. Er sendete seine »Piep-Piep«-Funksignale zur Erde, während er sie auf einer elliptischen Bahn umkreiste. Sein erdfernster Abstand betrug dabei über 900 Kilometer.

Explorer 1

Der Start musste zweimal verschoben werden, bis er am 31. Januar 1958 stattfand. Dann waren nach fast zwei Stunden die ersten Funksignale in der Bodenstation in Kalifornien zu hören. Mit einer Juno-I-Rakete ließen die USA ihren Satelliten Explorer 1 als vierte Stufe in die Höhe steigen. Dieser »Erkunder« war mit Messgeräten für kosmische Strahlung und Meteoritenhäufigkeit ausgestattet.

Voyager

Dieser »Reisende«, wie der Name übersetzt heißt, startete im August 1977, im September folgte ihm Nummer 2. Die Voyagers sind unbemannte Sonden, die Funkbilder und Daten von anderen Planeten geliefert haben. Bereits im Februar und März 1979 sandte Voyager 1 Fotos von Jupiter und seinen Monden über die Entfernung von 800 Kilometern zur Erde. Voyager 2 ist inzwischen an Jupiter vorbeigeflogen und wird sich immer mehr vom Sonnensystem entfernen.

Gemini

Zugleich mit dem Mercury-Programm wurde in den USA das Gemini-Programm entwickelt. Es sah Zwei-Mann-Flüge vor. (Gemini ist das Sternbild des Zwillings.) Der erste Start war im Jahre 1965. Eine Titan-Rakete brachte die Kapsel mit den zwei Astronauten Virgil Grissom und John Young in die Umlaufbahn. Dreimal umkreisten sie die Erde. Innerhalb des Gemini-Programms fanden dann auch die ersten Ausstiegsmanöver und Kopplungsmanöver statt.

Skylab

Größer als die Station der UdSSR war die der USA, Skylab – das »Himmelslabor«. Skylab wurde am 14. Mai 1973 in eine Erdumlaufbahn in einer Höhe von 435 Kilometern gebracht. Wenig später flogen drei Astronauten auf die Station: Zunächst war dort einiges zu reparieren. Die Mannschaft blieb dieses erste Mal 28 Tage lang an Bord von Skylab. 40 000 Bilder von der Erdoberfläche wurden von Skylab aus gemacht. Es gab auch neue Rekorde im Hinblick auf die Aufenthaltsdauer. 59 Tage und 84 Tage blieben Mannschaften auf der Station.

Apollo

Die nächste Stufe hieß: Apollo. In diesem Programm geschah der erste schreckliche Unfall in der Geschichte der Raumfahrt der USA. Drei Astronauten kamen beim Training um. Das verzögerte die Weiterentwicklung. Aber dann war es am 11. 10. 1968 doch so weit, dass drei Astronauten in der Apollo-Raumkapsel starteten. Und Apollo 8 umkreiste im Dezember 1968 den Mond. Die erste Mondlandung war innerhalb dieses Programms. Am 20. 7. 1969 landeten mit Apollo 11 erstmalig Menschen auf dem Mond.

Arbeitshinweis: Beantworte die folgenden Fragen, indem du die obigen Texte möglichst rasch überfliegst! (Vorgabezeit ca. drei Minuten)

WIE HEISST DIE RAUMFÄHRE, …	*NAME*
die nur aus einer 58 cm großen Aluminiumkapsel bestand?	
deren Start zweimal verschoben werden musste?	
mit der die Astronauten Grissom/Young die Erde umkreisten?	
mit der erstmalig Menschen auf dem Mond landeten?	
die als »Himmelslabor« in die Erdumlaufbahn gebracht wurde?	
die Funkbilder von Jupiter und anderen Planeten geliefert hat?	

B 11c SUCHAUFGABEN

WICHTIGE BEGRIFFE SUCHEN

Der Steinadler

Dieser große Greifvogel lebt – von Norwegen bis nach Nordafrika – ausschließlich im Hochgebirge. Auf Felsvorsprüngen, seltener auch auf Bäumen, wird das Nest gebaut, jedes Jahr im Februar. Dann werden dafür die Äste gesucht und die Horste angelegt. Oft haben die Steinadlerpaare, die lebenslang zusammenbleiben, in ihrem Revier auch mehrere Horste. Ende Februar bis Anfang Mai werden zwei Eier gelegt. Die Brutzeit beträgt etwa 40 Tage, ist also ziemlich lange. Und noch einmal etwa 80 Tage lang bleiben die Kleinen im Nest. Sie werden in den ersten vier Wochen nur vom Weibchen gefüttert, bekommen kleine Fleischbrocken. Manchmal, wenn es nicht viel Futter gibt, kommt es zu richtigen Kämpfen zwischen den Jungen. Es dauert fast acht Wochen, bis die jungen Steinadler beginnen, selbst Fleisch zu zerlegen. Dann können sie auch bald das Nest verlassen. Steinadler sind schnelle und gewandte Flieger. Im Aufwind segeln und gleiten sie im Gebirge und sie können es auf Geschwindigkeiten von bis zu 150 km/h bringen, im Sturzflug sogar auf etwa 300 km/h. Für ihre Beutetiere kommen sie fast immer völlig unerwartet, wenn sie in geringer Höhe über den Boden segeln und hinter Bodenerhebungen auftauchen. Zu den Beutetieren gehören Murmeltiere, Hasen, Kaninchen, Füchse, Dachse, Ratten, verwilderte Haustiere, Jungtiere oder schwache Tiere von Schafen, Rehen, Gämsen. Auch Aas fressen die Steinadler.

Der Seehund

Diese Robbe, die in der Nordsee lebt, geriet vor fast zwei Jahren in die Schlagzeilen, als Tausende dieser Tiere tot an den Stränden gefunden wurden. Die Ursache war ein Virus, ein Krankheitserreger. Aber es bestätigte sich auch, dass alle Seehunde geschwächt und anfällig waren. Sie leben in einem der belastetsten und verschmutztesten Gewässer. In ihrem Körper hat sich Gift angesammelt, Quecksilber zum Beispiel oder Pflanzenschutzmittel wie DDT und Lindan.
Aber Seehunde sind auf diesen verdreckten Lebensraum angewiesen, sie sind dem Leben im Wasser angepasst. Sie haben einen spindelförmigen, schon fischähnlichen Körper und Schwimmflossen. An Land sind sie plump und bewegen sich durch Robben auf dem Bauch fort. Auf den Sandbänken im Wattenmeer liegen sie bei Niedrigwasser. Sie brauchen Ruhe, werden aber immer wieder durch Ausflügler, Schiffe und Flugzeuge gestört. Das ist schlimm, vor allem in der Zeit der Aufzucht der Jungen. Die Seehunde werden nach etwa einem Jahr Tragzeit im Mai oder Juni geboren. Bei der Geburt sind sie 90 Zentimeter lang und 12 Kilogramm schwer. Zum Säugen geht es immer aufs Trockene. Werden die Tiere jetzt zu oft gestört und müssen ins Wasser flüchten, erhalten die Jungen nicht genügend Nahrung und setzen nicht ausreichend Speck an. Dann fehlt ihnen die Kraft zum Überleben. Schon mit der ersten Flut nach der Geburt auf der Sandbank müssen sie ins Wasser.

Die Kreuzotter

Diese Schlange kann ganz unterschiedliche Färbung aufweisen, von Grau bis Braun und Kupfer, sogar ein Grün oder ein Gelb. Was bleibt, ist das gezackte Band auf dem Rücken, das nur bei sehr dunklen Exemplaren nicht sichtbar ist. Bei der Kreuzotter ist der hintere Teil des Kopfes breiter, deutlich gegen den Hals abgesetzt. Erwachsene Exemplare können 60 Zentimeter (Männchen) und 70 Zentimeter (Weibchen) lang werden.
Kreuzottern mögen zwar Wärme, sie sind aber nicht sehr kälteempfindlich. Bis nach Skandinavien sind sie verbreitet. Sie bevorzugen trockenes, offenes Gelände, Heidegebiete und Moore und Berghänge. Zwischen Steinen und Wurzeln finden sie Verstecke. Im Frühjahr kriechen sie aus den Winterverstecken. Kreuzottern bringen lebende Junge zur Welt, bis zu 20 Stück!
Die giftigen Schlangen sind sehr scheu und verziehen sich bei jeder Störung. Ihr Biss ist nur für die kleinen Beutetiere tödlich. Immer noch kommt es vor, dass Kreuzottern erschlagen werden.

Arbeitshinweis: Markiere im Schnellverfahren die folgenden Begriffe! (Zeitvorgabe ca. fünf Minuten)

STEINADLER: *Brutzeit, Beutetiere, Eier, Futter, Hochgebirge, Flieger*
SEEHUND: *Nahrung, Körper, Virus, Geburt, Gift, Wattenmeer*
KREUZOTTER: *Wärme, Färbung, Biss, Hals, Verstecke*

B 11d SUCHAUFGABEN

AUF DEN SPUREN DER ESKIMOS

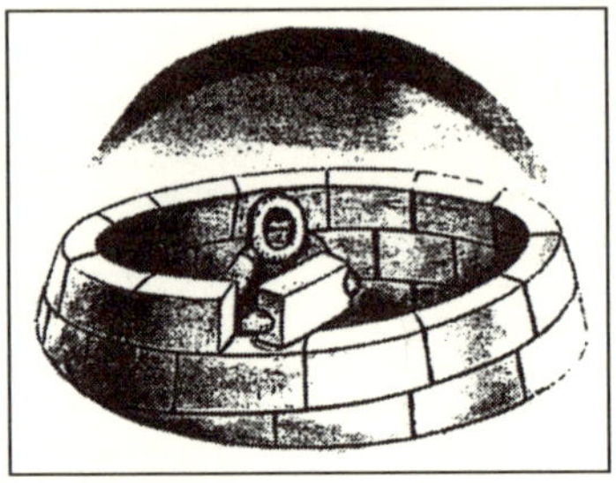

Es ist Oktober. Der Norden Kanadas liegt schon unter Schnee. Nun wird es Zeit, das Winterlager zu errichten. Die Eskimo-Männer nehmen lange Messer und schneiden festen Schnee in Blöcke. Das sind die »Bausteine« für die Iglus. Ein kleines »Dorf« entsteht: fünf, sechs Iglus dicht beieinander, für jede Familie ein Iglu. Innen gibt eine Tranlampe etwas Licht und Wärme. Rentierfelle sind die Betten.
Einige hundert Kilometer entfernt leben andere Eskimos. Sie bauen ihre Winterhütten aus Steinen und Torf. Wände und Dach bestehen aus drei Schichten: innen und außen Steine, dazwischen Torf. Zusätzlich schützt der Schnee. Solche Hütten kann man auch im nächsten Winter wieder benutzen.
Bald beginnt die Seehundjagd auf dem Eis. Der Jäger sucht die Atemlöcher der Seehunde. Er stellt sich daneben und wartet, regungslos, oft stundenlang – um dann blitzschnell mit der Harpune zuzustoßen. Auf dem Eis ist es sehr kalt, manchmal – 40°C, und windig dazu. Die Frauen haben alle Kleidungsstücke aus Fellen genäht.

Der Winter ist die Zeit der weiten Reisen. Gereist wird nach fernen Jagdgründen oder auch zu Freunden und Verwandten. Mit dem Hundeschlitten legt ein Eskimo in wenigen Tagen weit über hundert Kilometer zurück. Unterwegs übernachtet er in einem Klein-Iglu, den er in etwa einer Stunde aufbauen kann.
Im Sommer ist alles ganz anders. Im Mai, wenn Schnee und Eis tauen, verlassen die Eskimos ihr Winterlager. Sie ziehen an die Flüsse, wo sie Fische jagen; dazu benutzen sie Fischspeere mit Widerhaken. Besonders wichtig für die Jagd sind die Stellen, an denen Karibus (Rentiere) vorbeikommen: Wenn eine Herde auf ihrer großen Wanderung einen Fluss durchschwimmen muss, sind die Jäger den Tieren überlegen, denn mit ihren Kajaks sind sie schneller. Auch Seehunde und Walrosse werden vom Kajak aus gejagt.
Die Familien leben jetzt in Zelten, die aus Rentierfellen genäht sind. Frauen und Kinder sammeln Vogeleier, Kräuter, Beeren und Brennmaterial. Aber zum Brennen gibt es nur Sträucher, kein dickes Holz. In der Tundra wachsen keine Bäume.

(Text in Anlehnung an Schulbuch Terra/Geografie 5/6, Stuttgart 1990, S. 78 f.)

Arbeitshinweis: Überfliege den obigen Text und suche die sechs Sätze, die ins folgende Silbenrätsel passen! Jede Zeile ergibt einen Satz, jeder Strich ist ein Buchstabe! Trage die gefundenen Sätze unten ein! (Vorgabezeit ca. fünf Minuten)

SATZ 1: D__ W_____ i__ d__ Z___ d__ w_____ R_____.

SATZ 2: S__ b____ i___ W___________ a__ S______ u__ T___.

SATZ 3: D__ J____ s____ d__ A_________ d__ S_______.

SATZ 4: R___________ s___ d__ B_____.

SATZ 5: I_ S_____ i__ a____ g___ a_____.

SATZ 6: A___ S_______ u__ W_______ w_____ v__ K____ a__ g_____.

B 11e SUCHAUFGABEN

RÄTSELHAFTE PFERDERASSEN

➔ Hannoveraner

Er ist das Reitpferd schlechthin! Diesem Pferdetyp ähneln inzwischen auch viele andere Rassen, auch wenn sie nicht alle gleiche Merkmale haben. Hannoveraner sind kräftig und edel, mit langem Rücken, oft auch langem Hals und langer Schulter. Die Bewegungen in allen Gangarten sind raumgreifend, federnd im Galopp. Außerdem haben die Hannoveraner ein besonderes Springtalent. Sie sind ebenso geeignet als Dressurpferde wie für Military und Hindernisrennen und beim Springen. 160 bis 175 Zentimeter sind sie groß (Stockmaß).

Haflinger ←

Diese Ponys sind fast immer helle oder dunkle Füchse mit hellen Mähnen- und Schweifhaaren. Sie sind Arbeitspferde im Gebirge, vor allem in den Alpen, und sie lassen sich gut reiten, sind eifrig im Schritt, Trab und Galopp. Ebenso sind sie als Kutschpferde zu verwenden. Den Haflinger zeichnet eine gesunde Konstitution aus, er ist ausgesprochen kräftig gebaut, muskulös und stramm. Dabei hat er auch Araber-einschlag. Wie Kaltblutpferde hat er eine gespaltene Kruppe. Größe: 135 bis 145 Zentimeter Stockmaß.

➔ Lipizzaner

Eine berühmte Pferderasse – in Wiens »Spanischer Hofreitschule« bei der Dressur zu bewundern. Lipizzaner sind intelligent und gelehrig. Keine andere Rasse kann so wie sie die Lektionen der »Hohen Schule« gehen. Die Pferde sind vor allem Schimmel, aber auch Braune und Rappen, sie haben Eleganz, sind dabei trotzdem noch robust. Ihre unterschiedliche Abstammung macht sich bemerkbar, einerseits von leichten Arabern und Andalusiern, andererseits von schweren Karstpferden. Größe: 157 bis 160 Zentimeter Stockmaß.

Freiberger ←

Früher war der Freiberger vor allem als Zugpferd im Schweizer Jura im Einsatz, während er heute auch häufig im Reit- und Fahrsport anzutreffen ist. Er ist ein sehr zuverlässiges Pferd, hat leichte, gleichmäßige Gangarten und ist dabei recht lebhaft. Der Kaltbluteinschlag ist ihm noch anzusehen. Inzwischen wird der Freiberger mehr mit Araber- und englischem Halbblut veredelt. Gezüchtet wird er nach wie vor in der Schweiz. Vorherrschende Farbe ist braun. Die Größe: etwa 160 Zentimeter Stockmaß.

➔ Araber

Unterschieden werden Original-Araber, die im Orient geboren sind, und Vollblut-Araber, die zwar nicht dort geboren, aber von ihrer Abstammung her aus dem Orient eingeführt worden sind. Araber gelten als die edelsten Pferde, als intelligent und ausdauernd. Viele Pferderassen haben Araberblut – zur Veredelung. Die Araber sind vielseitig verwendbar, als Reit- und Rennpferd und sogar als Kutschpferd. Besonderes Merkmal sind die kleinen, gespitzten Ohren und die großen Nüstern. Araber werden nicht über 150 Zentimeter groß.

Islandpferd ←

Fünf natürliche Gangarten beherrschen diese kleinen Pferde, neben Schritt, Trab und Galopp auch noch Pass und Tölt (ein schneller und gleichmäßiger Passgang). Die Isländer sind sehr robust, werden in halb wilden Herden das ganze Jahr hindurch im Freien gehalten. Sie können recht unterschiedlich aussehen, zum Teil ähneln sie dem Kaltblut, zum Teil sind sie edler. Das Haar ist dicht, Schweif und Mähne besonders lang und kräftig. In allen Farben kommen sie vor. Sie erreichen Größen von 128 bis 143 Zentimeter.

Arbeitshinweis: Fülle das zugehörige Kreuzworträtsel aus! Überfliege dazu die obigen Texte und suche möglichst rasch die betreffenden Wörter! (Vorgabezeit ca. zehn Minuten)

B 11e | KREUZWORTRÄTSEL

PFERDE-RÄTSEL

LÖSUNGSWORT

1) *Der »Araber« wird unter anderem eingesetzt als …*
2) *Als solcher war der »Freiberger« früher im Einsatz.*
3) *Von dort sind die »Araber« ursprünglich eingeführt worden.*
4) *Für diese Rennen sind die »Hannoveraner« geeignet.*
5) *Das »Islandpferd« wird in halb wilden … im Freien gehalten.*
6) *Dieses ist der »Hannoveraner« schlechthin.*
7) *Hierbei sind die »Haflinger« eifrig.*
8) *Die »Lipizzaner« sind von der Farbe her vor allem …*
9) *Beim »Islandpferd« ist er besonders lang und kräftig.*
10) *Diesem ähnelt das »Islandpferd« zum Teil.*
11) *Hier wird der »Freiberger« gezüchtet.*
12) *Die »Lipizzaner-Pferde« haben sie.*
13) *In diesem Gebiet arbeitet der »Haflinger«.*
14) *Besonderes Merkmal des »Arabers« sind seine großen …*
15) *Hierbei kann man den »Lipizzaner« bewundern.*

➔ Überfliege die zugehörigen Kurztexte zu den einzelnen Pferden und trage die gefundenen Begriffe ins obige Rätselschema ein!

B 11f SATZPUZZLE

WARUM EINEN TEXT ÜBERFLIEGEN?

Häufig ist es gar nicht nötig, einen Text ____ für Wort zu lesen. Langsames Lesen ist unter Umständen sogar ________ und stört die Konzentration. Und alles kann man sowieso nicht ________, egal wie langsam man liest! Also Mut zur _____! Flüchtiges Überlesen ist immer dann sinnvoll und möglich, …

1	FREMD IST / DAS THEMA / WENN DIR / NICHT VÖLLIG / DAS DER TEXT BEHANDELT
2	TEXT SUCHST / (BEGRIFFE, DATEN USW.) / GESTELLTER FRAGEN / WENN DU / IN EINEM / BESTIMMTE INFORMATIONEN / ODER SELBST / AUFGRUND VORGEGEBENER
3	DER NUR ZUM TEIL / LÄNGEREN TEXT / FÜR DICH / WENN DU EINEN / VOR DIR HAST / WICHTIG IST
4	IN EINEM ZWEITEN SCHRITT / VON EINEM TEXT / UM DANN / GENAUER NACHZULESEN / VERSCHAFFEN MÖCHTEST / EINEN ERSTEN EINDRUCK / WENN DU DIR
5	UND LEDIGLICH / BEREITS GUT / WENN DU / NOCH WAS NEUES STEHT / ÜBERPRÜFEN MÖCHTEST / ÜBER EIN THEMA / OB IN EINEM TEXT / BESCHEID WEISST
6	SEHEN MÖCHTEST / FÜR DICH / OB IN EINEM SACHTEXT / WENN DU / ENTHALTEN IST / ETWAS INTERESSANTES BZW. WICHTIGES / AUF DIE SCHNELLE

Wie ein bestimmter Lesestoff im Einzelnen anzugehen ist, hängt natürlich von dessen ______ ab oder auch von der Absicht, mit der er gelesen wird. _____________ Texte, Gedichte und Sachtexte mit schwierigem bzw. völlig _____ Stoff sind selbstverständlich anders zu lesen als Texte zu halbwegs vertrauten ______.

▶ *Ordne die obigen Satzteile so, dass sich sinnvolle Begründungs-Sätze ergeben! Trage die Begründungs-Sätze in das jeweilige Kästchen ein!*

▶ *Trage die folgenden Silben so in die vorgegebenen Textlücken ein, dass sich sinnvolle Sätze ergeben!*

MÜ · IN · DEND · HALT · RISCHE · RA · HALTEN · ER · LÜCKE · ER · WORT · NEU · BE · LITE · MEN · THE

B 11g LÜCKENTEXT

REGELN FÜR SCHNELLES LESEN

Worauf ist beim schnellen Überlesen eines (Sach-)Textes zu achten? Dazu einige Tipps: Wichtig ist vor allem:

- DASS DU DICH VOLL _____________, DAMIT DU NICHT UNNÖTIG ZURÜCKGEHEN UND _________ MUSST, DENN DIESE ABSCHWEIFUNGEN VERHINDERN DEN LESEERFOLG UND MINDERN DIE ________!

- DASS DU WÄHREND DES LESENS NACH ETWAS BESTIMMTEM ______: NACH BEGRIFFEN, ZAHLEN, ERLÄUTERUNGEN UND SONSTIGEN _____________, DIE DIR WICHTIG ERSCHEINEN.

- DASS DU DEIN ____ WENIGER AUF EINZELNE BEGRIFFE RICHTEST, SONDERN MÖGLICHST AUF GANZE ___________. DIESE ERWEITERUNG DER BLICKSPANNE KANNST DU ÜBEN UND LERNEN!

- DASS DU DICH – FALLS VORHANDEN – AUF BESONDERE ______________ IM TEXT KONZENTRIERST: AUF ÜBERSCHRIFTEN, FETT GEDRUCKTE WÖRTER UND _________________ AM ENDE.

- DASS DU NICHT JEDES ____ IM TEXT ERNST NIMMST UND DIR ZU MERKEN VERSUCHST, DENN DAZU IST UNSER __________ BEIM BESTEN WILLEN NICHT IN DER LAGE. AUSWAHL MUSS SEIN! KONZENTRATION AUF WESENTLICHES IST ____________!

- DASS DU VON OBEN NACH UNTEN DIE SINN TRAGENDEN _____ HERAUSFINDEST, DIE DEN GEDANKLICHEN ______ DES VERFASSERS ANGEBEN.

- DASS DU GEGEBENENFALLS VON ______ ZU ABSATZ SPRINGST, UM ÜBERBLICKSHAFT ZU PRÜFEN, OB DARIN ETWAS _________ STEHEN KÖNNTE.

Schnelles Lesen muss geübt werden – und kann auch erfolgreich geübt werden! Wie Untersuchungen zeigen, kann die Lesegeschwindigkeit bei konsequenter _____ durchaus auf das ________ gesteigert werden, ohne dass deshalb weniger ______ ______. Also ran ans Schnell-Lese-Training!

<u>Arbeitshinweis:</u> Trage die folgenden Begriffe so in den obigen Text ein, dass sich sinnvolle Sätze ergeben! (ein Strich = ein Buchstabe)

HÄNGEN BLEIBT · DOPPELTE · ÜBUNG · WICHTIGES · SÄTZE · WORT · WORTGRUPPEN · SUCHST · KONZENTRIERST · ROHBAU · GEDÄCHTNIS · HERVORHEBUNGEN · NACHLESEN · INFORMATIONEN · ABSATZ · UNERLÄSSLICH · ZUSAMMENFASSUNGEN · AUGE · LESELUST

B 11h | TEMPO-LESE-ÜBUNG

BLICKSPANNE ERWEITERN

Test
Erfolg
Leselust
Textmarker
Schreibtisch
Unterstreichen
Guter Unterricht
Mit Köpfchen lesen
Auf die Schule bauen
Unter diesen Umständen
Mit Pauken und Trompeten
Rasches Lesen muss man üben
Die Klassenarbeit war leicht
Die Blickspanne erweitert sich
Die Lesegeschwindigkeit nimmt zu
Unser Lesetraining war erfolgreich
Das Erarbeiten von Texten macht Spaß

➔ *Schneide dir in ein DIN-A4-Blatt (am besten aus Pappe) im oberen Teil ein schmales »Sichtfenster«, das genau so breit und so hoch ist wie die unterste Zeile der obigen Pyramide!*

➔ *Decke jetzt die Pyramide mit dem Blatt zu und ziehe das Blatt gleichmäßig so nach unten, dass für einen kurzen Augenblick ein bestimmtes Wort bzw. ein bestimmter Satz im »Sichtfenster« erscheint. Schreibe das Wort/den Satz auf oder mache ein Fragezeichen, falls Unklarheit besteht!*

➔ *Am besten geht diese Übung mit einem Partner. Dieser schiebt das »Sichtfenster« schrittweise von oben nach unten. Du schaust jeweils genau hin und versuchst das Wort/den Satz zu erkennen. Nenne, was du gegebenenfalls erkannt hast. Dein Partner kontrolliert; und weiter geht's!*

➔ *Du kannst dir weitere Wort-Pyramiden zusammenstellen und deine Übungen mit anderen Wörtern/Sätzen fortsetzen. Das fördert deine Lesegeschwindigkeit und erweitert deine »Blickspanne«!*

B 12: ÜBUNGEN ZUM SYSTEMATISCHEN LESEN

GRUNDIDEE: Anders als beim zuletzt thematisierten Überblicks-Lesen geht es bei den hier dokumentierten Übungsmaterialien darum, die Schüler mit bestimmten Schritten des systematischen Lernens beispielhaft vertraut zu machen. Diese Schritte sind in Anlehnung an die »5-Stufen-Methode«: Überfliegen › Fragen an den Text richten → gründlich lesen → abschnitthaft zusammenfassen → den Gesamttext wiederholen bzw. überblickshaft rekapitulieren. Diese gestufte/systematische Lesearbeit ist im Unterrichtsalltag zwar nicht immer vonnöten, aber eingeführt/geübt werden sollte sie auf jeden Fall. Ansonsten muss man sich nicht wundern, wenn viele Schüler das Lesen von Texten einzig als das optische Abtasten von Wörtern und Sätzen verstehen und sich hernach wundern, wenn nur wenig oder gar nichts hängen bleibt. Zugegeben, im Deutschunterricht wird die besagte »5-Stufen-Methode« in aller Regel vorgestellt und eventuell auch anempfohlen. Eingehendere Übungs- und Reflexionsphasen sind jedoch eher selten. Diesem Manko soll mit den hier dokumentierten Übungsmaterialien ansatzweise entgegengewirkt werden. Natürlich ist es mit den sechs Übungen, die im Folgenden vorgestellt werden, längst nicht getan. Übungen und Reflexionen zu den angesprochenen Lesetechniken sind immer wieder mal notwendig, sollen die Schüler ihre – teilweise – schlechten Gewohnheiten abbauen und rationelles Lesen nachhaltiger lernen.

ÜBUNGEN: Die dokumentierten Arbeitsblätter werden – entsprechend dem jeweiligen Bedarf – vervielfältigt und von den Schülern laut Arbeitsanweisung bearbeitet. Die Bearbeitung erfolgt in der Regel in Einzelarbeit, kann unter Umständen jedoch auch in Partnerarbeit ablaufen, sofern einzelne Schüler Unterstützung und/oder Kontrolle brauchen. Worum geht es bei den verschiedenen Übungen? Mithilfe von Arbeitsblatt a können die Schüler die »5-Stufen-Methode« überblickshaft entdecken. Die Arbeitsblätter b bis f dienen alsdann der exemplarischen Vertiefung einzelner Lese- bzw. Arbeitsschritte. Dabei formulieren oder beantworten die Schüler Fragen zum jeweiligen Text. Sie finden Überschriften heraus; sie ordnen Abschnitte und bilden Absätze. Weitere Übungsmaterialien zum Markieren, Zusammenfassen und Exzerpieren von Texten folgen in B 13 und B 14.

AUSWERTUNG: Hierzu werden in der Regel Kleingruppen mit zwei bis vier Schülern gebildet. Die bearbeiteten Übungsblätter werden ausgetauscht und von den Gruppenmitgliedern wechselseitig kontrolliert und besprochen. Erfahrungen und Tipps werden ausgetauscht. Anschließend werden im Plenum etwaige Schwierigkeiten bzw. Fragen aus den Gruppen diskutiert. Auf dem Hintergrund von Arbeitsblatt a kann überdies ein kleines szenisches Spiel angesetzt werden, bei dem fünf Schüler nacheinander in freier Rede erklären, was sie auf den einzelnen Lesestufen machen (»Ich befiinde mich auf der Stufe I; Ich überlese …«). Ansonsten gibt der Lehrer – je nach Bedarf – Hinweise; er spricht Auffälligkeiten und Probleme an, die er beobachtet hat. Er verstärkt den Sinn und Zweck der »5-Stufen-Methode« und schließt gelegentlich weitere Übungen an, die er analog zu den vorliegenden Übungsblättern vorbereitet. Auf diese Weise lassen sich bei den Schülern relativ verlässliche Routinen bilden.

ZEITBEDARF: Der Zeitansatz ist variabel, je nachdem, wie viele Übungsblätter eingesetzt und wie intensiv sie ausgewertet werden. Durchführbar sind die Übungen vor allem im Deutschunterricht.

B 12a REGEL-PUZZLE

5-SCHRITT-LESEMETHODE

1 — **Ü__R__I_G_N**

Hierbei schaust du vor allem auf die Überschrift(en), auf _______________, auf sonstige Hervorhebungen, auf die Anfänge einzelner Abschnitte oder – bei Büchern – auf das _______________. Grundsätzlich geht es in diesem 1. Schritt darum, eine grobe _______________ vom Inhalt und vom Aufbau des jeweiligen Textes zu gewinnen.

2 — **F__G_N**

In einem zweiten Schritt überlegst du dir, um welche _______________ es in dem Text geht. Auf welche Fragen gibt dir der Text _______________? Schreibe die entsprechenden Fragen anfangs – zum Zwecke der Übung – auf einen Zettel! Später kannst du sie in Gedanken klären.

3 — **L___N**

Jetzt liest du den Text _______________ durch. Denke dabei an deine Fragen und an deine Leseabsicht (was willst du _______________?) Mache beim Lesen kleine »Sekundenpausen«, damit sich das Gelesene besser _______________ kann.

4 — **Z_S__M__F__S_N**

Nach jedem Sinnabschnitt schaue kurz auf und überlege dir, was du _______________ hast und ob dir alles klar ist. Fasse den gelesenen Sinnabschnitt in _______________ Worten kurz zusammen – gedanklich oder schriftlich. Empfehlung: Wenn möglich, führe laute Selbstgespräche, wenn du dir Rechenschaft ablegst.

5 — **W__D__H_L_N**

Zum Schluss wiederholst du noch mal die wichtigsten _______________ und Informationen des Textes. Berücksichtige dabei deine anfangs formulierten Fragen und deine _______________, die du während der Textarbeit eventuell vorgenommen hast. Die Wiederholung kann in Gedanken ablaufen; sie kann aber auch _______________ erfolgen; oder sie kann so aussehen, dass du dir einen zusammenfassenden _______________ hältst.

<u>Arbeitshinweis:</u> Vervollständige die Überschriften der einzelnen Leseabschnitte! Trage außerdem die folgenden Wörter so in die obigen Lücken ein, dass sich sinnvolle Sätze ergeben:

SCHRIFTLICH · VORSTELLUNG · AUSSAGEN · ABSETZEN · WISSEN · ANTWORT · FETTGEDRUCKTES · VORTRAG · FRAGEN · UNTERSTREICHUNGEN · EIGENEN · GELESEN · GRÜNDLICH · INHALTSVERZEICHNIS

B 12b ÜBERSCHRIFTEN

ÜBERSCHRIFTEN HERAUSFINDEN

DIE REISEN DER ENTDECKER

Vor 500 Jahren noch waren bei uns Gewürze wie Pfeffer, Safran, Anis oder Zimt so kostbar, dass sie mit Gold aufgewogen wurden. Arabische Händler brachten sie mit Karawanen aus dem fernen Indien und China nach Europa. Wo diese Länder lagen, wusste man nicht. Man wusste nur, dass es dort sagenhaften Reichtum gab: funkelnde Edelsteine, feine Seide, Porzellan und andere Schätze.

....

Aber es schien keine Möglichkeit zu geben, billig an diese Kostbarkeiten zu gelangen. Zumindest nicht auf dem Landweg – das wussten die Araber zu verhindern. Wenn es aber gelänge, mit Schiffen Afrika zu umfahren? Oder wenn es stimmte, was die Gelehrten vermuteten, dass nämlich die Erde rund sei wie eine Apfelsine, dann könnte man doch einfach immer weiter nach Westen fahren und würde irgendwann in China oder Indien landen.

....

Wenn die Erde wirklich eine Kugel ist, sagte sich der Seefahrer Christoph Kolumbus, dann muss ich einfach immer weiter nach Westen segeln, um irgendwann Indien zu erreichen. Voll Zuversicht brach er mit drei Schiffen auf und landete schließlich an der Ostküste von Amerika. Das wusste er zunächst jedoch nicht, sondern er meinte, er habe Indien erreicht.

....

Eine Reise auf einem Entdeckerschiff war bestimmt kein Vergnügen. Die Lebensmittel wurden in Holzfässern im Inneren des Schiffes gelagert. Dort war es ständig feucht und es wimmelte von Ratten. Nach wenigen Wochen schon war der Proviant in einem schrecklichen Zustand. Frisches Obst und Gemüse gab es fast gar nicht.

....

Viele Seeleute starben während der Reise an der schlechten Ernährung. Über 80 Matrosen mussten auf engstem Raum leben – Schlafräume hatten sie nicht. Bei gutem Wetter schliefen sie auf Deck, sonst im feuchten Inneren des Schiffes. Nur der Kapitän und die Offiziere hatten eigene Kojen.

....

Zur selben Zeit, als Kolumbus, ohne es zu wissen, die Küste Amerikas entdeckt hatte, war es portugiesischen Seefahrern gelungen, Afrika zu umsegeln. Auch für sie war es eine gefährliche, entbehrungsreiche Fahrt. Denn die Schiffe der Entdecker taugten kaum für solch weite Reisen.

(Text nach: TREFF-Schülerbuch 1991, Velber-Verlag, S. 37 ff.)

➔ *Suche zu jedem Abschnitt eine kurze Überschrift, die den Inhalt treffend widerspiegelt! Schreibe deine Überschriften auf die punktierten Linien!*

➔ *Wenn du unsicher bist, kannst du aus den folgenden Satzteilen 5 mögliche Überschriften zusammensetzen. Ordne sie den entsprechenden Abschnitten zu!*

AFRIKA · LEBTEN · KOLUMBUS · ERNÄHRUNG · NACH INDIEN? · MAN · DES · CHRISTOPH · MIT DER · DIE MATROSEN · UMSEGELN · PORTUGIESEN · WIE · DIE IRRFAHRT · WIE KOMMT · PROBLEME

B 12c ANTWORTSUCHE

FRAGEN BEANTWORTEN

WIE KOMMT ES ZU EINEM GEWITTER?

An heißen Sommertagen steigt warme, feuchte Luft nach oben. Dort kühlt sie wieder ab und dabei bilden sich dicke Wolken. Von unten strömt aber immer mehr warme Luft nach und prallt nun gegen eine kalte Luftschicht. Die verschiedenen Luftmassen wirbeln durcheinander, reiben sich aneinander und so entsteht eine knisternde elektrische Spannung, wie sie auch entsteht, wenn du mit einem Wolltuch über eine Schallplatte reibst. Die Spannung entlädt sich in riesigen, heißen Funken. Es blitzt. Der Donner ist nichts anderes als der laute Knall, den man hört, wenn die Luftmassen wieder zusammenprallen, die der Blitz auseinander gerissen hat. Ist ein Gewitter ganz nah, folgt der Knall direkt auf den Blitz. Ist das Gewitter weit entfernt, braucht der Schall länger und wir hören nicht nur den Knall, sondern auch das Gepolter seiner vielen Echos.

DONNERKEIL UND BLITZSCHLEUDER

In alten Zeiten hatte jedes Volk eine andere Erklärung für Blitz und Donner. In Ägypten fürchteten sich die Menschen vor dem gefährlichen Gewitterdrachen Apophis. Er galt als Inbegriff all jener Mächte, die die Weltordnung zerstören wollten. Der Gewittergott der Germanen hieß Donar-Thor. Man glaubte, der Blitz sei die Flugbahn seines gefürchteten Wurfhammers und das Grollen des Donners werde von Thors Wagen verursacht. In Griechenland glaubte man, dass der Göttervater Zeus gegen seine Feinde kämpft, indem er Blitze auf sie herniederschleudert. Auch in der christlichen Zeit galt der Donner als die Zornesstimme Gottes. Der Blitzableiter war deshalb lange Zeit als Gotteslästerung verpönt.

SO SCHÜTZT MAN SICH VOR BLITZEN

Ein Blitz sucht sich immer den kürzesten Weg zur Erde. Deshalb schlägt er am liebsten in die höchsten Bäume und Gebäude ein. Außerdem wird er von Metall angezogen. Blitzt es, so sollte man allein stehende Bäume meiden und nicht über freies Feld laufen. Blitze schlagen auch ins Wasser ein. Deshalb ist es gefährlich, bei Gewitter zu baden. Bist du auf einem Feld unterwegs, lege dich am besten in eine Mulde. Im Auto ist man vor dem Blitz sicher.

(Texte aus: TREFF-Schülerbuch 1991, Velber-Verlag, S. 15 ff.)

Beantworte die folgenden Fragen in Kurzfassung auf einem gesonderten Blatt Papier! Die Antworten findest du in den obigen Texten!

1. *WO SOLLTE MAN SICH BEI GEWITTER NICHT AUFHALTEN?*
2. *WOVON HÄNGT DIE ZEITDAUER ZWISCHEN DONNER UND BLITZ AB?*
3. *WIE KOMMT ES ZU DER ELEKTRISCHEN SPANNUNG, DIE ZUM BLITZ FÜHRT?*
4. *WARUM WAR UNTER CHRISTEN DER BLITZABLEITER LANGE VERPÖNT?*
5. *WODURCH ENTSTEHEN DIE DICKEN GEWITTERWOLKEN?*
6. *WAS PASSIERT, WENN ES BLITZT?*
7. *WAS IST DER DONNER?*
8. *WELCHE VORSTELLUNG VERBANDEN DIE ALTEN ÄGYPTER MIT BLITZ UND DONNER?*
9. *WIE DEUTETEN DIE ALTEN GRIECHEN BLITZ UND DONNER?*

B 12d — FRAGESUCHE

FRAGEN ZUM TEXT ENTWICKELN

GUTENBERGS KUNST

JOHANNES GUTENBERG LEBTE VOR VIELEN JAHREN IN MAINZ. WANN ER GENAU GEBOREN WURDE, WISSEN WIR HEUTE NICHT MEHR. ES MUSS SO UM 1400 GEWESEN SEIN. ER WAR SEHR ARM, WEIL IHM NIEMAND SEINEN SCHMUCK ABKAUFTE, UND SO SUCHTE ER SEIN GLÜCK IN EINER ANDEREN STADT. DORT BAUTE ER MIT SEINEN BEIDEN GESELLEN GOLDENE SPIEGEL, DIE SICH GUT VERKAUFEN LIESSEN. ABER IM STILLEN HATTE JOHANNES GUTENBERG – DER EIGENTLICH GENSFLEISCH MIT NACHNAMEN HIESS – EIN GEHEIMNIS. NACHTS, WENN ALLE ANDEREN SCHLIEFEN, SASS ER AN SEINEM SCHREIBTISCH UND DACHTE NACH. ER TRÄUMTE DAVON, EIN DICKES BUCH ANZUFERTIGEN. ES SOLLTE DIE BIBEL SEIN. ER WOLLTE ABER NICHT ALLE SEITEN MIT DER HAND SCHREIBEN. DAS HÄTTE IHM ZU LANGE GEDAUERT UND WÄRE ZU ANSTRENGEND GEWORDEN. GUTENBERG HATTE EINE VIEL BESSERE IDEE. WAS WÄRE, WENN ER ALLE BUCHSTABEN EINZELN MIT EINER ART STEMPEL AUF DAS PAPIER DRUCKTE?

SCHON AM NÄCHSTEN MORGEN WEIHTE ER SEINE BEIDEN GESELLEN EIN. TAG UND NACHT ARBEITETEN DIE DREI IN IHRER WERKSTATT. NACH GUTENBERGS SYSTEM SETZTEN SIE DIE BUCHSTABEN IN EINEN KASTEN, LIESSEN FARBE DARÜBER LAUFEN, LEGTEN EIN STÜCK PAPIER DARAUF UND DRÜCKTEN FEST ZU UND FERTIG WAR EINE WUNDERSCHÖNE GEDRUCKTE SEITE. DREI JAHRE DAUERTE ES, BIS SIE DIE BIBEL ANDEREN ZEIGEN KONNTEN. HEUTE LIEGT DIE GUTENBERG-BIBEL IN EINEM MUSEUM, WO SIE JEDER BEWUNDERN KANN. GUTENBERG SELBST STARB ALS ARMER MANN.

(aus: TREFF-Schülerbuch 1991, Velber-Verlag, S. 80)

__Arbeitshinweis:__ Formuliere 7 »W-Fragen«, auf die dir der obige Text Antwort gibt! Halte dich dabei an die folgenden Satzanfänge! Trage die gefundenen Fragesätze ein!

- WIE ____?
- WAS ____?
- WIE ____?
- WO ____?
- WANN ____?
- WIE ____?
- WO ____?

B 12e GLIEDERUNG

EINEN TEXT IN ABSÄTZE GLIEDERN

Der Löwe und die Stiere. Eine enge Freundschaft verband vier kräftige Stiere. Ein Löwe beobachtete sie und seine Begierde nach ihnen wuchs von Tag zu Tag. »Diese acht spitzen Hörner«, sagte er sich aber, »sind gefährlich. Sie könnten mich sogar töten, wenn sie mich gemeinsam angreifen.« Da kam ihm eine Idee. Er verbarg sich am Rande der Weide und wartete geduldig, bis sich einer von den anderen ein wenig entfernte. Dann schlich er hin und flüsterte dem Stier zu: »Ah, du bist es, den die anderen drei verspotten.« Dem nächs-

ten Stier erzählte er: »Die anderen drei sind eifersüchtig auf dich, weil du größer und schöner bist als sie.« Am Anfang hörten die Stiere nicht auf den Löwen, aber bald fingen sie an, sich gegenseitig zu misstrauen. Sie gingen nicht mehr gemeinsam auf die Wiese und nachts rückten sie voneinander ab. Das alles machte sie noch viel misstrauischer und jeder dachte von den anderen: Sie warten auf eine Gelegenheit, mir ein Leid anzutun. Als der Löwe schließlich die Nachricht verbreitete, die vier Stiere wollten sich gegenseitig bekämpfen, weil jeder der Stärkste sein wollte, da fielen sie einander sofort in heller Wut an. Und bald sahen die vier prächtigen Stiere nicht mehr prächtig aus. Als der Löwe einen von ihnen anfiel und tötete, kamen die anderen ihrem Gefährten nicht zu Hilfe. Der Löwe zerriss bald danach den zweiten, dann tötete er den dritten und auch der vierte wurde in einigen Tagen Opfer des Löwen.

(Text aus: »Besser Lernen«, Cornelsen-Verlag 1991, S. 36)

➔ *Lies den obigen Text genau durch und zerlege ihn in einzelne Sinnabschnitte! Markiere den ersten Buchstaben eines jeden Sinnabschnittes mit einem Textmarker! Schreibe außerdem eine passende Überschrift über die Geschichte! KONTROLL-TIPP: Wahrscheinlich kommst du auf 5 Sinnabschnitte, deren Anfangsbuchstaben das Kunstwort »Adaea« ergeben.*

B 12f — ABSCHNITT-PUZZLE

ABSCHNITTE ORDNEN

(Text nach: Unterwegs, Lesebuch 6, Klett-Verlag 1992, S. 32 f.)

Wir fassten ihn nicht an. Und wir redeten kein Wort mit ihm, obwohl Bernd plötzlich überhaupt nicht mehr still war. Er schrie und tobte, wenn ihm eine Kleinigkeit nicht passte. ☐

Dann begann Bernd zu schlagen. Er haute auf dem Schulhof dem Pit die Faust in den Magen, weil er ihn aus Versehen berührt hatte. Der starke Pit schnappte nach Luft. ☐

Eigentlich wollte ich den Bernd zu meinem Geburtstag einladen, weil er mir Leid tat. Aber mehr als acht Leute passten nicht in mein Zimmer. Bernd war zu viel. Er wurde auch sonst von niemandem eingeladen. ☐

»Was haben die nur mit seinem Kopf gemacht?«, hatte ich mir oft überlegt und mir alles Mögliche vorgestellt. Aber fragen wollte ich ihn nicht danach, die anderen auch nicht. Und er erzählte nie irgendwas davon. ☐

Als Bernd krank wurde, wollte ihm keiner die Schularbeiten bringen. Anschließend kam er noch drei Tage in die Schule. Dann blieb er für immer weg. ☐

Irgendwann erfuhr unser Klassenlehrer davon. Er sagte: »Schluckt's runter, auch wenn ihr wütend seid. Und fasst ihn bitte nicht an.« ☐

Bernd Braeckow kam. Am Anfang fiel vor allem seine Narbe auf. Diese lange Furche am Hinterkopf. Und das Tablettenschlucken fiel natürlich auch auf. Jede Stunde eine. ☐

Er redete überhaupt nicht viel. Nach der Schule kam er stumm zur Fußballwiese und trug uns den Ball. Dann stand er neben dem Tor und sah mit seinen großen, vorstehenden Augen zu. ☐

Bernd Braeckow wirkte wie ausgewechselt. Wir standen da und schüttelten die Köpfe. Immer öfter sagte einer: »Der ist ja nicht normal. Jetzt dreht er völlig durch.« ☐

Unser Klassenlehrer sagte: »Wir bekommen einen Neuen. Der lag lange im Krankenhaus und wird vieles nicht mitmachen können. Kümmert euch um ihn. Gebt euch Mühe.« ☐

➔ *Ordne den einzelnen Abschnitten – entsprechend ihrer Aufeinanderfolge – die Nummern 1 bis 10 zu! Trage die betreffenden Nummern in die vorgegebenen Kästchen ein! KONTROLL-TIPP: Wenn du die Summe der rechts stehenden Ziffern von der Summe der links stehenden Ziffern abziehst, erhältst du die Zahl »13«! Ansonsten noch mal neu überlegen!*

➔ *Eine andere Möglichkeit: Schneide die 10 Abschnitte aus und klebe sie auf ein leeres Blatt in der Reihenfolge auf, dass sich eine stimmige Geschichte ergibt!*

B 13: TEXTE MARKIEREN UND UNTERSTREICHEN

GRUNDIDEE: Texte augenfällig und einprägsam zu markieren ist eine Grundfähigkeit, die den Schülern bereits möglichst früh vermittelt werden muss. Zwar ist es bei schuleigenen Lehrmitteln, die innerhalb der Schule zurück- und weitergegeben werden müssen, leider nicht möglich, unbekümmert zu markieren und zu unterstreichen. Jedoch besteht weder überall Lehrmittelfreiheit, noch ist der Texteinsatz im Unterricht einzig auf Schulbücher beschränkt. Es werden immer wieder kopierte oder in anderer Weise vervielfältigte (Sach-) Texte eingebracht, die von den Schülern »schonungslos« bearbeitet werden können. Zumindest gilt dies für Übungsphasen, in denen das systematische Markieren und Unterstreichen im Vordergrund steht. In diesen Phasen sollten geeignete »Gebrauchstexte« zur Verfügung gestellt werden, mit denen die Schüler versuchsweise experimentieren und gegebenenfalls auch »Fehler« machen dürfen. Zentrale Begriffe, Fragen, Daten, Überschriften und andere Schlüsselstellen aus einem Text herauszufiltern und einprägsam zu markieren – das ist nicht nur eine Hilfe für das Gedächtnis, sondern auch eine schlichte Notwendigkeit für einen methodenorientierten Unterricht. Denn die entsprechenden Defizite auf Schülerseite sind eklatant, wie sich im Schulalltag immer wieder beobachten lässt. Da wird blass und eintönig lediglich mit Bleistift oder dunklem Kugelschreiber unterstrichen; da wird in der Regel viel zu viel unterstrichen; da wird gelegentlich mit einem oder mehreren verschiedenfarbigen Textmarkern wahllos und »flächendeckend« markiert oder aber – das andere Extrem – auf die Verwendung von Textmarkern ganz verzichtet, obwohl diese ein außerordentlich hilfreiches Instrument sein können, sofern sie gezielt und sparsam eingesetzt werden. Die hier vorgestellten Übungsbausteine sollen den Schülern Anstöße geben, die eigenen Textbearbeitungsstrategien kritisch zu überdenken und zu verbessern.

ÜBUNGEN: Die dokumentierten Arbeitsblätter werden vom Lehrer wahlweise eingesetzt und von den Schülern – allein oder in Partnerarbeit – bearbeitet. Arbeitsblatt »a« gibt den Schülern Gelegenheit, sich im selektiven Markieren auszuprobieren. Die Arbeitsblätter »b« und »c« bringen sodann einige grundlegende Aspekte und Regeln des systematischen Markierens und Unterstreichens in »Rätselform« in den Blick. Das abschließende Arbeitsblatt »d« provoziert schließlich die kritische Auseinandersetzung der Schüler mit einem unzulänglich markierten Text sowie die konstruktive Arbeit an und mit diesem Text. Hinweise zur eigenständigen Ergebnis- bzw. Selbstkontrolle der Schüler sind auf den Arbeitsblättern angeführt. Wichtig: Eine gelegentliche Wiederholung derartiger Übungen und »Bewusstmachungsversuche« sind sehr zu empfehlen.

AUSWERTUNG: Die Auswertung erfolgt in der Regel in der Weise, dass die Schüler ihre ausgefüllten Arbeitsblätter paarweise oder in Kleingruppen austauschen und wechselseitig kontrollieren. Etwaige Unklarheiten und Fragen werden besprochen. Anschließend werden im Plenum wichtige Erkenntnisse, Tipps und unter Umständen auch Problemanzeigen zusammengetragen. Einige zentrale Markierungstipps werden in Kurzform auf einer entsprechenden Wandzeitung und/oder im erwähnten Methodenheft der Schüler festgehalten. Der Lehrer seinerseits gibt Tipps, spricht Probleme an und verstärkt die Bedeutung eines systematischen, sparsamen Markierens und Unterstreichens.

ZEITBEDARF: Der Zeitbedarf ist variabel, je nachdem, wie viele Übungsblätter eingesetzt und wie intensiv ausgewertet wird. Anzusetzen sind die Übungen vor allem in den verschiedenen Sachfächern.

B 13a SCHLÜSSELBEGRIFFE

SCHLÜSSELBEGRIFFE MARKIEREN

RAUCHEN IST UNGESUND!

Durch Rauchen entstehen viele Krankheiten. Ausgelöst werden diese vor allem durch die Inhaltsstoffe des Rauches. Schon der Laie kann die Teerstoffe erkennen. Sie färben den Filter einer Zigarette gelbbraun. Zum größten Teil werden sie in den Atemwegen abgelagert. Dadurch entstehen über kurz oder lang Atembeschwerden. Denn bei täglich z. B. 15 Zigaretten gelangen nach 10 Jahren immerhin 1000 Gramm Teerstoffe in die Atemwege. Zunächst gelingt es den Flimmerhärchen in den Atemwegen, solche Ablagerungen wieder nach außen zu strudeln. Doch mit der Zeit schaffen sie es nicht mehr. Es lagern sich zunehmend mehr Teerstoffe in der Lunge ab. Diese Ablagerungen werden durch den so genannten »Raucherhusten« nur zum Teil nach außen befördert. Zusätzlich zu den genannten Atembeschwerden besteht die Gefahr, dass Lungenkrebs entsteht. Das Risiko, daran zu erkranken, ist für Raucher bis zu 30-mal höher als für Nichtraucher! Gegenwärtig sterben in der Bundesrepublik Deutschland jährlich etwa 25 000 Menschen an Lungenkrebs, etwa neunzig Prozent davon sind Raucher. Aber auch die anderen Stationen der »Rauchstraße« – Mundhöhle, Luftröhre und Kehlkopf – sind stark krebsgefährdet. Das gilt auch für die Speiseröhre. Ein weiterer Schadstoff, der beim Rauchen anfällt, ist das Nikotin. Dieses Gift wird über die Lunge ins Blut aufgenommen und so im ganzen Körper verteilt. In der Haut bewirkt es eine Verengung der kleinen Blutgefäße, die Hauttemperatur sinkt. Besonders verhängnisvoll kann sich diese Gefäßverengung in den Beinen auswirken. Zusätzliche Ablagerungen engen die Gefäße weiter ein, das Gewebe wird nicht mehr ausreichend mit Sauerstoff versorgt. In den Zehen treten Kältegefühl, Taubheit und Schmerzen auf. Im schlimmsten Fall kommt es zu derart starken Durchblutungsstörungen, dass Teile des Fußes oder Beines amputiert werden müssen. Auch das im Tabakrauch enthaltene Kohlenstoffmonoxid schädigt den Kreislauf. Es verbindet sich besser als Sauerstoff mit dem roten Blutfarbstoff und beeinträchtigt somit die Sauerstoffversorgung. Zusätzlich wird durch die nikotinbedingte Verengung der Gefäße besonders das Herz belastet und geschädigt. Herzinfarkt und Tod können die Folge sein. Warum wird dennoch geraucht? Viele Raucher haben es sich angewöhnt, bei Langeweile, starker Belastung am Arbeitsplatz oder nach dem Essen eine Zigarette anzuzünden. Andere können von der Zigarette überhaupt nicht mehr loskommen; man vermutet bei ihnen eine gewisse körperliche Abhängigkeit vom Nikotin.

(Text nach: Biologie heute 2G, Schrödel-Verlag, 1990, S. 254 f.)

Markiere den Text so, dass auf einen Blick erkennbar wird, welche Krankheiten durch das Rauchen entstehen! Markiere nur Einzelbegriffe! Erläuternde Neben-Informationen, die dir wichtig erscheinen, unterstreiche mit einem dünnen roten Filzstift!
KONTROLL-TIPP: Die »Schlüsselbegriffe«, die die 5 wichtigsten Erkrankungen angeben, haben in der Wortmitte die Silben: GEN · BE · TUNGS · IN · VER

B 13b LÜCKENHAFTE REGELN

WOZU MARKIEREN UND UNTERSTREICHEN?

TEXTMARKER SIND EIN SEHR ____________ INSTRUMENT, UM WICHTIGE STELLEN EINES TEXTES INS ____________ SPRINGEN ZU LASSEN. WENN DU DIR DEN GLEICHEN TEXT SPÄTER IM ZUGE EINER WIEDERHOLUNG NOCH MAL ANSCHAUST, BRAUCHST DU DICH IN ALLER REGEL NUR AUF DIE ____________ STELLEN ZU KONZENTRIEREN UND SCHON ____________ DU DIE INFORMATION, DIE UM DIE MARKIERTEN STELLEN HERUM ANGESIEDELT SIND.

DIE MARKIERTEN STELLEN SIND ALSO GEWISSERMASSEN »SCHLÜSSEL«, MIT DENEN DU VERSCHIEDENE ____________ IN DEINEM GEDÄCHTNIS AUFSCHLIESSEN KANNST, IN DENEN DU BEI DER ERSTEN BEARBEITUNG DES ____________ BESTIMMTE ____________ INFORMATIONEN »ABGELEGT« HAST.

DAZU EIN BEISPIEL: WENN DU IN EINEM TEXT ÜBER DAS WETTER Z. B. DAS STICHWORT »HOCHDRUCK« MARKIERT HAST, DANN KANNST DU ÜBER DIESES ____________ AN EINE REIHE WEITERER INFORMATIONEN HERANKOMMEN, DIE DU DAMIT ____________ HAST (WAS PASSIERT BEI HOCHDRUCK? WIE KOMMT ES DAZU? WIE WIRKT SICH DIESE WETTERLAGE AUF DIE MENSCHEN AUS? USW.). DU BRAUCHST DIESE ERLÄUTERNDEN INFORMATIONEN – DIE SO GENANNTEN »NEBENINFORMATIONEN« – MEIST GAR NICHT MEHR ____________, WEIL SIE MIT DEM BESAGTEN »CODEWORT« ZIEMLICH ____________ WIEDER INS GEDÄCHTNIS HOCHKOMMEN.

DAS ALLES KLAPPT NATÜRLICH NUR, WENN DU MIT DEM FARBIGEN ____________ WIRKLICH NUR »SCHLÜSSELWÖRTER« MARKIERST UND NICHT GANZE ____________ ODER GAR GANZE ABSCHNITTE, DENN DANN WEISS DEIN AUGE NICHT, WORAUF ES SICH RICHTEN SOLL.

Trage die nachfolgenden Begriffe so in die Lücken des obigen Textes ein, dass sich sinnvolle Sätze ergeben!

ERINNERST · SCHLÜSSELWORT · TEXTMARKER · SÄTZE · AUTOMATISCH · VERKNÜPFT · ZUSAMMENHÄNGENDE · MARKIERTEN · AUGE · TEXTES · NACHZULESEN · SCHUBKÄSTEN · HILFREICHES

B 13b — LÜCKENHAFTE REGELN

WOZU MARKIEREN UND UNTERSTREICHEN?

(Fortsetzung)

WENN DU ZU VIEL __________, DANN VERBLASST DEINE ERINNERUNG, DU MUSST DEN BETREFFENDEN __________ IM WIEDERHOLUNGSFALL NOCH MAL GANZ LESEN. DAS KOSTET UNNÖTIG ZEIT, IST IRGENDWIE AUCH __________ UND SCHMÄLERT DEINE __________.

DRUM MERKE DIR: KENNZEICHNE MIT TEXTMARKER MÖGLICHST NUR EINZELN STEHENDE __________. MARKIERE AUSSERDEM SPARSAM, DAMIT DEIN AUGE SOFORT __________ UND DEINE ERINNERUNG __________ WIRD. VERMEIDE MEHRERE __________ GLEICHZEITIG, DAMIT DU DICH UND DEIN AUGE NICHT UNNÖTIG DURCHEINANDER BRINGST! DENN WER WEISS SCHON NACH 14 __________ NOCH, OB NUN DIE ROT, DIE GRÜN ODER DIE GELB MARKIERTEN STELLEN DIE EIGENTLICHEN SCHLÜSSELSTELLEN SIND.

ERLÄUTERNDE INFORMATIONEN (»NEBENINFORMATIONEN«) ZU EINEM BESTIMMTEN TEXT SOLLTEN AM BESTEN MIT EINEM DÜNNEN ROTEN __________ UNTERSTRICHEN WERDEN. DIE FARBE ROT IST BEKANNTLICH EINE __________ UND DESHALB GUT ZU ERKENNEN. FERNER HEBT SICH DER DÜNNE STRICH DEUTLICH VON DEN MARKIERTEN STELLEN AB, SODASS EINE KLARE TRENNUNG VON WICHTIGEM UND __________ WICHTIGEM GEGEBEN IST.

Ein einfaches Markierungsbeispiel …

Wenn Wasser in einem Topf erhitzt wird, entsteht Wasserdampf. Bleibt die Herdplatte lange genug eingeschaltet, kommt es durch die ständige Wärmezufuhr zur Verdunstung des gesamten Wassers. Die Luft kann allerdings nicht unbegrenzt viel Wasserdampf aufnehmen. Steigt der Wasserdampfgehalt über die Sättigungsgrenze, bilden sich kleine Wassertröpfchen. Es kommt zur Kondensation. Nun kann man den Wasserdampf auch wieder sehen – an der kühlen Fensterscheibe als Belag, am Himmel als Wolke. Wenn die Wassertröpfchen größer und schwerer werden, können sie sich in der Wolke nicht mehr halten und fallen als Niederschlag herab. Ob der Niederschlag am Boden als Regen oder als Schnee ankommt, hängt von der Lufttemperatur ab.

Trage die nachfolgenden Begriffe so in die Lücken des obigen Textes ein, dass sich sinnvolle Sätze ergeben!

MARKERFARBEN · UNTERSTREICHST · GEDÄCHTNISLEISTUNG · WENIGER · SIGNALFARBE · FILZSTIFT · TAGEN · GEFANGEN · ANGEKURBELT · SCHLÜSSELWÖRTER · LANGWEILIG · TEXT

B 13c REGEL-BAUSTEINE

MARKIERUNGSREGELN KURZ UND BÜNDIG

<u>Arbeitshinweis:</u> Bringe die 8 Arbeitsschritte, die ganz unten stehen, in eine sinnvolle Reihenfolge und notiere die zugehörigen Nummern 1 bis 8 in den Kästchen! Trage dann die einzelnen Arbeitsschritte stichwortartig in das vorgegebene Ablaufschema ein!

(KONTROLL-TIPP: Die Zahlen-Summen in der rechten und linken Spalte sind gleich.)

☐ Bleistift, Lineal, Textmarker und einen dünnen roten Filzstift als Arbeitsmittel griffbereit auf den Tisch legen!

☐ Die Schlüsselbegriffe geordnet auf einen gesonderten Zettel schreiben und noch mal kurz darüber nachdenken, ob alles klar ist.

☐ Wichtige Stellen zunächst mit Bleistift unterstreichen, damit der Textaufbau einigermaßen erkennbar wird! Da sich Bleistift leicht ausradieren lässt, macht es nichts, wenn in dieser Phase etwas zu viel unterstrichen wird.

☐ Du wirst sehen, dass du die wenigen markierten Schlüsselbegriffe relativ gut erinnern kannst und darüber auch an die meisten Einzelheiten des jeweiligen Textes herankommst. Die Details hängen an den Schlüsselbegriffen! Und außerdem: Alles kannst du sowieso nicht behalten!

☐ »Nebeninformationen«, die zur Erläuterung der Schlüsselbegriffe dienen, mit dem dünnen roten Stift unterstreichen! Aber Achtung! Damit das Ganze übersichtlich bleibt, darf nicht zu viel unterstrichen werden!

☐ Wenn dir jetzt die wichtigsten Einzelinformationen (Nebeninformationen) wieder einfallen, dann hast du deine »Schlüssel« gut ausgesucht und den Text hinreichend verstanden.

☐ Den Text grob überlesen, um einen Eindruck davon zu bekommen, um was es geht!

☐ Das Unterstrichene noch mal überfliegen und die eigentlichen Schlüsselbegriffe herausfinden und nach sorgfältiger Prüfung endgültig mit Textmarker kennzeichnen! Als Markierungsfarbe hat sich im Unterrichtsalltag vor allem die Farbe »Gelb« bewährt.

B 13d KRITIK-ÜBUNG

EIN FRAGWÜRDIGES BEISPIEL

? SCHULPROBLEME ?

Viele Schüler haben erhebliche Schwierigkeiten, sich zu konzentrieren. Die Wissenschaftler unterscheiden zwei Hauptgruppen von Konzentrationsmängeln: die Konzentrationsschwäche und die Konzentrationsstörung. Die Konzentrationsschwäche resultiert entweder aus einer angeborenen oder unfallbedingten Schädigung des Gehirns oder sie ist die Folge einer so genannten Milieuschädigung, die ebenfalls die Gehirntätigkeit beeinträchtigt. Vor oder während der Geburt entstehende Schädigungen des Gehirns können z. B. auf Erkrankungen der Mutter während der Schwangerschaft, auf unverträgliche Blutgruppen der Eltern oder auf Sauerstoffmangel im Verlauf der Geburt zurückgehen. Die milieubedingte Konzentrationsschwäche hat ihre Ursache vor allem darin, dass in einer besonders anregungsarmen Umwelt die Verbindungen zwischen den einzelnen Gehirnzellen – den so genannten »Synapsen« – nur unzureichend ausgebildet werden können. Nach offiziellen Schätzungen weisen etwa 6 Prozent aller Schulkinder eine leichte Gehirnschädigung auf und leiden deshalb unter Konzentrationsschwäche. Konzentrationsstörungen sind demhingegen weitaus häufiger anzutreffen. Im Prinzip sind alle Menschen mehr oder weniger stark davon geplagt. Die Ursachen dafür sind vielfältig: Liebeskummer, Überarbeitung, Angst vor einer Prüfung, Lärm, verbrauchte Luft im Zimmer und vieles andere mehr gehören dazu. Dazu gehört aber z. B. auch der schlichte Umstand, dass man vielleicht gerade etwas tun soll, wozu man überhaupt keine Lust hat.

➔ *Der obige Text ist so, wie er vorliegt, von einem Schüler markiert worden. Schreibe stichwortartig auf, was du an der Markierungsweise zu kritisieren hast! Berücksichtige dabei die Arbeitsblätter »b« und »c«.*

➔ *Notiere die »Schlüsselbegriffe«, die du markieren würdest, auf einem gesonderten Zettel! Es sollten mindestens 2 und höchstens 5 Schlüsselbegriffe sein. Welche sind das wohl?*

➔ *Suche anstelle der Überschrift, die der Schüler gewählt hat, eine treffendere Überschrift, die besser anzeigt, um was es in dem Text geht!*

➔ *Vergleicht eure Ergebnisse in Kleingruppen! Diskutiert nötigenfalls darüber und versucht, eine gemeinsame Linie zu finden!*

B 14: INFORMATIONEN ZUSAMMENFASSEN

GRUNDIDEE: Textinformationen auswerten und in kurzen Statements, in Tabellen, Skizzen oder sonstigen grafischen Schaubildern zusammenfassen zu können ist eine Basisfähigkeit, auf die die Schule ganz elementar angewiesen ist. Ein Schüler, der gelernt hat, einfache Strukturen zu bilden und Informationen einzuordnen, der ist nicht nur bei der Textaneignung effektiver, er behält den selbsttätig strukturierten Lernstoff erwiesenermaßen auch besser. Die gebildeten Strukturen sind gleichsam das Netzwerk, in das die jeweiligen Sachinformationen eingewoben sind. In Kapitel 4, in dem es speziell um die Methoden zur Steigerung der Gedächtnisleistung geht, wird dieser Grundgedanke nochmals aufgegriffen werden. Entscheidend bei dieser Art der Textauswertung ist, dass die Schüler ihre eigenen Zusammenfassungen und Strukturen entwickeln. Tafelbilder des Lehrers oder grafische Zusammenfassungen in Schulbüchern können so gut sein, wie sie wollen; aber sie werden von den Schülern längst nicht so intensiv und so nachhaltig ins Gedächtnis aufgenommen, wie selbst erstellte Tabellen, Schemata oder sonstige Zusammenfassungen. Zwar fällt den Schülern das halbwegs stringente Exzerpieren und Strukturieren zunächst meist nicht leicht, doch entwickeln sie mit zunehmender Übung beachtliche Routinen. Nur darf man sie anfangs nicht überfordern, sondern muss ihnen gewisse orientierende Vorgaben und Hilfen geben, damit sich realistische Erfolgschancen eröffnen. Mit der Zeit kann man dann die Anforderungen und den Schwierigkeitsgrad erhöhen. Dieser Maxime tragen die vorliegenden Arbeitsblätter Rechnung.

ÜBUNGEN: Die dokumentierten Übungsmaterialien werden vom Lehrer wahlweise eingesetzt und von den Schülern in Einzel- oder auch in Partnerarbeit bearbeitet – je nach Altersstufe und Leistungsvermögen der Schüler. Die Arbeitsblätter a und b geben Gelegenheit, das Erstellen einfacher Tabellen zu üben. Gewisse Rahmenvorgaben sorgen dafür, dass die Aufgaben nicht zu schwierig werden. Das gilt auch für die Arbeitsblätter c bis e, bei denen die Schüler auf der Basis vorgegebener Texte grob umrissene Schemata vervollständigen oder erst entwickeln müssen. Arbeitsblatt f bietet als Strukturierungsgrundlage lediglich Halbsätze oder Sätze an (Thema: Werbung und Verbraucherschutz), die zu einem plausiblen Ordnungsmuster zusammengefügt werden sollen. Arbeitsblatt g schließlich verlangt das gezielte Exzerpieren eines Textes in Bezug auf ein bestimmtes Thema, das zur Bearbeitung ansteht. Wie gesagt, mit diesen wenigen Übungen allein ist es natürlich nicht getan. Die Schüler müssen möglichst oft – und mit wachsendem Schwierigkeitsgrad – gefordert und ermutigt werden, sich im Zusammenfassen und Strukturieren von Textinformationen zu üben.

AUSWERTUNG: Die Auswertung erfolgt in der Regel so, dass die Schüler ihre ausgefüllten Arbeitsblätter paarweise oder in Kleingruppen austauschen und wechselseitig kontrollieren. Fragwürdige Zuordnungen bzw. Strukturen werden den Mitschülern gegenüber erläutert und begründet. Anschließend werden einige ausgewählte Beispiele/Probleme/Defizite im Plenum thematisiert. Der Lehrer spricht etwaige Schwachpunkte an, lässt mithilfe des Tageslichtprojektors einzelne »Produkte« vorstellen und erläutern. Er befragt, gibt Anregungen und macht immer wieder Mut zur couragierten Reduktion von Informationen und zur Bildung einprägsamer Strukturmuster.

ZEITBEDARF: Pro Unterrichtsstunde können 1 bis 2 Arbeitsblätter bearbeitet werden, sodass das vorliegende Angebot für 3 bis 4 Unterrichtsstunden reicht.

B 14a | TABELLE

VOM TEXT ZUR TABELLE

TEICH ODER AQUARIUM?

Natürlich ist es schön, wenn man im Garten einen kleinen Teich anlegen kann, in dem man Fische und andere Lebewesen hält. Besteht diese Möglichkeit nicht, so gibt es einen häufiger gewählten Ausweg – das Aquarium im Zimmer. Worin unterscheidet sich das Leben im Teich von dem im Aquarium? Ein wichtiger Unterschied besteht unter anderem bei der Energieversorgung: Während beim Tümpel im Garten sowohl das Licht als auch die Wärmezufuhr von der Sonne kommen, muss beim Aquarium die Elektrizität herhalten. Elektrische Beleuchtung und elektrische Heizung sind unerlässlich. Unterschiede gibt es ferner bei der Ernährung der Tiere und Pflanzen. Im Teich ist die Ernährung automatisch geregelt. Die Tiere fressen Pflanzen und andere Tiere; die Pflanzen ihrerseits ernähren sich von dem, was im Teich alltäglich an Nährstoffen erzeugt wird (siehe Fotosynthese mithilfe des Sonnenlichts), nämlich von den Nährsalzen, dem Kohlendioxid und dem blanken Wasser. Anders sieht es dagegen im Aquarium aus. Hier sind regelmäßige Düngung und Fütterung vonnöten, damit die Tiere und Pflanzen am Leben bleiben. Um am Leben zu bleiben, brauchen sie natürlich auch Luft zum Atmen. Die Lebewesen im Teich beziehen ihren Sauerstoff aus der Luft bzw. von der Wasseroberfläche. Im Aquarium muss künstlich belüftet werden. Und wie erfolgt die Reinhaltung des Wassers in beiden Lebensräumen? Im Teich gibt es natürliche Zersetzer (Bakterien usw.), die tote Lebewesen und Ausscheidungsstoffe beseitigen. Im Aquarium hingegen funktioniert diese Selbstreinigung nicht, sondern der sich bildende Schlamm muss von Zeit zu Zeit abgesaugt werden. Darüber hinaus muss das verunreinigte Wasser immer mal wieder erneuert werden.

Fülle die nachfolgende Tabelle so aus, dass in allen Kästchen etwas steht! Die benötigten Informationen und Begriffe findest du im obigen Text. Vergleicht und besprecht eure Tabellen anschließend in Kleingruppen!

Vorgänge	Teich/Tümpel	Aquarium
E___g__zufuhr		
E__äh___g		
A_m_ng		
R_i__g__g		

B 14b TABELLE

TABELLE AUSFÜLLEN

DAS WELTBILD IM WANDEL

Vor 5000 Jahren stellten sich die Assyrer und Babylonier die Welt als flache Scheibe vor, rundum vom Meer umgeben und vom Himmelsgewölbe überspannt. Sie verehrten die Sonne, den Mond und die Sterne als Götter oder sie nahmen an, dass die Götter dort thronten. Man beobachtete genau, wie sich die Gestirne am Himmel bewegten, und leitete daraus Vorhersagen für bedeutende Ereignisse (z. B. Missernten, Überschwemmungen, Kriege) ab.

Das Weltbild im Altertum

Das Weltbild des antiken Griechenlands beschrieb Ptolemäus um 150 nach Christi. Er dachte sich die Erde als Kugel im Mittelpunkt des gesamten Universums (= Weltall). Bis zum Beginn der Neuzeit glaubte man, dass die Sonne, der Mond, die Planeten und der Sternenhimmel auf verschiedenen Schalen um die fest ruhende Erde kreisen. Die damals bekannten Planeten, die durch ihre Helligkeit am Nachthimmel auffielen, benannte man nach den Göttern der Antike: Merkur, Venus, Mars, Jupiter und Saturn.

Mit Beginn der Neuzeit führten die Erkenntnisse und Erfindungen der Astronomie (Himmels- und Sternenkunde) zum »modernen« Weltbild. Nikolaus Kopernikus wagte im Jahr 1543 als Erster zu behaupten, dass die Sonne und nicht die Erde im Mittelpunkt der Welt stehe. Johannes Kepler gelang es dann im Jahr 1608, aufgrund von langjährigen Himmelsbeobachtungen die Bewegungen der Planeten um die Sonne mithilfe von mathematischen Gesetzen zu beschreiben. Galileo Galilei verwendete als Erster Fernrohre zur Himmelsbeobachtung und entdeckte mit ihnen im Jahr 1610 die Monde des Planeten Jupiter. Schließlich erklärte Isaac Newton 1687 die physikalischen Kräfte, die die Planeten auf ihre Umlaufbahnen um die Sonne zwingen. Den Mittelpunkt der Welt sah man nun in der Sonne, die von der Erde und den übrigen Planeten umrundet wird. Mittlerweile weiß man, dass unser gesamtes Sonnensystem ein winziger Bestandteil am Rande der Milchstraße ist.

Text nach: Erdkunde, Ausgabe G, Westermann-Verlag, 1989, S. 10 f.)

➔ *Lies den obigen Text sorgfältig durch und fülle die nachfolgende Tabelle stichwortartig aus! Merke: Durch Tabellen, Skizzen und Schemata prägen sich Textinformationen besser im Gedächtnis ein!*

Wer?	Wann?	Form der Erde?	Stellung im Universum?

B 14c SCHEMA

SCHEMA VERVOLLSTÄNDIGEN

DAS KLEINE EINMALEINS DER SCHÜLERVERTRETUNG

Den Schülern wird im Schulalltag eine gewisse Mitverantwortung zugebilligt. Das gilt für die einzelne Klasse, aber auch darüber hinaus für die gesamte Schule. Dementsprechend sind Schülervertreter zu wählen, die die Belange der Schüler gegenüber Lehrkräften und/oder Schulleitung vertreten. Dieses beginnt auf der untersten Ebene damit, dass alle Klassen in regelmäßigen Abständen Klassensprecher/innen zu wählen haben. Diese sind gewissermaßen die »Sprachrohre« innerhalb der Klassen, wenn Probleme auftreten oder sonstige Dinge zu regeln sind. Zwar wird diese Funktion nicht immer ernst genug genommen, aber wichtig ist sie zweifellos. Denn in einer Demokratie muss Mitbestimmung möglichst früh eingeübt und wahrgenommen werden. Die gewählten Sprecher der verschiedenen Klassen bilden ihrerseits die Klassensprecherversammlung, die zu gegebenen Anlässen zusammentritt. Ein solcher Anlass ist die Wahl des Schulsprechers, der verschiedene Mitwirkungs- und Beratungsaufgaben »auf der obersten Ebene« hat. Aufgabe der Klassensprecherversammlung ist aber auch die Wahl des Verbindungslehrers – manchmal auch Vertrauenslehrer genannt. Dieser stellt nötigenfalls die Verbindung zum Lehrerkollegium bzw. zur Schulleitung her. Er ist erster Ansprechpartner, wenn die Schülervertreter Anliegen oder Beschwerden geltend machen wollen. Verbindungslehrer und Schulsprecher beraten und informieren sich wechselseitig. Darüber hinaus berät der Verbindungslehrer auch alle anderen Schülergremien und Schüler, die Beratungsbedarf anmelden.

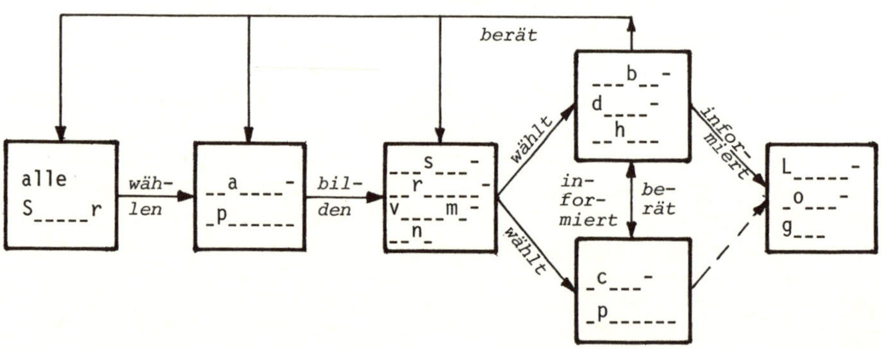

Lies dir den obigen Text genau durch und vervollständige das angedeutete Schema!
Merke: Durch Skizzen, Tabellen und Schemata prägen sich Textinformationen besser im Gedächtnis ein!!

B 14d SCHEMA

SCHEMA ENTWICKELN

AUS DEM LEBEN EINES MAULWURFS

Es gibt kein Tier, das im Verhältnis zu seiner Körpergröße so viel fressen muss wie der Maulwurf. Seine Nahrung findet er in seinem unterirdischen Jagdgebiet. Etwa dreimal täglich läuft er alle Gänge ab, um etwas Fressbares zu erhaschen. Seine »Opfer« sind Käfer, Regenwürmer, Schnecken und andere Insekten. Auch Mäuse oder andere Maulwürfe, die in sein Revier eindringen, werden getötet und gefressen. Sein ausgezeichneter Geruchssinn führt ihn sicher an die Beute. Der Maulwurf ist ein äußerst fleißiges und geschicktes Tier, wenn es darum geht, die Erde zu unterhöhlen. Seine unterirdische Arbeitsweise ist eindrucksvoll. Mit seinen Vorderbeinen, die wie Grabschaufeln geformt sind, schafft er durchaus einige Meter pro Minute. In lockerem Sandboden kann er sich so schnell durchwühlen, wie ein Mensch gehen kann. Die beim Graben überflüssige Erde wirft er durch Hochrucken von Kopf und Nacken auf und verrät damit dem oberirdischen Bewohner gelegentlich seine Tätigkeit. Vom Körperbau her ist der Maulwurf walzenförmig geformt. Sein Kopf ist kegelförmig und endet mit einem kurzen Rüssel. Augen und Ohren sind der unterirdischen Lebensweise angepasst. Ohrmuscheln fehlen ganz; die sehr kleinen Augen sind völlig im Fell verborgen. Sie sind gerade so groß wie Stecknadelköpfe. Das Fell des Maulwurfs ist schwarz und so dicht, dass sich keine Sandkörner in den Pelz setzen können. Der unterirdische Maulwurfsbau besteht aus einem System von Gängen mit mehreren Wohngruben und einem Schacht, der bis zum Grundwasser führt. Das System ist so verzweigt, dass man sich kaum vorstellen kann, wie sich der Maulwurf dort zurechtfindet. Mehrmals pro Tag läuft er alle Gänge ab, um nach dem Rechten zu sehen. Aber er hat in seinem Labyrinth schon den nötigen Durchblick.

So fleißig der Maulwurf jedoch auch ist, bei den Menschen ist er in aller Regel nicht sehr beliebt. Denn er richtet mit seiner Wühlarbeit beträchtliche Schäden an. Er unterhöhlt und zerstört den Rasen; er lockert die Wurzeln von Gemüsepflanzen, sodass diese verwelken. Deshalb ist der Maulwurf unbeliebt, auch wenn er wegen des Verzehrs von Gartenschädlingen andererseits unbestreitbar nützlich ist.

! *Fasse den Text in einem einfachen Schema übersichtlich zusammen! Orientiere dich dabei am angedeuteten Schema! (Wahrscheinlich kommst du auf 5 Schlüsselbegriffe.) In die oberen Kästchen der Tabelle kommen die einzelnen »Schlüsselbegriffe«; an die senkrechten Aufhänger werden die erläuternden Nebeninformationen angefügt, die dir wichtig sind. (Merke: sparsam unterstreichen!) Zeichne dein Schema auf ein gesondertes Blatt. Vergleicht und besprecht eure Schemata in Kleingruppen!*

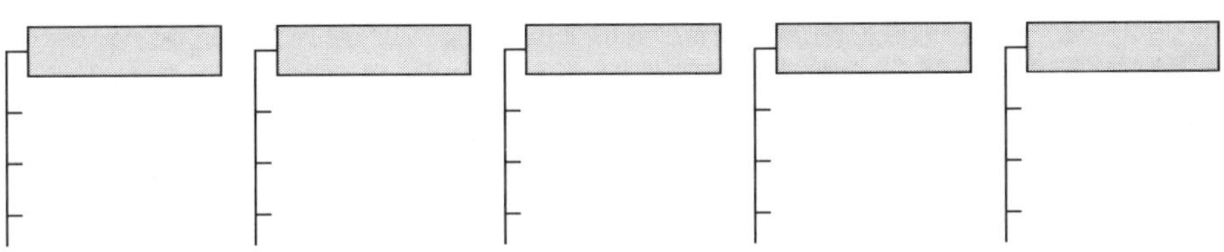

B 14e FLUSSDIAGRAMM

FLUSSDIAGRAMM VORBEREITEN

SPIELREGELN FÜR DEN ARBEITSKAMPF

Wenn die Gewerkschaften und die Arbeitgeberverbände alljährlich über höhere Löhne und/oder bessere Arbeitsbedingungen verhandeln, dann gibt es bestimmte Regeln, nach denen verfahren wird. Die Tarifverhandlungen beginnen mit einer ersten Zusammenkunft der Tarifvertragsparteien – oft begleitet von gezielten Warnstreiks. Sind die Verhandlungen bereits in der ersten Runde erfolgreich, so kommt es sehr schnell zu einem neuen Tarifvertrag. Finden die Tarifvertragsparteien hingegen keinen Kompromiss, so erklärt eine Partei das Scheitern der Verhandlungen. Nun ist es möglich, einen neutralen Schlichter zu bestellen und das Schlichtungsverfahren einzuleiten. Führen auch die Schlichtungsgespräche zu keinem Kompromiss, so endet die Friedenspflicht. Der Vermittlungsversuch wird für gescheitert erklärt und die Gewerkschaften rufen ihre Mitglieder zur Urabstimmung über einen Streik auf. Wird der Streik gebilligt – und das ist meist der Fall –, dann wird in ausgewählten Betrieben und Regionen gestreikt; die Gewerkschaftsmitglieder legen die Arbeit nieder. Dem Streik setzen die Arbeitgeber unter Umständen gezielte Aussperrungs-Maßnahmen entgegen, um mehr Druck gegenüber den Streikenden zu erzeugen. Wie lange dieses Wechselspiel von Streik und Aussperrung möglicherweise dauert, das lässt sich nicht voraussagen. Das hängt einmal davon ab, wie weit die Vorstellungen der Tarifvertragsparteien auseinander liegen; zum anderen ist es natürlich auch eine Frage der Streikkasse und der Streikbereitschaft der Gewerkschaftsmitglieder. Wie auch immer, nach einer gewissen Streikdauer nehmen die Tarifvertragsparteien die Verhandlungen erneut auf. In der Regel kommt es schon bald zu einem Ergebnis, das in einer nochmaligen Urabstimmung von den Gewerkschaftsmitgliedern gebilligt werden muss. Wird dem erzielten Kompromiss zugestimmt, so ist der Streik endgültig beendet. Die vertraglichen Einzelheiten werden schriftlich festgehalten. Der neue Tarifvertrag ist vereinbart und tritt zu einem festgelegten Zeitpunkt in Kraft. Ab diesem Zeitpunkt kommen alle Arbeitnehmer des jeweiligen Tarifgebiets in den Genuss der beschlossenen Verbesserungen.

Aus dem obigen Text ergeben sich die möglichen Etappen des Arbeitskampfes zwischen Arbeitgebern und Gewerkschaften. Auf der nachfolgenden Seite findest du die einzelnen Etappen in Kurzfassung, allerdings in Rätselform und ziemlich durcheinander geraten. Löse die »Rätsel« und fülle das vorgegebene Flussdiagramm aus! Beachte dabei den obigen Text! Merke: Durch das Schema prägen sich die Textinformationen besser im Gedächtnis ein!

B 14e FLUSSDIAGRAMM

FLUSSDIAGRAMM ERSTELLEN

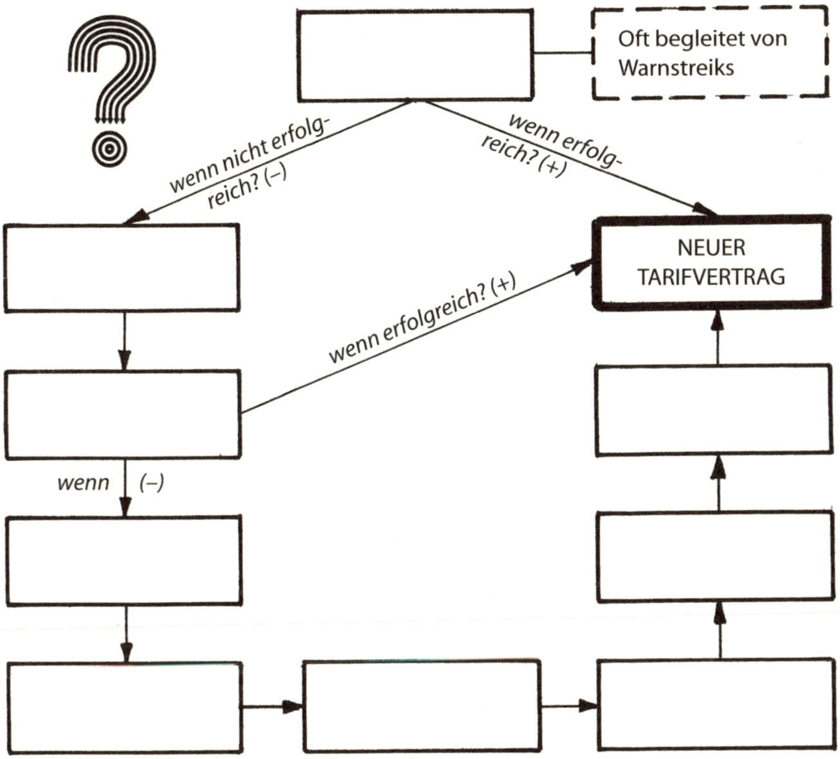

Ordne die nachfolgenden »Bausteine« so in das obige Schema ein, dass sich ein sinnvoller Ablauf ergibt! Lies dir dazu den Text auf der vorangehenden Seite genau durch! Vergleicht und besprecht eure Ergebnisse in der Kleingruppe! Merke: Durch Skizzen, Tabellen und Schemata prägen sich Textinformationen besser im Gedächtnis ein!!

- Eventuell Aussperrung
- Urabstimmung der Gewerkschaftsmitglieder
- Schlichtungsverfahren möglich
- Erneute Verhandlungen
- Ende der Friedenspflicht
- STREIK
- Das Scheitern wird erklärt
- Die Tarifverhandlungen beginnen
- Urabstimmung über Ergebnis *(Streik-Ende)*

B 14f PUZZLE

SATZ-PUZZLE ORDNEN

Die Verbraucherzentralen bieten ein breites Angebot	Vorzüge der Produkte werden bekannt gemacht	Die Tageszeitungen sind der wichtigste Werbeträger
Zeitschriften und Illustrierte sind voller Werbung	Unlauterer Wettbewerb ist verboten	Markennamen sollen Abhängigkeit bewirken
Die Stiftung Warentest führt Testvorhaben aus	Kauffördernde Gefühle werden erzeugt	
Neue Produkte werden vorgestellt	Werbemittel und Werbeträger	Information der Verbraucher
Einstellungen und Meinungen werden geändert	Testzeitschriften veröffentlichen Test-Ergebnisse	
Der Hörfunk bringt regelmäßig Reklame	Kunden erhalten Überblick über das Angebot	In den Kinos gehört die Reklame zum Vorprogramm
Ziele der Werbung	Werbespots im Fernsehen	Werbung und Verbraucherschutz
Gesetze schützen die Konsumenten	Kaufbereitschaft wird gefördert	Schutz der Verbraucher
Bedürfnisse werden geweckt	Der Verbraucher wird irregeführt	Kundenbeeinflussung

➔ *Bringe die obigen Puzzle-Teile in eine sinnvolle Ordnung! Du kannst eine Tabelle machen, ein Schema mit Kästchen und Verästelungen entwickeln. Du kannst die einzelnen Puzzle-Teile aber auch ausschneiden, einander zuordnen, verschieben und schließlich aufkleben! Vergleicht, erläutert und begründet eure Ordnungsmuster anschließend in Kleingruppen mit 2 bis 4 Schülern!*

B 14g EXZERPT

EINEN TEXT EXZERPIEREN

GESUND ERNÄHREN – ABER WIE?

Unser Körper benötigt vielfältige Nährstoffe, wenn auch in unterschiedlichen Mengen. Etwa die Hälfte des notwendigen Energiebedarfs sollte in Form von Kohlehydraten, die andere Hälfte zu etwa gleichen Teilen aus Eiweißen und Fetten zugeführt werden. Fette sind also durchaus gesund. Nur darf nicht zu viel davon zugeführt werden. In unserer heutigen Nahrung ist der Fettanteil häufig doch viel größer, als wir ihn brauchen. Das liegt nicht nur am Genuss von fettem Fleisch. Vor allem »verborgene Fette«, etwa in Frittiertem, Mayonnaise, Käse und Wurst, tragen dazu bei. Tierisches Fett, im Übermaß genossen, kann den Cholesterin-Spiegel im Blut so weit steigern, dass es zu Herz- und Kreislauferkrankungen kommt.

Schnellimbiss

Zur Gesunderhaltung des Körpers gehört also die richtige Ernährung. Wie ernährt man sich aber richtig? Diese Frage kann nur sehr allgemein beantwortet werden. Eine Ernährung, die für alle Organe gleichzeitig optimal und unbedenklich ist, gibt es nicht. Einseitige Kost, in welcher Form auch immer, ist für den Organismus auf Dauer schädlich. Zu dieser Einseitigkeit gehört nicht nur das erwähnte Zuviel an Fett, sondern auch der übermäßige Genuss an Rohrzucker, wie er in großen Mengen in Süßigkeiten, Limonade, Kuchen und Torten enthalten ist. Dadurch kommt es unter anderem zum Entstehen von Karies, von der vor allem Kinder geplagt werden. Daher sollte unsere Ernährung möglichst ausgewogen sein: abwechslungsreich, fett- und zuckerarm, reich an verschiedenen Gemüsesorten und Obst. Auf diese Weise lässt sich das in unserer Bevölkerung recht verbreitete Übergewicht weitgehend vermeiden. Denn manche Lebensmittel sättigen, ohne gleich dick zu machen. Das gilt vor allem für jene Nahrungsmittel, die reich an Ballaststoffen sind, also an Stoffen, die unverdaulich sind und deshalb dem Körper keine Energie zuführen. Viele lebensgefährliche Erkrankungen werden nämlich durch übermäßige Energiezufuhr und dadurch bedingtes Übergewicht hervorgerufen.

Dazu gehören beispielsweise Herz- und Gefäßerkrankungen, Bluthochdruck und Diabetes (»Zucker«). Bei 50 Prozent Übergewicht sinkt z. B. die durchschnittliche Lebenserwartung um mehr als 10 Jahre. Was tun? Regelmäßiger Verzehr von ballastreichen Nahrungsmitteln – wie etwa Vollkornbrot – regt die Darmtätigkeit an und hilft dabei, etwaiges Übergewicht zu vermeiden. Als Faustregel für das »Idealgewicht« gilt: Körpergröße in Zentimeter minus 100 minus 10 Prozent.

Stelle dir vor, du sollst einen kleinen Aufsatz über die Ursachen und Folgen der »Überernährung« schreiben. Der obige Text fällt dir bei der Vorbereitung in die Hände. Schreibe bitte die Stellen aus dem Text heraus – wörtlich oder sprachlich etwas abgewandelt –, die für dein Thema wichtig sind und die du eventuell in deinen Aufsatz einbauen willst! Am besten, du notierst dir deine Auszüge auf einer Karteikarte, die dir der Lehrer sicher zur Verfügung stellt!

15: ARBEITEN MIT NACHSCHLAGEWERKEN

GRUNDIDEE: Die Schüler stehen alltäglich vor Aufgaben und/oder Problemen, die ein gezieltes Nachschlagen im Wörterbuch, im Lexikon, im Schulbuch, im Atlas oder in sonstigen Lehrmitteln erforderlich machen. Doch viel zu oft unterbleibt dieser Schritt der »Selbstklärung« – teils aus einer gewissen Bequemlichkeit heraus, teils aber auch, weil vielen Schülern die nötigen instrumentellen Fähigkeiten und Fertigkeiten fehlen, um rasch an die gesuchten Informationen heranzukommen. Das beginnt bereits mit der Beherrschung des Alphabets und reicht über das rasche Durchblättern und Sondieren der Nachschlagewerke bis hin zum fixen Überlesen und Erkennen der gesuchten Begrifflichkeiten bzw. Kerninformationen. Die dokumentierten Übungsmaterialien geben den Schülern Gelegenheit, sich in dieser Hinsicht zu üben. Nachgeschlagen wird in exemplarischer Absicht im Duden, im Lexikon, im Telefonbuch, im Atlas und im Jugendarbeitsschutzgesetz. Natürlich bieten sich im Unterrichtsalltag noch zahlreiche weitere Nachschlagewerke an, die im Klassensatz zur Verfügung stehen bzw. beschafft werden können – so z. B. die Schrift »Beruf Aktuell«, das Betriebsverfassungsgesetz, das Grundgesetz, fremdsprachige Wörterbücher, Formelsammlungen und vor allem das jeweilige Schulbuch. Sich anhand des Schlagwortregisters oder des Inhaltsverzeichnisses an bestimmte Informationen, Schaubilder usw. heranzutasten – das ist durchaus eine bemerkenswerte und wichtige Leistung! Das wird in Anbetracht der einseitigen Stofffixierung in unseren Schulen nur zu oft verkannt. Von daher müssen derartige Nachschlage- und Suchübungen im (Fach-)Unterricht immer wieder angesetzt werden. Dafür muss man sich als Lehrer einfach die Zeit nehmen und den Schülern die Zeit lassen! Selbst im Rahmen von Klassenarbeiten können und sollten Nachschlageübungen ihren Platz haben.

ÜBUNGEN: Die vorliegenden Arbeitsblätter werden wahlweise eingesetzt und von den Schülern in Einzel- oder in Partnerarbeit bearbeitet. Dabei sollte darauf geachtet werden, dass die Zeitvorgaben relativ knapp sind, damit möglichst rasch und zügig nachgeschlagen wird. Ein kleiner Nachschlage-Wettbewerb innerhalb der Klasse kann eine ähnliche Funktion haben. (Achtung: Zufallspaare bilden, damit eine gewisse Chancengleichheit gegeben ist.) Zu den Arbeitsblättern im Einzelnen: Arbeitsblatt a ist als grundlegende Ordnungsübung gedacht, um das alphabetische Ordnungssystem zu festigen; für Arbeitsblatt b gilt Ähnliches. Die Arbeitsblätter c bis e können mit dem normalen Rechtschreibe-Duden gelöst werden. Arbeitsblatt f ist auf der Basis von »Meyers Jugend-Lexikon« eindeutig zu bearbeiten; für andere Lexika müssen unter Umständen Modifikationen vorgenommen werden. Die Arbeitsblätter g und h führen exemplarisch in den Atlas hinein. Und Arbeitsblatt i schließlich verdeutlicht am Beispiel des Jugendarbeitsschutzgesetzes, wie die Schüler mithilfe einfacher Suchaufgaben zum gezielten Nachschlagen in gängigen Lehrmitteln veranlasst werden können. Wichtig ist, dass es bei allen diesen Übungen nicht primär auf die sachliche Klärung, sondern vorrangig auf die instrumentelle Routinebildung ankommt.

AUSWERTUNG: Die Auswertung erfolgt in der Regel so, dass die Schüler ihre ausgefüllten Arbeitsblätter paarweise oder in Kleingruppen vergleichen und etwaige Probleme besprechen. Das methodische Vorgehen wird thematisiert. Darüber hinaus spricht der Lehrer im Plenum fragwürdige Vorgehensweisen an und gibt weiterführende Tipps.

ZEITBEDARF: Der Zeitbedarf je Arbeitsblatt ist unterschiedlich – je nach Altersstufe und Auswertungsintensität. Einsetzbar sind die Übungsblätter vorrangig in Deutsch; in anderen Fächern ist Ähnliches möglich.

B 15a | ALPHABET

ORDNEN NACH DEM ALPHABET

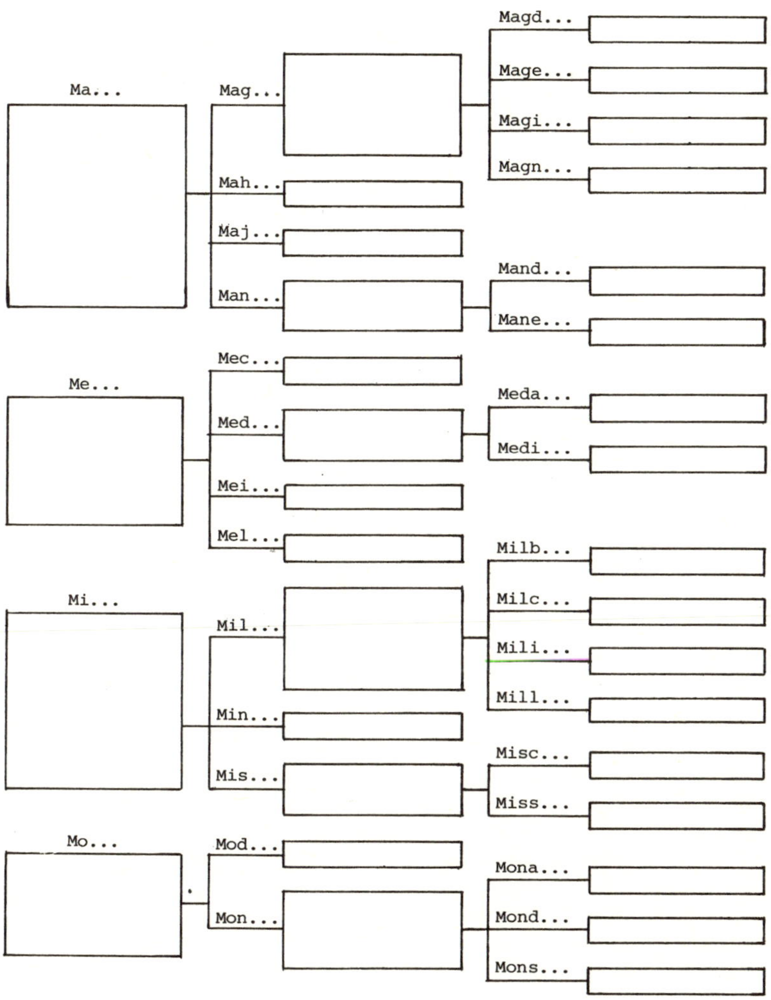

Ordne die folgenden Wörter – entsprechend dem Alphabet – in das obige Schema ein! Zunächst wird nach dem 2., dann nach dem 3. und schließlich nach dem 4. Buchstaben eingeordnet!

MAGDEBURG · MANEGE · MAHLZEIT · MONAT · MINIGOLF · MECHANIKER · MILBEN · MAGIE · MISSIONAR · MONSTER · MEISTER · MILLION · MAGEN · MONDSCHEIN · MANDARINE · MEDAILLE · MILCH · MISCHPULT · MODELL · MELODIE · MILITÄR · MEDIEN · MAJESTÄT · MAGNET

B 15b TELEFONBUCH

IM TELEFONBUCH NACHSCHLAGEN

Kappner Arthur Boligweg 7	9 20 58
–**Rudi** CarlZimmermann-27	9 36 97
Kappner Thomas u. Daniela Rott-40	9 86 58
Karn Roland VonWeis-15	9 39 96
Karpp Herta Schiller-30	9 30 65
Karsunke Gerhard Eichendorff-22	9 35 81
–**Rudi** Mozart-33	9 56 36
Kasper Benno Bäckerei Lebensm. Landauer-6	9 23 76
–**Ralf** u. Hargesheimer Marion St.Klara-56	9 45 37
Kastens Wolfgang Gommersheimer-3	9 84 17
Kaster Heinrich Dr. CarlZimmermann-49a	9 58 60
Kastner Beate Goethe-39	9 30 89
Kauer Wolfgang Banater-3	9 41 43
Kauffmann Werner u. Stefanie Garten-7	9 43 63
Kaufmann Heinz u. Ingrid Salier-38	9 39 52
–**Walter** VonGalen-2a	9 28 64
Kaut Dieter VonWeis-6	9 39 78
Keilbach Klemens Beethoven-24	9 39 02
Keiz Bernhard Speyerer-54	9 33 14
–**Claus** Speyerer-54	9 22 25
Keller Adam AmBadepl.4	9 24 72
–**Alois** u. Franz St.Klara-34	9 53 52
–**Arno** u. Martina HermannLöns-7	9 22 44
–**Clemens** Schiller-56	9 33 11
–**Erhard** Holz-6	9 55 48
–**Franz** AmSchafgarten 35	9 56 05
–**Gerhard** Gommersheimer-24	9 83 50
–**Herbert** Schiller-60	9 40 57
–**Hermann-Josef** AmSchafgarten 17	9 28 71
–**Josef** Gommersheimer-16	9 49 32
–**K.**	9 48 63
–**Ludwig** Schiller-6	9 44 61
–**M.** Römer-2a	9 42 19
–**Max** St.Klara-25	9 46 08
–**Peter** Verlegeservice CarlZimmermann-47	9 57 91
–**Rony** Landauer-8	9 28 87
–**Theres** Gommersheimer-60	9 82 32
Kemény Josef AmSchafgarten 3	9 22 57
Kempe R. u. Hoffmann M.	9 49 50
–**René** CarlZimmermann-37	9 49 30
Kempke Gerd Habicht-15	9 24 83
Kerschagl Reiner Goethe-49	9 56 19
Kesen Sultan Kilian-39	9 37 01
Keßler Bernhard Salier-15	9 22 59
Kettenring M. ObereMühl-13	9 85 24
Kief Jürgen	9 41 31
Kiesewettèr Heinrich AmSchäferseck 2	9 57 63
Kilb Dieter	9 86 00
Klein Elke St.Klara-32	9 85 11
–**Josef** Berghauser-14	9 57 30
–**Klaus** VonGalen-13	9 49 33
–**Liesel** Landauer-41	9 24 70
–**Max** Getränkevertrieb Rott-25	9 43 35
–**Otmar** Speyerer-40	9 55 09
–**Otto** Landauer-19	9 36 95
–**Otto** VonGalen-9	9 58 63
–**Paul** ObereMühl-28	9 23 19
–**Peter** Habicht-4	9 23 55
–**Rainer** Rott-52	9 56 00
–**Robert** Eichendorff-3	9 38 53
–**Rudolf** St.Klara-48	9 42 07
Klette Wolfgang St.Klara-44	9 27 38
Klever Roland Speyerer-24	9 59 11
Klippel Klaus u. Ingrid AndenDohlwiesen 13	9 86 75
Klohe Klaus u. Monika	9 26 83
Kloss Götz AmWoogbach 12	9 49 27
Klumb Alois Bz.Dir. Kelten-13	9 52 99
–**Petra** u. Frank	9 26 13
Klumpp Walter Wichern-25	9 36 48
Knab Ferdinand CarlZimmermann-34	9 35 93
Knabe Klaus-Georg Goethe-35	9 86 25
Knaus Norbert VonWeiss-15	9 59 19
Kneis Erhard CarlZimmermann-48	9 51 26
Knell Günter AmSchäferseck 5	9 47 04
Koch Friedrich AlbertEinstein-34	9 24 13
–**Klaus** u. Gaby AmHofgraben 16	9 85 89
–**Ralf** CarlZimmermann-13a	9 23 15
–**Theofried** CarlZimmermann-13	9 36 74
Kögel Frank	9 89 17
–**Paul** Breslauer-3	9 42 48
Köhler Christof M.A. freier Journalist ObereMühl-12a	9 86 39
–**Paul** Schiller-38	9 47 28
König Claus-Peter Dr. u. Rebecca Goethe-55	9 27 44
Koenig Johannes R. Schiller-83	9 42 30
König Klaus Bz.SchornsteinfegerMstr. Sickingen-5	9 43 16
–**Robert** Dr. u. Schäfer Claudia Bruckner-19	9 23 54
–**W.** Schiller-44	9 46 05
Körner Clemens u. Silvia Goethe-13a	9 47 73
Kohl Theo AnderNeumühle 4	9 56 24
Kohla Ulrich AmHofgraben 26	9 82 99
Kolb Jürgen u. Marion	9 48 54
–**Rudi** St.Klara-62	9 32 97
–**Walter** Goethe-40	9 82 65
Koniuk Brigitte Salier-2	9 20 16
Konrad Achim St.Klara-1a	9 86 61
Kubietz Norbert Schiller-49	9 21 38
Kuchenbuch Beate	9 51 72
Kübitz Annette u. Rainer Eichendorff-15	9 85 16
–**Heinz** Mozart-39	9 22 49
Kühn Siegbert Schiller-16	9 31 59
Kürten Patrick u. Andrea Landauer-23	9 85 05
Kuhn Anna Landauer-15	9 47 45
–**Erich** Speyerer-52	9 55 57
–**Hermann** BauGesch. HermannLöns-14	9 21 26
–**S.**	9 39 39
Kunkel Willi Mozart-31	9 59 93
Kuntz Peter u. Gisela CarlZimmermann-66	9 57 74
–**Siegfried** BauLtr. RobertKoch-6	9 40 15
–**Walter** u. Gudrun RobertKoch-6	9 44 27
Kunz Gilbert u. Marianne AmMönchsbusch 7	⌕ 9 40 94
–**Peter** Jäger-1	9 42 62
Kunze Bernd Dipl.Ing. AndenDohlwiesen 4	9 53 57
Kurrat Christa Eichgarten-65	9 32 30
Kurt Atman AmBadepl.4	9 85 47
Kurtbasan Nevzat Zahnarzt CarlZimmermann-61	9 83 77
Kurz Erika Rott-28	9 26 49
Kurzenhäuser Fritz Gommersheimer-58	9 43 05
–**Gerhard** AmHofgraben 19a	9 83 78
Kurzmann Sibylle	9 81 56
–**Sigrid** u. Stefan Bussard-3	9 40 44
Kuschnik Manfred	9 28 38
Kuse Heike Rott-18	9 31 29
–**Thomas** u. Matis Christine AmBadepl.3	9 56 68
Kybelka Wilfried Eichendorff-30	9 39 83
Laake Petra St.Klara-1d	9 46 45
Lacher Regina Gommersheimer-62	9 82 94
Lachnit Christiane u. Erwin AmSchäferseck 18	9 54 01
Lamm Joachim Massagepraxis CarlZimmermann-43	⌕ 9 23 71
Lammert Willi Raiffeisen-10	9 26 94
Lampe Klaus Bz.Dir. VonGalen-14	9 40 29
Landeck Horst Beethoven-8	9 45 29
Landry Dieter Bruckner-5	9 58 71
–**E.** Speyerer-13	9 33 57
Lang A.	9 86 93
–**Christian** AnderNeumühle 8	9 34 48
–**Edwin** Schiller-22	9 21 05
–**Ernst** Wichern-2	9 24 54
–**Hans** BauIng.grad. AmSchafgarten 15	9 44 09
–**Karl-Otto** AnderNeumühle 8	9 27 33
–**Konrad K.** Habicht-	9 36 26
Liebmann Karlheinz	9 53 48
Liepner P. u. E.	9 84 02
Lilstro Giuseppe Landauer-24	9 59 47
Limmer Reinhard Bruckner-11	9 52 52
Lindacher Michael MüllerGuttenbrunn-1	9 44 35
Lingl Sandra Habicht-7	9 47 65
Linn Otto Eichendorff-14	9 83 18
Lischer O. CarlZimmermann-88	9 42 00
List Wolfgang Eichendorff-16	9 21 10
Littig Theo VonGalen-12	9 39 44
Lobig Thomas u. Dagmar Berghauser-9	9 57 53
Löckel H.	9 29 04
–**Siegfried** ObereMühl-26	9 28 63
Löffler Alfons Eichgarten-30	9 34 14
–**Benno** Amalien-6	9 56 44
–**Cilla** Amalien-6	9 48 01
–**H.**	9 82 09
–**Hans** Bruckner-10	9 49 58
–**Karl** Bruckner-18	9 45 38
–**Karl** Eichendorff-26	9 29 44
–**Kurt** Speyerer-72	9 26 73
–**Thomas** Speyerer-72	9 20 22
–**Udo** Eichgarten-38	9 81 51
–**Werner** Bussard-12	9 43 45
Löhrhoff Lothar Salier-19	9 54 40
Lösch A.	9 45 98
–**Marita** Kilian-23	9 59 01
Lonsdorf Peter u. Marlis	9 26 86
Loose Dietmar Zwölfmannsgarten 7	9 55 95
Lorenz Peter	9 49 47
–**Peter** Versich. Speyer Burg-1a	2 44 79
Lorz Sabine Schiller-8	9 57 90
Ludwig Norbert u. Violetta	9 47 55
–**Wolfgang** Mozart-65	9 59 14
Lukas Ottokar Dipl.Kfm. SteuerBerat. Franken-1	9 27 96
Lutz Erika Gommersheimer-37	9 44 83
–**Gerhard** Rott-67	9 51 15
–**Theo** Bruckner-16	9 54 57
–**Thomas** KfzMstr.Betr. Rott-67	9 84 08
Machaty Rudolf CarlZimmermann-20	9 51 73
Machauer Werner Breslauer-5	9 40 17
Maderer Waldtraut PommesFritesGroßHdlg. Sperberweg 7	⌕ 9 42 52
Maeder Eckard CarlZimmermann-62	9 81 67
Maffenbeier Elisabeth Kilian-30	9 33 73
Magin Engelhard Schubert-7	9 22 98
–**Günther** Wichern-12	9 45 49
–**Klaus** Iggelheimer-54	9 83 12
–**Pirmin** ObereMühl-14	9 20 32
–**Theo** Sickingen-3	9 36 19

Suche im obigen Auszug aus dem Telefonbuch die gefragten Angaben und trage sie in die Tabelle ein!

Wie heißt die Tel.-Nr. von K. Keller?		*Welche Tel.-Nr. hat das Bauunternehmen Kuhn?*	
In welcher Straße wohnt Pirmin Magin?		*Wie heißt die Tel.-Nr. von Martina Keller?*	
Welche Haus-Nr. hat das Anwesen von S. Kuntz?		*Welche Tel.-Nr. hat der Bauingenieur Lang?*	
Welche Tel.-Nr. hat Otto Linn?		*In welcher Straße wohnt Hans Löffler?*	
Wie heißt die Tel.-Nr. von Rainer Klein?		*Welchen Beruf hat O. Lukas?*	

B 15c WÖRTERBUCH

RECHTSCHREIBUNG NACHSCHLAGEN

RICHTIG ODER FALSCH?

WORT	r	f	KORREKTUR	WORT	r	f	KORREKTUR
Karusell				Kollaps			
Abszisse				Hydrand			
Maschiene				Bagatelle			
Lawine				Abbonement			
Konstrukteur				Offizier			
Ilussion				Necktar			
Kasette				Kommunikation			
Hospital				Aggression			
Infektion				Karrikatur			
Epedemie				Orkester			
Alphabet				Qualifikation			
Attribut				Pantomieme			
Brikkett				Helicopter			
Marionette				Souvenir			
Kanone				Tolleranz			
Flopp				Assistent			
Atrappe				Zeremonie			
Champion				Parragraph			
Karate				Rafinnerie			
Kanibale				Strophe			
Repparatur				Terasse			

Überprüfe mithilfe des Rechtschreibe-Dudens, ob die obigen Wörter richtig oder falsch geschrieben sind! Kreuze das Zutreffende an. Die fehlerhaft geschriebenen Wörter streiche durch und schreibe sie richtig in die Spalte »Korrektur!« TIPP: 20 Wörter weisen Fehler auf!

B 15d FREMDWÖRTER

FREMDWÖRTER NACHSCHLAGEN

FREMDWORT	DEUTSCHE ÜBERSETZUNG?	FREMDWORT	DEUTSCHE ÜBERSETZUNG?
absurd		subjektiv	
hysterisch		dementieren	
salopp		legitim	
rational		marginal	
graduell		zitieren	
referieren		penibel	
zelebrieren		vital	
praktikabel		opportun	
genieren		fingieren	
penibel		temporär	
zitieren		dokumentieren	
seriös		monoton	
homogen		tolerant	
arrogant		eliminieren	
illusionär		negieren	
bilingual		utopisch	
kreativ		normativ	
simultan		vehement	
boykottieren		objektiv	
konfus		verbal	
souverän		offerieren	
charakterisieren		fabrizieren	
paradox		eliminieren	

➔ *Suche im Rechtschreibe-Duden die deutschen Erklärungen zu den angegebenen Fremdwörtern! Schreibe die deutsche Übersetzung in Kurzform in das jeweilige Leerkästchen! Merke: Nachschlagen lohnt sich!*

B 15e BEGRIFFSERKLÄRUNG

UNBEKANNTE BEGRIFFE KLÄREN

SPIEGEL-Interview mit dem Personalplaner Peter Haase über Abiturienten im Betrieb

Haase, 49, ist Chef der Personalentwicklung beim Wolfsburger Volkswagen-Konzern.

SPIEGEL: Herr Haase, kommen Sie mit den Abiturienten klar, die bei Ihnen eine Ausbildung als Kaufmann oder Entwickler machen?

HAASE: Fachlich sind sie in Ordnung, aber es hapert mit den sozialen Fähigkeiten. Das Problem ist nicht, was, sondern wie sie gelernt haben.

SPIEGEL: Die Schulen haben sie falsch erzogen?

HAASE: Niemand hat den jungen Leuten beigebracht, im Team zu arbeiten. Viele haben immer nur ich-fixiert gelernt. Das gleiche Problem haben wir mit Studenten. Die Universitätsprofessoren sind da kein gutes Vorbild. Für viele zählt nur der eigene Name, die Bereitschaft zu interdisziplinärer Zusammenarbeit besteht kaum.

SPIEGEL: Die Industrie hat doch die Vereinzelung und Leistungsorientiertheit der jungen Leute jahrelang gefördert – verlangt wurden nur die Besten.

HAASE: Deutschland ist durch Einzelkämpfer groß geworden. Heute haben wir eine völlig andere Situation. Die Welt ist hoch komplex geworden, der Wissensstand hat sich vervielfacht. Wir können mit dem besten Ingenieur nur dann noch etwas anfangen, wenn er mit anderen zusammenarbeiten kann. Die Innovationen werden heute in der Regel durch Teams erbracht, die Zeit der großen Erfinder wie Otto, Benz und Diesel ist vorbei.

SPIEGEL: Wie bereiten Sie die jungen Leute vor, die bei Ihnen anfangen?

HAASE: Wir bringen ihnen erst einmal bei zu kommunizieren. Viele Jugendliche halten es für ein Zeichen von Stärke, wenn sie selbst möglichst viel reden. Die müssen erst einmal fragen und zuhören lernen. Ganz anders sind übrigens Leute, die Mannschaftssport betreiben. Da hat niemand eine Chance, der immer nur selber die Tore schießen will.

SPIEGEL: Die Sportvereine als Vorbild für die Schulen?

HAASE: Die Lehrer müssen umdenken. Sie sind daran gewöhnt, die Schüler wie Marionetten an den Fäden tanzen zu lassen. Wir müssen den Jugendlichen daraufhin mühsam beibringen, daß eine Gruppe auch ohne einen Leiter arbeiten kann. Nur so können wir nämlich die hinderlichen Hierarchien im Unternehmen abbauen. Plötzlich merken die Leute dann, wieviel Spaß lernen und arbeiten machen kann.

SPIEGEL: Dann müssen die Ministerien erst einmal die Lehrpläne ändern?

HAASE: Ja, total. Die Pädagogen haben richtig erkannt, daß man mit der Wissensexplosion nur fertig wird, wenn sich Schüler und Studenten spezialisieren. Sie haben aber vergessen, daß man mit Spezialwissen allein nichts anfangen kann. Komplexe Probleme können sie heute nur mit anderen gemeinsam lösen. Dazu gehört auch, daß man seine Kenntnisse in größere Zusammenhänge einordnen kann.

SPIEGEL: Sie fordern ein Unterrichtsfach Kommunikation?

HAASE: Das wäre eine Möglichkeit, aber lange nicht genug. Die jungen Leute sollen von vornherein daran gewöhnt werden, in Gruppen zu arbeiten und fächerübergreifend zu denken. Dazu ist in der Praxis eine neue Pädagogik nötig. Wir versuchen, diese Diskussion gerade mit Lehrern und Eltern in Gang zu setzen.

SPIEGEL: Wie sollen die Schüler dann noch bewertet werden?

HAASE: Warum immer in Einzelkategorien denken. Was spricht bei Gruppenarbeit gegen gemeinsame Noten?

SPIEGEL: Konservative Bildungspolitiker würden aufheulen: Das Leistungsprinzip geht verloren.

HAASE: Leistung muß auch in der Schule neu definiert werden. Bereits vor 15 Jahren sind die Konstrukteure ausgestorben, die noch ein Auto allein entwickeln konnten. Heute sitzen hochspezialisierte Ingenieure am Tisch und müssen gemeinsam das für den Kunden beste Ergebnis entwickeln. Die ganze Leistungsdiskussion hängt der betrieblichen Praxis um Jahre hinterher. Gruppenarbeit, Abbau von Hierarchien, das Fördern von Kreativität sind heute wesentliche Bestandteile der Arbeitsorganisation.

SPIEGEL: Aber Sie haben auch nichts gegen Eliteförderung?

HAASE: Nicht notwendigerweise. Das Isolieren von Eliten ist falsch. Ich bin geprägt durch meinen Klassenlehrer aus dem fünften Schuljahr. Der gab uns diesen Anreiz: Die besten zehn der Klasse brauchten keine Hausaufgaben zu machen. Dafür mußten sie aber den übrigen 20 bei deren Schularbeiten helfen.

SPIEGEL: Wie wollen Sie dieses Denken in einer reichlich individualistischen Gesellschaft verankern?

HAASE: Von dieser Tradition müssen wir Abstand gewinnen, wenn wir im internationalen Wettbewerb bestehen wollen. Die Japaner sind da leider ein bißchen besser als wir. Sie sind uns in der Einzelleistung mit Sicherheit nicht überlegen, sondern in der Fähigkeit, daß einzelne ihr Wissen in den Dienst der Allgemeinheit stellen. Bei uns indes sitzen fünf hochbegabte Spezialisten um einen Tisch – und heraus kommt oft nicht mehr, sondern weniger, als die allein könnten.

Text aus: DER SPIEGEL, 23/1992, S. 53

➔ *Markiere im obigen Interview die Begriffe, die dir unbekannt bzw. unklar sind! Schlage ihre Bedeutung im Duden nach!*

➔ *Erläutere einem Partner deine Begriffe und lass dir von ihm seine Begriffe erklären! Falls etwas unklar ist, nachfragen bzw. korrigieren!*

B 15f | LEXIKON

IM LEXIKON NACHSCHLAGEN

▲
LÖSUNGSWORT

1) *Sie eroberten im 13. Jahrhundert das Kaiserreich China*
2) *Hauptinsel des Inselstaates Japan*
3) *Eine der fruchtbarsten Gegenden in Baden-Württemberg*
4) *Ein Adeliger, der zum niederen Adel gehörte*
5) *Eine bekannte Sprachgruppe der Indianer*
6) *Ein Teilgebiet der klassischen Physik*
7) *Ein berühmtes Schloss in Bayern, von Ludwig II. erbaut*
8) *Einer der höchsten Berge in den Alpen*
9) *Hier legen die Eichhörnchen meist ihre Nester an*
10) *Bedeutender Wirtschaftszweig in Schweden*
11) *Diese wird u. a. in Tarifverträgen geregelt*
12) *Ein wichtiger Teil des Flugzeugs*
13) *In dieser Stadt wurde Martin Luther geboren*
14) *Dieser Treibstoff wird bei Raketen verwendet*
15) *In dieser Stadt arbeitete J. W. von Goethe als Anwalt*
16) *Eine der vier großen Obstsorten*

➔ *Schlage die gefragten Begriffe im Lexikon nach (hier liegt Meyers Jugend-Lexikon zugrunde) und trage sie ins obige Rätsel-Schema ein! Die benötigten »Schlagworte« findest du in den vorgegebenen Suchhinweisen 1) bis 16)! Die gesuchten Begriffe sind irgendwo in den erläuternden Texten versteckt. Also aufmerksam lesen!*

➔ *Entwickelt in Kleingruppen mit 2 bis 4 Schülern ähnliche Suchrätsel zu eurem Klassen-Lexikon. Tauscht die erstellten Rätsel zwischen den Gruppen aus und löst sie anschließend!*

B 15g STÄDTEQUIZ

STÄDTE IM ATLAS NACHSCHLAGEN

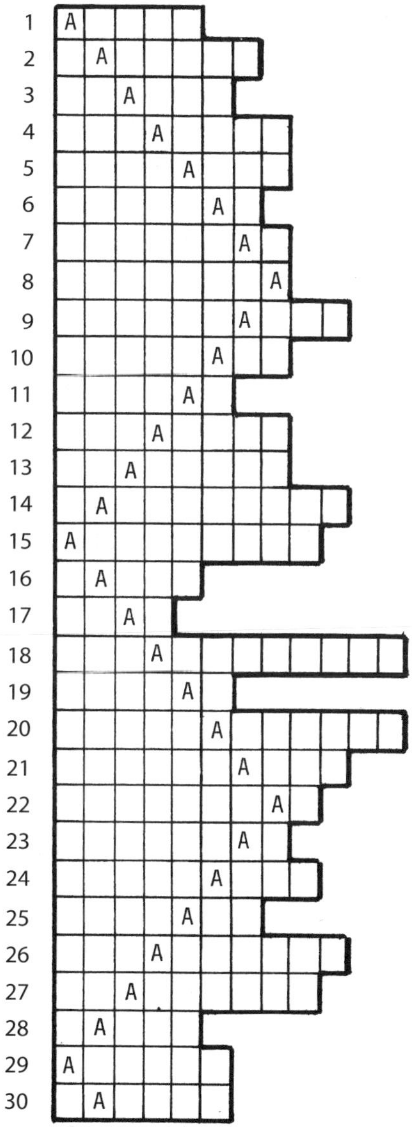

1) Hauptstadt von Griechenland
2) Hauptstadt von Thailand
3) Hafenstadt in Süditalien
4) Hafenstadt am Bosporus
5) Hafen- und Stadtstaat in Südostasien
6) Hauptstadt von Venezuela
7) Größte Stadt in Kanada
8) Größte Stadt in Indien
9) Größte Stadt in Marokko
10) Hafenstadt in Südafrika
11) Hauptstadt der ehem. Sowjetunion
12) Hauptstadt von Rumänien
13) Hauptstadt von Indonesien
14) Hauptstadt der USA
15) Hauptstadt der Niederlande
16) Hauptstadt von Frankreich
17) Hauptstadt der ehem. Tschechoslowakei
18) Größte Stadt in Südafrika
19) Hafenstadt an der Westküste Indiens
20) Hafenstadt an der Westküste der USA
21) Hauptstadt von Dänemark
22) Russische Hafenstadt an der Ostsee
23) Hauptstadt von Polen
24) Hauptstadt von Israel
25) Größte Stadt in Norditalien
26) Größte Stadt im Westen der USA
27) Größte Stadt in Hessen
28) Hauptstadt von Ägypten
29) Hauptstadt der Türkei
30) Hauptstadt von Spanien

Schlage im Atlas die gesuchten Städte nach und trage ihre Namen in das obige Rätselschema ein! (Die A's sind die Kontrollbuchstaben.) Merke: Nachschlagen lohnt sich! Man prägt sich den Lernstoff besser ein und bekommt einen besseren Überblick über den Atlas!

B 15h LÄNDERQUIZ

LÄNDER IM ATLAS NACHSCHLAGEN

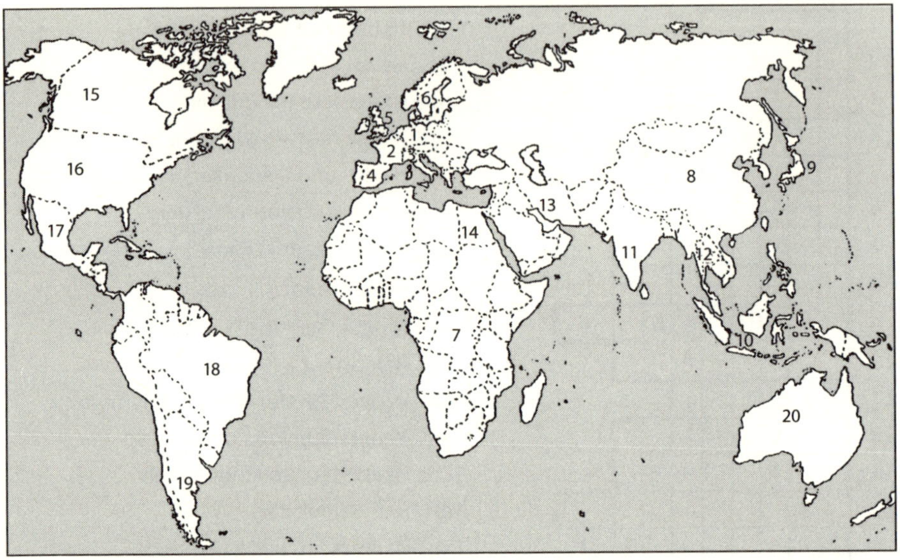

STAAT	HAUPTSTADT	STAAT	HAUPTSTADT
1		11	
2		12	
3		13	
4		14	
5		15	
6		16	
7		17	
8		18	
9		19	
10		20	

Schlage im Atlas die gesuchten Staaten und ihre jeweilige Hauptstadt nach! Trage die entsprechenden Angaben in die vorgegebene Tabelle ein! Merke: Nachschlagen lohnt sich! Man prägt sich den Lernstoff besser ein und bekommt einen besseren Überblick über den Atlas!

B 15i SUCHAUFGABEN

SUCHAUFGABEN ZUM JUGENDARBEITSSCHUTZGESETZ

RICHTIG ODER FALSCH?

	r	f
Das Jugendarbeitsschutzgesetz gilt für Jugendliche bis zum 18. Lebensjahr (vergleiche die Paragraphen 1 bis 6)		
Die Beschäftigung von Kindern unter 14 Jahren ist grundsätzlich verboten (vgl. §§ 1 bis 6)		
Jugendliche dürfen pro Tag ohne weiteres 8 bis 10 Stunden beschäftigt werden (vgl. §§ 7 bis 10)		
Jugendlichen muss bei einer Arbeitszeit von mehr als 6 Stunden mindestens eine Stunde Ruhepause gewährt werden (vgl. §§ 9 bis 14)		
Im Gaststätten- und Schaustellergewerbe dürfen Jugendliche ausnahmsweise bis 22.00 Uhr beschäftigt werden (vgl. §§ 12 bis 15)		
Wenn ein Jugendlicher nur 5 bis 6 Stunden Berufsschule hat, kann der Arbeitgeber verlangen, dass er noch 2 oder 3 Stunden im Betrieb arbeitet (vgl. §§ 6 bis 12)		
Jugendliche dürfen nur an 5 Tagen in der Woche beschäftigt werden; die Samstage sind in aller Regel arbeitsfrei (vgl. §§ 13 bis 18)		
Jugendliche dürfen im Akkord arbeiten, wenn dieses im Betrieb üblich ist (vgl. §§ 20 bis 25)		
Jugendliche zwischen 16 und 18 Jahren erhalten mindestens 30 Werktage Urlaub pro Jahr (vgl. §§ 15 bis 20)		
Jugendliche dürfen grundsätzlich nur in der Zeit von 7.00 bis 18.00 Uhr beschäftigt werden (vgl. §§ 10 bis 15)		
Verstöße gegen das Jugendarbeitsschutzgesetz werden mit Bußgeld oder sogar mit Freiheitsstrafe geahndet (vgl. §§ 55 bis 60)		

➔ *Überprüfe anhand des Jugendarbeitsschutzgesetzes die Richtigkeit der obigen Aussagen! Lies dir dazu die in Klammern stehenden Paragraphen sorgfältig durch; irgendwo findest du die gesuchte Antwort. KONTROLL-TIPP: 5 Aussagen sind falsch! Warum?*

➔ *Stellt euch in Kleingruppen mit 2 bis 4 Schülern eure Ergebnisse abwechselnd vor und begründet diese anhand des Jugendarbeitsschutzgesetzes!*

➔ *Das Jugendarbeitsschutzgesetz ist kostenlos zu beziehen beim »Bundesminister für Arbeit und Sozialordnung«, (euer Lehrer wird euch sicherlich einen Klassensatz bestellen).*

B 16: DAS KLEINE ABC DES FRAGENS

GRUNDIDEE: Wer fragt, hat in der Regel mehr vom Lernen! Diese Feststellung gilt nicht zuletzt für die Schule. Fragen sind gleichsam Klebepunkte im Gedächtnis, an die die erfragten Informationen angelagert werden. Voraussetzung für diese lernwirksame Verknüpfung von Fragen und Antworten ist freilich, dass die Schüler gezielt und durchdacht zu fragen verstehen. Genau daran aber hapert es in der Praxis sehr häufig. Viele Schüler haben weder die nötigen Frage-Routinen, noch trauen sie sich, couragiert zu fragen, weil sie Angst davor haben, vom Lehrer womöglich tadelnde Blicke/Bemerkungen zu ernten und/oder von den Mitschülern belächelt zu werden. Die Folge dieser fragwürdigen Zurückhaltung ist, dass die elementaren Fragetechniken zu wenig geübt werden. Von daher mangelt es vielfach sowohl an der Bereitschaft und Fähigkeit zu fragen, als auch daran, Fragen rasch zu erfassen und konsequent zu beantworten. Mit den vorliegenden Übungsblättern soll dieser verbreiteten »Unfähigkeit« entgegengewirkt und der Grundstock für ein möglichst variantenreiches Fragetraining im Unterricht gelegt werden. Indem die Schüler themenzentrierte Fragen entwickeln, zuordnen und entsprechende Frage-Antwort-Verknüpfungen vornehmen, entwickeln sie sowohl ihr Fragerepertoire als auch ihre Fähigkeit, Fragen zu verstehen.

ÜBUNGEN: Die vorliegenden Arbeitsblätter werden wahlweise eingesetzt und von den Schülern in Einzel- oder in Partnerarbeit bearbeitet. Individuelle bzw. wechselseitige Kontrollen sind aufgrund der vorgegebenen Kontrollhilfen leicht möglich. Grundsätzlich geht es bei allen Übungen darum, dass die Schüler Fragestellungen entdecken und/oder formulieren sollen. Das beginnt bei Arbeitsblatt a damit, dass das Feld der »W-Fragen« aufgerissen und am Beispiel des Themas »Gemeinde« ansatzweise entfaltet wird. Die Arbeitsblätter b bis d geben sodann in unterschiedlicher Form und thematischer Ausrichtung Gelegenheit, von vorgegebenen Antworten auf korrespondierende Fragen rückzuschließen. Die beiden Arbeitsblätter e und f führen dieses Training in Puzzle-Form weiter, d. h., aus vorgegebenen Satzbausteinen sind sinnvolle Fragesätze bzw. Frage-Antwort-Kombinationen zu gewinnen. Übungsblatt g vertieft die Frage-Antwort-Logik durch ein mangelhaftes Interview, bei dem es für die Schüler Frage-Antwort-Brüche zu entdecken gilt. Arbeitsblatt h schließlich verlangt von den Schülern eine gewisse Typisierung vorgegebener Fragen zum Themenbereich »Umweltschutz«. Auf diese Weise soll ihnen die unterschiedliche Reichweite von Wissens-, Verständnis- und Wertfragen vor Augen geführt werden. Ergänzende bzw. weiterführende Übungen bieten sich in allen möglichen Fächern an.

AUSWERTUNG: Die Auswertung erfolgt in der Regel so, dass die Schüler ihre ausgefüllten Übungsblätter paarweise oder in Kleingruppen vergleichen und etwage Probleme besprechen. Der Lehrer gibt im Plenum ergänzende Hinweise, spricht etwaige Probleme an und ermutigt immer wieder zum (durchdachten) Befragen von Lehrern und Mitschülern. Darüber hinaus bietet sich an, die Schüler in Kleingruppen spezifische Tests bzw. Quizfragen zum jeweiligen Unterrichtsthema entwickeln zu lassen. Die entsprechenden Frage-Sets werden zur Bearbeitung an andere Gruppen weitergegeben oder aber im Rahmen von »Paar-Interviews« abgearbeitet. Auf diese Weise können kleine Lernkarteien entstehen, die zu Übungszwecken eingesetzt werden.

ZEITBEDARF: Je nachdem, wie viele Übungsblätter eingesetzt und wie sie ausgewertet werden, kann das »kleine ABC des Fragens« leicht 3 bis 5 Unterrichtsstunden in Anspruch nehmen.

B 16a FRAGELANDSCHAFT

FRAGELANDSCHAFT ERSTELLEN

Stelle dir vor, du bist Zeitungsredakteur und willst über eure Gemeinde/Stadt einen Bericht schreiben. Überlege dir 10 »W-Fragen« (s. oben), auf die du in deinem Bericht eingehen möchtest? Trage die Fragen in die nachfolgende Tabelle ein? Befragt bei Gelegenheit euren Lehrer oder auch einen Gemeindevertreter!

W-FRAGEN ZUM THEMA GEMEINDE	
F1	
F2	
F3	
F4	
F5	
F6	
F7	
F8	
F9	
F10	

B 16b QUIZFRAGEN

QUIZFRAGEN ENTWICKELN

FRAGEN	ANTWORTEN
	Der Mond ist – ähnlich wie die Erde – vor rund 4,5 Milliarden Jahren entstanden.
	Der Mond kreist in einem durchschnittlichen Abstand von 384 000 km um die Erde.
	Der Mond hat einen Durchmesser von rund 3500 km; das entspricht etwa der Entfernung Moskau–Lissabon.
	Auf dem Mond haben Menschen nur etwa ein Sechstel ihres irdischen Gewichts.
	Der Mond dreht sich etwa einmal im Monat um die Erde, was mit dem Wort »Monat« ja auch ausgedrückt wird.
	Den Mond können wir nur deshalb sehen, weil er von der Sonne mal mehr, mal weniger angestrahlt wird.
	Die Erde zieht den Mond mit ihrer Anziehungskraft an; der Mond ist also »angekettet«.
	Eine totale Sonnenfinsternis ist sehr selten. In Stuttgart fand sie zuletzt im Jahr 1999 statt.
	Auf dem Mond gibt es praktisch kein Wasser und keine Luft, sodass Leben dort nicht möglich ist.
	Der Mond ist übersät mit großen und kleinen Kratern; auch gewaltige Gebirgsketten und lange Täler gibt es.
	Fast alle Mondkrater sind durch den Einschlag großer und kleiner Brocken aus dem All (Meteoriten) entstanden.

Trage in die linken Kästchen die Fragen ein, auf die rechts jeweils Antwort gegeben wird! Achte darauf, dass Fragen und Antworten eindeutig zueinander passen! Vergleicht eure Ergebnisse in Kleingruppen!

B 16c FRAGWÜRDIGES

PASSENDE FRAGEN FINDEN

Er hält Ordnung 1	Mindestens 9 Jahre 2	Am Schulkiosk 3	Die Sekretärin 4	Um acht Uhr 5
Rund sechs Wochen 18				10 Schuljahre 6
Mit dem Projektor 17				Das Abitur 7
Sie leitet die Schule 16				Im Lehrplan 8
Im Filmsaal 15				Der Berufsberater 9
Es gibt hitzefrei 14	Die Lehrkräfte 13	Ganztagsschule 12	15 Minuten 11	Die Turnhalle 10

1 --
2 --
3 --
4 --
5 --
6 --
7 --
8 --
9 --
10 --
11 --
12 --
13 --
14 --
15 --
16 --
17 --
18 --

➔ *Überlege dir 18 »W-Fragen« zu den Antworten, die in den obigen Kästchen stehen! Achte darauf, dass Fragen und Antworten eindeutig zueinander passen! Schreibe die Fragen in die gestrichelten Zeilen. Beachte die Nummern!*

B 16d FRAGWÜRDIGES

FRAGESTELLUNGEN ABLEITEN

Thomas ist Lehrer an einer Hauptschule mit den Fächern Deutsch und Sozialkunde.

Die Klasse 6b will in der Woche vom 5.–10. Mai ein Projekt zum Thema »Ausländer bei uns« durchführen, um damit ein Zeichen gegen Fremdenfeindlichkeit zu setzen, die vor allem die rechte Szene beherrscht.

Die Kerschensteiner-Schule hat rund 500 Schüler, die aus acht verschiedenen Ortschaften in der Regel mit dem Schulbus kommen, da die Entfernungen zwischen der Schule und den einzelnen Ortschaften meist 5 und mehr km betragen.

Im Rahmen der Projektwoche Anfang Juni haben die Schüler der 8. Klasse unter dem Thema »Unsere Schule soll schöner werden« auf dem Schulhof verschiedene Spielzonen gestaltet, die vor allem von den Fünft- und Sechstklässlern genutzt werden, bei denen der Spieltrieb noch recht groß ist.

➔ *Trage in die lang gezogenen Kästchen rechts Fragen ein, auf die in den links stehenden Kurztexten geantwortet wird! Schreibe die Fragen in Kurzfassung. Die Anzahl der Fragen entspricht der Zahl der Kästchen.*

➔ *Vergleicht anschließend eure Fragen in Kleingruppen und besprecht etwaige Unklarheiten!*

B 16e | PUZZLE

FRAGE-ANTWORT-PUZZLE

Was arbeiten die männlichen Drohnen?

Durch bestimmte Formen des Tanzes teilen die Bienen anderen Bienen etwas mit.

Wie sieht die Bienenkönigin aus?

Es gibt Tausende von Bienenarten.

Von Frühjahr bis Herbst legt eine Königin ununterbrochen Eier ab.

Welche Aufgaben haben die Drohnen in einem Bienenvolk?

Wozu dienen den Bienen Waben und Zellen?

Sie ist etwa um ein Drittel größer als eine Arbeiterin und hat keine Arbeitswerkzeuge.

Wie viel Bienen-Arbeit steckt in einem Kilogramm Honig?

Sie tun nichts und erbetteln sich ihre Nahrung von den Arbeiterinnen.

Fast alle Bienen sind Arbeitsbienen, die emsig und aus eigenem Antrieb arbeiten.

Sie sind kleine »Wiegen« und dienen der Aufzucht der Brut.

In einem einzigen Bienenstock leben 50 000 und mehr Bienen.

Wie viel Bienenarten kennt man?

Die Lebenszeit einer Königin kann 3 bis 4 Jahre betragen.

Wodurch verständigen sich die Bienen?

Wann legt eine Bienenkönigin ihre Eier?

Welche Aufgaben haben die Bienen in einem Bienenstock?

Wie viele Bienen leben in einem Volk?

Wie alt wird eine Bienenkönigin?

Für tausend Gramm Honig müssen die Bienen 35 000 Flüge unternehmen.

Die männlichen Bienen (Drohnen) befruchten die Eier der Königin.

Stelle fest, welche Fragen zu welchen Antworten gehören. Gib den zueinander passenden Fragen und Antworten die gleiche Nummer und schreibe diese Nummer auf die freien Ecken unten rechts. Am Ende müssen sich genau 11 Frage-Antwort-Paare ergeben!

Du kannst die einzelnen Puzzle-Teile auch ausschneiden, passend zurechtschieben und schließlich auf ein gesondertes Blatt aufkleben. Vergleicht eure Arbeitsergebnisse in der Kleingruppe.

B 16f

PUZZLE

FRAGESÄTZE ZUSAMMENFÜGEN

■ IN DER SCHULE? ■ BEIM THEMA GEWALT? ■ FÜR DIE »OPFER«?
■ WIE VIELE JUGENDLICHE BEJAHEN … ■ WELCHE ARTEN VON …
■ GEWALTTÄTIGE MENSCHEN BESONDERS? ■ BEI IHREN OPFERN?
■ WARUM IST GEWALTAUSÜBUNG … ■ WER NEIGT BESONDERS …
■ WIE GROSS IST DIE … ■ GEWALT IN KONFLIKTSITUATIONEN?
■ GEWALTTÄTIGE VORBILDER IM FERNSEHEN? ■ BESONDERS GROSS?
■ WODURCH LÄSST SICH …
■ GEWALT GIBT ES?
■ GEWALT VERHINDERN?
■ WORAN DENKST DU …
■ HINGEWIESEN WERDEN?
■ WORUNTER LEIDEN …

■ WAS BEGÜNSTIGT …
■ BEIM THEMA GEWALT?
■ WO SIND GEWALTSAME …
■ ZU VERURTEILEN?
■ WIE VERHÄLT MAN …
■ WAS WOLLEN DIE …
■ GEWALTBEREITSCHAFT UNTER JUNGEN? ■ WANN IST DIE GEWALTBEREITSCHAFT …
■ WELCHE FOLGEN HAT GEWALTANWENDUNG … ■ WORAUF SOLLTEN GEWALTTÄTER …
■ WIESO GIBT ES SO HÄUFIG GEWALT … ■ SICH GEGENÜBER EINEM GEWALTTÄTER?
■ ZU GEWALTTÄTIGEN AKTIONEN? ■ WELCHEN EINFLUSS HABEN DIE …
■ WOMIT RECHNEN GEWALTTÄTER … ■ WOHER RÜHRT DIE GEWALTBEREITSCHAFT …
■ DIE ANWENDUNG VON GEWALT? ■ GEWALTTÄTER MIT IHREN AKTIONEN BEZWECKEN?
■ WORÜBER WUNDERST DU DICH … ■ BEI DEN BETREFFENDEN JUGENDLICHEN?
■ AUSEINANDERSETZUNGEN VOR ALLEM ANZUTREFFEN?

➔ *Stelle aus den obigen Satzteilen sinnvolle Fragesätze zum Thema Gewalt zusammen und notiere sie auf einem gesonderten Blatt! (Es ergeben sich insgesamt 20 Fragesätze, die aus je zwei Teilen bestehen.)*

➔ *Bringe die ermittelten Fragen in eine plausible Reihenfolge, sodass sich ein übersichtlicher Fragebogen ergibt! Vergleicht und besprecht eure Fragebögen in Kleingruppen!*

B 16g INTERVIEW

EIN FRAGWÜRDIGES INTERVIEW

SCHÜLERZEITUNGS-REDAKTEURIN TANJA INTERVIEWT DEN SCHULFORSCHER »ALLESWISSER«

Tanja: Herr Alleswisser, Sie sind Schulforscher. Stimmt es wirklich, dass die Schüler immer »fauler« werden?

Alleswisser: Das würde ich so nicht sagen. Sie sind anders geworden – ja. Sie sind teilweise auch schwieriger geworden; aber wenn der Unterricht interessant ist, dann sind die Schüler auch durchaus willig.

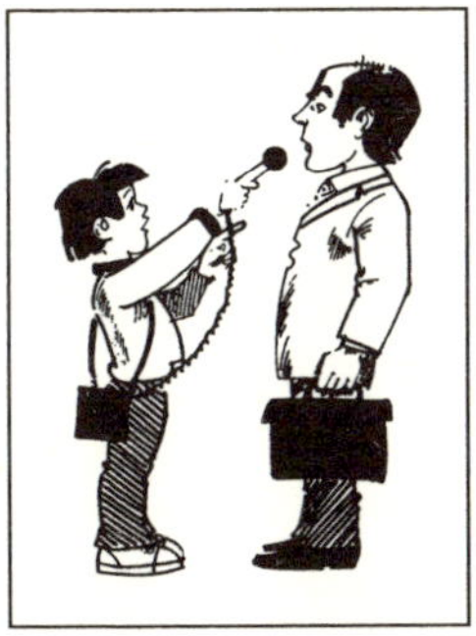

Tanja: Ist denn der Unterricht nicht oft recht langweilig?

Alleswisser: Wir haben in unseren Forschungen festgestellt, dass in den Familien ein ziemlicher Umbruch stattgefunden hat.

Tanja: Meinen Sie damit die Ein-Kind-Familie?

Alleswisser: Einmal dieses. Viele Kinder wachsen als Einzelkinder auf und sind deshalb oft recht verwöhnt. Zum anderen werden viele Eltern geschieden.

Tanja: Wie wirkt sich die Scheidung der Eltern auf die Kinder aus?

Alleswisser: Was mir besonders wichtig ist, das ist der fragwürdige Einfluss der audiovisuellen Medien.

Tanja: Sie meinen damit das Fernsehen?

Alleswisser: Das normale Fernsehprogramm ist nur die eine Seite der Medaille. Hinzu kommen Video, Game-Boy, Spiele-Computer und auch die Walkmänner.

Tanja: Aber sind nicht gerade diese Angebote interessant?

Alleswisser: Unsere Untersuchungen haben erbracht, dass die 6- bis 13-jährigen Kinder durchschnittlich 2 bis 3 Stunden pro Tag vor dem Fernseher sitzen und sich berieseln lassen. In Amerika sind es schon 5 bis 6 Stunden!

Tanja: Was ist denn schlecht daran?

Alleswisser: Ich will das gar nicht mit schlecht oder gut bewerten. Ich will nur feststellen, dass viele Kinder, stundenlang berieselt, in gewisser Weise auch geistig lahm gelegt werden. Sie werden müde und träge.

Tanja: Wie reagiert denn die Schule darauf?

Alleswisser: Ein namhafter Medienkritiker hat den Einfluss des Fernsehens auf die Formel gebracht: Die modernen Medienkinder trainieren vor allem das Vergessen, die Oberflächlichkeit und die Gedankenlosigkeit.

Tanja: Meinen Sie nicht, dass Sie zu schwarz sehen?

Alleswisser: Schauen Sie sich nur die Konzentrationsstörungen und die Zappeligkeit vieler Schüler an.

Tanja: Liegt das nur am Fernsehen?

Alleswisser: Ich meine, die Schulforschung muss dringend ausgebaut werden!

Tanja: Herr Alleswisser, ich danke Ihnen für dieses Gespräch.

Herr Alleswisser beachtet fünfmal die Frage von Tanja nicht richtig und redet einfach über was anderes. Markiere die betreffenden 5 Fragen mit Gelb und die anschließenden »unpassenden« Antworten in einer anderen Farbe! Überlege dir mögliche Antworten, die zu Tanjas Fragen besser gepasst hätten! Überarbeite das Interview!

B 16h FRAGEGRUPPEN

FRAGESTELLUNGEN EINORDNEN

WISSENSFRAGEN	VERSTÄNDNISFRAGEN			WERTFRAGEN
	Ursachen? (Hintergründe)	*Auswirkungen?*	*Gegenmaßnahmen?*	

Wissensfragen: *Gefragt wird nach Begriffen, Zahlen, Namen und sonstigen Einzelinformationen, die man auswendig lernen muss.*
Verständnisfragen: *Sie führen tiefer in ein Sachgebiet hinein und erfordern eigenes Überlegen, Kombinieren und Argumentieren.*
Wertfragen: *Sie betreffen persönliche Einstellungen und Wertschätzungen.*

➔ *Trage die nachfolgenden Fragen in Kurzfassung in die obige Tabelle ein! Beachte die verschiedenen Fragegruppen! Kontroll-Tipp: Zu jeder Fragegruppe (Spalte) passen 4 Fragen. Andernfalls solltest du noch mal genau nachdenken – am besten in einer Kleingruppe.*

FRAGEN ZUM THEMA UMWELTSCHUTZ

Welchen Wert hat für dich eine gesunde Umwelt? • Wann wurde das Abfallbeseitigungsgesetz eingeführt? • Wodurch lässt sich die Müllmenge verringern? • Wie wirkt sich eine Kläranlage aus? • Was verursacht den Müllberg? • Welche Maßnahmen tragen zur Verringerung des Treibgases bei? • Wozu führt die Erhöhung des Benzinpreises? • Wodurch entsteht das Ozonloch? • Würdest du der Umwelt zuliebe auf ein Auto verzichten? • Wie nennt man das Amt, das die Gewässerreinhaltung überwacht? • Wie heißt der Bundesumweltminister? • Wärst du bereit, höhere Steuern zu zahlen, wenn dieses Geld für Umweltschutz eingesetzt wird? • Welche Gründe hat das Waldsterben? • Was kann gegen Umweltsünder getan werden? • Was bewirken die vielen Verkehrsstaus? • Was trägt zur Verminderung der Autoabgase bei? • Welche Folgen hat die Erwärmung des Klimas? • Was verursacht den Müllberg? • Was hältst du von der Ansicht, dass Schulen keine Skifreizeiten mehr durchführen sollten? • In welchem Land liegt Tschernobyl?

B 17: STREIFZUG DURCH DIE BIBLIOTHEK

GRUNDIDEE: Die beiden Übungsblätter schaffen Anlässe, damit sich die Schüler näher mit ihrer Bibliothek, deren Aufbau und deren Angebot beschäftigen. Denn Bibliotheken sind nach wie vor eine wichtige Fundgrube, wenn es darum geht, themenzentrierte Informationen zu beschaffen. Ob der Anlass nun ist, ein Referat oder eine andere Form der Hausarbeit zu verfassen, oder ob ein bestimmtes Unterrichtsthema gezielt vertieft werden soll, stets bietet sich die Bibliothek vor der Schultür als Informationspool an. Das kann die Schulbibliothek sein, das kann aber auch die Stadtbücherei oder irgendeine andere öffentliche Bibliothek sein. Wichtig ist, dass die Schüler den Aufbau und die jeweiligen Katalog-Systeme ihrer Bücherei überblickshaft kennen lernen und sich in der gezielten Suche bestimmter Bücher üben. Die beiden dokumentierten Übungsblätter geben diesbezüglich Anregungen. Sie zeigen beispielhaft, wie eine erste Einführung in die Bibliotheksnutzung angelegt werden kann. Die angedeutete Bibliotheks-Rallye muss natürlich an die jeweiligen Gegebenheiten vor Ort angepasst werden (s. unten) und die Bücherei sollte möglichst so groß sein, dass eine ganze Klasse grüppchenweise auf Erkundungstour gehen kann.

ÜBUNGEN: Die Schüler bearbeiten zunächst Arbeitsblatt a, das die gängigen Ordnungssysteme »lückenhaft« vor Augen führt. Indem die Lücken geschlossen werden, setzen sich die Schüler bewusst mit dem Thema »Bibliothek« auseinander. Nach dieser Sensibilisierungsphase werden den Schülern vor Ort in der Bibliothek einige erläuternde Hinweise und Orientierungshilfen gegeben. Sodann werden Kleingruppen gebildet, die sich aus dem Bücherangebot der Bibliothek je 5 Bücher heraussuchen, ferner Verfasser, Titel und Signatur notieren, anschließend in jedem Buch eine bestimmte Detailinformation (Überschrift, Zahl, Name, These etc.) ermitteln und schließlich unter Berücksichtigung des Benutzerkatalogs präzise Suchaufgaben formulieren (s. die Beispiele im Übungsblatt b). Im nächsten Schritt werden die Aufgabenkarten zwischen den einzelnen Kleingruppen ausgetauscht und die gefragten Informationen gesucht. Dabei müssen die Kataloge genutzt, bestimmte Bücher gefunden und innerhalb dieser Bücher die betreffenden Fundstellen ermittelt werden. Auf diese Weise wird die Bibliotheksnutzung gleich zweistufig geübt: einmal durch die Vorbereitung der Suchkarten, zum anderen durch die Erledigung der verschiedenen Suchaufträge.

AUSWERTUNG: Die Auswertung erfolgt in der Weise, dass die beantworteten Antwortkarten an die jeweilige »Ursprungsgruppe« zwecks Kontrolle zurückgegeben werden. Etwaige Rückfragen bzw. Probleme werden ebenfalls mit dieser Gruppe besprochen – und umgekehrt (von daher müssen feste »Tandems« gebildet werden, die ihre Aufgabenkarten wechselseitig austauschen und wieder zurückgeben). Anschließend werden generelle Anfragen und Problemanzeigen zur Bibliotheksnutzung im Plenum vorgebracht und geklärt. Hierbei ist der Lehrer (bzw. der Bibliothekar) als Ratgeber und Experte gefragt. Vertiefende Suchaktivitäten anhand bestimmter Aufgabenkarten, die der Lehrer vorbereitet hat, können sich anschließen.

ZEITBEDARF: Für die gesamte Übung (Arbeitsblatt – Einführung durch den Lehrer/Bibliothekar – Suchspiel/e) sind 2 bis 3 Unterrichtsstunden zu veranschlagen, je nachdem, ob der Lehrer vertiefende Suchaufgaben stellt oder nicht. Zuständig für die Bibliothekseinführung ist in erster Linie der Deutschlehrer und/oder der Klassenlehrer.

B 17a SUCHSPIEL

BIBLIOTHEKS-RALLYE

H 38
WEIZENBAUM, JOSEPH …
Die Macht der Computer und die Ohnmacht der Vernunft
Suhrkamp-Verlag
Frankfurt/M. 1978
369 Seiten
Was bekennt der amerikanische Außenminister auf Seite 337?

H 35
HAEFNER, KLAUS …
Mensch und Computer im Jahre 2000
Birkhäuser-Verlag
Stuttgart 1984
402 Seiten
Was ist in der Überschrift auf Seite 78 über den Menschen ausgesagt?

A 18
ÜBELACKER, ERICH …
Der Mond. Ein »Was-Ist-Was-Buch«
Tesloff-Verlag
Hamburg 1983
48 Seiten
Wie heißt die Frage auf Seite 20?

Überlegt euch in Kleingruppen – entsprechend den obigen Beispielen – Suchaufgaben für eure Mitschüler, die diese im Rahmen einer Bibliothekserkundung lösen müssen (als Bibliothek kommt die Schulbücherei oder eine andere öffentliche Bücherei infrage). Erkundet dazu die Verfasser- und Schlagwortkataloge und blättert in den ausgewählten Büchern. Sucht eine auffällige Stelle und schreibt einen entsprechenden Suchauftrag – einschließlich der Angaben zum Buch – auf eine kleine Karteikarte (s. oben)!

Wenn ihr 5 Suchaufgaben gefunden und auf Karteikarten übertragen habt, dann gebt die betreffenden Karteikarten an eine andere Gruppe, damit diese die gefragten Informationen in der Bibliothek sucht. Ihr erhaltet eurerseits die 5 Suchaufgaben dieser Gruppe, um ebenfalls nach Antworten zu suchen. Die übrigen Kleingruppen in eurer Klasse machen das Gleiche. Viel Erfolg bei dieser Bibliotheks-Rallye!

B 17b LÜCKENTEXT

LEITTEXT ZUR BIBLIOTHEK

VOM KATALOG ZUM BUCH

Viele Schüler scheuen den Gang in die Bibliothek, weil ihnen der richtige Durchblick __________, um rasch an gesuchte Bücher heranzukommen. Aber das ist letztlich eine Sache der __________.

Jede Bibliothek weist zumindest zwei Kataloge auf, die jeweils aus vielen __________ bestehen. Der eine Katalog ist der »Verfasserkatalog«, der andere der »Schlagwortkatalog«. Beim Verfasserkatalog werden die __________ von Büchern alphabetisch geordnet – z. B. von **A**bendroth bis **Z**eyer. Für jedes Buch eines Autors gibt es eine gesonderte Karteikarte. Wenn du also einen bestimmten __________ suchst, weil dieser zu deinem Referat-Thema vielleicht etwas geschrieben hat, dann gehst du den Verfasserkatalog durch, bis du auf den gesuchten Autor stößt. Sodann schaust du dir die zugehörige(n) Karteikarte(n) genauer an. Darauf findest du den Titel, den __________, den Umfang, das __________ des Buches; eventuell sind auch einige stichwortartige Angaben zum Inhalt des Buches angefügt. Außerdem ist auf der Karteikarte eine bestimmte Signatur angegeben (z. B. A 18), aus der du den jeweiligen __________ des Buches innerhalb der Bibliothek ersehen kannst. »A« bezeichnet hierbei z. B. die Regalreihe A oder das Sachgebiet A; die Zahl 20 gibt dir an, um das wievielte Buch im __________ es sich handelt.

Der __________ ergänzt den Verfasserkatalog. Da du nämlich oft gar keinen Verfasser weißt, sondern nur ein bestimmtes Thema hast, zu dem du passende __________ suchst, bist du auf den Schlagwortkatalog angewiesen. Suchst du z. B. Literatur zum Thema »Computer«, so findest du unter diesem __________ wahrscheinlich eine ganze Reihe von Karteikarten mit entsprechenden Büchern zu diesem Themenkreis. Zu jedem Buch gibt es – wie oben bereits angedeutet – eine __________ mit näheren Angaben zum Thema, Verfasser, Verlag, Erscheinungsjahr, Umfang und zum Standort des Buches in der __________. Schlagwortkataloge eignen sich vorzüglich zum Auffinden noch nicht bekannter Autoren, die etwas zum anstehenden __________ zu sagen haben. Selbst bei verhältnismäßig kleinen Bibliotheken hilft der Katalog, Zeit zu __________ und benötigte Bücher relativ __________ zu finden.

Denn eines ist klar: Durch die Regalreihen zu gehen und ein Buch nach dem anderen anzuschauen und womöglich in die __________ zu nehmen, das ist ziemlich ausgeschlossen. Außerdem kostet es viel zu viel __________.

Trage die nachfolgenden Begriffe so in den obigen Lückentext ein, dass sich sinnvolle Sätze ergeben!

VERLAG · SCHLAGWORTKATALOG · ZEIT · BIBLIOTHEK · FEHLT · AUTOREN · STANDORT · RASCH · VERFASSER · ÜBUNG · SCHLAGWORT · HAND · SPAREN · ERSCHEINUNGSJAHR · REGAL · KARTEIKARTEN · KARTEIKARTE · THEMA · LITERATUR

3. Methoden der Informationsverarbeitung und -aufbereitung

Im Schulalltag werden die Schüler ständig vor Aufgaben gestellt, die von ihnen die kreative und produktive Verarbeitung von Informationen verlangen. Das beginnt beim Hausheft und reicht über das Gestalten von Plakaten, Folien, Wandzeitungen, Flugblättern, Collagen, Diagrammen, Tabellen und Schaubildern bis hin zur möglichst ansprechenden Aufbereitung von Referaten und sonstigen Hausarbeiten. Die entsprechende Präsentation und Visualisierung der jeweiligen Sachverhalte ist keinesfalls Nebensache, wie das manche Schüler (und Lehrer) meinen, sondern Formgestaltung und inhaltliches Begreifen gehen Hand in Hand. Diese Erkenntnis ist in der Praxis allerdings nur unzureichend verbreitet. Wenn z. B. in einem rheinland-pfälzischen Gymnasium ein Referat mit »2+« bewertet wurde, obwohl es ebenso undifferenziert wie unanschaulich handschriftlich heruntergeschrieben wurde, dann ist das geradezu symptomatisch. Der Inhalt ist alles, die Form ist fast nichts (obwohl weite Teile des Referats nur irgendwo abgeschrieben wurden). Diese einseitige Ausrichtung des Lern- und Leistungsbegriffs ist gleich doppelt problematisch: Zum einen ignoriert sie den grundlegenden Bildungswert der korrespondierenden Arbeits- und Gestaltungstechniken; zum anderen übersieht sie, dass »eindrückliches« Lernen ganz maßgeblich davon abhängt, dass die betreffenden Sachinformationen entsprechend einprägsam aufbereitet und visualisiert werden. Denn im Zuge dieses Verarbeitungs-, Ordnungs- und Gestaltungsprozesses wird die Sache geklärt und das Gedächtnis mit wichtigen Stützen versehen. Der Schüler wird gleichsam zum Konstrukteur, der beim Gestalten Ordnungen und einprägsame Bezüge entdeckt.

Diesem Grundgedanken wird in den nachfolgenden Abschnitten B 18 bis B 24 Rechnung getragen. Die rund vierzig Übungsblätter, die in diesen Abschnitten dokumentiert werden, zielen vorrangig darauf, die gestalterischen Fähigkeiten und Fertigkeiten der Schüler auszubauen sowie die Bedeutung dieser gestalterischen Arbeit zu unterstreichen. Das beginnt in B 18 mit simplen handwerklichen Übungen wie Ausschneiden, Einkleben, Schraffieren etc., die gewissermaßen das Fundament der Informationsaufbereitung bilden. Verbunden sind diese handwerklichen Übungen stets mit einer inhaltsbezogenen Aufgabenstellung. In B 19 werden korrespondierende Arbeits- und Ordnungshilfen vor Augen geführt, die sowohl im Unterricht als auch zu Hause gute Dienste leisten können. Die Übungsmaterialien in B 20 geben den Schülern alsdann Gelegenheit, sich in kritisch-konstruktiver Weise mit der Gestaltung von Heftseiten, Titelblättern etc. zu befassen und entsprechende Versuche zu machen. Ähnliches gilt für die Konstruktion von Tabellen, Diagrammen und sonstigen schematischen Darstellungen im Rahmen von B 21 und B 22. In Abschnitt B 23 steht das Verfassen eigener (Sach-)Texte im Vordergrund, und zwar so, dass möglichst stringent und übersichtlich geschrieben und vorbereitet wird. Die Übungen in B 24 machen die Schüler schließlich mit einigen Grundtechniken des »wissenschaftlichen« Arbeitens vertraut, die vornehmlich bei der Gestaltung von Referaten zum Tragen kommen – und zwar bereits in der Sekundarstufe I.

B 18: HANDWERKLICHE GRUNDTECHNIKEN

➔ GRUNDIDEE: Gestalterisches Arbeiten setzt auf Schülerseite voraus, dass sie über entsprechende handwerkliche Techniken verfügen. Dazu gehören: exaktes Ausschneiden, Aufkleben, differenziertes Anmalen, Schraffieren, mit Lineal arbeiten, Lochen, Abheften, den Platz einteilen und anderes mehr. Derartige Grundtechniken werden zwar bereits in der Vor- und in der Grundschule geübt, aber sie sind damit längst nicht auf alle Zeit gefestigt. Die schludrige und/oder einfallslose Art, wie zahlreiche Schüler in der Sekundarstufe I ihre Hefte, Referate u. a. m. gestalten, ist ein Indiz dafür, dass die angesprochenen Arbeitstechniken nicht hinreichend zur Gewohnheit geworden sind. Dieser Nachlässigkeit gilt es, entgegenzuwirken. Die dokumentierten Übungsblätter sind als Impuls gedacht, um zweierlei zu erreichen: Einmal soll ihre konsequente Bearbeitung und Reflexion den Schülern signalisieren, dass derartige Arbeits- und Ordnungstechniken auch in der Sekundarstufe I ernst genommen und verlangt werden. Zum anderen eröffnen die vorliegenden Arbeitsblätter den Schülern exemplarische Trainingsmöglichkeiten, die das vorhandene Repertoire auffrischen und weiter festigen.

➔ ÜBUNGEN: Die vorhandenen Arbeitsblätter werden wahlweise eingesetzt und von den Schülern – entsprechend den Arbeitsanweisungen – alleine oder zu zweit bearbeitet. Die entsprechenden Arbeitsmittel (normales Lineal, Dreieckslineal, Schere, dünner und dickerer Stift, Klebestift, eventuell Zeichenbrett und kleines Papiermesser) müssen für alle Schüler verfügbar sein. Neben der handwerklichen Arbeit haben alle Arbeitsblätter auch einen inhaltsbezogenen Aspekt. Bei Arbeitsblatt a geht es einerseits darum, mehrere Comic-Figuren möglichst akkurat auszuschneiden; andererseits steht die Reflexion des Themas Schule an. Arbeitsblatt b verlangt sowohl kreatives Nachdenken über das Thema Lernen als auch das Erkennen bestimmter Formen, das Zeichnen entsprechender Linien und das Ausmalen der entstehenden Flächen. Bei Arbeitsblatt c üben die Schüler vorrangig das sorgfältige und ausdauernde Schraffieren vorgegebener Flächen, was zugleich einer Konzentrationsübung gleichkommt. Im Mittelpunkt von Übungsblatt d stehen geometrische Figuren, die auszuschneiden, zu 5 gleich großen Quadraten zusammenzufügen und auf ein gesondertes Blatt aufzukleben sind. Arbeitsblatt e verlangt ebenfalls das exakte Zuschneiden mehrerer Piktogramme, gleichzeitig aber auch das Kombinieren und Einkleben dieser Piktogramme, sodass sich ein sinnvoller Betriebsaufbau ergibt. Bei Übungsblatt f schließlich ist ein Würfel zuzuschneiden, zu falten und zusammenzukleben – mit dem Ergebnis, dass ein Würfelspiel zum Thema »Ordnungsmittel« entsteht.

➔ AUSWERTUNG: Die Auswertung der einzelnen Übungen erfolgt in der Regel so, dass die Schüler ihre »Produkte« in Kleingruppen austauschen, überprüfen und nötigenfalls wechselseitig Kritik und etwaige Fragen/Probleme besprechen. Möglich ist auch eine verdeckte Bewertung der einzelnen Produkte durch die jeweiligen Gruppenmitglieder. Dabei hat jedes »Jurymitglied« bis zu 5 Punke auf die Qualität der Ausführung zu vergeben. Im Plenum sollte der Lehrer gegebenenfalls an der Tafel oder mittels Tageslichtprojektor das eine oder andere Beispiel demonstrieren sowie Tipps geben. Weitere fachbezogene Übungen sind in vielfältiger Weise möglich.

➔ ZEITANSATZ: Der Zeitansatz ist variabel, je nachdem, wie viele Arbeitsblätter eingesetzt werden. Einige Stunden konzentriertes Arbeiten in der angedeuteten Form ist sehr zu empfehlen (Orientierungsstufe).

B 18a | AUSSCHNEIDEN

FIGUREN AUSSCHNEIDEN

➔ *Schneide die 4 Figuren exakt aus! Klebe sie anschließend auf ein gesondertes DIN-A4-Blatt, füge Sprechblasen hinzu und lege jeder Figur einen »passenden« Ausspruch zum Thema Schule in den Mund!*

B 18b | AUSMALEN

BUCHSTABEN HERSTELLEN

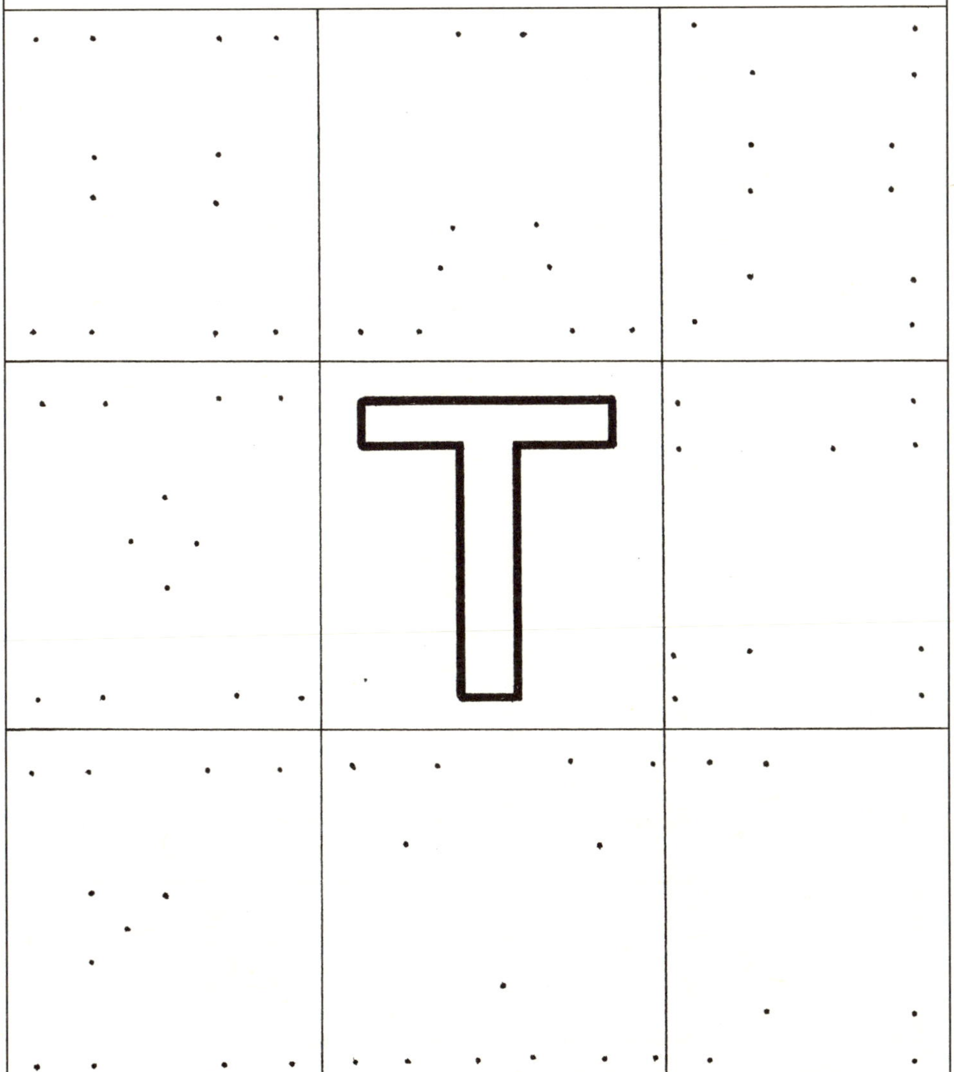

Verbinde die einzelnen Punke in den Feldern so, dass sich insgesamt 9 breitwandige Buchstaben ergeben (siehe T). Die gesuchten Buchstaben sind A, E, H, K, L, M, T, X, Z. Zeichne die betreffenden Begrenzungslinien der Buchstaben mit Stift und Lineal und male die entstehenden Flächen schwarz aus! Schreibe außerdem 8 Sätze zum Thema LERNEN auf, die mit den obigen Buchstaben beginnen (X fällt weg)!

B 18c SCHRAFFIEREN

FLÄCHEN SCHRAFFIEREN

Schraffiere mithilfe eines Lineals/Dreieckslineals und eines dünnen Stiftes die Kästchen in jeder Spalte nach dem darüber stehenden Muster! Schraffiere sorgfältig!

Derartige Schraffuren kannst du zur Gestaltung deiner Haushefte verwenden – z. B. für Balken, Grafiken oder zur Hintergrundgestaltung!

B 18d ZUSCHNEIDEN

LEGESPIEL ANFERTIGEN

- *Schneide die geometrischen Figuren exakt aus, damit sie beim anschließenden Legespiel passen!*
- *Lege die 15 Figuren so zusammen, dass sich 5 gleich große Quadrate ergeben!*
- *Klebe die gefundenen Quadrate auf ein gesondertes Blatt! Achte auf gute Platzaufteilung!*

B 18e EINKLEBEN

PIKTOGRAMME EINKLEBEN

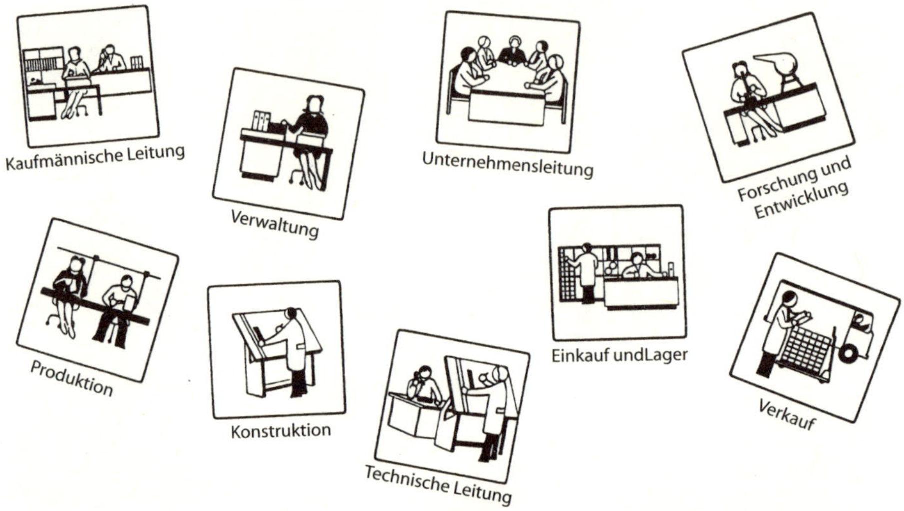

1. Oben findet ihr, bunt durcheinander gewürfelt, die verschiedenen betrieblichen Arbeits- und Leitungsbereiche. Schneidet die Bildchen in der oberen Hälfte aus und klebt sie unten in das Organisations-Diagramm ein, und zwar so, dass sich eine klare Ordnung ergibt!

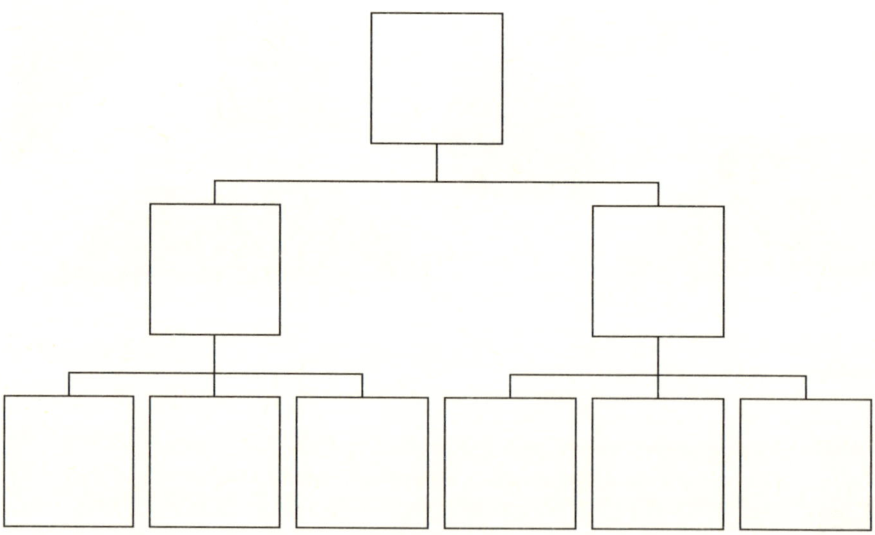

B 18f BASTELN

LERNWÜRFEL BASTELN

1 *Schneide die Ummantelung des Würfels aus, falte die betreffenden Teile und klebe den fertigen Würfel zusammen!*

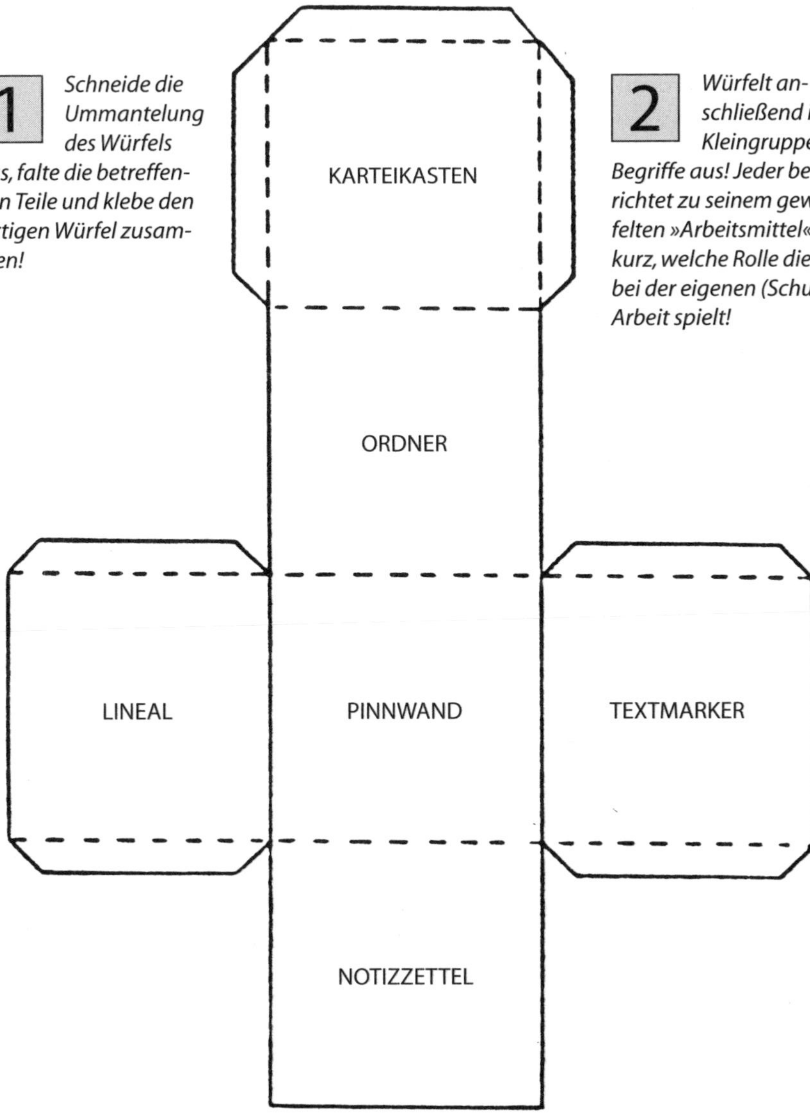

2 *Würfelt anschließend in Kleingruppen Begriffe aus! Jeder berichtet zu seinem gewürfelten »Arbeitsmittel« kurz, welche Rolle dieses bei der eigenen (Schul-)Arbeit spielt!*

3 *Ihr könnt weitere Begriffe (Arbeitsmittel o. Ä.) suchen, aufschreiben, als schmale Papierstreifen ausschneiden und auf die Würfelseiten aufkleben! Hierzu eignen sich am besten kleine gelbe oder weiße Haftzettel, die man problemlos wieder abziehen kann. Erhältlich sind sie in jedem Papiergeschäft.*

B 19 ARBEITSMITTEL IM ÜBERBLICK

GRUNDIDEE: Die Verarbeitung, Aufbereitung und Archivierung lernrelevanter Informationen setzt voraus, dass die Schüler die entsprechenden Arbeitsmittel einigermaßen kennen und auch nutzen. Doch daran hapert's in der Praxis nur zu oft. Die gängigen Arbeits- und Ordnungsmittel, die in Schreibwaren- wie Bürofachgeschäften angeboten werden, sind zahlreichen Schülern weder geläufig, noch sind sie im Unterricht und zu Hause halbwegs konsequent eingeführt. Von daher kann den Schülern nicht einmal ein Vorwurf gemacht werden, wenn sie beim Gestalten und Archivieren von Informationen ebenso nachlässig wie ideenlos verfahren. Ähnliches gilt für die häuslichen Ordnungssysteme. Zwar geht es hier nicht darum, einem überzogenen Ordnungsfetischismus und/oder einem grafischen Perfektionismus das Wort zu reden, wohl aber muss es ganz sicher ein Ziel der Schule sein, die Schüler mit gängigen Arbeits- und Ordnungsmitteln vertraut zu machen, die dazu beitragen, die Informationsverarbeitung übersichtlicher und effektiver zu machen. Die beiden nachfolgenden Arbeitsblätter können diesbezüglich nur einen ersten Anstoß liefern. Sie geben einen Überblick über bewährte/nützliche Hilfsmittel, die für gestalterische und ordnungstechnische Zwecke herangezogen werden können. Allerdings: Das Wissen um diese Arbeitsmittel ist nur die Vorstufe der Anwendung. Sollen die Schüler diese Arbeitsmittel auch tatsächlich einsetzen, dann muss ihre praktische Nutzung experimentell erprobt sowie von Lehrer- wie von Elternseite nachdrücklich eingefordert werden.

ÜBUNGEN: Die beiden Arbeitsblätter werden ausgeteilt und von den Schülern allein oder mit Partner/Partnerin bearbeitet. Da die Aufgaben auf diesen Blättern Rätselcharakter haben, ist die Motivation der Schüler erfahrungsgemäß kein Problem. Von der Sache her werden die Schüler mit einer Reihe von Arbeitsmitteln und/oder -vorgängen konfrontiert, die ihnen mehr oder weniger geläufig sind (Haftzettel, Papiermesser, Schriftschablonen etc.). Damit die nötige Konkretion erreicht wird, ist es ratsam, dass der Lehrer die entsprechenden Anschauungsmittel parat hat und u. U. im Rahmen einer kleinen »Ausstellung« präsentiert. Eine derartige Ausstellung kann natürlich auch von den Schülern vorbereitet und arrangiert werden. Dazu ist es notwendig, ausgewählte Arbeitsmittel von zu Hause mitzubringen oder aber im Rahmen einer gezielten Erkundung eines Büroartikel-Geschäfts zu besorgen (Prüfstücke werden oftmals kostenlos abgegeben). Die Schüler verfassen zu den einzelnen Arbeitsmitteln kleine Informationskarten mit gezielten Hinweisen zu ihrer Nutzung. Ausgewählt werden sollten vorrangig solche Arbeits- und Ordnungsmittel, die weniger bekannt, wohl aber nützlich sind.

AUSWERTUNG: Die bearbeiteten Arbeitsblätter werden in Kleingruppen ausgetauscht; die Ergebnisse werden kontrolliert; etwaige Fragen und Probleme werden besprochen. Darüber hinaus werden Erfahrungen ausgetauscht, Anwendungsmöglichkeiten demonstriert und Tipps gegeben. Letzteres ist vor allem auch Sache des Lehrers in der Plenarphase. Als weitere Auswertungsvarianten bieten sich einmal die erwähnte Erkundung mit anschließender »Ausstellung«, zum anderen ein korrespondierendes Quiz an. Bei diesem Quiz werden vorbereitete Karten mit je einem Begriff (Arbeitsmittel) »verlost«. Jeder Schüler muss zu seinem Arbeitsmittel knappe Erläuterungen geben.

ZEITANSATZ: Für die Bearbeitung und Besprechung der beiden Arbeitsblätter ist in der Regel eine Unterrichtsstunde ausreichend. Für das Quiz werden ca. 20 Minuten benötigt. Erkundung und Ausstellung dauern 2 bis 3 Stunden.

B 19a | KREUZWORTRÄTSEL

RÄTSELHAFTE ARBEITSMITTEL

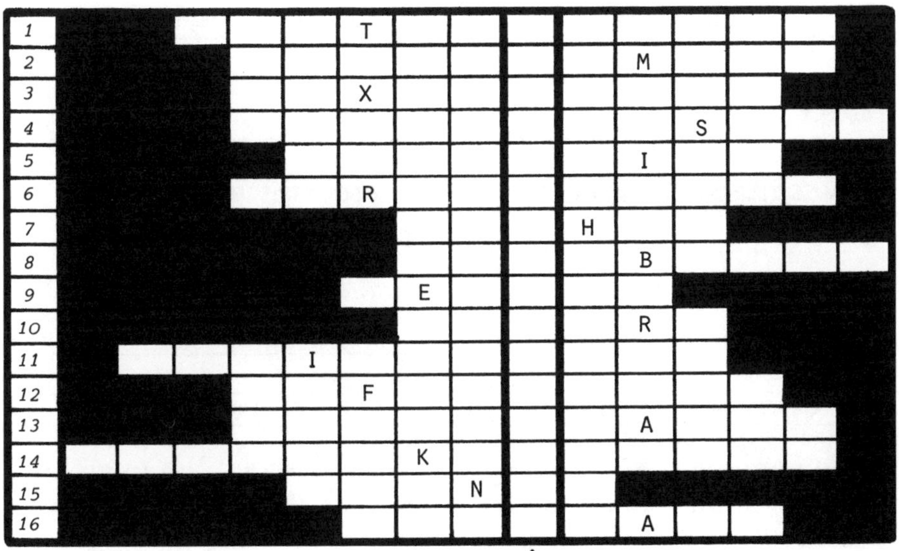

LÖSUNGSWORT

1) *Diesen Behälter brauchst du für deine kleinen Notizkarten.*
2) *Sie hält im Büro und anderswo zusammengehörige Blätter zusammen.*
3) *Damit kann man wichtige Stellen in Texten markieren.*
4) *Mit diesem Gerät und einem Lineal kann man Papier präzise zuschneiden.*
5) *Man braucht ihn, um Papier fest miteinander zu verbinden.*
6) *Auf diesen Karten notiert man sich Wichtiges (z. B. Vokabeln).*
7) *Dieses Gerät brauchst du, wenn du Blätter in einen Ordner tun willst.*
8) *Sie ist aus Plastik und hilft dir, geometrische Formen zu zeichnen.*
9) *Er verbindet Papier und wird mit dünnen Metallklammern gefüttert.*
10) *Zum Ausschneiden brauchst du sie jeden Tag.*
11) *Wer mit Bleistift beschriebenes tilgen will, benötigt ihn unbedingt.*
12) *Kleine selbstklebende Notizzettel (meist gelb), die nur leicht haften.*
13) *In dieser einfachen Mappe werden zusammengehörige Papiere gesammelt.*
14) *In dieses Zeitplanbuch trägst du deine Termine ein.*
15) *Er ist aus fester Pappe und steht meist im Regal.*
16) *Sie ist meist aus Kork und dient zum Befestigen von Merkzetteln.*

➔ *Trage die gesuchten Begriffe in das obige Rätselschema ein! Zur Kontrolle: Die Begriffe setzen sich aus folgenden Silben zusammen:*

LENDER · PE · MI · TE · MER · KASTEN · KLAM · KER · MESSER · KAR · GUM · TEL · MAP · KA · TEI · WAND · RO · NER · MAR · MIN · PIER · MEL · STIFT · ZET · TEI · DIER · BLONE · TER · RE · KAR · PINN · BÜ · ORD · TEXT · TER · PA · SAM · KLEB · HAFT · KAR · RA · LOCHER · HEF · SCHE · SCHA

B 19b ZUORDNUNGSAUFGABEN

ARBEITSMITTEL ZUORDNEN

KARTEI FÜHREN

- ....
- ....
- ....

BLÄTTER ZUSAMMENHEFTEN

- ....
- ....
- ....

AUSSCHNEIDEN UND AUFKLEBEN

- ....
- ....
- ....
- ....
- ....

GEOMETRISCHE FORMGEBUNG

- ....
- ....
- ....
- ....
- ....

GRAFISCHE AUFLOCKERUNG

- ....
- ....
- ....
- ....
- ....

FEHLER KORRIGIEREN

- ....
- ....
- ....
- ....
- ....

BLÄTTER AUFBEWAHREN

- ....
- ....
- ....
- ....
- ....
- ....
- ....

SCHREIBGERÄTE

- ....
- ....
- ....
- ....
- ....
- ....
- ....

➔ *Ordne die folgenden Arbeitsmittel in die obigen Felder ein! Achte auf eine sinnvolle Zuordnung! Zu jedem Punkt gehört ein Arbeitsmittel.*

TEXTMARKER · ZEICHENSCHABLONE · PAPIERMESSER · HINTERGRUNDRASTER · HEFTKLAMMERN · TIPPEX · LOCHER · KARTEIKARTEN · TRENNDECKEL · TINTENKILLER · LOCHVERSTÄRKER · BLEISTIFT · SCHNIPPELBILDCHEN · KLEBSTOFF · BREITBANDSCHREIBER · HEFTER · SCHERE · TESAFILM · FILZSTIFTE · KARTEIKASTEN · SCHRIFTSCHABLONE · STIFTEHALTER · ORDNER · KLARSICHTHÜLLEN · GRAFISCHE SYMBOLE · KURVENLINEAL · ZIRKEL · SAMMELMAPPEN · ALPHABETISCHE LEITKARTEN · ABLAGEKÖRBCHEN · ABDECKSTREIFEN · BÜROKLAMMERN · FÜLLER · ZEICHENBRETT · KLEBSTOFF · RADIERGUMMI · RUBBELBUCHSTABEN · DREIECKSLINEAL · KUGELSCHREIBER

B 20: BEITRÄGE IM HEFT GESTALTEN

GRUNDIDEE: Die in den Abschnitten B 18 und B 19 dokumentierten Übungsbausteine sind natürlich nur das Rüstzeug für die eigentliche gestalterische Arbeit der Schüler. Letztere findet ihren konkreten Niederschlag u. a. bei der Gestaltung einzelner Heftseiten (Titelblätter, Info-Seiten etc.). Die entsprechenden Übungen geben zugleich Anregungen, worauf bei der Gestaltung von Referaten, Wandzeitungen, Folien, Tafelbildern etc. zu achten ist. Grundsätzlich gilt, dass Info-Blätter möglichst übersichtlich, anregend und grafisch aufgelockert gestaltet werden sollten. Der Leser bzw. Betrachter muss sich rasch orientieren können; er muss »Blickfänge« vorfinden und nicht zuletzt zum Betrachten und Lesen animiert werden. Ist z. B. die Schriftgröße zu klein, ist die Gliederung mangelhaft, ist die Platzaufteilung ungünstig, ist das Layout langweilig, besteht das Blatt vorrangig aus nackten Buchstaben, Wörtern und Sätzen – dann stimmt weder die Motivation noch die Lern- und Behaltensleistung beim Betrachter. Oder anders ausgedrückt: Wenn auf klare Einrahmungen, auf übersichtliche Platzaufteilung, auf einprägsame Überschriften, auf hilfreiche Absätze sowie auf unterstützende grafische Elemente und Illustrationen geachtet wird, dann kommt das nicht nur der Optik zugute, sondern auch der Motivation und dem Behaltenseffekt beim Leser.

ÜBUNGEN: Angeboten werden insgesamt 8 Arbeitsblätter, die in exemplarischer Weise zum kritisch-konstruktiven Nachdenken über das Gestalten von Heftseiten herausfordern. Übungsblatt a macht sowohl inhaltlich als auch formal deutlich, warum gestalterisches Arbeiten wichtig ist. Arbeitsblatt b gibt Raum für einen weiteren Gestaltungsversuch am Beispiel einer Europakarte. Die Übungsblätter c und d führen eine größere Auswahl von grafischen Symbolen, Rahmen und Markierungslinien vor Augen, die von den Schülern zu würdigen und exemplarisch zu nutzen sind. Arbeitsblatt e gibt vor diesem Hintergrund Gelegenheit, verschiedene gestaltete Titelseiten kriteriumsorientiert zu bewerten und damit die eigene grafische Sensibilität zu stärken. Die Übungsblätter f bis h fordern die Schüler weitergehend dazu auf, unzulänglich gestaltete Heftseiten zu überarbeiten und neu zu gestalten. Aus dieser Auflistung der geforderten Aktivitäten wird ersichtlich, dass es bei den skizzierten Übungen vorrangig um zweierlei geht: einmal darum, dass die Schüler aus den Fehlern/Defiziten anderer Schüler lernen, zum anderen darum, dass sie ihre eigene Sensibilität und gestalterische Kreativität durch die genannten Versuche weiterentwickeln.

AUSWERTUNG: Die Auswertung erfolgt jeweils in der Weise, dass die Schüler ihre »Produkte« in Kleingruppen austauschen, vergleichen, besprechen, nötigenfalls kritisieren und unter Umständen auch punktemäßig bewerten. Ausgewählte »Produkte« werden im Plenum vorgestellt und gewürdigt. Der Lehrer gibt seinerseits Tipps und unterstreicht die Notwendigkeit einer möglichst »eindrücklichen« Gestaltung. Möglich und sinnvoll ist unter Umständen auch die Durchführung eines richtigen Wettbewerbs mit Jury, öffentlicher Laudatio z. B. für die drei »besten« Arbeiten sowie einem Aushang aller Werke im Klassenraum. Selbstverständlich empfiehlt sich ein derartiges Wettbewerbsverfahren in der Regel nur für eine ausgewählte Gestalt-Übung.

ZEITANSATZ: Der Zeitbedarf ist unterschiedlich, je nachdem, wie viele Übungsblätter eingesetzt und wie intensiv sie besprochen bzw. weitergehend thematisiert werden (s. Wettbewerb).

B 20a LÜCKENTEXT

WARUM GESTALTEN WICHTIG IST

DURCH GESTALTEN BESSER LERNEN

_iele Schüler fragen sich, warum Lehrer so viel Wert auf eine ordentliche Heftführung legen. In dieser Frage schwingt oft der ________ mit, das sei doch alles gar nicht so wichtig, weil es letztlich doch darauf ankomme, den Lernstoff intensiv zu pauken.

_och diese Ansicht ist ______, denn sie übersieht gleich vier Vorteile, die die gestalterische Arbeit hat. ________ ist das erfolgreiche Lernen entscheidend davon abhängig, dass man den Lernstoff anschaulich und »eindrücklich« aufbereitet, damit er sich besser im Gedächtnis einprägen kann. ________ ist es bei einer Wiederholung des Stoffs mithilfe des Hausheftes oder eines entsprechenden Lernplakats (Spickzettels) hilfreich, wenn das Wichtigste übersichtlich und auffällig vor Augen steht. ________ gilt das Gleiche für etwaige Leser (z. B. den Lehrer), die aus dem Heft, dem Referat, der Folie, der Wandzeitung usw. möglichst rasch »schlau« werden möchten. Und ________ schließlich ist die Aufgabe der Schule nicht nur die Stoffvermittlung, sondern auch das Lehren und Lernen grundlegender Arbeitstechniken, wie sie zur __________ immer wieder gebraucht werden. Denn diese Fähigkeiten und Fertigkeiten werden – über den Schulalltag hinaus – besonders in der Berufsausbildung und im späteren _____ benötigt.

_lso nicht länger zaudern und zetern, sondern bei jeder sich bietenden Gelegenheit ____! Denn je häufiger man sich im Gestalten von Lernstoff übt, umso mehr Ideen bekommt man auch. Und wenn erst mal die wegweisenden _____ sprießen und die nötigen Hilfsmittel und -materialien zur Hand sind, dann macht die ganze gestalterische Arbeit auch ____. Der Lehrer wird sich über das entsprechende Bemühen ganz sicher freuen. Und dem __________ kommt's ebenfalls zugute!

Füge die folgenden gestalterischen Elemente so in den obigen Text ein, dass die bestehenden Lücken und Kästchen in sinnvoller Weise ausgefüllt werden! Schneide dazu die einzelnen Elemente aus und klebe sie an den betreffenden Stellen ein! Achtung: Alle Elemente werden gebraucht!

Vergleiche am Ende den Rohtext mit dem gestalteten Text. Sicher findest du den gestalteten Text sehr viel »eindrücklicher«!?

B 20b

MARKIEREN

LÄNDER OPTISCH HERVORHEBEN

Schraffiere die 12 Länder der Europäischen Gemeinschaft (s. Muster)! Die EG-Länder sind die Bundesrepublik Deutschland, Luxemburg, Italien, Niederlande, Frankreich, Belgien, Großbritannien, Dänemark, Irland, Portugal, Griechenland und Spanien.

Kennzeichne die 6 Länder der Europäischen Freihandelszone/EFTA Schweden, Schweiz, Finnland, Island, Österreich und Norwegen durch feine Punkte (s. Muster)!

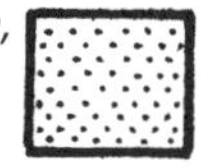

B 20c SYMBOLISIEREN

GRAFISCHE SYMBOLE AUSWÄHLEN

Suche dir aus dem obigen Angebot 3 grafische Symbole aus, die dir besonders gefallen und die dir zur Auflockerung eines Sachtextes gut geeignet erscheinen!

Begründe deine Auswahl in der Kleingruppe und nenne mögliche Einsatz-Beispiele!

B 20d UMRAHMEN

UMRAHMUNGEN ZEICHNEN

Wähle zwei Rahmen aus und zeichne sie entsprechend vergrößert mit Lineal und geeigneten Stiften auf zwei DIN-A4-Blättern sorgfältig nach! Achte darauf, dass der Rand oben und unten je 2,5 cm sowie rechts und links je 2 cm beträgt!

B 20e LAYOUT BEWERTEN

GESTALTETE SEITEN BEWERTEN

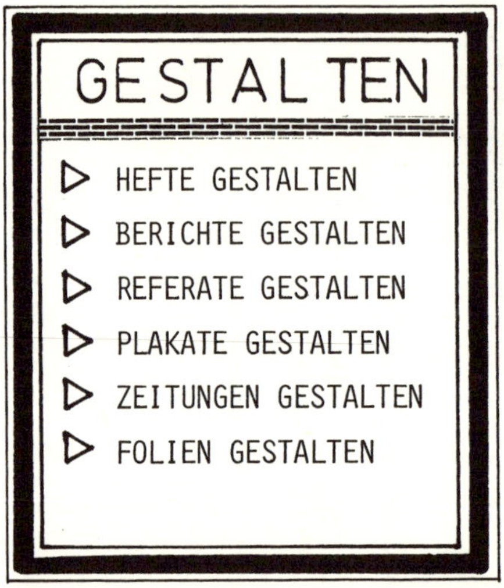

Bewerte die Gestaltung der obigen Titelblätter! Berücksichtige dabei (a) die Gestaltung der Überschrift, (b) die Randgestaltung, (c) die Platzaufteilung, (d) die Gestaltung der Unterthemen sowie (e) den Gesamteindruck. Für jeden dieser Gesichtspunkte kannst du bis zu 5 Punkte vergeben. Ermittle den »besten« Entwurf!

Vergleicht und diskutiert eure Bewertungen in Kleingruppen!

B 20f GESTALTEN

HEFTSEITE GESTALTEN

Unfruchtbare Landschaften
Polare Kältewüste: Nur in zwei Sommermonaten
übersteigen die Temperaturen die Null-Grad-
Marke knapp. Der geringe Niederschlag
fällt dann auch als Schnee. Höher entwickelt
Pflanzen können hier nicht leben.
Tundra: Nun liegen bereits in vier Mo-
naten die Temperaturen über der „Frostgrenze".
Gerade dann und in den beiden
nachfolgenden Monaten regnet es kräftiger.
Die ~~[illegible]~~ Verdunstung bleibt ge-
ring. Hier wachsen Zwergsträucher neben
Gräsern, Moosen und Flechten.
Wüste: Kaum ~~[illegible]~~ meßbare
Niederschläge, eine hohe Verdunstung
und die extreme Sommerhitze
lassen nur noch in Senken ~~und~~
~~Wadibetten~~ oder an Grundwasser-
austritten Vegetation zu.
Dornstrauchsavanne: Bei hoher Hitze
und Verdunstung fallen in den Kern-
monaten des Sommers genügend Niederschläge,
um einen schütteren Bewuchs von Gräsern
zwischen Dornsträuchern aufkommen zu lassen.

! *Gestalte diese ziemlich schlecht gemachte Heftseite einer Schülerin neu! Verwende dazu passende Symbole (Pfeile, Markierungspunkte usw.), schreibe Wichtiges dick bzw. mit Großbuchstaben; mache Absätze, unterstreiche unterschiedlich (einfach, doppelt, dünner, dicker), fertige Rahmen an usw. Vergleicht anschließend in der Kleingruppe eure Ergebnisse, übt Kritik und tauscht Tipps aus!*

B 20g GESTALTEN

SCHAUBILD ÜBERARBEITEN

Schädel

Halswirbel

Schlüsselbein Schlüssel bein
Schulterblatt Schulterblatt
Oberarm Oberarm

Wirbelsäule

Unterarm
(Elle und Speiche) Rippen Rippen Unterarm
(Elle und Speiche)

Hand Hüfte Hand

Oberschenkel Oberschenkel

Kniescheibe Kniescheibe
Unterschenkel Unterschenkel
(Schienbein und Wadenbein) (Schienbein und Wadenbein)

Fuß Fuß

»Gestalte aufgrund dieser Angaben, die ein Schüler so in sein Hausheft eingetragen hatte, ein möglichst übersichtliches Schaubild! Denke dabei an ähnliche Schaubilder, wie sie sich in deinem Schulbuch finden! Verwende für dein Schaubild ein gesondertes Blatt!

B 20h GESTALTEN

BERICHT NEU GESTALTEN

WISSENSWERTES ÜBER BATTERIEN

Die üblichen – von Jugendlichen für die Versorgung ihrer elektrischen Kleingeräte häufig verwendeten – Primärzellen enthalten mehr oder weniger viel von dem Umweltgift Quecksilber. Es werden in einem Jahr von den Jugendlichen in der Bundesrepublik Deutschland über 500 Millionen »Trockenbatterien« gekauft. Mit dem Kauf sorgen sie dafür, dass jährlich mehr als fünfzig Tonnen Quecksilber im Müll landen (oder im nächsten Graben).

In den meisten Fällen sind die Batterien jedoch durch wieder aufladbare NC-Akkus ersetzbar. Die enthalten zwar das nicht minder giftige Schwermetall Kadmium, können aber bei sachgerechter Nutzung etwa 10 Jahre ihren Dienst tun. Ohne geordnetes Sammeln und Wiederaufbereiten steht es in beiden Fällen schlecht für die Umwelt.

- Primärzellen enthalten je nach Typ zwischen 0,01 und 30 Prozent das giftige, die Umwelt belastende Schwermetall Kadmium.
- In den meisten Fällen können Primärzellen durch wieder aufladbare Nickel-Kadmium-Akkus ersetzt werden. Kadmium ist zwar ebenfalls gefährlich. Da die Akkus aber wesentlich länger halten, verringert sich insgesamt der Schadstoffanteil. Recycling ist in allen Fällen erforderlich.
- Die Stromversorgung ist bei häufigem Gebrauch der NC-Akkus kostengünstiger.

WAS KÖNNEN WIR TUN?

- Batterien nicht in die Mülltonne werfen, weil sie dann nicht ordnungsgemäß entsorgt werden können.
- Batterien sammeln und in Elektrogeschäften oder Kaufhäusern, die Batterien verkaufen, abgeben.
- Gelegentlich als Sondermüll an den Sammelstellen der Gemeinde abgeben.

▶ *Gestalte diesen Bericht, den ein Schüler so abgegeben hatte, auf zwei DIN-A4-Seiten neu! Gestalte ihn möglichst übersichtlich und ansprechend!*

▶ *Schaue dir dazu die grafischen Anregungen auf den bisherigen Seiten sorgfältig an und überlege dir, was du womöglich wie in deinen neuen Bericht einbauen kannst.*

▶ *Denke dabei z. B. an Überschriften, Randgestaltung, Hervorhebungen im Text, Absätze, grafische Symbole, Hintergrundraster, Schaubilder, Skizzen und sonstige passende Auflockerungen!*

B 21: DIAGRAMME UND TABELLEN ENTWERFEN

GRUNDIDEE: Anknüpfend an B 14 (Zusammenfassen und Strukturieren) geht es in diesem Abschnitt darum, die Schüler mit Aufgaben zu konfrontieren, die sie zur Konstruktion aussagekräftiger Diagramme und Tabellen veranlassen. Diese Fähigkeit, Textinformationen bzw. statistische Daten in einfache schematische Darstellungen zu übersetzen, ist zwar fraglos wichtig, wird in unseren Schulen in aller Regel jedoch zu wenig gefordert und gefördert. Den Schülern werden immer wieder fertige Schaubilder vorgesetzt, die es zu deuten gilt. Aber in die Konstrukteursrolle kommen sie nur selten. Von daher ist es kein Wunder, dass sich viele Schüler schwer damit tun, vorliegende Daten schaubildlich aufzubereiten. In der Ausbildung, im Studium und im späteren Beruf werden sie die entsprechenden Fähigkeiten und Fertigkeiten ganz gewiss brauchen. Selbst wenn es einzig darum geht, vorliegende Diagramme und Tabellen zu lesen, werden die Jugendlichen von ihrer Konstrukteursarbeit profitieren, weil sich durch das konstruktive Denken zugleich ihr (rezeptives) Verständnis verbessert. Und Gelegenheiten zum konstruktiven Arbeiten im skizzierten Sinne gibt es wahrlich genug. Man braucht als Lehrer lediglich aus den obligatorischen Tabellen, Diagrammen und sonstigen Schaubildern unfertige Grundmaterialien zu machen (Texte, Statistiken), damit die Schüler auf dieser Basis stimmige Tabellen oder Diagramme konzipieren und herstellen. In Fächern wie Sozialkunde, Wirtschaftskunde, Geographie, Physik, Biologie und Mathematik ist solches vielfältig möglich.

ÜBUNGEN: Die dokumentierten Arbeitsblätter sind nicht mehr, aber auch nicht weniger als ein erster Impuls für die Schüler, sich in der Konstruktion einfacher Diagramme und Tabellen zu üben und das entsprechende Vorstellungsvermögen zu verbessern. Weitere Übungen sind – wie angedeutet – notwendig und möglich. Die Bearbeitung der vorliegenden Übungsblätter erfolgt in der Regel in Partner- oder Kleingruppenarbeit, damit sich die Schüler wechselseitig helfen können, wenn es Schwierigkeiten geben sollte. Die Übungsblätter a bis d geben den Schülern Gelegenheit, sich mit verschiedenen Grundformen des Diagramms vertraut zu machen und ausgewählte Diagramme versuchsweise zu entwickeln. Dabei ist experimentelles Arbeiten angesagt, d. h., es dürfen durchaus »Fehler« gemacht werden. Gleiches gilt für die Tabellenkonstruktionen, wie sie durch die Übungsblätter e bis g angeregt werden.

AUSWERTUNG: Eine erste Auswertung und Klärung erfolgt in den Kleingruppen, in denen die Schüler zusammenarbeiten, um sich nötigenfalls wechselseitig zu helfen und zu befragen. Außerdem können die erstellten »Produkte« zwischen den einzelnen Kleingruppen quer getauscht, kontrolliert und eventuell auch bewertet werden. Ferner können Gesprächspaare gebildet werden, bei denen jeweils ein Partner dem anderen sein »Produkt« erläutert. Darüber hinaus sollen ausgewählte »Produkte« auf Folien übertragen (kopiert) und im Plenum präsentiert und kommentiert werden. Letzteres ist auch und besonders eine Aufgabe des Lehrers. Weitere Übungen in den verschiedensten Fächern können sich anschließen.

ZEITANSATZ: Der Zeitbedarf für die 7 Arbeitsblätter liegt erfahrungsgemäß bei 3 bis 4 Unterrichtsstunden. Allerdings sind die einzelnen Übungen variabel anzusetzen und auf das jeweils zur Verfügung stehende Zeitmaß abzustimmen. Einige Arbeitsblätter eignen sich eher für die höheren Klassen der Sekundarstufe I. Einzusetzen sind die vorliegenden und weitere Übungen in allen möglichen Fächern (s. oben).

B 21a ZUORDNUNGSAUFGABEN

DIAGRAMME BENENNEN

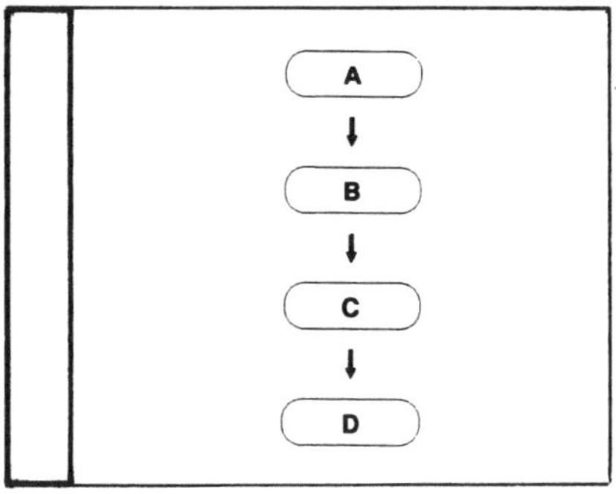

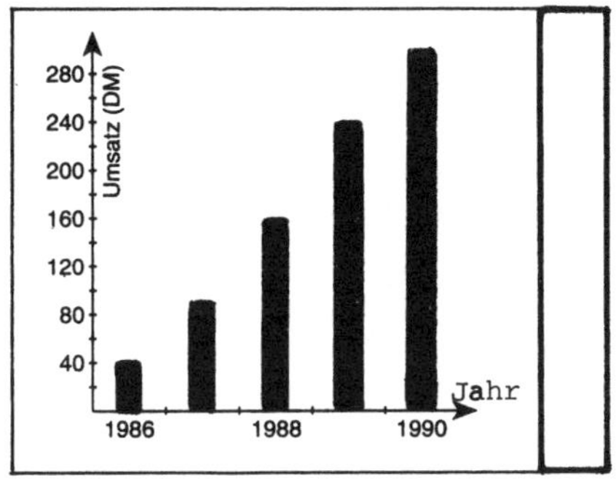

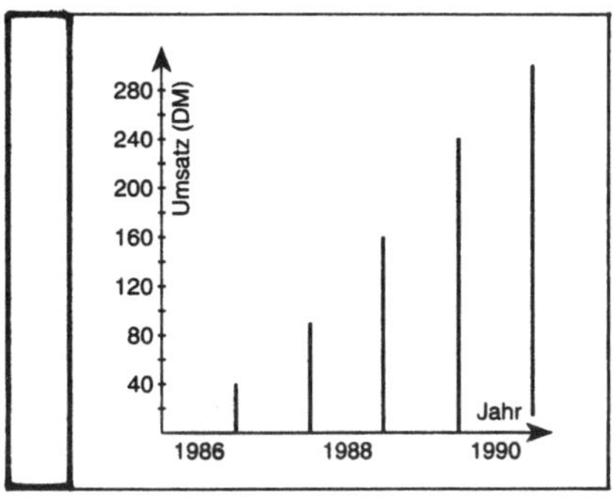

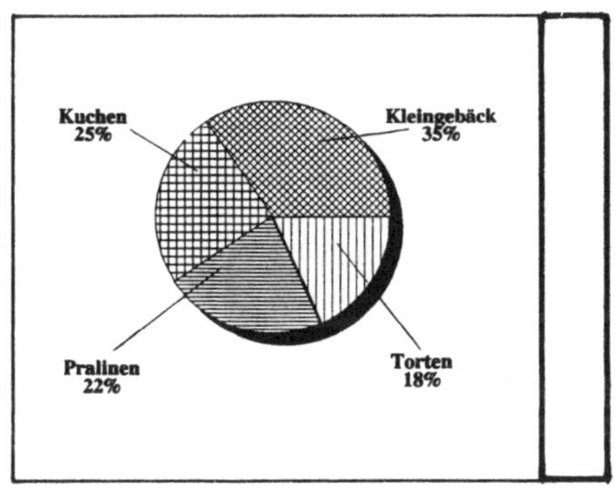

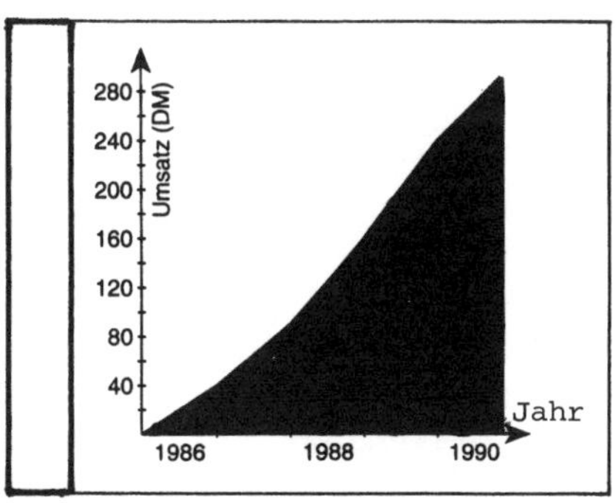

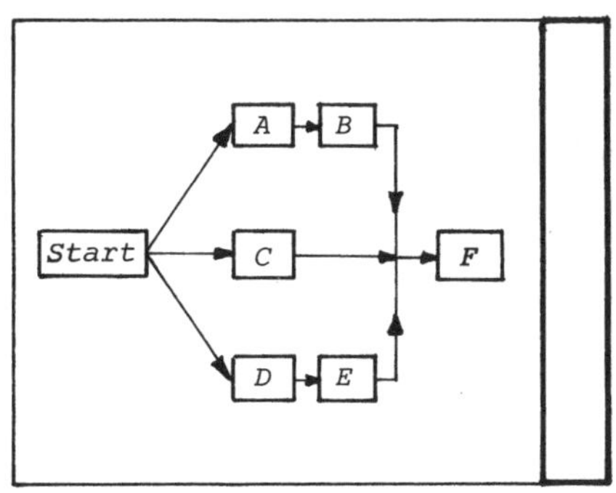

Trage die Bezeichnungen der 6 abgebildeten Diagramm-Formen jeweils in das dick umrandete Kästchen ein! Die gesuchten Bezeichnungen ergeben sich aus den folgenden Silben:

GRAMM · DIA · VEN · LEN · DIA · GRAMM · NETZ · KREIS · GRAMM · GRAMM · CHEN · LAUF · DIA · DIA · AB · FLÄ · DIA · DIA · SÄU · KUR · GRAMM · PLAN · GRAMM · GRAMM · DIA · LINIEN

B 21b DIAGRAMM

SÄULENDIAGRAMM ERSTELLEN

TASCHENGELD-BEZÜGE VON TORSTEN UND KATJA

Torsten und Katja sind beide 15 Jahre alt, aber sie erhalten von ihren Eltern unterschiedlich viel Taschengeld. Torsten bekommt zurzeit 110 DM, Katjas Eltern gestehen ihr lediglich 80 DM zu. Mit 13 Jahren erhielt Katja 50 DM pro Monat, Torsten 70 DM. Im Alter von 11 Jahren bekam Katja 40 DM, Torsten 50 DM. Als sie beide 9 Jahre alt waren, bezogen sie von ihren Eltern gleich viel Taschengeld – nämlich monatlich 25 DM. Und was war vorher? Mit 7 Jahren erhielt Katja zum ersten Mal eigenes Taschengeld. Das waren damals gerade mickrige 10 DM; Torstens Eltern waren seinerzeit bereits großzügiger und stellten Torsten monatlich 20 DM zur Verfügung.

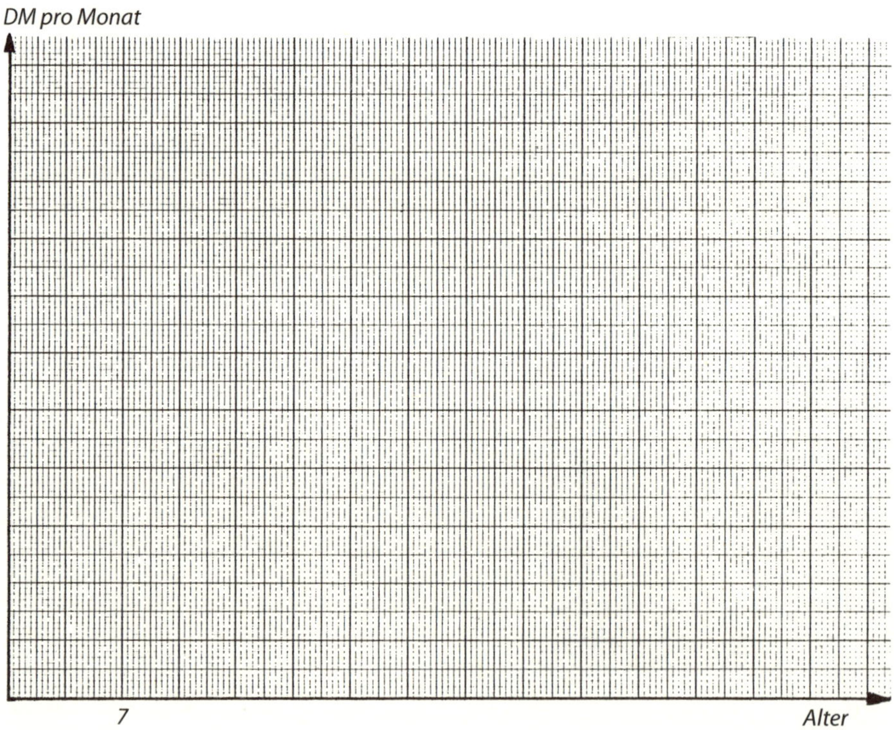

➔ *Stelle die monatlichen Taschengeld-Bezüge von Torsten und Katja in einem Säulendiagramm dar! Zeichne zu jeder Altersstufe (7 Jahre, 9 Jahre usw.) die entsprechenden Säulen für die beiden. Beachte dabei die unterschiedlichen Säulenkennzeichnungen (Torsten = ■ ; Tanja = ▨). Achte ferner auf einen sinnvollen Maßstab!*

B 21c DIAGRAMM

KURVENDIAGRAMM ZEICHNEN

WAHLERGEBNISSE VERSCHIEDENER PARTEIEN

Die drei Parteien A, B und C haben in den letzten Jahren ziemlich wechselhafte Ergebnisse erzielt. Bei der Wahl im Jahre 1972 kam Partei A auf 15 Prozent (%) der Wählerstimmen; Partei B erzielte genau doppelt so viele Stimmen und Partei C noch mal 10 % mehr. Bei der nächsten Wahl im Jahre 1976 fielen Partei A um 5 % und Partei C um 10 % zurück; Partei B dagegen legte um 20 % zu. 1980 änderte sich das Bild erneut. Die beiden Parteien B und C erzielten je 40 %; Partei A blieb bei 10 %. 1984 dann legte Partei A genau um das Doppelte zu. Partei B verlor 10 % und Partei C gewann 5 % hinzu. Bei den Wahlen im Jahr 1988 verlor Partei A wieder 5 %; Partei B kam auf 35 % und Partei C auf 40 %. Bei der letzten Wahl im Jahre 1992 dann fielen die Parteien A und C um je 5 %; Partei B dagegen verbesserte sich um 10 %.

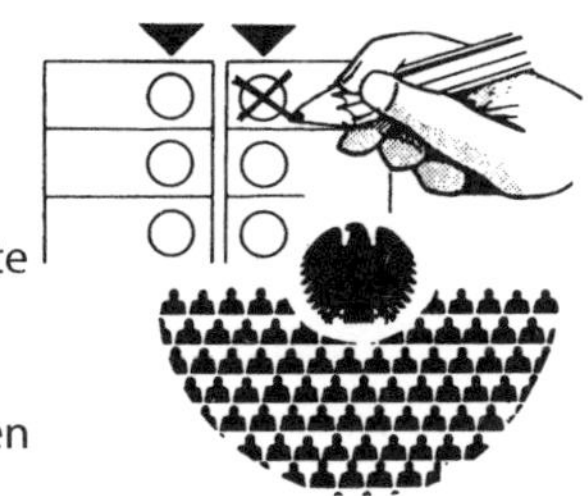

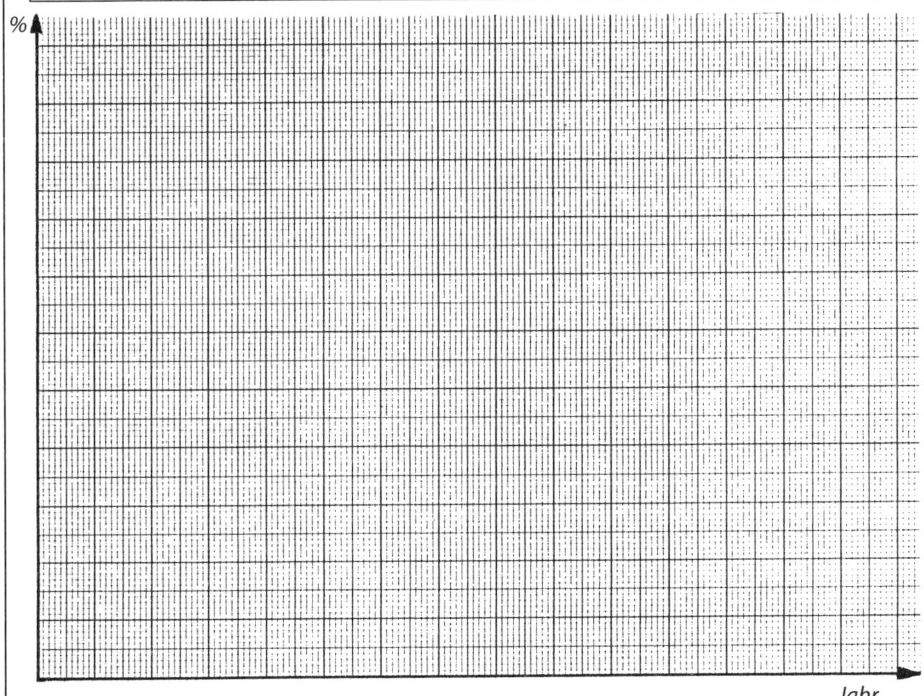

Stelle die Wahlergebnisse der drei Parteien A, B und C in Form eines Kurvendiagramms dar. Zeichne 3 verschiedene Linien nach folgendem Muster: Partei A: ▭ Partei B: ▨ Partei C: ▬ Wähle einen sinnvollen Maßstab!

B 21d DIAGRAMM

KREISDIAGRAMM ENTWICKELN

Wofür Familie Mayer ihr Geld ausgibt

AUSGABENART	*DM PRO MONAT*	*% VOM EINKOMMEN*
NAHRUNGSMITTEL	*800 DM*	....
WOHNUNG/HEIZUNG	*800 DM*	....
BEKLEIDUNG	*400 DM*	*10 %*
BILDUNG UND UNTERHALTUNG	*200 DM*	....
AUTO UND VERKEHR	*600 DM*	....
MÖBEL/HAUSRAT	*200 DM*	....
SONSTIGES	*1000 DM*	....
Monatliches Gesamteinkommen = 4000 DM = 100 Prozent		

4000 DM

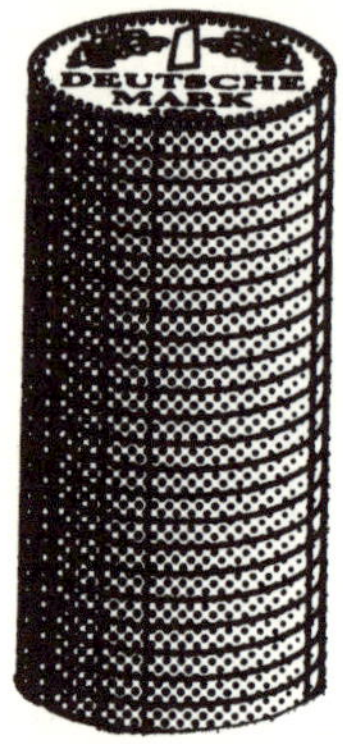

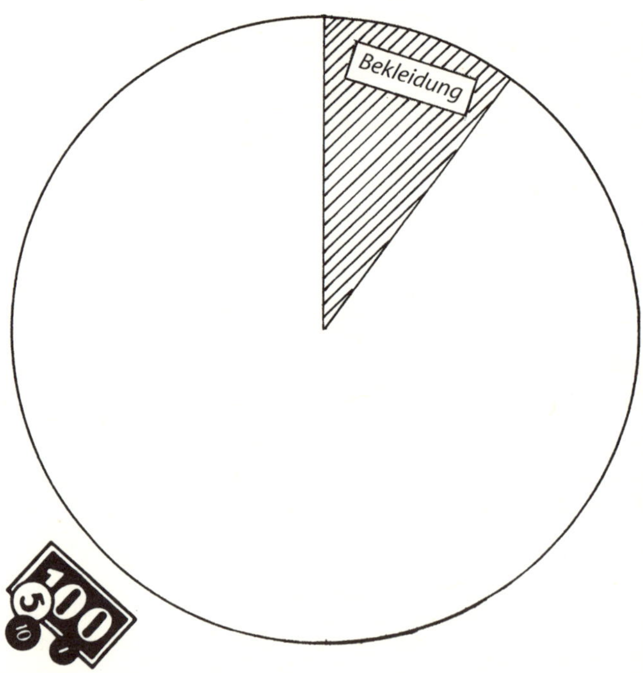

➔ *Berechne die fehlenden Prozentwerte in der rechten Spalte der Tabelle (% = Ausgaben : Gesamteinkommen)!*

➔ *Trage die ermittelten Werte in die Tabelle ein (die Addition der Prozentwerte muss 100 % ergeben)!*

➔ *Übertrage die errechneten Prozentwerte in das nebenstehende Kreisdiagramm (Tipp: Der Kreis hat 360 Grad; die Prozentwerte müssen in Grad umgerechnet werden und können dann mit dem Winkelmesser abgemessen werden; Beispiel: 100 % entsprechen 360°; 20 % = 72°)!*

B 21e | TABELLE

TIER-TABELLE ANLEGEN

WAS GEHÖRT ZUSAMMEN?

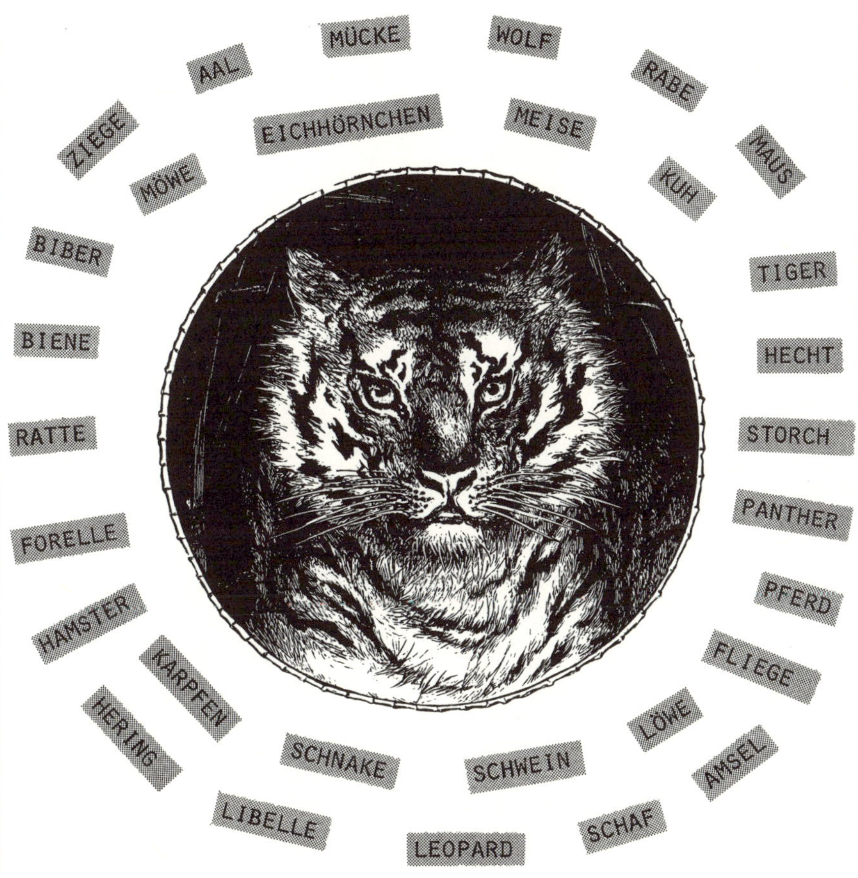

➔ *Erstelle zu den 30 Tieren eine übersichtliche Tabelle mit 6 Spalten! In jede Spalte sind 5 Tiere einzutragen, die zusammengehören. Die Überschriften zu den einzelnen Spalten ergeben sich aus den folgenden Silben:*

RE · GE · TIE · RE · TIE · SEK · HAUS · FI · GEL · TIE · NA · RE · TEN · VÖ · RAUB · SCHE · IN

B 21f TABELLE

GEOGRAPHIE-TABELLE ERSTELLEN

ANDEN
TOKIO
MEXIKO
MISSISSIPPI
ASIEN
HIMALAYA
NORDAMERIKA
GANGES
MADRID
DÄNEMARK
AMAZONAS
SAO PAULO
AFRIKA
ROCKY MOUNTAINS

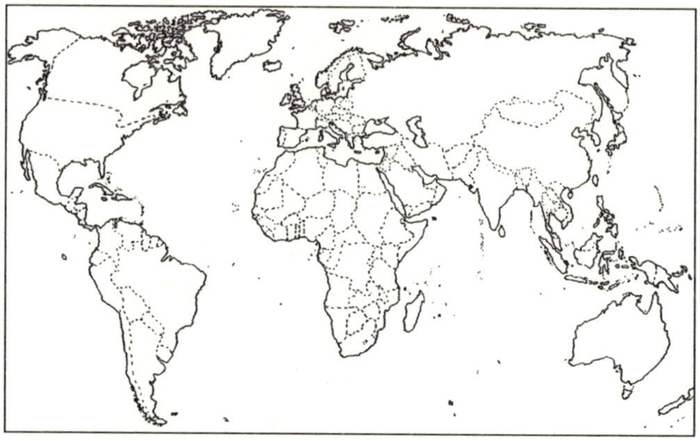

KINSHASA · BOLIVIEN · SÜDAMERIKA · THAILAND · SEINE · WASHINGTON · KILIMANDSCHARO · EUROPA · ALPEN · NIL · TANSANIA ·

➔ *Trage die geographischen Angaben so in das nachfolgende Tabellen-Gerüst ein, dass sich eine übersichtliche Tabelle ergibt! Ziehe die fehlenden Linien! Vervollständige die Überschriften!*

➔ *Vergleicht eure fertigen Tabellen in Kleingruppen und besprecht etwaige Probleme bzw. Fragen!*

➔ *Überlegt euch eine mögliche weitere Tabelle zu irgendeinem geographischen Sachverhalt. Erstellt diese Tabelle!*

_rd__i_	_a_d	_t__t	__u_	__b___e

B 21g TABELLE

GROSSUNTERNEHMEN ORDNEN

DIE 10 GRÖSSTEN INDUSTRIE-UNTERNEHMEN IN DER BRD (1990)

RWE: G = 1186; B = 97 596; U = 40 138
HOECHST: U = 44 862; B = 172 890; G = 1696
SIEMENS: B = 373 000; U = 63 185; G = 1668
BOSCH: G = 560; U = 31 824; B = 179 636
DAIMLER-BENZ: B = 376 785; U = 85 500; G = 1795
VEBA: U = 52 710; B = 106 877; G = 1209
THYSSEN: G = 690; B = 149 644; U = 36 185
BASF: B = 134 647; U = 45 248; G = 1111
VW: U = 68 061; B = 261 038; G = 1086
BAYER: G = 1903; B = 171 000; U = 41 643

***G** = Gewinn in Millionen DM; **U** = Umsatz in Mio. DM; **B** = Beschäftigtenzahl*

➔ *Ordne die oben genannten Großunternehmen so in die nachfolgende Tabelle ein, dass sich eine sinnvolle Rangordnung ergibt! Überlege dir, nach welchem Gesichtspunkt (Kriterium) du ordnen willst! Suche zu den einzelnen Spalten passende Überschriften!*

Rangplatz	Unternehmen	.... (in Mio. DM)	.... (in Mio. DM)	.... (in 1000)

B 22: VISUALISIEREN IM KLASSENRAUM

GRUNDIDEE: Die Visualisierung des Lernstoffes im Unterricht ist in aller Regel Sache des Lehrers. Dieser entwickelt das Tafelbild; er beschreibt Flipchart-Papier und sonstige Plakate oder er setzt Folien ein, um den Schülern bestimmte Veranschaulichungen zu bieten. Die Schüler sind bei dieser Visualisierungsarbeit des Lehrers in erster Linie Rezipienten, die zuschauen und zuhören, inhaltlich nachvollziehen und gegebenenfalls abschreiben. In die Rolle des aktiven Visualisierers und Präsentators kommen sie nur selten. Das ist insofern schade, als die visuellen Vorgaben des Lehrers den Schülern häufig gar nicht so plausibel sind, wie das aus Lehrersicht erscheint. Viel besser ist es hingegen, die Schüler möglichst häufig eigene Strukturen und sonstige visuelle Grundmuster entwickeln zu lassen, damit sie ihre eigenen gedanklichen Verknüpfungen und Verankerungen bilden. Das kann sowohl auf großformatigen Plakaten und Wandzeitungen als auch auf Folien oder an der Tafel geschehen. Warum nicht z. B. die Schüler versuchsweise Tafelbilder entwickeln lassen, nachdem eine Einführungs- bzw. Erarbeitungsphase abgeschlossen ist!? Visualisierungsaktivitäten dieser Art fördern das bewusste Lernen; sie steigern die Behaltensrate, begünstigen die Motivation und tragen nicht zuletzt dazu bei, dass der Klassenraum farbiger wird, indem er mit wechselnden Lernprodukten »ausgeschmückt« wird.

ÜBUNGEN: Am besten ist es natürlich, wenn die Schüler auf der Basis bestimmter Informations-Sets Plakate, Wandzeitungen, Folien oder Tafelbilder ganz praktisch gestalten, präsentieren und kritisch reflektieren. Dieses »trial and error« geschieht in aller Regel in Kleingruppen, damit sich die Schüler bei der Stoffsammlung, -reduktion und bei der visuellen Gestaltung wechselseitig unterstützen können. Mithilfe der dokumentierten Arbeitsblätter a bis d kann dieses praktische Experimentieren angebahnt werden. Die Ordnungsblätter a und b eröffnen gewisse Einblicke in den Sinn und Zweck des Visualisierens; die Übungsblätter c und d deuten darüber hinaus an, worauf es bei der Visualisierung und der anschließenden Präsentation ankommt und welche »Fehler« unter Umständen gemacht werden. Die Bearbeitung der vorliegenden Übungsblätter erfolgt in der Regel in Partner- oder Kleingruppenarbeit. Die Arbeitsmittel (Plakate, Folien, Stifte etc.), die in Verbindung mit den in den Übungsblättern c und d angeregten Visualisierungsversuchen benötigt werden, sind vom Lehrer gegebenenfalls bereitzustellen.

AUSWERTUNG: Im Falle der Übungsblätter a und b vergleichen die Schüler ihre Arbeitsergebnisse in der jeweiligen Kleingruppe. Etwaige Unklarheiten werden besprochen. Das aus Übungsblatt b hervorgehende »Flussschema« kann an die Tafel gezeichnet und nötigenfalls vom Lehrer ergänzend kommentiert werden. Anschließend setzen sich die Schüler paarweise zusammen. Jeweils ein Gesprächspartner begründet gegenüber dem anderen die Bedeutung einer gezielten Visualisierung des Lernstoffes. Der jeweilige Gesprächspartner hört zu und ergänzt bzw. korrigiert gegebenenfalls. Bei den Übungsblättern c und d erfolgt eine erste Auswertung und Kontrolle ebenfalls in den einzelnen Kleingruppen. Die darüber hinaus erstellten Plakate bzw. Folien werden im Plenum präsentiert und (kritisch) besprochen.

ZEITANSATZ: Der Zeitbedarf schwankt erfahrungsgemäß zwischen 2 und 5 Stunden, je nachdem, wie intensiv die praktische Visualisierungsarbeit angegangen und thematisiert wird.

B 22a | LÜCKENTEXT

LÜCKENTEXT VERVOLLSTÄNDIGEN

WARUM VERANSCHAULICHUNG WICHTIG IST

Im Unterricht überwiegen __________ Darbietungen und Erläuterungen. Meist kommen sie von Lehrerseite. Diese einseitige Betonung des __________ ist deshalb ungünstig, weil der Mensch erwiesenermaßen nur etwa 20 Prozent von dem __________, was er über das Ohr aufnimmt. Zuhören alleine bringt also relativ __________. Wenn neben dem Hörkanal zugleich auch der __________ angesprochen wird, dann prägen sich die betreffenden Informationen erheblich besser ein. Denn durch Sehen und Hören behält der Mensch durchschnittlich etwa die __________ der dargebotenen Informationen. Durch Sehen, Hören und eigenständige __________ steigt seine Behaltensrate sogar auf rund 90 Prozent, d. h., für eine gewisse Zeit bleibt fast alles hängen. Soll der Lernstoff langfristig im __________ verankert werden, dann muss er in aller Regel mehrfach __________ werden. Ansonsten gerät er früher oder später wieder in Vergessenheit – selbst wenn er mit allen Sinnen aufgenommen wurde.

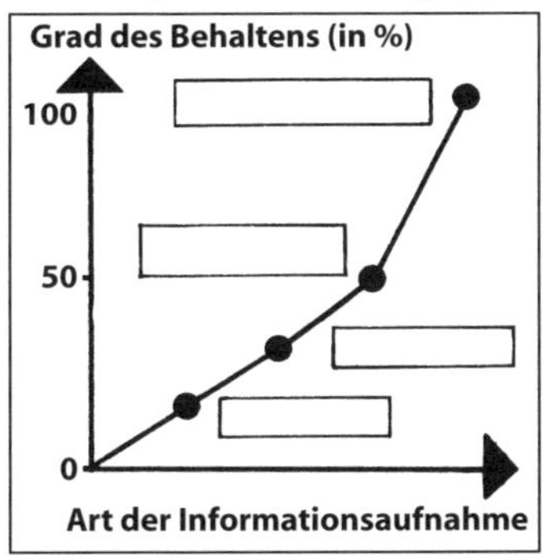

Aus den genannten Gründen spricht vieles dafür, beim Lernen sowohl das eigenständige Arbeiten als auch die __________ (Visualisierung) des Lernstoffes stärker zu betonen. Letzteres gilt für die Lehrer wie für die __________. Wenn z. B. einzelne Schüler oder Schülergruppen Arbeitsergebnisse vorstellen und/oder einen Vortrag halten, dann ist es ausgesprochen wichtig, den __________ visuelle Hilfen anzubieten. Das kann z. B. eine Tabelle, eine __________, ein Schema, eine Zeichnung oder irgendeine andere Form der Veranschaulichung sein. Egal, ob sie an der Tafel erscheint oder auf __________, Plakat oder Wandzeitung übertragen wird, stets wird ein __________ geboten, der dazu beiträgt, dass die Aufmerksamkeit der Zuhörer wächst und der Lernstoff besser __________ werden kann. Auf diese Weise wird nicht nur das Lernen unterstützt, sondern auch dafür gesorgt, dass der __________ durch die ausgehängten Plakate und Wandzeitungen insgesamt »farbiger« wird.

▶ *Trage in den obigen Lückentext die folgenden Begriffe so ein, dass sich sinnvoll Sätze ergeben:*

▶ *GEDÄCHTNIS · KLASSENRAUM · ERARBEITUNG · EINGEPRÄGT · HÄLFTE · FOLIE · BLICKFANG · SEHKANAL · GLIEDERUNG · WENIG · ZUHÖREN · BEHÄLT · SCHÜLER · VERANSCHAULICHUNG · MÜNDLICHE · HÖRKANALS · WIEDERHOLT*

▶ *Fülle die Kästchen im obigen Kurvendiagramm aus! Beachte dabei den vorliegenden Text! Folgende Begriffe passen:*

SEHEN · HÖREN · EIGENE ERARBEITUNG · HÖREN UND SEHEN

▶ *Erläutere einem Gesprächspartner in freier Rede, warum es wichtig ist, den Lernstoff anschaulich zusammenzufassen! Bildet Gesprächspaare!*

B 22b | REDUZIEREN

FLUSSDIAGRAMM AUSFÜLLEN

VON DER STOFFFÜLLE ZUM WESENTLICHEN

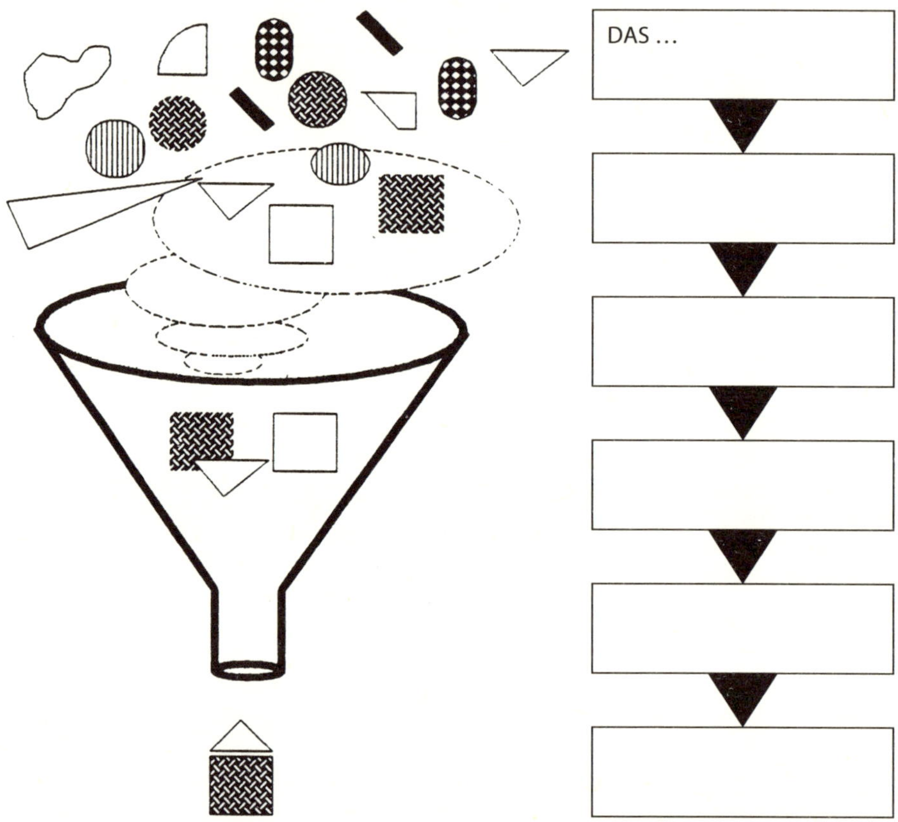

Füge die folgenden Puzzle-Teile so zusammen, dass sich 6 wichtige Arbeitsschritte ergeben, die bei der Veranschaulichung von Lernstoff zu beachten sind! Trage sie in die obigen Kästchen des Ablaufschemas ein!

FOLIE/PLAKAT · SAMMELN · WICHTIGE INFORMATIONEN · DAS THEMA · VORTRAGEN · GEEIGNETE DARSTELLUNGSMÖGLICHKEITEN · ÜBERSICHTLICH GESTALTEN · STOFF · ÜBERLEGEN · NÄHERE ERLÄUTERUNGEN · GENAU DURCHDENKEN · AUSWÄHLEN

Vergleicht eure Ergebnisse in Kleingruppen! Besprecht etwaige Unterschiede und Unklarheiten!

Erläutere einem Mitschüler deiner Wahl die abgebildete grafische Darstellung mit den vielen geometrischen Figuren! Bildet dazu die nötigen Gesprächspaare in der Klasse!

B 22c VISUALISIEREN

LERNPLAKAT GESTALTEN

ARBEITEN MIT VERSCHIEDENEN FORMEN UND FARBEN

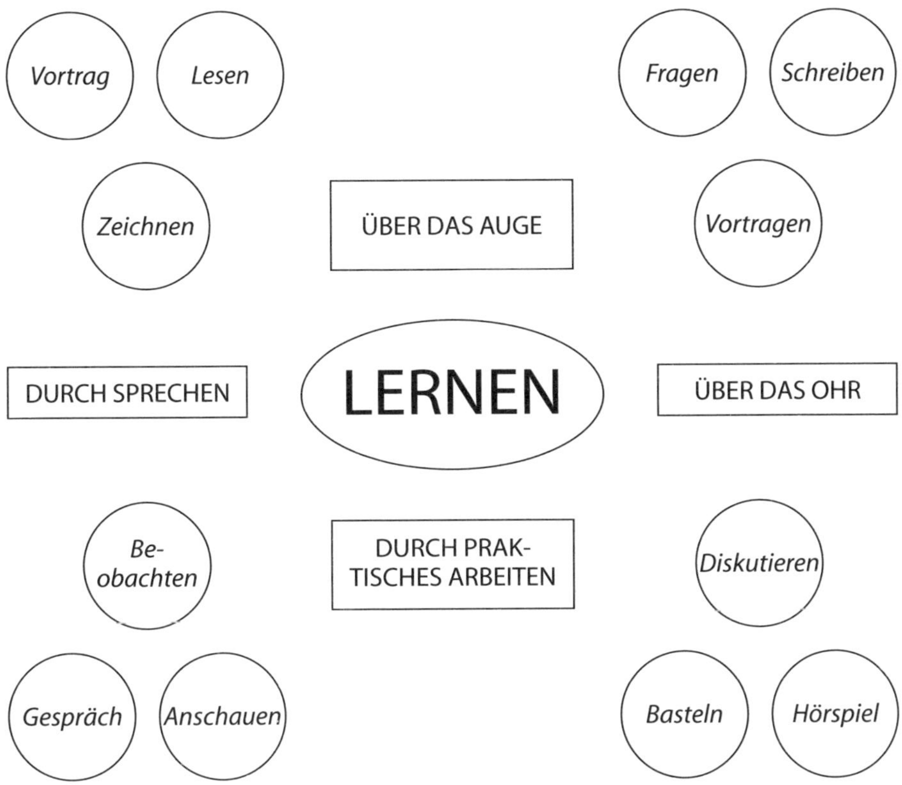

! *Entwerfe anhand der obigen Elemente ein übersichtliches Plakat zum Thema »Lernen«! Mache dir zunächst eine Skizze! Diskutiert eure Entwürfe in der Kleingruppe! Schneidet anschließend die angegebenen Formen (Kreise, Rechtecke, Ellipse) aus verschiedenfarbigem Karton aus! Beschriftet die ausgeschnittenen Karten und heftet sie wohl geordnet an ein großes Plakat, das euch euer Lehrer sicher bereitstellt! Zeichnet geeignete Verbindungslinien!*

➔ *Besprecht in der Gruppe die Vorteile der unterschiedlichen Farben und Formen sowie der gewählten Anordnung!*

➔ *Stellt euer Plakat in der Klasse vor! Gebt Erläuterungen dazu! Heftet das Plakat mit Tesakrepp an die Wand des Klassenraumes!*

B 22d FALLBEISPIEL

FOLIENEINSATZ BEWERTEN

Oliver soll den Kreislauf des Wassers mithilfe einer Folie veranschaulichen und erläutern. Wie er dabei vorgeht, das wird in der folgenden Tabelle ansatzweise gezeigt. Manches läuft gut, anderes gelingt noch nicht so recht.

★ *Kreuze in den vorgegebenen Spalten an, ob du Olivers Verhalten eher positiv (+) oder eher negativ (–) findest! Überlege dir überzeugende Argumente, mit denen du deine Einschätzungen nötigenfalls begründen kannst! (Kontroll-Tipp: 6 Verhaltensweisen sind eher negativ zu bewerten.)*

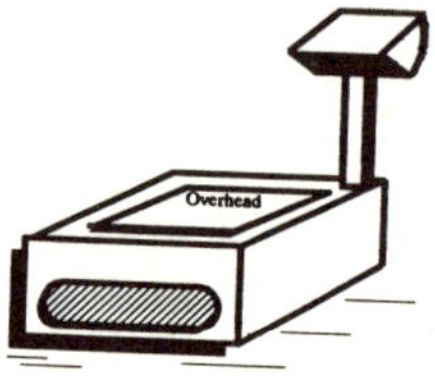

★ *Vergleicht und diskutiert eure Einschätzungen und Begründungen in Kleingruppen! Zieht nötigenfalls euren Lehrer als »Experten« heran!*

★ *Erstellt eine Folie zu einem geeigneten Thema und versucht, die als positiv erkannten Regeln praktisch umzusetzen!*

SO GEHT OLIVER VOR	+	–
Oliver achtet beim Anfertigen der Folie auf grafische Hervorhebungen und Skizzen, die sich besonders gut einprägen.		
Außerdem schreibt er ziemlich viel Text auf die Folie, damit er bei seinem Vortrag auch nichts vergisst.		
Wichtige Begriffe unterstreicht er mit Lineal, um den Blick der Zuhörer darauf zu lenken.		
Bei der Gestaltung der Folie verwendet er ausschließlich einen roten Stift, um die Zuhörer nicht durch verschiedene Farben zu verwirren.		
Die rote Farbe ist wasserfest, sodass beim Beschriften keine Fehler vorkommen dürfen.		
Bei der anschließenden Präsentation steht der Projektor ziemlich nah an der Leinwand, sodass das Bild relativ klein ist.		
Während seiner Präsentation sitzt Oliver seitlich zum Projektor und schaut die Mitschüler bei seinem Vortrag an.		
Mit einem Blatt Papier deckt er jeweils den Teil der Folie ab, der noch nicht dran ist.		
Mit einem Stift zeigt Oliver in raschem Wechsel mal hierhin und mal dorthin, damit die Zuhörer nicht einschlafen.		
Als er eine wichtige Skizze erläutert, legt er seinen Stift so auf das Projektionsglas, dass die Spitze genau auf die Skizze zeigt.		
Während seines Vortrages gerät Oliver – als er mal kurz aufsteht – zweimal in den Lichtkegel, wodurch er die Folie teilweise verdeckt.		
Entsprechend seinem Vortrag hat Oliver für die Mitschüler ein Arbeitsblatt erstellt, in das wichtige Begriffe und Daten einzutragen sind, die während des Vortrags genannt werden.		
Am Ende der Präsentation bittet Oliver um Fragen, Kritik und ergänzende Erläuterungen der Mitschüler.		

B 23: SCHREIBEN MIT KÖPFCHEN UND METHODE

GRUNDIDEE: Die Schüler schreiben in der Schule eine ganze Menge; doch dieses Schreiben hat mit eigenständigem Denken und Formulieren häufig nur wenig zu tun. Vorherrschend sind Aktivitäten wie Abschreiben, Mitschreiben oder andere Arten des reproduktiven Schreibens. Wenn schon mal eigene Texte verfasst werden, dann zumeist unter der Leitfrage: »Was denkt bzw. was erwartet der Lehrer wohl?« Die Folge dieser lehrerfixierten, reproduktiven Orientierung ist das schwammige, weitschweifige Schreiben vieler Schüler, das zum einen Ausdruck ihrer Unsicherheit ist, zum anderen ihr gelerntes Kalkül widerspiegelt, die Erwartung des Lehrers werde auf diese Weise doch sicher irgendwann mal getroffen. Dieser mehr oder weniger unverbindlichen und gedankenlosen Schreiberei muss in der Schule verstärkt entgegengewirkt werden – und zwar nicht nur im Deutschunterricht, sondern auch in anderen Fächern. Die nachfolgenden Übungen und Schreibanlässe geben den Schülern Gelegenheit, sich in der Vorbereitung, Strukturierung und Ausformulierung stringenter Sachtexte zu üben und entsprechende methodische Routinen zu entwickeln. Weitere Übungen und Systematisierungsversuche müssen folgen.

ÜBUNGEN: Die dokumentierten Übungsblätter werden vom Lehrer wahlweise vervielfältigt und zur Bearbeitung an die Schüler verteilt. Was im Einzelnen gefordert ist, geht aus den jeweiligen Arbeitshinweisen hervor. Die Schüler bearbeiten die gestellten Aufgaben in Einzel-, Partner- oder Gruppenarbeit. Vor allem bei der anfänglichen Ideensammlung und Konzeptbildung (»Schreibgerüst« klären) empfiehlt sich Kleingruppenarbeit. Die Ausformulierung selbst sollte dann natürlich in der Regel in Einzelarbeit erfolgen. Zu den Übungsblättern im Einzelnen: Anhand von Arbeitsblatt a wird zunächst die gängige Weitschweifigkeit und Unverbindlichkeit beim Schreiben problematisiert. Die Übungsblätter b bis h stellen sodann vorrangig auf die Vorbereitung, Gliederung und systematische Entfaltung ausgewählter Texte ab mit dem Ziel, die gedankliche/argumentative Stringenz und Klarheit beim Schreiben zu fördern. Konkret: Die Schüler setzen Text-Puzzles zusammen; sie entwickeln ein themenzentriertes »Schreibgerüst«; sie beschreiben Ablaufpläne bzw. Schaubilder; sie verfassen Texte nach Stichworten/Gliederungspunkten und anderes mehr. Geübt wird also das »planvolle« Vorbereiten und Abfassen eigener Texte. Das gilt auch für Übungsblatt i zum Thema »Protokoll«.

AUSWERTUNG: Die bearbeiteten Übungsblätter bzw. die von den Schülern verfassten Texte werden in Kleingruppen ausgetauscht, kritisch gegengelesen und nötigenfalls problematisiert und korrigiert. Im Falle der Textwürdigung geht es dabei vor allem um die folgenden drei Gesichtspunkte: (a) Folgerichtigkeit, (b) Verständlichkeit und (c) Vollständigkeit. Die Schüler der Kleingruppen besprechen ihre Einschätzungen, geben Begründungen ab und tragen Anregungen und Tipps zur Textarbeit zusammen. Eine andere Auswertungsvariante: Die Schüler setzen sich paarweise zusammen und verlesen abwechselnd ihre Texte. Der jeweilige Zuhörer lässt den Text auf sich wirken und gibt dann sein (kritisches) Urteil ab. Eine dritte Form der Auswertung kann so aussehen, dass 2 bis 3 durch »Los« bestimmte Schüler ihre Texte im Plenum vorlesen, gegebenenfalls ihr »Schreibgerüst« an der Tafel skizzieren und sich anschließend der Kritik/Aussprache stellen.

ZEITBEDARF: Der Zeitbedarf für die einzelnen Übungen liegt zwischen 30 Minuten und bis zu 2 Unterrichtsstunden. Von daher ist darauf zu achten, dass Doppelstunden zur Verfügung stehen.

B 23a TEXTKRITIK

EIN FRAGWÜRDIGER TEXT

OLIVER HAT IN EINER GESCHICHTSARBEIT FOLGENDE FRAGE ZU BEANTWORTEN: »WORAUF BERUHTE DIE MACHT DES RÖMISCHEN KAISERS?« OLIVER IST GUT VORBEREITET UND SCHREIBT EINE GANZE MENGE DAZU.

OLIVERS TEXT

Als Rom Republik wurde, war dieser Staat gerade ein paar hundert Quadratkilometer groß. Durch Feldzüge und Kriege konnten die Römer ihr Staatsgebiet ständig erweitern. Ein besonders erfolgreicher Feldherr war Pompeius, der das Römische Reich nach verschiedenen Richtungen hin ausdehnte: insbesondere nach Asien hin bis zum Schwarzen Meer und zum Kaukasus. Auch im Mittelmeerraum hatte er großen Einfluss. Ihm folgte nach heftigen Auseinandersetzungen der »berühmt-berüchtigte« Imperator Julius Caesar (100 v. Chr–44 v. Chr.). Dieser ließ sich von Senat und Volk zum Diktator auf Lebenszeit ernennen. Sein Geburtstag wurde als römischer Nationalfeiertag begangen. Und von manchen wurde Caesar geradezu wie ein Gott verehrt. Die römische Republik blieb nur noch zum Schein erhalten. In Wirklichkeit regierte Caesar wie ein König, nur dass ihm der Titel fehlte. Caesar war aber nicht nur machthungrig, sondern er beseitigte auch viele Missstände im Reich durch Reformen, die nicht zuletzt dem Volk zugute kamen. Trotzdem wurde er im Jahre 44 v. Chr. hinterhältig ermordet. Sein Nachfolger, Kaiser Augustus, war ebenfalls darauf bedacht, sich mit dem Volk gut zu stellen, denn er wusste, dass seine Macht nicht unwesentlich von der Gunst des Volkes abhing. Indem er für Frieden, Ordnung, eindrucksvolle öffentliche Bauwerke uind Nahrungsmittellieferungen an die Armen sorgte, sicherte er sich das Wohlwollen der Bevölkerung. Außerdem hatte er natürlich auch noch das Heer, das ihn stützte. Denn die Soldaten und Offiziere erhielten von ihm Befehle, Auszeichnungen, Sold und Beförderung. So standen sie zuverlässig auf seiner Seite, um ihr persönliches Wohlergehen nicht zu gefährden. Eine weitere Quelle kaiserlicher Macht war seine Verfügungsgewalt über die Finanzen des Staates. Der Kaiser setzte die Steuern fest, überwachte die Einnahmen und ließ die staatlichen Gelder durch geschulte Beamte verwalten. Sein eigenes Vermögen war so unermesslich, dass er freiwillig große Zuschüsse in die Staatskasse zahlte. Das kam seinem Ansehen zugute und stärkte seine Machtposition.

Caesar

Lies dir den Text durch und überlege, welche Note du auf Olivers Darlegungen geben würdest. Diskutiert eure »Bewertungen« in Kleingruppen!

Überfliege den Text noch mal und stelle fest, was im strengen Sinne zum Thema (zur Frage) gehört und was nicht! Streiche die überflüssigen Passagen mit rotem Stift durch! Vergleicht eure Ergebnisse!

Schreibe den Antwort-Text in gekürzter Fassung neu! Halte dich dabei an die obigen Ausführungen! Formuliere sie nötigenfalls um!

B 23b TEXT-PUZZLE

TEXT-PUZZLE ZUSAMMENSETZEN

TANJA REPARIERT IHR FAHRRAD

	Tanja schraubt das Ventil ab, sodass die restliche Luft entweicht. Nun kann sie mit dem Schraubenzieher unter den Mantel greifen und diesen einseitig von der Felge abziehen.
	Als der Schlauch wieder trocken ist, raut Tanja den markierten Bereich mit einem kleinen »Rubbel-Blech« auf, damit der Klebstoff besser hält.
	Dann hängt Tanja das komplette Rad wieder ein; sie legt die Kette auf und befestigt die Schrauben. Dabei richtet sie das Rad so aus, dass die Felge die Bremsbacken nicht berührt.
	Tanja streicht mehrfach über den Flicken, damit er auch fest klebt. Nach etwa 5 Minuten pumpt sie den Schlauch auf und prüft mithilfe des Wasserbehälters nochmals dessen Dichtigkeit.
	Tanja ist mit dem Fahrrad in der Stadt unterwegs. Plötzlich merkt sie, dass der hintere Reifen fast platt ist. Sie prüft das Ventil, doch das ist geschlossen. Schnell macht sich Tanja auf den Weg nach Hause.
	Nun ist das Rad frei. Allerdings ist da noch die Kette, die hartnäckig auf dem Zahnrad sitzt. Tanja legt die Kette herunter und nimmt das Rad ab.
	Tanja hat unter Anleitung ihres Vaters schon mal einen Reifen geflickt und traut sich deshalb an diese Aufgabe heran. Sie stellt das Fahrrad auf den Kopf, um besser arbeiten zu können.
	Sie trägt das Klebemittel auf den Schlauch auf, verreibt es leicht mit dem Finger und wartet, bis es ausreichend getrocknet ist.
	So kommt sie an den Schlauch heran. Sie zieht den Schlauch vorsichtig heraus, setzt das Ventil wieder ein und pumpt ihn auf, um zu sehen, wo die Luft austritt.
	Die Luft hält. Nun lässt Tanja die Luft wieder ab, schiebt die Ventilfassung durch die Felge, pumpt den Schlauch leicht auf und schiebt ihn unter den Mantel. Dann wird der Mantel auf die Felge gedrückt.
	Anschließend löst sie vom bereitliegenden Gummi-Flicken die Schutzfolie ab und drückt ihn fest auf die vorbereitete Klebefläche, in deren Mitte sich das Loch befindet.
	Zunächst löst sie mithilfe des entsprechenden Schlüssels die beiden Befestigungs-Muttern des Hinterrades. Ferner schraubt sie die Verstrebung ab, durch die der Rücktritt gesichert wird.
	Durch Eintauchen ins Wasser der großen Regentonne hat Tanja das Loch schnell gefunden. Die Stelle, wo die Luft austritt, markiert sie mit einem wasserfesten Filzstift.

➔ *Nummeriere die einzelnen Textbausteine so, dass sich ein stimmiger Ablauf ergibt! Schreibe den kompletten Text folgerichtig ab! (Unter Umständen können die 13 Textbausteine auch ausgeschnitten und in der richtigen Reihenfolge auf ein neues Blatt aufgeklebt werden.)*

➔ *Wenn möglich, führt die einzelnen Arbeitsschritte am konkreten Fahrrad aus! Ergänzt bzw. korrigiert nötigenfalls die obige Beschreibung!*

B 23c | KONZIPIEREN

EIN »SCHREIBGERÜST« BAUEN

In der Regel genügt es nicht, einfach __________ zu schreiben, weil man dann leicht vom Thema __________ und wichtige Gesichtspunkte vielleicht __________. Besser ist es, sich zunächst grob zu überlegen, was alles zum jeweiligen __________ gehört (Ideen/Argumente sammeln); dann werden die wichtigsten __________ stichwortartig festgehalten. Statt der __________ können natürlich auch __________, passende Gliederungspunkte oder selbst erstellte Skizzen notiert werden. Dieser Teil der Vorbereitung geht in der Regel relativ __________ vonstatten, da es nur um eine Art __________ geht. Der nächste Vorbereitungsschritt besteht sodann darin, die einzelnen Stichworte, Fragen oder Gliederungspunkte so zu __________ und zu verbinden, dass sich ein gedanklicher __________ ergibt – eben ein »Schreibgerüst«. Wenn dieses gut durchdacht, __________ gestaltet und einigermaßen __________ ist, dann kann bei der Texterstellung eigentlich nichts mehr _____ _____.

»SCHREIBGERÜSTE«

GLIEDERUNGS-SCHEMA

1. ____________________

1.1 ____________________

1.2 ____________________

2. ____________________

2.1 ____________________

2.2 ____________________

BAUM-SCHEMA

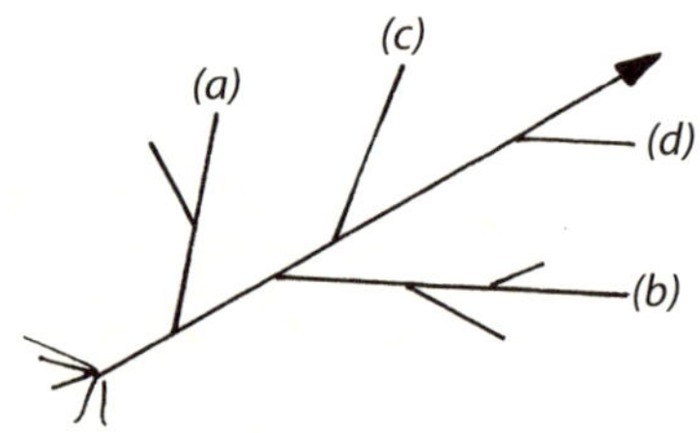

STICHWORT-KETTE

STICHWORT A
↓
STICHWORT B
↓
STICHWORT C
↓
STICHWORT D

FRAGE-KETTE

Frage 1 → Frage 2 → Frage 3 → Frage 4 → Frage 5 → Frage 6

Trage in den obigen Lückentext die folgenden Begriffe so ein, dass sich sinnvolle Sätze ergeben!

SCHIEF GEHEN · VERGISST · IDEENSAMMLUNG · GESICHTSPUNKTE · DRAUFLOS · VOLLSTÄNDIG · ORDNEN · ABSCHWEIFT · FRAGEN · ÜBERSICHTLICH · SCHNELL · THEMA · STICHWORTE · LEITFADEN

Erstelle zu einem Thema deiner Wahl (bzw. zu einem im Unterricht vereinbarten Thema) ein geeignetes »Schreibgerüst«!

Halte anhand dieses »Schreibgerüsts« einen kleinen Vortrag gegenüber einem Mitschüler! Bildet dazu Gesprächspaare!

B 23d STICHWORTMETHODE

NACH STICHWORTEN SCHREIBEN

Lisa soll zum Thema »BEIM ZAHNARZT« beschreiben, wie ihr letzter Zahnarztbesuch abgelaufen ist und was sie so alles erlebt hat. Die Stichworte, die ihr dazu einfallen, sind unten in den Kreisen notiert.

➔ *Schreibe unter Berücksichtigung dieser Stichworte deine eigene »Story«! Ordne die Stichworte, ergänze sie und verfasse eine möglichst übersichtliche und interessante Geschichte!*

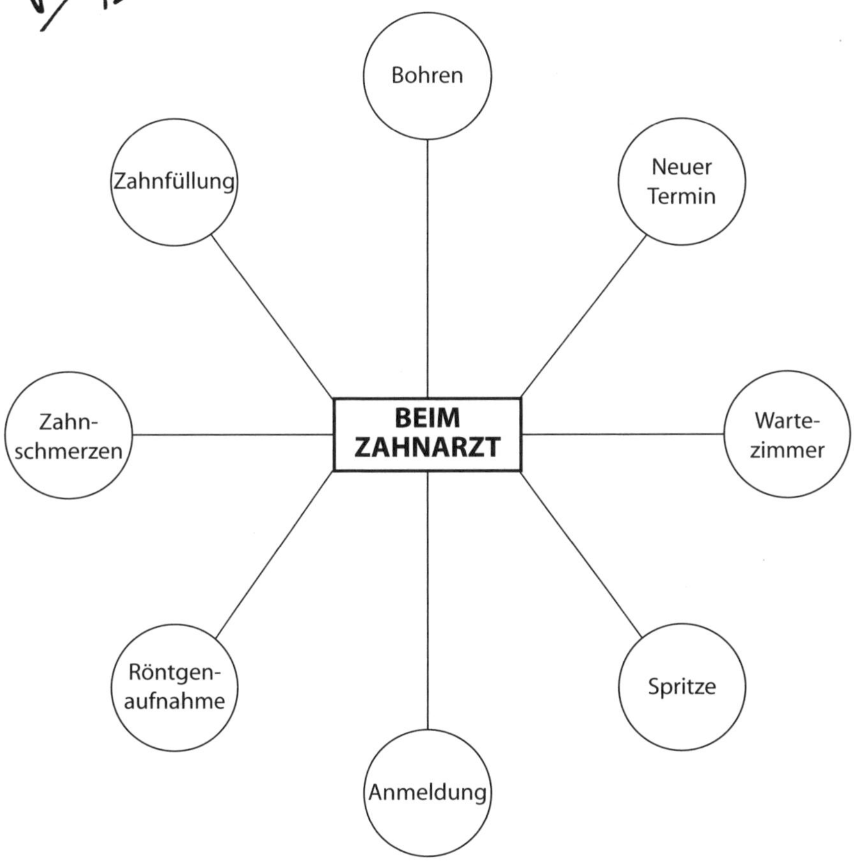

➔ *Lest euch eure Geschichten in Kleingruppen wechselseitig vor! Versucht eine Bewertung! Begründet und besprecht eure »Noten«!*

B 23e VORGANGSBESCHREIBUNG

VOM SCHAUBILD ZUM TEXT

Schaubilder leicht scheint zu beschreiben. Das manchmal doch täuscht. Einfach zu beschreiben das, der Blick worauf gerade fällt, in der Regel ist wenig empfehlenswert. Denn werden auf diese Weise leicht sprunghaft die Erläuterungen und zufällig. Bei Schaubildern auch du dir solltest zurechtlegen einen kleinen Plan. Fängst du womit an? Dann kommt was … und dann … und dann? Genommen genau dir du musst im Kopf entweder oder auf einem Notizzettel machen einen »Schreib-Fahrplan«. Du wenn noch bist unsicher, du's solltest versuchen mit Notizen (z. B. Stichwort-Kette). Du dir schaffst auf diese Weise Klarheit und auf die Reihe bringst deine Gedanken!

➔ *Schreibe den obigen »Schütteltext« neu, damit sich klare Sätze und Aussagen ergeben! Klebe die neue Fassung über den »Schütteltext«!*

➔ *Schreibe zum nachfolgenden Schaubild einen erläuternden Text, der Auskunft darüber gibt, wie das verschmutzte Brauchwasser schrittweise gereinigt wird! Überlege dir einen »Schreib-Fahrplan«! Schreibe präzise und folgerichtig!*

➔ *Erkläre anschließend das Schaubild mit seinen verschiedenen Verzweigungen einem Mitschüler! (Nicht vorlesen!) Besprecht etwaige Unklarheiten!*

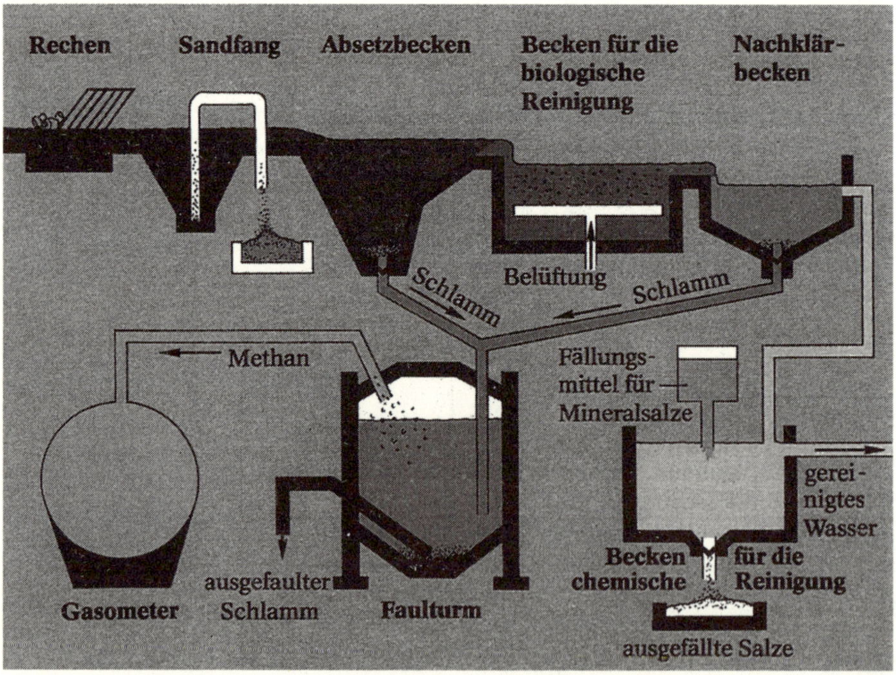

B 23f GLIEDERUNGSNETZWERK

VON DER GLIEDERUNG ZUM TEXT

Uwe soll einen Aufsatz über den Maulwurf schreiben. Er informiert sich zunächst grob und macht sich dann eine Gliederung (s. unten). Im nächsten Schritt holt er zu einzelnen Punkten nähere Informationen ein und schreibt dann seinen Text.

➔ *Schreibe, ausgehend von Uwes Gliederung, ebenfalls einen Text zum Thema »Maulwurf«! Umfang etwa eine DIN-A4-Seite. Du kannst die Gliederung auch ergänzen bzw. abwandeln. Informiere dich zu den einzelnen Punkten anhand des Lexikons oder des Schulbuchs!*

➔ *Vergleicht und besprecht anschließend eure Vorgehensweise und eure Ergebnisse in Kleingruppen!*

1. DER KÖRPERBAU DES MAULWURFS
   - 1.1 Kopf
   - 1.2 Rumpf/Fell
   - 1.3 Beine/Füße
2. DIE ERNÄHRUNG DES MAULWURFS
   - 2.1 Kriechtiere
   - 2.2 Nagetiere
   - 2.3 Insekten
3. SEINE UNTERIRDISCHE ARBEITSWEISE
   - 3.1 Grabschaufeln
   - 3.2 Geschwindigkeit
   - 3.3 Erdaufwurf
4. BESONDERHEITEN DES MAULWURFBAUS
   - 4.1 Labyrinth
   - 4.2 Wohngruben
   - 4.3 Wasserschacht
5. ZUR NÜTZLICHKEIT DES MAULWURFS
   - 5.1 Rasen/Pflanzen
   - 5.2 Schädlingsbekämpfung

B 23g BILDERGESCHICHTE

BILDERGESCHICHTE BESCHREIBEN

Bringe die 6 Bildchen in eine sinnvolle Reihenfolge, sodass sich eine stimmige Geschichte ergibt! Trage die entsprechenden Nummern 1 bis 6 in die kleinen Kästchen unten rechts ein! (Du kannst die Bildchen eventuell auch ausschneiden und geordnet aufkleben.)

Beschreibe das bildhaft dargestellte Geschehen in einem entsprechenden Text! Schreibe präzise, lebendig und folgerichtig!

B 23h FANTASTISCHES

WUNDERTÜTEN-GESCHICHTEN

1 Zur Vorbereitung eurer Geschichte braucht ihr schmale verschiedenfarbige Papier- oder Pappstreifen sowie drei Briefumschläge, in die ihr später die beschrifteten Streifen hineintut!

2 Jeder Schüler erhält 3 verschiedenfarbige Papierstreifen (z. B. rot, grün und blau). Auf jeden Papierstreifen notiert er eine kurze Angabe (2 bis 3 Wörter) zu den folgenden Fragen: WAS PASSIERT? (rot); WO PASSIERT'S? (grün); WER IST BETEILIGT? (blau). Was angegeben wird, kann sehr verschiedenartig sein. Der Fantasie sind keine Grenzen gesetzt.

3 Die beschrifteten Papierstreifen werden gefaltet, nach Farben geordnet und in die 3 Briefumschläge getan und anschließend unter den Schülern verlost. Das heißt: Jeder Schüler zieht aus jedem Umschlag einen Streifen.

4 Unter Berücksichtigung der drei Angaben erfindet jeder Schüler eine Geschichte. Der entsprechende Text sollte etwa eine DIN-A4-Seite ausmachen! Lest euch eure Geschichten anschließend in Kleingruppen wechselseitig vor!

B 23i PROTOKOLLIEREN

PROTOKOLL SCHREIBEN

AUS DER SITZUNG DER SCHÜLERVERTRETUNG

Am 22. März fand die Sitzung der Schülervertretung statt. Von den gewählten Schülervertretern und -vertreterinnen waren anwesend: Thomas, Dirk, Charlotte, Tanja, Suse und Peter. Sie hatten einige Tage vorher die Einladung mit folgenden Tagesordnungspunkten erhalten: 1. Probleme mit der Schülerzeitung, 2. Einrichtung einer Raucherecke, 3. Wahl der Klassensprecher und 4. Verschiedenes. Thomas als amtierender Schülersprecher eröffnete die Sitzung. Er kritisierte einleitend das geringe Interesse der Klassensprecher/innen an den Sitzungen und an der Arbeit der Schülervertretung. Unter diesen Umständen, so meinte er, überlege er sich ernsthaft, ob er noch einmal als Schulsprecher kandidiere. Dann bat er die Anwesenden um Anmerkungen zum Protokoll der letzten Sitzung. Da Dirk und Suse das Protokoll angeblich nicht erhalten hatten, verlas Thomas den relativ kurzen Protokolltext noch mal. Niemand hatte etwas zu beanstanden. Dann wurde der Tagesordnungspunkt 1 aufgerufen. Tanja als Mitglied der Schülerzeitungs-Redaktion berichtete, die Redaktion bestehe mittlerweile nur noch aus 4 aktiven Personen. Das sei entschieden zu wenig. Die Bereitschaft zur Mitarbeit sei in der Schülerschaft offenbar so gering, dass die Zukunft der Schülerzeitung infrage stehe. Die nächste Ausgabe sei auf jeden Fall ziemlich gefährdet, da es an Beiträgen, Annoncen und Mitarbeitern fehle. Peter schlug vor, alle Klassensprecher/innen sollten in einem Rundbrief ganz dringlich zur Mitarbeit und zur Werbung für die Schülerzeitung aufgerufen werden. Er selbst sei bereit, zusammen mit Tanja diesen Rundbrief zu verfassen und zu verteilen. Außerdem werde er persönlich einen dreiseitigen Beitrag für die nächste Ausgabe beisteuern. Diese Vorschläge fanden allseitige Zustimmung. Bei Tagesordnungspunkt 2 (Raucherecke) gingen dagegen die Meinungen stärker auseinander. Während Suse eine Raucherecke für die über 16-Jährigen befürwortete, wandte sich Charlotte entschieden dagegen, da – wie sie meinte – angesichts der Gesundheitsgefahren des Rauchens deutliche Zeichen gesetzt werden müssten. Nach einigem Hin und Her sprachen sich die Versammelten mit knapper Mehrheit dafür aus, bei nächster Gelegenheit eine Raucherecke für die älteren Schüler in der Gesamtkonferenz zu beantragen. Der dritte Tagesordnungspunkt war relativ schnell erledigt, da sich Thomas nach kurzer Aussprache über den Nachwuchsmangel bei Klassensprechern bereit erklärte, in allen Klassen der Jahrgangsstufen 8 bis 10 – in Absprache mit den Klassenlehrern – ein Informationsgespräch zu führen. Auf diesem Wege könnten manche vielleicht doch aufgerüttelt und zur aktiven Mitarbeit bewegt werden. Dirk und Tanja gaben zu Protokoll, dass sie derartige Informationsgespräche in den übrigen Klassen führen würden. Zum Punkt »Verschiedenes« wurde von den Anwesenden nichts mehr vorgebracht. Als Termin für die nächste Sitzung der Schülervertretung wurde der 4. Juni vereinbart. Damit konnte Thomas die Sitzung beschließen – nicht ohne sich bei den Anwesenden für die gute Mitarbeit bedankt zu haben.

Schreibe auf der Grundlage der vorliegenden Protokollnotizen ein übersichtliches »ERGEBNISPROTOKOLL«! Schreibe so, als wärst du dabei gewesen! Gestalte den Protokollkopf (Termin, Anwesende, Tagesordnungspunkte)! Hebe Wichtiges hervor! Mache Absätze! usw.

Besprecht und klärt in Kleingruppen den Unterschied zwischen »Ergebnisprotokoll« und »Verlaufsprotokoll«! Überlegt, wann welche Protokollform wohl zu empfehlen ist! Wie ist z. B. ein Versuch in Physik zu protokollieren? Zieht nötigenfalls euren Lehrer zu Rate!

B 24: DAS KLEINE 1 X 1 DER REFERATGESTALTUNG

GRUNDIDEE: Im Verlauf ihrer Schulzeit stehen die Schüler früher oder später vor der Aufgabe, ein mehrseitiges Referat bzw. eine Hausarbeit schreiben zu müssen. Da geht es dann plötzlich um Literatursuche und -auswertung, um Stoffsammlung und -archivierung, um Zitierweise und Gliederungsgestaltung, um Literaturverzeichnis und Titelblatt usw. Dieses kleine Einmaleins des »wissenschaftlichen Arbeitens« muss im Unterricht natürlich angebahnt und geübt werden. Das betrifft auch und nicht zuletzt die formale Gestaltung des Referats (Layout). Wenn in der Schule vielfach Referate mit einem geradezu miserablen Layout abgeliefert werden, wenn Zitierregeln nicht oder nur unzulänglich beachtet werden, wenn wichtige Bestandteile wie Titelblatt, Inhaltsverzeichnis und Literaturverzeichnis gelegentlich ganz oder teilweise fehlen, dann liegt das nicht daran, dass die Schüler das nicht besser können, sondern ihnen mangelt es häufig schlicht an der entsprechenden Übung und Regelkenntnis. Wie die Erfahrung zeigt, nimmt ihre Akribie und Gestaltungsbereitschaft in dem Maße zu, wie sie Übung und Routine gewinnen. Die vorliegenden Arbeitsmaterialien geben diesbezüglich Anstöße und eröffnen praktische Übungsmöglichkeiten.

ÜBUNGEN: Übungsblatt a rückt in Gestalt eines einfachen Kreuzworträtsels einige Schlüsselbegriffe und -regeln ins Blickfeld, die beim Anfertigen eines Referats/einer Hausarbeit zu beachten sind. Übungsblatt b vertieft die Regelkenntnis der Schüler und sensibilisiert zudem für einige vermeidbare »Fehler«, die im Zuge der Referaterarbeitung unterlaufen können. Die Übungsblätter c bis f geben darüber hinaus Gelegenheit, das Zitieren zu üben, ein Literaturverzeichnis und ein Inhaltsverzeichnis versuchweise zu erstellen sowie verschiedene Fehler zu entdecken, die in den Vorlagen »versteckt« sind. Die vorliegenden Arbeitsmaterialien sind also – wie bei den übrigen Bausteinen in diesem Buch auch – durchweg so konzipiert, dass die Schüler in aktiver Weise etwas entdecken, Fehler suchen, Lücken ausfüllen, Strategien bewerten, Ordnungsmuster konstruieren und anderes mehr. Welche Übungsblätter letztendlich eingesetzt werden, das ist Sache des zuständigen Lehrers. Die Bearbeitung der ausgewählten Übungsblätter erfolgt in Einzel- oder Partnerarbeit. Nähere Aufschlüsse über die Aufgabenstellungen geben die Arbeitshinweise auf den Vorlagen.

AUSWERTUNG: Die gewonnenen Ergebnisse werden zunächst von den jeweiligen Lernpartnern verglichen und besprochen. Bei Meinungsverschiedenheiten oder sonstigen Problemen kann der Lehrer befragt oder bei »kundigen« Mitschülern Rat eingeholt werden. Darüber hinaus werden bei der einen oder anderen Übung auch 4er- oder 6er-Gruppen gebildet, damit die Klärungsarbeit der Schüler auf ein breiteres Fundament gestellt wird. Das gilt vor allem für die Übungsblätter b und f. Die in den vorliegenden Arbeitsblättern angedeuteten Regeln müssen natürlich noch näher konkretisiert und ergänzt werden. Das geschieht u. a. durch die Sichtung eines geeigneten Buches, durch einen Gang in die Bibliothek (s. B 17) sowie durch das regelgebundene Erstellen eines Referats in der Klasse.

ZEITBEDARF: Für die Übungen b und h reicht eine Einzelstunde in der Regel nicht hin, soll die Auswertungsphase nicht über Gebühr gekürzt werden. Ansonsten sind die Zeitansätze von 20 bis 30 Minuten angemessen. Einsetzbar sind die Übungen vorrangig in den Jahrgangsstufen 8 aufwärts.

B 24a | KREUZWORTRÄTSEL

RÄTSELHAFTE HAUSARBEIT

LÖSUNGSWORT

1) Beim Referat kommt es neben dem Inhalt auch auf die G… an.

2) Dieses Buch enthält vielfältige Kurzinformationen.

3) Lies ein Buch nicht einfach durch, sondern mache dir …

4) Diesen Plan solltest du am Anfang machen, damit der Weg klar ist.

5) Für eine gute Hausarbeit musst du sie wälzen

6) Vor dem Gliedern und Schreiben steht diese Tätigkeit.

7) Wörtliche oder sinngemäße Wiedergabe eines Quellenauszugs.

8) In dieser Einrichtung findest du (Fach-)Literatur.

9) Ein anderer Begriff für Hausarbeit.

10) Nach ihren Namen ordnet man das Literaturverzeichnis.

11) Sie werden am Ende der Hausarbeit aufgelistet.

12) Sie informiert den Leser über den Inhalt der Hausarbeit.

13) Er hilft dir, deine Notizen übersichtlich zu ordnen.

14) Dieses »Gerät« trägt zur sauberen Gestaltung der Arbeit bei.

15) Mit diesem Blatt beginnt eine jede Hausarbeit.

16) Sie darf auf den einzelnen Blättern der Arbeit nicht fehlen.

➔ *Trage die gesuchten Begriffe in das obige Rätselschema ein! Kontroll-Hinweis: Die Begriffe setzen sich aus folgenden Silben zusammen:*

SCHINE · PLAN · WEISE · ZAHL · TUNG · KASTEN · LUNG · TUR · KON · MA · BEITS · HIN · TEN · STAL · TEI · TIZEN · SAMM · CHEREI · FASSER · TERA · TAT · DERUNG · BLATT · RAT · REFE · LEXI · SCHREIB · AR · QUELLEN · SEI · GE · KAR · NO · STOFF · BUE · VER · LI · ZI · GLIE · TITEL

B 24b FALLBEISPIEL

REFERAT MIT LÜCKEN UND TÜCKEN

Im Folgenden wird beschrieben, wie Jens vorgeht, als er im Fach Deutsch eine Hausarbeit/ein Referat zum Themenbereich »Indianer« zu schreiben hat. Den Themenbereich hat er selbst gewählt. Das Thema kann eingegrenzt werden. Bei der Vorbereitung und Ausarbeitung seines Referats macht Jens einiges recht gut, anderes ist eher fragwürdig.

Kreuze in den beiden Spalten rechts an, ob du das jeweilige Vorgehen von Jens günstig findest (+) oder eher kritisch siehst (–)! Überlege dir eine Begründung! Tauscht anschließend eure Einschätzungen in Kleingruppen aus und diskutiert strittige Punkte!

Fülle zuvor die Lücken aus, damit der Text komplett lesbar wird. Folgende Begriffe passen in die Lücken auf dieser und auf der nächsten Seite:

RAND · WOCHE · NOTIZEN · KARTEIKASTEN · COMPUTER · AUTOR · BÜCHER · SICHERHEIT · ZEIT · ANFÜHRUNGSSTRICHE · DRUCK · BIBLIOTHEK · FETT · ZITATE · INFORMIEREN · LITERATUR · UNSICHERHEIT · TEXT · ABZUSCHREIBEN · EINGRENZEN · KARTEIKARTEN · GLIEDERUNG · LITERATURVERZEICHNIS · ZEICHNUNG · TITELBLATT · SCHAUBILDER · INHALTSVERZEICHNIS · AUFLOCKERUNG · THEMA

SO GEHT JENS VOR …	+	–
1 *Jens hat für seine Hausarbeit zum Thema »Wie die Indianer leben« insgesamt 4 Wochen Zeit. Trotzdem setzt er sich bereits in der ersten ___________ dran, um zeitlich nicht zu sehr unter ___________ zu geraten.*		
2 *Jens bespricht das Thema unter anderem mit seinen Eltern, um mehr ___________ zu gewinnen. Er liest in Schulbüchern und im Lexikon nach; er geht in die ___________ und besorgt sich insgesamt 12 verschiedene Sachbücher, die über die Kultur, die Geschichte und die Lebensweise der Indianer ___________.*		
3 *Jens liest und liest, ___________ macht er sich keine, denn das würde, so meint er, viel zu lange dauern, bis er den ganzen Berg mit ___________ durchgesehen hat. Schließlich soll er etwa 10 DIN-A4-Seiten schreiben, doch je mehr er liest, umso größer wird seine ___________.*		
4 *Jens merkt, dass er das Thema ___________ muss, er überlegt, worauf er sich eigentlich konzentrieren will. Dazu schaut er sich die Inhaltsverzeichnisse verschiedener Bücher noch mal durch. Er macht sich eine erste ___________, die zwar noch nicht ausgereift ist, aber immerhin weiß er jetzt in etwa, wo er hin will.*		

B 24b FALLBEISPIEL

	+	–
5 *Jens sortiert nun die meisten ___________ aus; in den drei verbleibenden Büchern liest er noch mal gezielter nach und ergänzt/verändert seine Gliederung. Zudem hält er wichtige Informationen aus diesen Büchern nun doch auf ___________ fest, weist diesen Karten bestimmte Leitbegriffe zu (z. B. »Bräuche der Indianer«) und ordnet sie entsprechend diesen Leitbegriffen in einen ___________ ein.*		
6 *Doch Jens hat durch das viele Lesen am Anfang so viel ___________ verloren, dass er nun doch unter Druck gerät. In seiner Panik beschließt er, sich einfach an eines der Bücher zu halten und dieses passagenweise ___________. So gut wie der ___________ dieses Buches kann er es gewiss nicht formulieren.*		
7 *Jens hat nun sogar Zeit, die ausgewählten Textpassagen in den ___________ einzugeben und sauber ausdrucken zu lassen. Die Überschriften lässt er ___________ wiedergeben, damit sie dem Leser deutlich ins Auge springen. Ferner achtet er – entsprechend der Vorlage – auf eine ordnungsgemäße Zitierweise, wörtliche ___________ werden in ___________ gesetzt, sinngemäße Zitate durch den Zusatz »vergleiche Autor XY« kenntlich gemacht.*		
8 *Die einzelnen Seiten seines Manuskripts lässt Jens richtig voll drucken, da er ziemlich viel ___________ hat und noch Platz für Schaubilder braucht. Schließlich will er nicht mehr als 10 Seiten abliefern. Für einen angemessenen ___________ rechts und links bleibt von daher kein Platz mehr.*		
9 *Auf ein ___________ am Ende seines Referats verzichtet Jens ganz, da die zitierten Autoren ja im laufenden Text genannt werden. Das müsse reichen.*		
10 *Stattdessen legt Jens ziemlich viel Wert auf die grafische ___________ seines Textes. Aus den ausgeliehenen Büchern kopiert er mehrere ___________ bzw. Skizzen und montiert diese in den gedruckten Text ein.*		
11 *Auch das ___________ (Deckblatt) hat Jens toll gestaltet. Oben hat er mit Schablone das ___________ der Hausarbeit aufgeführt. Darunter steht mit Schreibmaschine geschrieben: »Vorgelegt von Jens Roller, Klasse 9a …« Die untere Hälfte des Titelblattes ist mit einer thematisch passenden ___________ »ausgeschmückt«.*		
12 *Auf der zweiten Seite der Hausarbeit beginnt bei Jens gleich der Text. Ein ausführliches ___________ hat sich Jens geschenkt, da die einzelnen Gliederungspunkte ja fett gedruckt im Text erscheinen.*		

B 24c GLIEDERN

INHALTSVERZEICHNIS ERSTELLEN

Im Folgenden findest du eine ganze Reihe von Gliederungspunkten zum Thema: »Soziale Sicherung in der Marktwirtschaft«. Diese Gliederungspunkte lassen sich zu einem übersichtlichen Inhaltsverzeichnis zusammenfügen:

➔ *Ordne die angeführten Gliederungspunkte in das Raster auf der nächsten Seite so ein, dass sich ein stimmiges Inhaltsverzeichnis ergibt!*

➔ *Vergleicht eure Ergebnisse in Kleingruppen! Besprecht etwaige Probleme und Unklarheiten! Zieht nötigenfalls euren Lehrer zurate.*

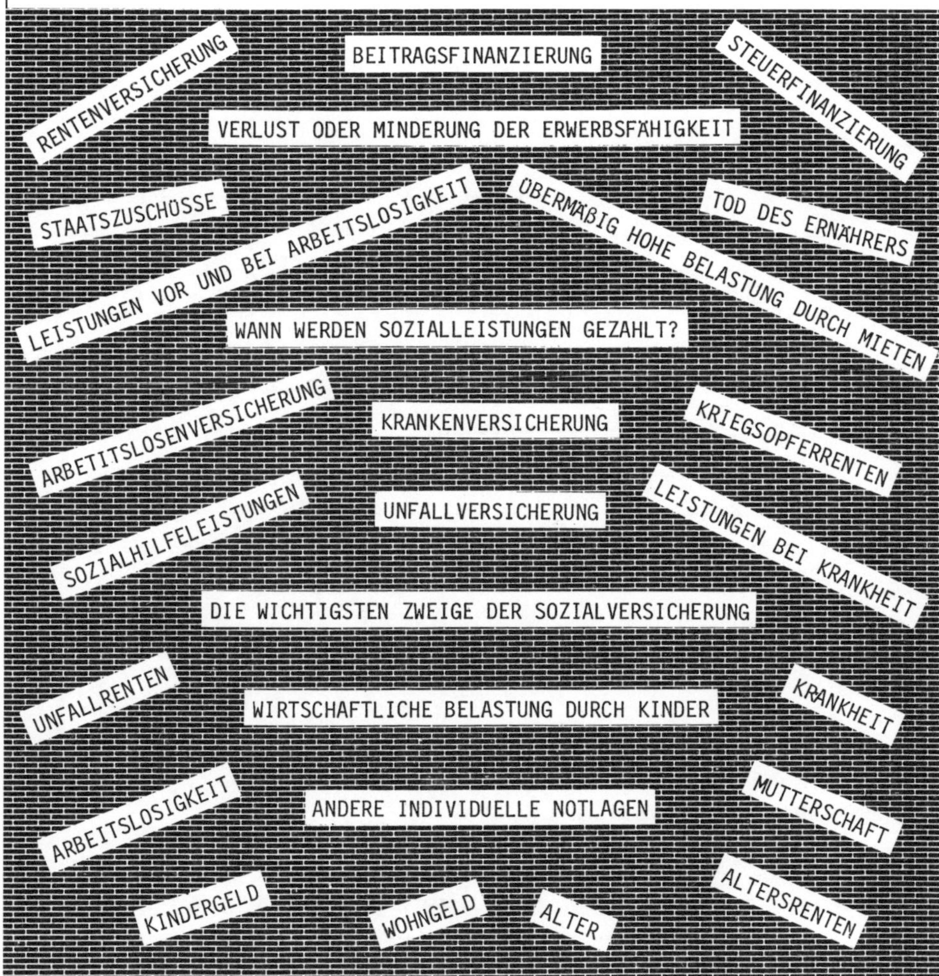

B 24c GLIEDERN

THEMA: SOZIALE SICHERUNG IN DER MARKTWIRTSCHAFT

1. ____

___ ____

1.2 ____

___ ____

___ ____

__ DIE EINZELNEN SOZIALLEISTUNGEN IM ÜBERBLICK

___ ____

____ ____

____ ____

____ ____

____ ____

2.1.5 ____

____ ____

____ ____

____ ____

____ ____

___ Welche Sozialleistungen werden gezahlt?

____ ____

____ ____

____ ____

____ ____

____ ____

____ ____

____ ____

____ ____

__ FINANZIERUNG DER SOZIALEN SICHERUNG

___ ____

___ ____

___ ____

B 24d ORDNUNGSAUFGABE

LITERATURVERZEICHNIS ORDNEN

Die nachfolgenden Literaturhinweise sind arg durcheinander geraten. Üblicherweise sind sie so geordnet, dass erst der Autor mit Familien- und abgekürztem Vornamen erscheint. Dann kommt der Titel der Veröffentlichung (eventuell mit Untertitel), dann die Auflage – falls es mehrere gibt –, dann der Erscheinungsort und das Erscheinungsjahr. Bei Aufsätzen in Sammelbänden kommt nach der Titelangabe die Einfügung: »in: … (Titel des Sammelbandes) …, herausgegeben/hrsg. von …«. Bei Aufsätzen in Zeitschriften ist es wieder anders: Nach der Titelangabe geht es dort wie folgt weiter: »in: … Name, Nummer und Jahrgang der Zeitschrift …, Seitenangabe zum Aufsatz (z. B. S. 24 ff. = folgende)«.

➔ *Ordne unter Beachtung dieser Regeln die nachfolgenden Literaturhinweise und schreibe sie übersichtlich auf ein neues Blatt!*

➔ *Ordne außerdem die einzelnen Quellen alphabetisch, d. h. nach den Anfangsbuchstaben der Autoren-Namen!*

Kromphardt, J.: 1980, Göttingen, Konzeptionen und Analysen des Kapitalismus.

Marktsoziologie und Entscheidungslogik, H. Albert, Neuwied und Berlin 1967.

G. Bäcker: In: Armut im Wohlstand, Lebenslage und soziale Reformen, hrsg. von D. Döring u. a., S. 357 ff., Frankfurt/Main 1990.

Genealogie der Sozialen Marktwirtschaft, 2. Auflage, Bern und Stuttgart, A. Müller-Armack, 1981.

Didaktik des Lernbereichs Wirtschaft, Klippert, H., Weinheim, Fachwissenschaftliche und didaktische Grundlegung eines problemorientierten Wirtschaftsunterrichts, und Basel 1981.

Lampert, H.: hrsg. von der Bundeszentrale für politische Bildung, In: Soziale Marktwirtschaft – Bilanz und Perspektive, Bonn 1989, Die Soziale Marktwirtschaft in der Bundesrepublik Deutschland, S. 49 ff.

A. Smith, 3 Bände, (englische Erstausgabe 1776), Jena 1923, Eine Untersuchung über Natur und Wesen des Volkswohlstandes.

München und Zürich, Die moderne Industriegesellschaft, 1970, J. K. Galbraith.

5. Auflage, Allgemeine Theorie der Beschäftigung, des Zinses und des Geldes, J. M. Keynes, 1974 Berlin.

Der Staat in der Sozialen Marktwirtschaft der Bundesrepublik Deutschland, Meißner, W.; Markl, R., hrsg. von der Bundeszentrale für politische Bildung, In: Soziale Marktwirtschaft, S. 29 ff., 1989 Bonn.

Heft 215 der Informationen zur politischen Bildung, Bonn 1990, Bundeszentrale für politische Bildung (Hrsg.), Der Sozialstaat.

Grundsätze der Wirtschaftspolitik, Eucken, W., Hamburg 1959.

B 24e FEHLERSUCHE

QUELLENANGABEN MIT FEHLERN

Bei den Literaturangaben im nachfolgenden Text und in den zugehörigen Quellenhinweisen darunter sind einige Angaben unvollständig. Im Text ist eine Literaturangabe unklar; im Quellenverzeichnis fehlen gleich bei 4 Literaturhinweisen wichtige Angaben. Suche die 6 »Fehler« und schreibe mit rotem Stift jeweils dazu, welche Angabe fehlt!

Vom menschlichen Wesen her gehören Kopf und Hand, Denken und Handeln, Geist und Körper aufs Engste zusammen (vgl. Fauser u. a. 1983, S. 138 ff.). Andreas Flitner fordert deshalb zu Recht, die Schule solle sich von der althergebrachten Belehrung durch Worte und Symbole endlich lösen. Denn erklärtes Ziel schulischer Bildungsarbeit ist – wie z. B. Schulz fordert – die Förderung von Selbstständigkeit, Selbstbestimmung und Selbstverantwortung (vgl. Schulz 1990; Terhart 1990). Ohne diese Tugenden ist unser demokratisches System letztlich ohne Fundament. Doch was geschieht in der Schule? »Die Schüler werden vorwiegend ›belehrt‹, eng geführt und mit einer Fülle von Detailwissen voll gestopft, das nur zu bald wieder vergessen wird.« (Klippert 1991, S. 58) Kein Wunder also, dass viele Schüler beim Lernen unsicher und/oder überfordert sind. Ihnen mangelt es immer öfter nicht nur an Selbstständigkeit, sondern auch an Methodenbeherrschung. Denn das methodische Vorgehen im Unterricht bestimmt in aller Regel der Lehrer. Sobald die gewohnte Lehreranweisung fehlt, sind viele Schüler recht hilflos (vgl. Klippert).

QUELLENANGABEN

FAUSER, P.; FINTELMANN, K. J.; FLITNER, A. (Hrsg.): Lernen mit Kopf und Hand, Weinheim und Basel.

FLITNER, A.: Lernen mit Kopf, Herz und Hand, in: Jahresheft zum Thema »Lernen«, herausgegeben vom Friedrich-Verlag, Velber 1986, S. 8 ff.

KLIPPERT, H.: Handlungsorientiertes Lehren und Lernen in der Schule. In: Schulmagazin, S. 54 ff.

KLIPPERT, H.: Lernziel Selbständigkeit. Methodentraining mit Schülern. In: arbeiten + lernen, Heft 5/1992, S. 10 ff.

SCHULZ: Selbständigkeit, Selbstbestimmung, Selbstverantwortung, in: Pädagogik, Heft 5, S. 34 ff.

TERHART, E.: Selbständigkeit. Notizen zur Geschichte und Problematik einer pädagogischen Kategorie, S. 6 ff.

B 24f | QUELLENARBEIT

MIT ZITATEN ARBEITEN

Im Folgenden findest du mehrere wörtliche Zitate zum Thema »Lernen«, die aus verschiedenen Büchern und Aufsätzen entnommen worden sind: Die Quellen sind jeweils in Klammern genannt.

Schreibe unter Berücksichtigung dieser Zitate einen (kritischen) Aufsatz zum Thema »Lernen in der Schule«! Der Umfang sollte etwa 2 Seiten betragen. Beziehe dabei die einzelnen Zitate in wörtlicher oder indirekter Rede mit ein! Kennzeichne die verwandten Zitate und stelle am Ende deines Aufsatzes ein komplettes Literaturverzeichnis zusammen – alphabetisch geordnet!

»Nur 20 % behalten wir von dem, was wir hören, und nur wenig mehr, nämlich 30 %, von dem, was wir sehen. Von dem, was wir selber sagen/formulieren können, behalten wir dagegen 80 % und gar 90 % von dem, was wir selbst tun.« *(Witzenbacher, K.: Handlungsorientiertes Lernen in der Hauptschule, Ansbach, 1985, S. 17)*

»Lernen lernen ist ein allgemeines Bildungsziel.« *(Rainer, W.: a. a. O., S. 124)*

»Nur wer gelernt hat, seinen eigenen Lernprozess selbstständig zu organisieren, wird die notwendige Selbstständigkeit in späteren Entscheidungs- und Handlungssituationen erlangen.« *(Rainer, W.: Lernen lernen. Ein Bildungsauftrag der Schule. Paderborn 1981, S. 132)*

»Nach übereinstimmenden Untersuchungen führen mehr als 50 % aller Schüler ihre Lernschwierigkeiten darauf zurück, dass sie nicht über Methoden und Techniken zur Planung und Steuerung ihres eigenen Lernens verfügen.« *(Hilligen, W.: Zur Didaktik des politischen Unterrichts, 4. Auflage, Opladen 1985, S. 209)*

»Lernen findet statt durch aktives Verhalten des Schülers; er lernt das, was er tut, nicht das, was der Lehrer tut.« *(Tyler, R. W.: Curriculum und Unterricht, Düsseldorf 1973, S. 69)*

»Führende Bildungsexperten sind sich darin einig, dass die methodischen und die sozialen Fähigkeiten der Schüler relativ zu den Fachkenntnissen immer stärker an Bedeutung gewinnen. Deshalb ist es an der Zeit, dass in der Schule mehr Wert auf die Vermittlung von Lernmethoden, Gesprächsfähigkeit und Teamwork gelegt wird.« *(Klippert, H.: Lernziel Selbständigkeit. Methodentraining mit Schülern. In: arbeiten + lernen, Heft 5/1992, S. 11)*

»Viele Lehrer betonen zwar die Wichtigkeit der Vermittlung von Lern- und Arbeitstechniken, fühlen sich aber selbst nicht zuständig. Sie weisen darauf hin, dass sie selbst weder in ihrer Schulzeit noch während ihrer Lehrerausbildung entsprechende Techniken kennen gelernt hätten.« *(Schräder-Naef, R. D.: Schüler lernen Lernen, 3. Auflage, Weinheim und Basel 1986, S. 23)*

4. Methoden der Arbeits-, Zeit- und Lernplanung

Lernen bedarf der Planung – kein Zweifel. Planvolles, durchdachtes Vorgehen ist Voraussetzung wie Gewähr dafür, dass die Schüler einigermaßen effizient und nachhaltig lernen. Dementsprechend ist es wichtig, dass sie gewisse methodische Algorithmen beherrschen, die bei der Arbeitsplanung und der Prüfungsvorbereitung zum Tragen kommen (vgl. B 29 bis B 32). Erforderlich ist aber auch die gezielte Förderung und Nutzung der Gedächtnisleistung (vgl. B 25 bis B 28), damit der obligate Lernstoff auch hängen bleibt. Für die meisten Schüler ist das Gedächtnis nämlich ein ebenso unverstandenes wie undurchsichtiges System. Weder im Unterricht noch zu Hause wird der Förderung der Gedächtnisleistung größere Aufmerksamkeit entgegengebracht. Zwar wird erfolgreiches Lernen gefordert, aber wie das tatsächlich zu bewerkstelligen ist, das bleibt in der Regel offen und dem Glück und/oder Geschick der einzelnen Schüler überlassen. Eine Reihe von Schülern gelangt durch Intuition und bewusstes Experimentieren unter Umständen zu beachtlichen Erfolgen und methodischen Routinen. Für das Gros der Schüler gilt dieser Befund jedoch nicht. Im Gegenteil, viele Schüler lernen erfahrungsgemäß eher unsystematisch und undurchdacht. Ja mehr noch: Sie verstoßen häufig sogar in geradezu fahrlässiger Weise gegen elementare Mnemoregeln und -gesetze. Konkret: Sie bedenken häufig wenig oder gar nicht, dass unser Gedächtnis durch Bilder, Strukturen, Lernplakate und sonstige gedankliche Assoziationen gestützt werden muss, dass neuer Lernstoff umso besser zu behalten ist, je konsequenter er mit Bekanntem verbunden und/oder durch regelmäßige Wiederholungen eingeprägt wird, dass erfolgreiches Lernen entscheidend davon abhängt, dass mit dem jeweiligen Lernstoff aktiv und konstruktiv gearbeitet wird etc. Ähnlich unbedarft sind viele Schüler in puncto Arbeits- und Zeitplanung. Gelernt und gearbeitet wird irgendwie, aber meist ohne klares Konzept und ohne die nötige arbeitsmethodische Sensibilität. Wohlgemerkt: Den Schülern ist das am wenigsten zum Vorwurf zu machen, denn sie werden mit ihren alltäglichen Lern- und Arbeitsschwierigkeiten nur zu oft allein gelassen. Das gilt für das Faktenlernen wie für das Vorbereiten von Klassenarbeiten, für die häusliche Zeit- und Arbeitsplanung wie für die eigenverantwortliche Planung und Ausgestaltung offener Arbeitsprozesse im Unterricht (Projekte, Fallstudien, Rollenspiele, Planspiele etc.). Entsprechend abhängig sind die meisten Schüler von den »richtungweisenden« Instruktionen, Hilfen und Kontrollen der Lehrkräfte. Nur ist die darin zum Ausdruck kommende methodische Unmündigkeit der betreffenden Schüler mittel- und langfristig fatal. Denn früher oder später müssen sie ihre Lern- und Arbeitsprozesse selbstständig organisieren und managen. Sie müssen über die nötigen Mittel und Wege verfügen, um das eigene Lernen einigermaßen effektiv zu gestalten, kurzum: Sie müssen bereit und in der Lage sein, planvoll vorzugehen und methodisch reflektiert ihre eigenen Potenziale auszuschöpfen. Die korrespondierenden Übungsbausteine in den folgenden Abschnitten tragen diesem Anspruch Rechnung. Sie setzen die in Kapitel 1 begonnene Sensibilisierung und Qualifizierung fort (vgl. Lerntypen-Test, Lerntipps etc.), indem grundlegende Methoden der Arbeits-, Zeit- und Lernplanung näher thematisiert und für unterrichtliche Arbeitsprozesse aufgeschlossen werden.

B 25: WISSENSWERTES ZUM GEDÄCHTNIS

GRUNDIDEE: Wenn die Schüler die Kapazitäten ihres Gedächtnisses verstärkt nutzen sollen, dann müssen sie einigermaßen darüber Bescheid wissen, wie das Gehirn arbeitet, wodurch Lernhemmungen entstehen und wie man ihnen gegebenenfalls begegnen kann. Mit »trockenen« Grundinformationen ist es dabei allerdings nicht getan. Erfahrungsgemäß brauchen die Schüler – wie bereits mehrfach erwähnt – inspirierende Lese- und Lernanlässe, damit sie sich mit der nötigen Konzentration und Motivation an die Arbeit machen. Die nachfolgenden Arbeitsblätter entsprechen dieser Grundüberlegung. Die Ordnungsaufgaben in Übungsblatt a aktivieren die Schüler ebenso wie das zu erläuternde Schema in Übungsblatt b oder das unvollständige Planungsraster in Übungsblatt c. Zwar werden die Schüler auf diesem Wege keinesfalls zu Experten in Sachen Gehirn, wohl aber überdenken, entdecken und besprechen sie einige grundlegende Besonderheiten dieses Organs, die für ein effektives Lernen geradezu richtungweisend sind. Weitere Folgerungen und Konkretisierungsbeispiele werden in den anschließenden Abschnitten vorgestellt.

ÜBUNGEN: Der Lehrer vervielfältigt die vorliegenden Arbeitsblätter und setzt sie wahlweise im Unterricht ein. Die Schüler bearbeiten die einzelnen Aufgaben entsprechend den angeführten Arbeitshinweisen in Einzel-, Partner- oder Gruppenarbeit, je nachdem, welche Sozialform sich jeweils anbietet. Alle Übungsblätter sind so konzipiert, dass die Schüler zu produktiv-kreativem Arbeiten und Kommunizieren veranlasst werden, was ihre Motivation erfahrungsgemäß wesentlich begünstigt. Welche Erkenntnisse und Einsichten werden durch die einzelnen Übungsblätter angebahnt? Übungsblatt a bringt das »Zwei-Kammer-System« des Gehirns in den Blick und damit den Befund, dass am besten lernt, wer den Lernstoff möglichst intensiv mit korrespondierenden Bildern, Skizzen, Assoziationen und sonstigen emotional bewegenden Eindrücken verbindet. Arbeitsblatt b gewährt darüber hinaus einen strukturierten Einblick in die verschiedenen Formen und Ursachen der alltäglich zu beobachtenden Konzentrationsmängel. Übungsblatt c schließlich fordert zur konstruktiven Auseinandersetzung mit einigen zentralen Lernhemmungen heraus, die unser Gehirn mehr oder weniger stark blockieren. Dazu stellen die Schüler u. a. strategische Überlegungen an.

AUSWERTUNG: Die Schüler vergleichen ihre Arbeitsergebnisse in Kleingruppen. Verbleibende Fragen und Unklarheiten werden im Plenum geklärt. Der Lehrer ist hierbei als Berater und Instrukteur gefragt. Er kann eventuell weitere Informationen und Materialien eingeben, um die Klärungsarbeit zusätzlich zu fundieren. Zur Auswertung von Übungsblatt b gehört überdies, dass sich die Schüler paarweise das betreffende Schema erläutern und erklären (s. Karussell-Gespräch in B 2). Im Falle von Übungsblatt c ist ebenfalls eine Gesprächssequenz vorgesehen, und zwar dergestalt, dass sich die Schüler im Wechsel ihre strategischen Empfehlungen zu den einzelnen Lernhemmungen erläutern. Möglich ist auch, dass sie zu jeder Lernhemmung ein konkretes Beispiel aus dem eigenen Lernalltag finden, das in der jeweiligen Kleingruppe vorgestellt und nötigenfalls besprochen wird.

ZEITBEDARF: Für Arbeitsblatt a sind 20 bis 30 Minuten zu veranschlagen. Für die Übungsblätter b und c ist von einem Zeitbedarf von je etwa einer Unterrichtsstunde auszugehen.

B 25a ORDNUNGSAUFGABE

DIE ZWEI SEITEN DES GEHIRNS

Das Gehirn ist ein höchst kompliziertes Gebilde. Die folgenden Kurzinformationen verschaffen zwar keinen Durchblick, aber sie deuten an, worauf beim Lernen besonders zu achten ist.

! *Ordne die genannten Begriffe der linken und der rechten Gehirnhälfte zu! Trage sie in die entsprechenden Kästchen ein! Lies dazu die angeführten Merksätze sorgfältig durch! (Kontroll-Tipp: Die Zahl der gestrichelten Linien entspricht der Zahl der Begriffe).*

➔ *Bringe zuvor die durcheinander geratenen Merksätze in die richtige Ordnung! Schreibe sie neu und klebe sie über die alte Fassung!*

Linke Gehirnhälfte	Rechte Gehirnhälfte
______________	______________
______________	______________
______________	______________
______________	______________
______________	______________
______________	______________

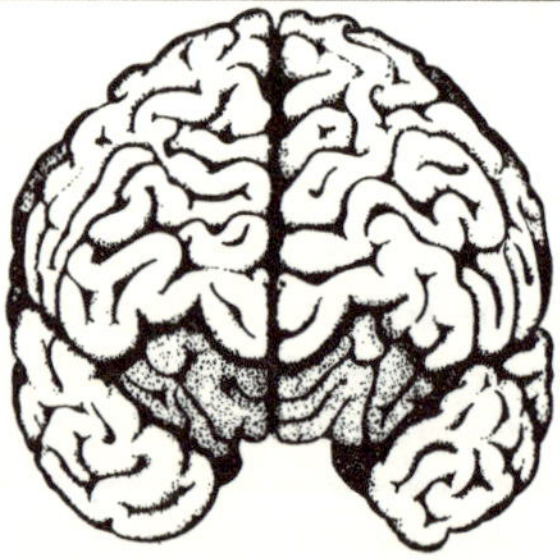

Bitte oben zuordnen: BILDER · ZAHLEN · SPRACHE · FARBE · FANTASIE · LINEARITÄT · MUSIK · URTEILSBILDUNG · LOGIK · FORMEN · RHYTHMUS · ANALYSE

DURCHEINANDER GERATENE MERKSÄTZE

- Zehn Milliarden Nervenzellen etwa das menschliche Gehirn enthält, die untereinander mit Nervenfäden sind verknüpft.
- Wird durch winzige Schalter (Synapsen) zwischen diesen Nervenzellen hergestellt die Verbindung, die werden können an- und abgeschaltet.
- Davon entscheidend die Speicherleistung des Gehirns hängt ab, dass werden angesprochen gleichzeitig möglichst die linke Gehirnhälfte und die rechte.
- Während für das Logisch-Sprachliche zuständig ist mehr die linke Gehirnhälfte, vorrangig speichert das Anschaulich-Emotionale die rechte Gehirnhälfte. Überlegen ist der linken die rechte Gehirnhälfte vom Behalten her.
- Sonstige Informationen daher sollten und schwer einprägbare Textpassagen verknüpft werden mit selbst erstellten Zeichnungen, Skizzen und sonstigen gedanklichen Fantasiegebilden.
- Der Lernstoff relativ zuverlässig auf diese Weise gelangt ins Kurzzeitgedächtnis zunächst (Speicherdauer ca. 20 bis 30 Minuten) und ins Langzeitgedächtnis dann. In der Regel setzt jedoch voraus mehrfache Wiederholung die Speicherung im Langzeitgedächtnis.

B 25b DIAGNOSEAUFGABE

KONZENTRATIONSMÄNGEL ERKLÄREN

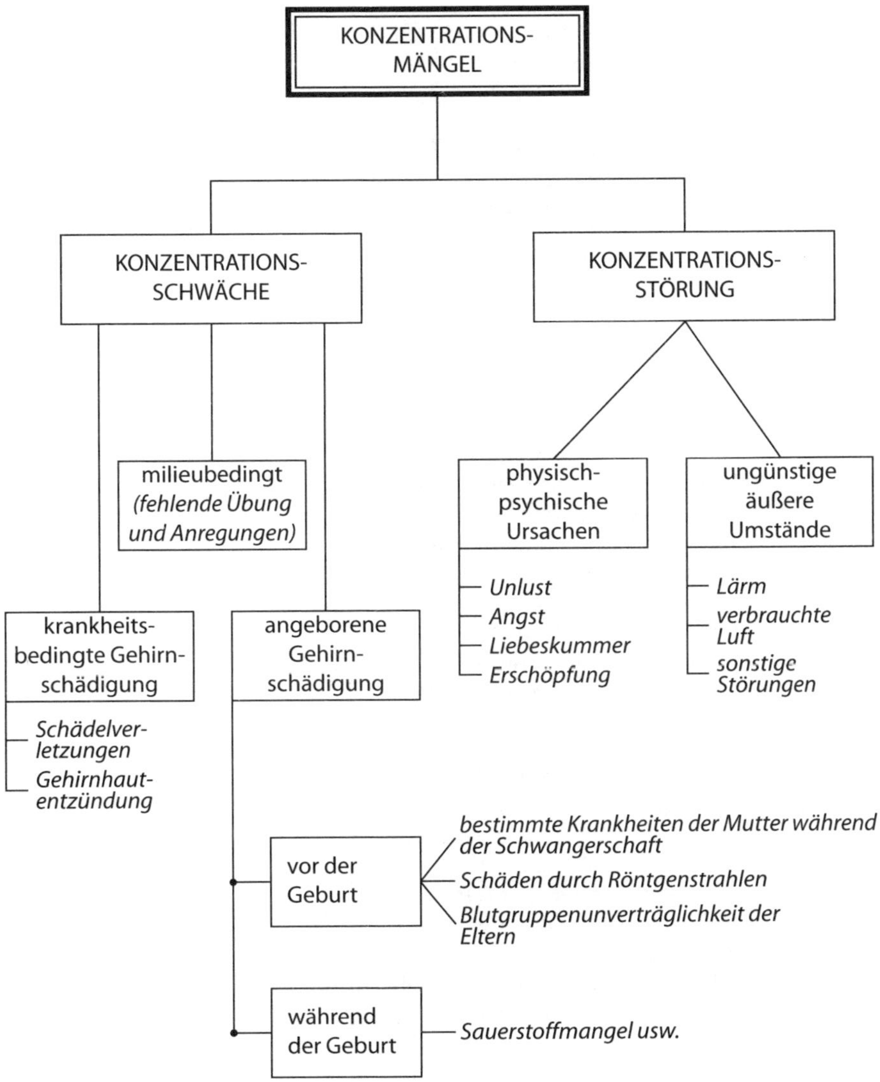

➔ *Schreibe zum obigen Schaubild einen erläuternden Text, der die verschiedenen Arten und Ursachen der alltäglich zu beobachtenden Konzentrationsmängel aufzeigt!*

➔ *Erläutere das Schaubild in freier Rede einem Gesprächspartner deiner Wahl (eventuell auch in der Kleingruppe)!*

B 25c LERNTIPPS

DEM VERGESSEN AUF DER SPUR

ES GIBT VERSCHIEDENE UMSTÄNDE, DIE DAS LERNEN UND BEHALTEN VON LERNSTOFF HEMMEN. EINIGE DIESER LERNHEMMUNGEN WERDEN IM FOLGENDEN GENANNT UND ERLÄUTERT.

➔ *Lies dir die Informationen zu den einzelnen Lernhemmungen genau durch! Überlege, was man dagegen tun kann bzw. was du konkret dagegen tust! Notiere deine Vorschläge und Anregungen in der rechten Spalte der Tabelle!*

➔ *Vergleicht und diskutiert eure Vorschläge zur Abwendung der genannten Lernhemmungen in Kleingruppen! Zieht nötigenfalls euren Lehrer zurate!*

MÖGLICHE LERNHEMMUNGEN	GEGENMASSNAHMEN?
1 PAUSENLOSES LERNEN: Wenn verschiedene Lernvorgänge ohne Unterbrechung aufeinander folgen, dann wird die Aufmerksamkeit deutlich gemindert. Der neue Lernstoff wird noch nicht richtig aufgenommen, weil das Gehirn teilweise noch mit dem vorher gelernten Stoff beschäftigt ist. Und der alte Lernstoff kann sich infolge des sofortigen Nachfüllens von neuem Stoff auch nicht richtig absetzen.	________________ ________________ ________________ ________________ ________________ ________________
2 ÄHNLICHE STOFFGEBIETE: Wenn ähnliche Stoffgebiete – z. B. Französisch und Englisch oder Physik und Mathematik – hintereinander gelernt werden, dann wird das Behalten ebenfalls mehr oder weniger stark geschmälert. Denn durch die auftretenden Überschneidungen des Lernstoffs ist es für das Gehirn ausgesprochen schwierig, die sich ähnelnden Informationen und Begriffe sauber getrennt und eindeutig wieder auffindbar im Langzeitgedächtnis abzulegen.	________________ ________________ ________________ ________________ ________________ ________________ ________________
3 GETEILTE AUFMERKSAMKEIT: Wenn mehrere Dinge gleichzeitig getan werden, wird die Aufnahme des Lernstoffs zwangsläufig erschwert. Wer z. B. während des Lesens im Schulbuch Musik	________________ ________________ ________________

B 25c | LERNTIPPS

MÖGLICHE LERNHEMMUNGEN	GEGENMASSNAHMEN?
hört, einem Nebengespräch lauscht und womöglich noch über einen Brief nachdenkt, der muss sich nicht wundern, wenn von dem Gelesenen kaum etwas hängen bleibt. Denn die Gehirnzellen werden mal hier erregt und mal dort erregt. Entsprechend wechselt die Aufmerksamkeit zwischen den verschiedenen Haupt- und Nebentätigkeiten. Die unterschiedlichen Eindrücke überlagern sich und löschen sich gegenseitig.	____________________ ____________________ ____________________ ____________________ ____________________ ____________________
4 EMOTIONALE HEMMNISSE: Wenn man Ärger, Angst, Trauer, Enttäuschung und sonstige gefühlsmäßige Erregungen mit sich »herumschleppt«, dann ist das für das Lernen ebenfalls abträglich. Das Gehirn wird dadurch so sehr erregt und beschäftigt, dass der Lernstoff völlig nebensächlich wird. Man hängt irgendwelchen Gedanken nach, entwickelt Fantasien und ist zu nichts mehr fähig. In diesem Zustand verläuft das Lernen zwangsläufig unbefriedigend.	____________________ ____________________ ____________________ ____________________ ____________________ ____________________ ____________________
5 KURZFRISTIGES PAUKEN: Wenn z. B. vor Prüfungen auf den letzten Drücker gelernt wird, dann ist die Behaltensrate gleichfalls unbefriedigend. Denn die erfolgreiche Verankerung des Lernstoffs braucht nun einmal eine gewisse Zeit und muss auch mit Wiederholungsphasen einhergehen. Nur so kann sich der betreffende Stoff nachhaltig im Gedächtnis absetzen. Wer also kurzfristig paukt, um Zeit zu sparen, der ist letztendlich ein Zeitverschwender.	____________________ ____________________ ____________________ ____________________ ____________________ ____________________ ____________________
6 VERKRAMPFTES LERNEN: Wer sich beim Lernen übermäßig unter Zeit- und Erfolgsdruck setzt, der verkrampft leicht. Ein »verkrampftes Gehirn« aber ist weniger zugänglich und leistungsfähig als ein entspanntes. Denn infolge des Zeitdrucks und der damit meist einhergehenden Hektik wird dem Gehirn zu wenig Zeit gelassen, das Gelernte behutsam abzuspeichern bzw. – später – das Gesuchte zu finden. Erfolgreiches Lernen verlangt also eine gewisse Entspanntheit!	____________________ ____________________ ____________________ ____________________ ____________________ ____________________ ____________________

B 26: WICHTIGE LERNWEGE IM PRAXISTEXT

GRUNDIDEE: Wie in B 5 bereits angedeutet, gibt es verschiedene Lernwege, die mehr oder weniger effektiv sind. Die drei wichtigsten Lernwege sind: (a) der visuelle, (b) der auditive und (c) der motorische Weg. Mit Abstand am nachhaltigsten gelernt wird auf dem Lernweg »Handeln« (vgl. B 5). Über das Auge wird ebenfalls noch relativ viel aufgenommen – und zwar umso mehr, je stärker der Lernstoff mit bildhaft-visuellen Eindrücken verknüpft wird. Am wenigsten effektiv ist in aller Regel das Lernen über das Ohr, da die betreffenden verbalen Informationen ebenso rasch wie abstrakt vorbeirauschen und nur spärlich ins Gedächtnis eingespeichert werden können. Die nachfolgend dokumentierten Übungsblätter a und b geben den Schülern Gelegenheit, zwei der drei genannten Lernwege auf experimentelle Weise zu testen, nämlich ihr auditives und ihr visuelles Auffassungsvermögen. Die visuelle Ebene ist hierbei nochmals zweigeteilt. Einmal sind Begriffe zu lesen, zum anderen werden Symbole betrachtet. Mit dem Experiment soll sowohl die Selbstreflexion der Schüler angestoßen als auch ihre Bereitschaft gestärkt werden, gezielt zu visualisieren.

ÜBUNGEN: Der Lehrer kopiert die beiden Vorlagen auf Folien und schneidet diese vertikal in 5 Streifen auseinander. Anschließend läuft das Experiment wie folgt ab: Der Lehrer liest zunächst die 15 Begriffe der Rubrik »Hören« im Abstand von je 3 Sekunden laut und deutlich vor. Anschließend lenkt er die Schüler durch einige Erläuterungen zum Lerntyp »Hören« für kurze Zeit ab. Dann erhalten die Schüler ca. eine Minute Gelegenheit, die noch präsenten Begriffe aufzuschreiben. Nach einer kurzen Auswertungsphase (s. unten) kommt Teil 2 des Tests: Der Lehrer blendet mittels Tageslichtprojektor die einzelnen Begriffe der Rubrik »Lesen« für je 3 Sekunden ein (dazu müssen zwei Pappstreifen zur Verfügung stehen, die von oben und unten gegenläufig so geschoben werden, dass jeweils nur ein Begriff sichtbar ist). Anschließend werden die Schüler erneut durch Erläuterungen zum Lerntyp »Lesen« kurz abgelenkt; dann schreiben sie die in Erinnerung gebliebenen Begriffe auf (Zeit: ca. 1 Minute). Wieder kommt eine kurze Auswertungsphase; alsdann erfolgt Teil 3 des Tests: Der Lehrer blendet die 15 Symbole auf den 3 Folien-Streifen – wie in Teil 2 – für je 3 Sekunden ein usw. (s. Teil 2).

AUSWERTUNG: Die erinnerten Begriffe werden nach jedem Teilabschnitt gezählt und von den Schülern in ein vorbereitetes Auswertungsraster übertragen (s. Skizze). Nach Beendigung der drei Testphasen werden die erreichten Punktwerte verbunden, sodass ein mehr oder weniger ungleichseitiges Dreieck entsteht. Die Schüler vergleichen zunächst in Kleingruppen ihre Dreiecke, tauschen ihre Erfahrungen aus und nehmen erste Deutungen vor. Anschließend erfolgt durch Handaufzeigen eine summarische Auswertung im Plenum (»Wer hat bei den Symbolen am meisten erinnert? …«). Daran schließt sich eine vertiefende Reflexion und Information an (u. a. durch den Lehrer).

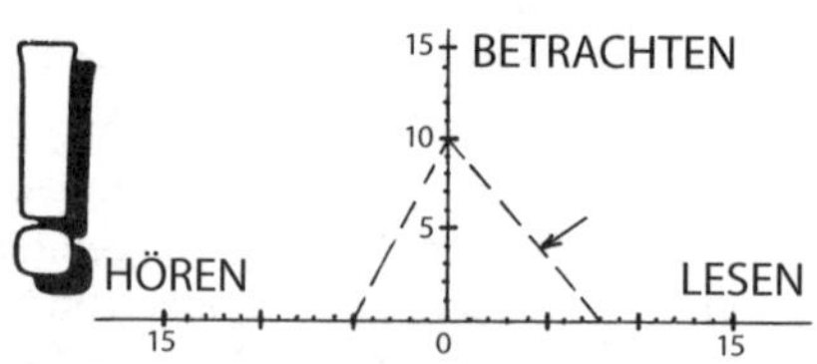

ZEITBEDARF: Für die einzelnen Testphasen sind je 5 Minuten zu veranschlagen – insgesamt also 15 Minuten. Die anschließende Gesamtauswertung der Testergebnisse und -erfahrungen dauert ca. 20 Minuten.

B 26a TESTBLATT

HÖREN	LESEN
STROH	BESEN
STRASSE	GITARRE
KATZE	BLUME
HAUS	FÜLLER
HOSE	BROT
KOFFER	PFANNE
PFERD	ZEITUNG
LINEAL	SALAT
GABEL	SCHUHE
RADIO	TELEFON
KERZE	FLASCHE
SEIFE	MOPED
LAMPE	KORB
FAHRRAD	WALD
KUCHEN	TAUBE

B 26b TESTBLATT

BETRACHTEN

B 27: AUSWENDIGLERNEN MIT SYSTEM

GRUNDIDEE: Zum Arbeitsalltag der Schüler gehört das Auswendiglernen von Begriffen, Definitionen, Namen, Vokabeln, Jahreszahlen und sonstigen Fakten und Sachverhalten. Doch dieses Memorieren mehr oder weniger zusammenhangloser Stoff-Fragmente ist leichter gefordert als getan. Wie in den letzten Abschnitten bereits angedeutet, ist ein zentraler Ansatz für erfolgreiches Faktenlernen die Koppelung von linker und rechter Gehirnhälfte, d. h. die Beteiligung möglichst vieler Sinne beim Lernvorgang. Hinzu kommt als weiterer wichtiger Ansatzpunkt die ebenso systematische wie aktive Wiederholung des jeweiligen Lernstoffs. Einen Text, eine Vokabelreihe oder irgendwelche Geschichtszahlen einfach durchzulesen, wie das viele Schüler tun, ist in aller Regel recht wirkungslos. Viel effektiver ist es, den Lernstoff möglichst aktiv und bewusst ins Gedächtnis einzuspeichern: durch schriftliches Zusammenfassen, durch Gliedern, Markieren, lautes Vorlesen, Besprechen, Skizzen machen, durch Frage-Antwort-Spiele, durch bewusstes Ausdenken von »Eselsbrücken« usw. Diese Erfordernisse und Lernwege werden mit den folgenden Übungsblättern ins Blickfeld der Schüler gerückt.

ÜBUNGEN: Die einzelnen Übungsblätter werden von den Schülern entsprechend den Arbeitsanweisungen in Einzel-, Partner- und/oder Kleingruppenarbeit bearbeitet. Die Ergebnisse werden verglichen, etwaige Fragen und Probleme besprochen. Der Lehrer ist in erster Linie Berater und Organisator. Um was geht es bei den einzelnen Übungsblättern? Übungsblatt a zielt darauf, die Alltags-Strategien der Schüler beim Faktenlernen zu mobilisieren und der Reflexion zugänglich zu machen. Dazu wird ein »Paargespräch« organisiert, in dessen Verlauf sich die Schüler wechselseitig berichten, wie sie neuen Lernstoff im Gedächtnis festzumachen versuchen (zum Ablauf vgl. die ausführlicheren Hinweise in B 2). Diesem Erfahrungsaustausch folgt die konstruktive Erklärung elementarer Lernregeln sowie die Suche nach korrespondierenden Beispielen (Übungsblatt b). Übungsblatt c führt die Schüler in aktiver Weise in die Besonderheiten der »Lernkartei« ein. Übungsblatt d regt darüber hinaus die praktische Herstellung eines Karteikastens an, der zugleich die Systematik dieses Lerninstruments sehr konkret vor Augen führt. Übungsblatt e schließlich induziert die aktive Auseinandersetzung der Schüler mit der »Vergessenskurve« sowie die Reflexion über Sinn und Zweck konsequenten Wiederholens.

AUSWERTUNG: Übung a wird zweistufig ausgewertet. Zunächst äußern sich die Schüler zum Verlauf des Paargesprächs; anschließend werden in Kleingruppen bewährte Lerntipps zusammengestellt und auf großen Lernplakaten visualisiert und eventuell im Klassenraum ausgehängt. Übungsblatt b wird in Partner- bzw. Kleingruppenarbeit verglichen, besprochen und durch gängige Beispiele konkretisiert. Der Lehrer kann seinerseits weitere Beispiele und Tipps zum Komplex »Mnemo-Techniken« einbringen. Die durch die Übungsblätter c und e angestoßenen Klärungsprozesse werden im Rahmen korrespondierender Schüler-Vorträge überprüft und nötigenfalls vertieft. Der laut Übungsblatt d hergestellte Karteikasten schließlich wird in der praktischen Übungsarbeit eingesetzt und muss sich dort bewähren.

ZEITBEDARF: Für die Übungen a und d sind Zeitansätze von je einer Unterrichtsstunde zu kalkulieren – unter Umständen sogar noch mehr. Die Übungen b, c und e dauern erfahrungsgemäß etwa 20 bis 30 Minuten.

B 27a KREISGESPRÄCH

LERNSTRATEGIEN KLÄREN

Viele Schüler haben Probleme, neuen Lernstoff längerfristig ins Gedächtnis hineinzubringen. Sie lesen, schauen sich die Unterlagen im Heft und im Schulbuch an, müssen aber immer wieder feststellen, dass viele Informationen binnen kürzester Zeit wieder vergessen sind oder gar nicht erst aufgenommen werden. Dagegen kann man durchaus einiges tun! Sicher hast auch du deine kleinen Gewohnheiten und Tricks, die dir helfen, neuen Lernstoff relativ gut zu behalten. Was tust du z. B., wenn du dir Fakten, Begriffe und sonstige Sachverhalte in Erdkunde, Biologie oder anderen Fächern einprägen willst? Bei näherem Nachdenken fallen dir sicher einige Strategien ein!?

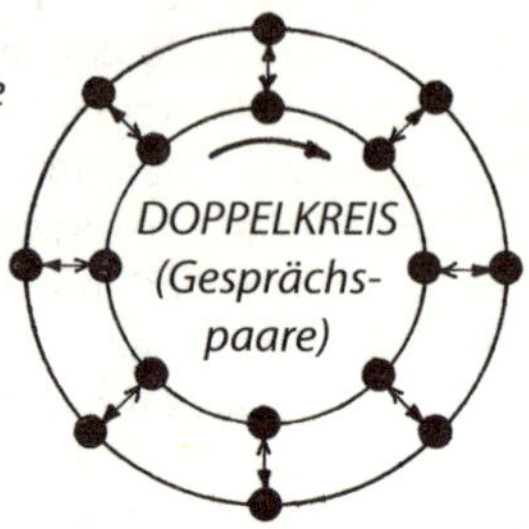

ABLAUF DES KREISGESPRÄCHS

1 Schreibe dir zur Vorbereitung des Gesprächs zunächst stichwortartig auf, was du bei deinem alltäglichen Lernen tust bzw. versuchst, um den Lernstoff möglichst nachhaltig ins Gedächtnis hineinzubringen! Deine Notizen darfst du beim anschließenden Gespräch als Stütze verwenden.

2 Setzt euch anschließend – entsprechend den Anweisungen eures Lehrers – paarweise gegenüber, sodass sich ein Innen- und ein Außenkreis ergibt (s. Skizze oben). Die im Innenkreis sitzenden Schüler/innen berichten sodann ihren Gesprächspartnern im Außenkreis, wie sie neuen Lernstoff ins Gedächtnis hineinzubringen versuchen und welche Probleme es dabei eventuell gibt. Die Zuhörer im Außenkreis passen genau auf, machen sich bei Bedarf Notizen und fassen anschließend die Ausführungen ihres jeweiligen Gesprächspartners in eigenen Worten zusammen. Danach bleibt noch ein wenig Zeit für einen lockeren Meinungs- und Erfahrungsaustausch zum Thema »Lernstoff im Gedächtnis verankern – aber wie?«.

3 Wenn der Lehrer das Signal gibt, rücken alle Schüler/innen, die im Innenkreis sitzen, im Uhrzeigersinn zwei Stühle weiter, sodass sich neue Gesprächspaare ergeben. Nun sind die im Außenkreis sitzenden Schüler/innen an der Reihe, über ihre alltäglichen Lernstrategien und -tricks zu berichten. Die Gegenseite hört zu, macht sich Notizen, fasst das Gesagte in eigenen Worten zusammen usw. (s. Phase 2).

4 Sofern ihr Interesse und Zeit habt, könnt ihr das »Karussell« noch weiter drehen und euch mit weiteren Partnern austauschen. Zur Auswertung am Ende wird euch euer Lehrer nähere Hinweise geben.

B 27B LERNPUZZLE

LERNREGELN ERSCHLIESSEN

Wer neuen Lernstoff ins Gedächtnis befördern will, dem stehen verschiedene Wege und Möglichkeiten offen. Das folgende Satzpuzzle gibt Auskunft über einige wichtige Brücken und Transportwege im Gedächtnis.

Trage die vorgegebenen Puzzle-Teile so in die zugehörigen Leer-Kästchen ein, dass sich sinnvolle »Merksätze« in Reim-Form ergeben! (Kontroll-Tipp: Die fett gedruckten Buchstaben stehen am Satzanfang!)

Sucht in Kleingruppen zu den einzelnen »Merksätzen« praktische Beispiele aus eurer Lernarbeit und stellt sie euch wechselseitig vor!

im Gedächtnis · schreiben · **S**oll der · dann muss man · Lernstoff · bleiben · diesen · mehrfach
ein Segen · denn sie wirken · sind · entgegen · dem Vergessen · **R**eime und Verse
wiederholt · das wird · **W**as immerfort · richtig festgesohlt · wird · im Gedächtnis
und sonstigen Skizzen · der Lernstoff · Tabellen · einritzen · **M**it Bildern · lässt sich · ins Gedächtnis
kann man · **M**it den · ins Gedächtnis · Eselsbrücken · manch Schwieriges · altbekannten · rücken
das Gedächtnis · Portionen · zu schonen · und · die helfen · **K**leine Häppchen · mit
das fördert · zu gestalten · Spickzettel · bekanntlich · **E**inen guten · Behalten · das
Lautes Lesen · den Lernerfolg · und Reden · begünstigt · eines jeden · Fragen · das
damit · **N**eues lernt man · wenn man · am besten · dann · knüpft an · an Bekanntes

B 27c LÜCKENTEXT

ARBEITEN MIT DER LERNKARTEI

Schwieriger Lernstoff muss durch gezielte Arbeitsweisen herausgefunden und schrittweise ein____ä__ werden: durch Schreiben, _aut__ Aufsagen, Skizzen machen, Tabellen anlegen und eben durch das Arbeiten mit der Lernkartei. Eine _ern_____i besteht aus selbst erstellten Lernkärtchen (Frage-Antwort-Kärtchen, Vokabelkärtchen usw.) im DIN-A7-Format sowie aus einem ___t__k_____ mit 5 unterschiedlich breiten Fächern (s. Skizze).

Wie wird mit der Lernkartei gearbeitet? Zunächst wird das jeweilige Stoffgebiet durchgegangen und in der Regel nur das auf K_____k_____ übernommen, was relativ _chw__ zu lernen ist. Ansonsten müssten viel zu viele Karteikarten beschriftet werden. Bei Vokabelkarten steht also zum Beispiel auf der Vorderseite das deutsche _o__, auf der ___k__i__ die fremdsprachige Vokabel. Bei sonstigen Lernkarten steht zumeist auf der Vorderseite eine ___g_, auf der Rückseite die zugehörige Antwort. Auch Zeichnungen, Grafiken, Lückensätze und sonstige Arbeitsaufgaben können auf den ____ei______ erscheinen. Wichtig ist nur, dass die Kärtchen so angelegt werden, dass jeweils nur _in_ Information abgefragt wird. Denn nur dann kann man die Kärtchen, bei denen alles klar ist, tatsächlich zur Seite legen und sich speziell auf das _onz____ie___, was noch nicht beherrscht wird.

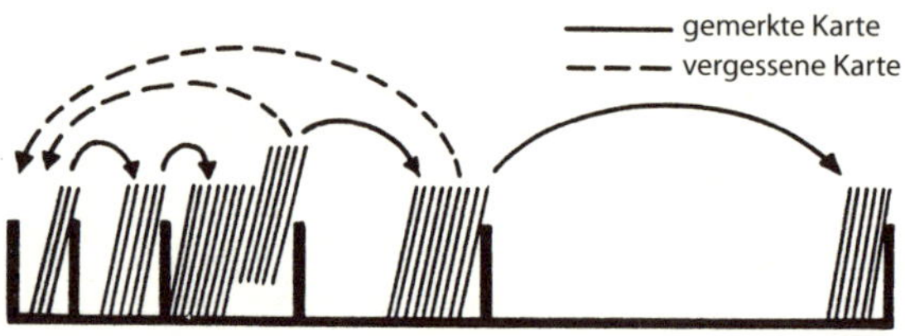

Hierbei hilft der Karteikasten. Die noch zu klärenden Lernkarten werden zunächst in das erste schm___ Fach getan. Was bei der ersten _ie___h_____ gekonnt wird, wandert ins _we___ Fach; was noch unklar ist, bleibt im __st__ Fach. Sobald das zweite Fach einigermaßen voll ist, wird ein kleiner Stapel mit Kärtchen herausgenommen und ein zweites Mal ü_____üf_. Was erneut klar ist, wird ins _r____ Fach eingestellt; was nicht mehr gewusst wird, wandert zurück ins ___t_ Fach. Und so geht es weiter. Im ersten Fach sammeln sich also sehr bald die besonders __hwie_____ »Brocken«. Was weiter hinten steht, ist schon relativ gut gefestigt und braucht nicht mehr so viel Aufmerksamkeit. Was gar im _ü__t__ Fach landet, das hat sich so fest ___gepr___, dass man die betreffenden Kärtchen getrost in den Papierkorb werfen kann. Fünfmal gewusst heißt, der Stoff ist bestens im __ng____ged_______ verankert. Diese Art des »Abräumens« und des konzentrierten Wiederholens steigert die _ed_______lei_____, beschert sichtbare __fol__ und macht auch mehr Spaß!

➔ *Füge in den obigen Lückentext die fehlenden Wörter ein! (Kontroll-Tipp: Die Zahl der Striche entspricht der Zahl der Buchstaben!)*

➔ *Erläutere einem Mitschüler deiner Wahl in freier Rede das Prinzip und die Vorteile der Lernkartei! Halte dich dabei an die obige Skizze!*

B 27d BASTELAUFGABE

KARTEIKASTEN HERSTELLEN

Zur Lernkartei gehören ein Karteikasten und eine größere Zahl von Karteikarten. Beides kann man auf relativ einfache Weise selbst herstellen. Für die Karteikarten brauchst du dünne Pappe – am besten verschiedenfarbige, damit sich der Lernstoff der einzelnen Fächer besser auseinander halten lässt. Hat die Pappe DIN-A4-Format, dann erhältst du durch mehrmaliges Halbieren 8 kleine Kärtchen im Format 10,5 cm x 7,3 cm. Mit der Schere ist das zwar ziemlich mühsam, aber mit dem in der Schule verfügbaren Papierschneider geht das ganz gut. Natürlich kannst du die Kärtchen stoßweise auch im Papiergeschäft kaufen.

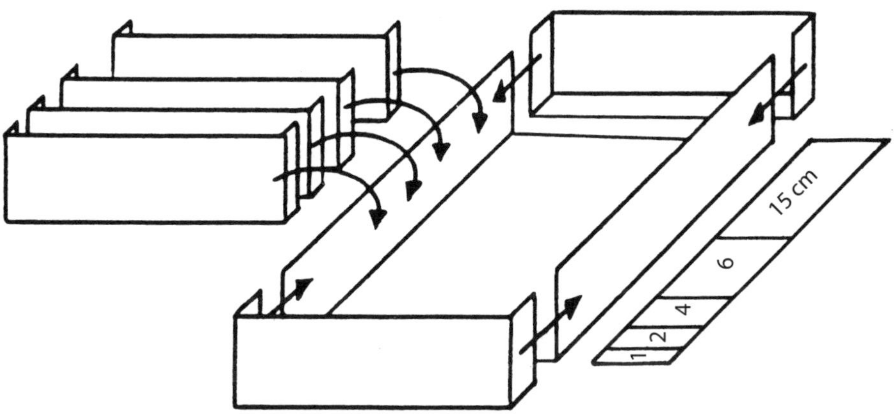

Die Herstellung des Karteikastens kann folgendermaßen ablaufen: Als Grundmaterial benötigst du einen stabilen Pappdeckel mit einer Länge von 30 cm. Dieser wird so zugeschnitten und gefaltet, dass die beschriebenen Kärtchen in der Breite gerade hineinpassen; die Seitenwände rechts und links sind etwa 1 cm niedriger als die Kärtchen. Am Anfang und am Ende werden – wie in der obigen Skizze angedeutet – zwei gefaltete Wände eingepasst und festgeklebt, die den Karteikasten abschließen und in Form halten. Dann werden vier Zwischenwände eingezogen, die verschieden große Fächer entstehen lassen (s. Skizze). Das erste Fach misst etwa 1 cm, das zweite 2, das dritte 4, das vierte 8 und das fünfte ca. 15 cm (s. Skizze).

➔ *Stelle entsprechend der obigen Beschreibung und Skizze einen stabilen Karteikasten her! Arbeite sorgfältig und auf Maß!*

B 27e VORTRAGEN

LERN-SCHEMA ERLÄUTERN

Für das Lernen und Behalten von Fakten und sonstigem Lernstoff ist das Wiederholen eine entscheidende Voraussetzung. Je früher die Wiederholung beginnt und je konsequenter sie durchgeführt wird (s. Lernkartei), desto besser. Wie die abgebildete »Vergessenskurve« zeigt, ist schon nach einem Tag nahezu die Hälfte des aufgenommenen Lernstoffes wieder vergessen, sofern zwischenzeitlich nicht wiederholt wird. Nach 14 Tagen ohne Wiederholung ist nur noch ein spärlicher Rest von rund 10 Prozent vorhanden. Wie die Kurve (1) verdeutlicht, ist es am besten, die aufgenommenen Informationen noch am gleichen Tag zu wiederholen. Dann nimmt die Behaltensrate nur sehr langsam ab. Weitere Wiederholungen haben unter Umständen einige Tage Zeit, ohne dass übermäßig viel in Vergessenheit gerät. Deutlich ungünstiger verläuft die Kurve (2), bei der erst nach einem Tag die erste Wiederholung einsetzt. Denn bis dahin ist bereits ein beträchtlicher Teil des Stoffes gelöscht. Gänzlich miserabel ist der mittelfristige Lernerfolg beim Fehlen jedweder Wiederholung. Gewiss, Wiederholung ist nicht gleich Wiederholung! Einen Text oder eine Vokabelreihe mehrmals durchzulesen ist sicher nicht besonders sinnvoll. Nötig ist vielmehr eine möglichst aktive Wiederholungsarbeit, damit der jeweilige Stoff gründlich ins Gedächtnis »eingegraben« wird (schriftlich Zusammenfassen, Gliedern, Markieren, Besprechen, Skizzen machen, Lernkärtchen herstellen, Frage-Antwort-Spiele durchführen, Tabellen anlegen, Eselsbrücken bewusst ausdenken usw.).

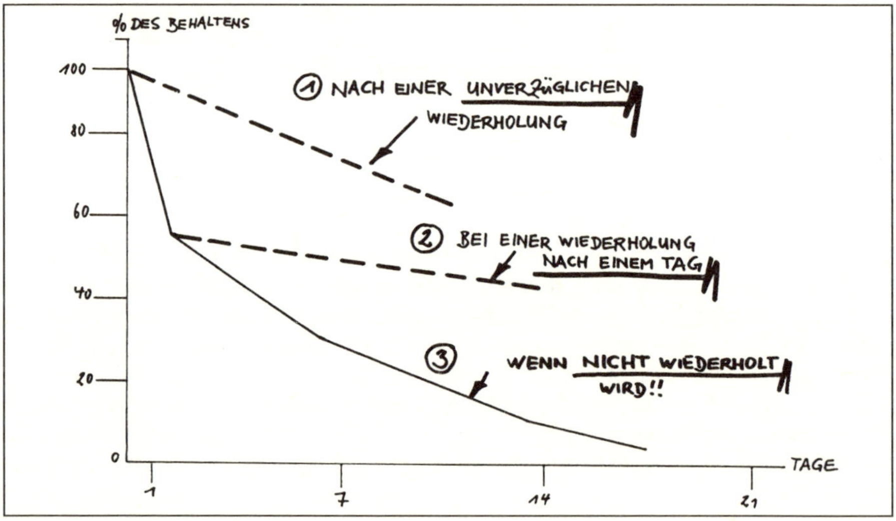

(aus: Ott u. a. 1990, S. 37)

Halte einem Mitschüler einen kleinen Vortrag zum obigen Kurvendiagramm! Berücksichtige dabei die Ausführungen im Text! Bildet für die Gesprächsrunde entsprechende Gesprächspaare in der Klasse! Wechselt die Partner, damit auch die »Zuhörer« Gelegenheit zum Vortrag erhalten!

B 28: GEDÄCHTNISLANDKARTEN HERSTELLEN

GRUNDIDEE: Zu den wirksamsten und relativ gut zu vermittelnden Mnemo-Techniken gehört das Strukturieren von Lernstoff, d. h. das Erstellen von »Mind-Maps« im weitesten Sinne. In B 14, B 21 und B 22 sind diesbezüglich bereits verschiedene Übungsmaterialien und -möglichkeiten vorgestellt worden. Einige zusätzliche Varianten des »Mind-Mapping« werden im Folgenden dokumentiert. Worin liegt die positive Korrelation zwischen Strukturbildung und Behalten begründet? Jeder Strukturierungsversuch zielt auf die plausible und möglichst anschauliche Verkettung relevanter Informationen/Begriffe. Die dadurch entstehenden Netzwerke entsprechen in besonderem Maße der Funktionsweise unseres Gehirns, da das Großhirn den Lernstoff nicht linear, sondern strukturell verarbeitet. Hinzu kommt: Durch die mit dem Strukturierungsvorgang verbundene Reduzierung und Komprimierung des Lernstoffes wird das Kurzzeitgedächtnis entlastet und dem chronischen Informationsüberfluss entgegengewirkt. Dieser Vorgang ist deshalb wichtig, weil die Speicherkapazität des menschlichen Gedächtnisses sehr gering ist. Umso nötiger ist es, das Gelernte zu Assoziationsnetzwerken zusammenzufügen, die den Zugang zu den »verdrängten« Informationen verlässlich eröffnen und deren Erinnerung unterstützen.

ÜBUNGEN: Die in diesem Abschnitt dokumentierten Übungsmaterialien sollen den Schülern verschiedene Strukturierungsvarianten vor Augen führen. Dies geschieht in aktiver und experimenteller Weise. Übungsblatt a gibt den Schülern Gelegenheit, sich sowohl in ein hierarchisches als auch in ein kausales Ordnungsmuster hineinzudenken und kreativ damit zu arbeiten. Gleiches gilt für die Baumstruktur im Übungsblatt b. Übungsblatt c unterstreicht durch eine entsprechende Ordnungsaufgabe die Notwendigkeit einer überschaubaren Gruppierung heterogener Informationen/Begriffe. Übungsblatt d rückt das Schaubild als hilfreiches Strukturmuster in den Vordergrund sowie die damit korrespondierenden Übungsstrategien. Übungsblatt e zielt auf assoziative Begriffsstrukturen (Schlüsselbegriffe), die die Schüler entfalten bzw. entwickeln müssen. Übungsblatt f schließlich gibt einen exemplarischen Einblick in das so genannte »Mind-Mapping«, bei dem der Gedankenfluss im Mittelpunkt steht. Assoziationen und Begriffe fließen ineinander; rechte und linke Gehirnhälfte werden miteinander verzahnt. Die Schüler entfalten einmal eine vorgegebene Mind-Map zum Thema »Gedächtnis«, zum anderen müssen sie eine eigene themenzentrierte Mind-Map zu einem Wahlthema entwickeln.

AUSWERTUNG: Die Arbeitsergebnisse der Schüler werden in Partnerarbeit und/oder in Kleingruppengesprächen auf den Prüfstand gestellt: sei es, dass kleine Vorträge zu den betreffenden Begriffsstrukturen zu halten sind, oder sei es, dass die schriftlich fixierten Ergebnisse verglichen und etwaige Unklarheiten im Schülerkreis besprochen werden. Das eine oder andere Ordnungsmuster kann auch auf Folie präsentiert oder an die Tafel gezeichnet und vom jeweils verantwortlichen Schüler erläutert werden. Je nach Bedarf kann von Lehrerseite interveniert werden. Nähere methodenzentrierte Erläuterungen, Begründungen und Tipps runden das Bild ab. Die bearbeiteten Übungsblätter werden im »Methodenordner« abgeheftet.

ZEITBEDARF: Für die Bearbeitung der Übungsblätter b, c und d sind je 15 bis 20 Minuten anzusetzen. Der Zeitbedarf bei den übrigen Arbeitsblättern liegt bei jeweils 1 bis 2 Unterrichtsstunden (oder mehr).

B 28a BEGRIFFSSTRUKTUR

BEGRIFFS-NETZWERKE BILDEN

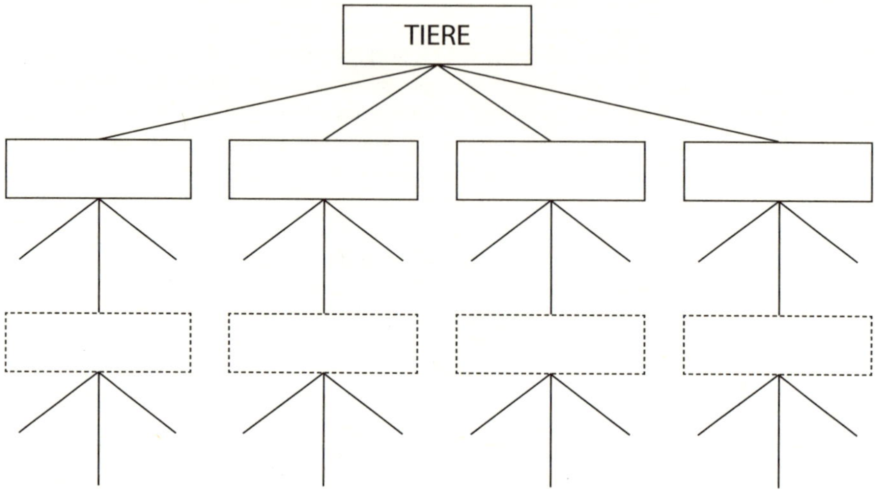

BEGRIFFS-NETZWERKE KÖNNEN GANZ UNTERSCHIEDLICHE FORMEN HABEN. DIE HAUPTSACHE, SIE SIND ÜBERSICHTLICH UND LASSEN SICH GUT INS GEDÄCHTNIS EINPRÄGEN. BEI DEN BEIDEN ORDNUNGSMUSTERN AUF DIESER SEITE HANDELT ES SICH EINMAL UM EINE »HIERARCHISCHE BEGRIFFSSTRUKTUR« (TIERE), ZUM ANDEREN UM EINE »KAUSALE BEGRIFFSSTRUKTUR« (URSACHEN → FOLGEN).

Trage in die obige »Gedächtnislandkarte« ausgewählte Tiergruppen, -untergruppen und einzelne Tierarten so ein, dass sich ein stimmiges Schaubild ergibt!

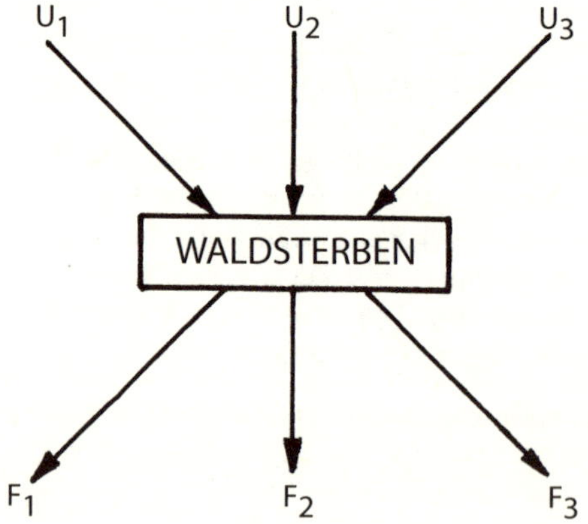

▶ *Benenne stichwortartig 3 Ursachen (U) und 3 Folgen (F) des Waldsterbens! Informiere dich dazu aus Büchern oder durch Befragen von Experten! Schreibe anstelle der Kürzel U 1 bis U 3 und F 1 bis F 3 die betreffenden Stichworte (Schlüsselbegriffe)!*

▶ *Erläutere gegenüber einem Mitschüler deiner Wahl die von dir als wichtig erachteten Ursachen! Lass dir umgekehrt von ihm – anhand seines Schemas – die möglichen Folgen erläutern! Diskutiert etwaige Meinungsverschiedenheiten und klärt offene Fragen!*

B 28b | BAUMSTRUKTUR

STRUKTURBAUM ERLÄUTERN

STRUKTURBÄUME ZEICHNEN SICH DADURCH AUS, DASS AUS EINEM STAMM HERAUS ÄSTE UND NEBENÄSTE ERWACHSEN, DIE ZU EINEM ANSCHAULICHEN GRUNDMUSTER FÜHREN. DERARTIGE GRUNDMUSTER – VOR ALLEM, WENN SIE MIT BILDERN, SKIZZEN UND SYMBOLEN VERBUNDEN SIND – KANN MAN RECHT GUT BEHALTEN UND WIEDER ERINNERN!

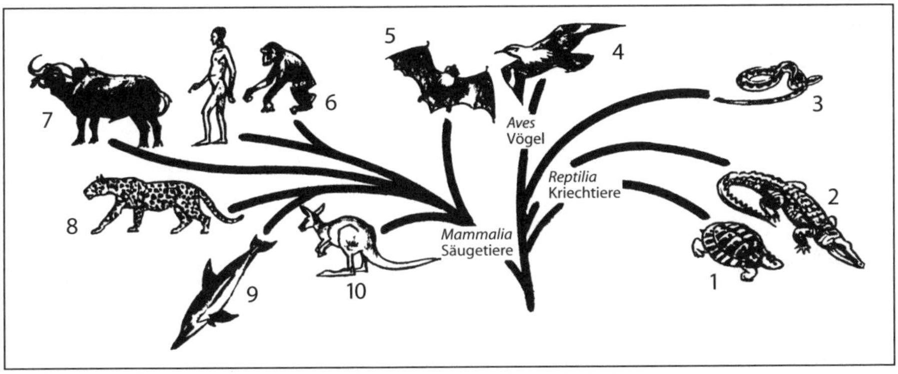

Nr.	*TIERFAMILIEN*	*EINZELNE TIERARTEN (BEISPIELE)*
1		
2		
3		
4		
5		
6		
7		
8		
9		
10		

! *Bestimme die Namen der obigen Tierfamilien und trage diese – entsprechend den angegebenen Zahlen – in die linke Spalte der Tabelle ein! Die gesuchten Namen setzen sich aus folgenden Silben zusammen:*

FRESSER · TIERE · RE · TEL · BEU · TEN · RE · LE · TIE · INSEK · WA · TIE · FEN · GEL · GEN · KRÖTEN · ECHSEN · RAUB · HUF · AF · PANZER · VÖ · SCHILD · SCHLAN

➔ *Suche zu jeder Tierfamilie zwei bis drei Tierarten und trage die Beispiele in die Tabelle ein!*

B 28c WORTGRUPPEN

WORTGRUPPEN ZUSAMMENSTELLEN

LERNE ZUSAMMENGEHÖRIGE INFORMATIONEN IN KLEINEN PORTIONEN!

WURST FLUGZEUG PINIE VEILCHEN SCHRANK SESSEL
KATZE FLEISCH KÄSE HIRSCH SOFA FICHTE
ERLE EISENBAHN REIS BUTTER NELKE TEPPICH
MOPED TANNE ROSE KIEFER LILIE
TULPE FAHRRAD TISCH PFERD PAPAGEI MAUS AUTO

Ordne die obigen Begriffe nach Wortgruppen! Trage die Begriffe der sechs Wortgruppen in die vorgegebenen Kästchen ein! Überlege dir zu jeder Wortgruppe einen passenden Oberbegriff und füge ihn ein!

Lerne die 30 Begriffe anhand der sechs Wortgruppen auswendig! Überlege dir Erinnerungsstützen (z. B. die Anfangsbuchstaben schwieriger Begriffe usw.)! Prüfe am nächsten Tag, wie viel du behalten hast! (Gewiss mehr, als wenn du ohne die Gruppenbildung gelernt hättest!)

B 28d SCHAUBILD

SCHAUBILD VERVOLLSTÄNDIGEN

Schaubilder sind ganz wichtige Gedächtnisstützen – vor allem, wenn sie eigenhändig gezeichnet worden sind. Der Nachteil vieler Schaubilder in Schulbüchern und sonstigen Quellen ist allerdings, dass sie meist beschriftet sind. Das erschwert das bewusste Lernen. Denn man kann sich leicht selbst beschummeln. Deshalb ist es wichtig, die betreffenden Begriffe nach einer ersten Lernphase mit schmalen Haftstreifen abzudecken und nur noch dann nachzusehen, wenn man absolut nicht weiterkommt. Am besten werden die nicht gewussten Begriffe mit andersfarbigen Haftstreifen abgeklebt, damit bei einer erneuten Wiederholung sofort die Schwachpunkte vor Augen stehen.

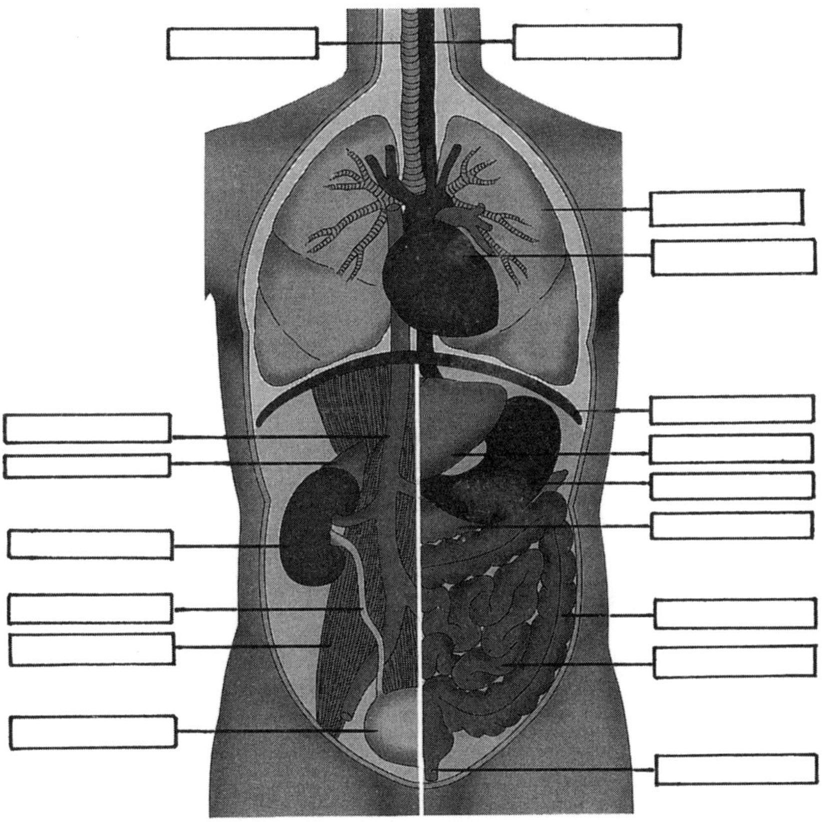

Trage die Bezeichnungen der einzelnen Organe in die vorgegebenen Kästchen ein!
Kontroll-Tipp: Die gesuchten Bezeichnungen ergeben sich aus folgenden Silben:

TER · LATUR · DRÜSE · RE · HERZ · HOHL · NEBEN · VENE · RE · NIERE · LEI · BLASE · DARM · BER · FELL · SPEICHEL · DARM · GE · GEN · HARN · SE · MUSKU · DARM · RÖH · HARN · LUFT · END · DICK · SPEI · DÜNN · LE · MA · ZWERCH · LUN · BAUCH · RÖHRE · NIE

B 28e ASPEKTSTRUKTUR

SCHLÜSSELBEGRIFFE ORDNEN

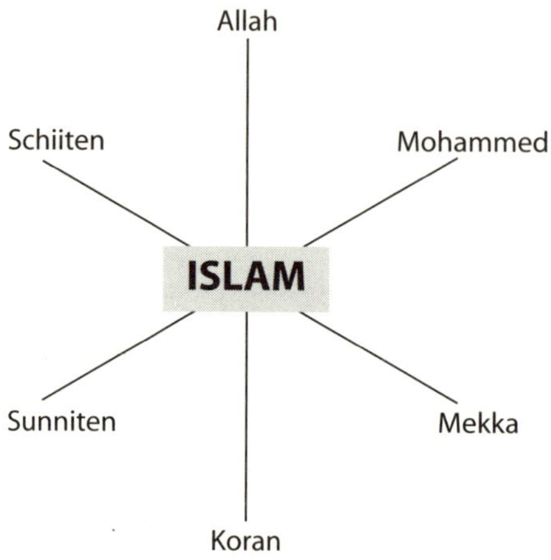

THEMA: ISLAM

▶ *Informiere dich anhand des Lexikons, des Schulbuchs oder anderer Quellen über die 6 angegebenen »Schlüsselbegriffe« zum Islam!*

▶ *Schreibe dir zu jedem dieser Begriffe einige Grundinformationen auf, die zur näheren Erläuterung dienen!*

▶ *Halte dir selbst anhand der 6 »Schlüsselbegriffe« einen kleinen Vortrag oder berichte einem Mitschüler bzw. einer anderen Bezugsperson darüber! Du wirst sehen, dass du dir sowohl die 6 »Schlüsselbegriffe« lange merken kannst als auch die daran hängenden Sachinformationen.*

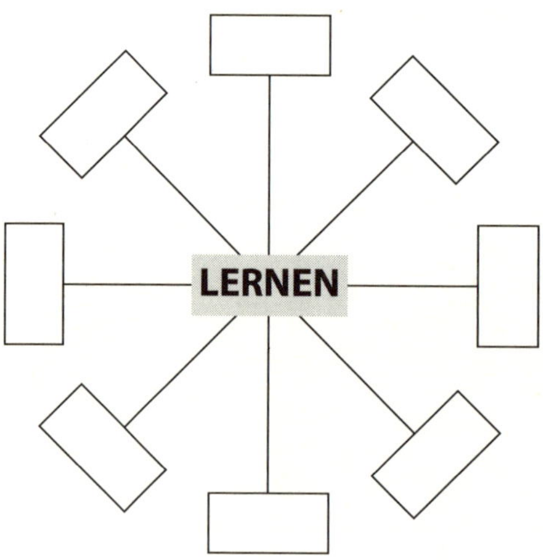

THEMA: LERNEN

▶ *Stelle dir vor, du sollst zum Thema »Lernen« eine Klassenarbeit vorbereiten oder einen entsprechenden Vortrag halten. Dazu empfiehlt es sich, zunächst einige »Schlüsselbegriffe« zu finden, diese dann inhaltlich näher abzuklären und in eine übersichtliche Ordnung zu bringen. Das nebenstehende »Karussell« ist ein solches Ordnungsmuster.*

▶ *Überlege dir zum angegebenen Thema »Lernen« 8 »Schlüsselbegriffe«, die wichtige Verzweigungen/Aspekte des Themas angeben! Trage diese Begriffe in die äußeren Kästchen des Karussells ein! Ordne sie im Uhrzeigersinn so, dass sich ein sinnvoller Gedankengang ergibt!*

▶ *Trage deine Gedanken anhand der »Schlüsselbegriffe« in einer Kleingruppe oder gegenüber einem Mitschüler vor! Spreche frei und vertraue darauf, dass an jedem »Schlüsselbegriff« noch eine Menge weiterer Informationen und Gedanken »dranhängen«. Nur Mut!*

B 28f MIND-MAP

»MIND-MAP« HERSTELLEN

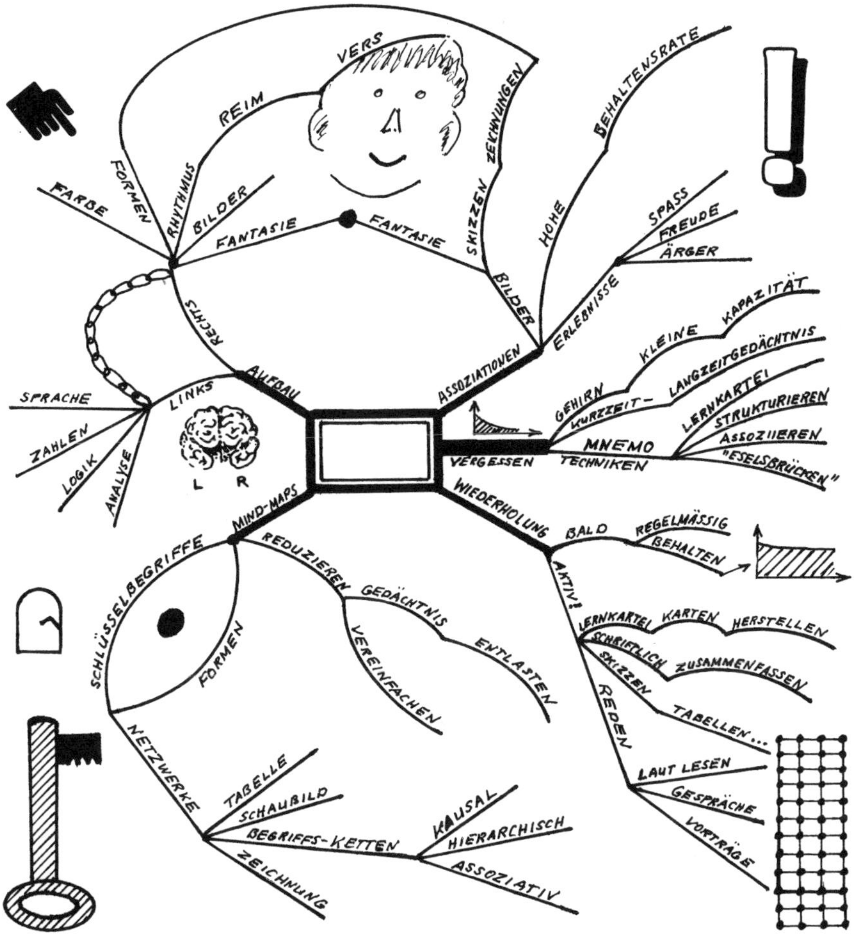

➔ *Schreibe auf der Grundlage der obigen »Gedächtnislandkarte« einen Aufsatz zum Thema »Gedächtnis«! Mache dir die innere Ordnung der »Mind-Map« klar! Überlege dir, mit welchem Hauptzweig du beginnst!*

➔ *Erstelle anschließend eine ähnliche »Mind-Map« mit Begriffen, Formen und Symbolen z. B. zum Thema »Fernsehen« oder zum Thema »Schule« oder zu irgendeiner anderen Thematik, die ihr im Unterricht vereinbart!*

B 28g FLUSSDIAGRAMM

FLUSSDIAGRAMM ANFERTIGEN

ABLAUF EINER GERICHTSVERHANDLUNG

Die Hauptverhandlung beginnt mit dem Aufruf der Zeugen und deren Belehrung durch den Vorsitzenden des Gerichts. Belehrt werden sie über ihre Aussagepflicht und über die Bedeutung des Eides. Dann verlassen die Zeugen den Sitzungssaal; der Angeklagte tritt in den Mittelpunkt. Zunächst möchte sich das Gericht (Richter, eventuell auch Schöffen) ein Bild von der Persönlichkeit des Angeklagten machen. Deshalb wird der Angeklagte zunächst zur Person vernommen und muss über seine persönlichen Verhältnisse und seinen Werdegang berichten. Danach verliest der Staatsanwalt die Anklage. Anschließend hat der Angeklagte Gelegenheit, zu den gegen ihn erhobenen Beschuldigungen Stellung zu nehmen, d. h., er wird jetzt »zur Sache« vernommen. Sollte er die Aussage verweigern, wozu er ein Recht hat, dann dürfen ihm daraus keine Nachteile erwachsen.

Das Gericht darf den Angeklagten nur verurteilen, wenn es ihm seine Straftat überzeugend nachweisen kann. Die Schuld oder Unschuld des Angeklagten soll durch die anschließende Beweisaufnahme festgestellt werden. Als Beweismittel gelten dabei vor Gericht: Zeugenaussagen, Sachverständigengutachten, Urkunden, Tatortbesichtigung und manches andere mehr.

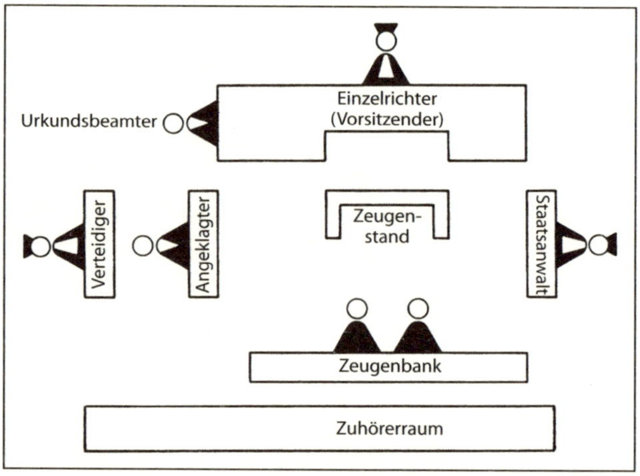

Nach Abschluss der Beweisaufnahme hält zunächst der Staatsanwalt sein Plädoyer; dann folgt das Plädoyer des Verteidigers. Am Ende stellen beide ihre Anträge auf Bestrafung oder auf Freispruch des Angeklagten. Das letzte Wort hat der Angeklagte, sofern er noch etwas äußern möchte. Danach zieht sich das Gericht zur Urteilsberatung ins Beratungszimmer zurück. Bei seiner Urteilsfindung ist das Gericht vollkommen unabhängig und an den Antrag des Staatsanwaltes nicht gebunden. Es liegt im Ermessen des Gerichts, unter Berücksichtigung aller mildernden oder erschwerenden Umstände das Strafmaß zu bestimmen, und zwar innerhalb des im Strafgesetzbuch festgelegten Strafrahmens.

➔ *Fasse die einzelnen Etappen der Gerichtsverhandlung in einem »Flussdiagramm« zusammen!* A → B → C → D → …

➔ *Erläutere dein Flussdiagramm einem deiner Mitschüler! Lass dir von ihm im Gegenzug das obige Schaubild zur Situation im Gerichtssaal erläutern!*

B 29: VORBEREITEN VON KLASSENARBEITEN

GRUNDIDEE: Klassenarbeiten sind ein zentrales Moment im Lernalltag eines Schülers. Sie sind Herausforderung und Bewährungsprobe zugleich. Sie machen Angst und erzeugen immer wieder Stress und Unsicherheit auf Schülerseite. Zwar ist Stress bis zu einem gewissen Grad durchaus gesund und leistungsfördernd, aber wenn er übermäßig belastend wird, dann sind Gegenmaßnahmen geboten. Zu diesen Gegenmaßnahmen gehören strategische Überlegungen und Übungen, die eine effektivere Vorbereitung von Klassenarbeiten unterstützen. Denn viele Schüler machen manche unnötigen Fehler, die Unsicherheit und Leistungsversagen geradezu begünstigen. Sie beginnen z. B. mit der Vorbereitung schlichtweg zu spät. Sie beschränken sich aufs Durchlesen, pauken kurz vor der Klassenarbeit noch neuen Stoff, wollen die ganze Fülle des Lernstoffs auswendig lernen, bilden weder Strukturen noch Eselsbrücken, konzentrieren sich zu wenig auf ihre eigentlichen Schwachstellen, führen keinen Terminkalender etc. Diesen und anderen Unzulänglichkeiten wird mit den nachfolgenden Lerntipps entgegengewirkt. Ergänzende Übungen und Materialien finden sich außerdem an verschiedenen anderen Stellen dieses Buches (z. B. B 2, B 4, B 7, B 8 sowie B 25 ff.).

ÜBUNGEN: Im Mittelpunkt der hier anvisierten Trainingsarbeit steht ein vierseitiger Leittext mit einer ganzen Reihe von Hinweisen und Anregungen zur Vorbereitung von Klassenarbeiten (vgl. a). Damit die Schüler diesen Informationstext gezielt durcharbeiten und auswerten, wird ihnen die Aufgabe gestellt, ein korrespondierendes Lernplakat (Regelplakat) zu entwickeln und anschließend in der Klasse zu präsentieren. Diese Aufgabe wird in Kleingruppen angegangen. Der Lehrer vervielfältigt den dokumentierten Leittext und teilt die entsprechenden Blätter zur Bearbeitung an die Schüler aus. Diese lesen den Text und tragen in der Gruppe die wichtigsten Lerntipps zusammen; sie diskutieren einzelne Regeln, nehmen Zuordnungen vor und überlegen sich eine möglichst anschauliche Darstellungsweise. Wie sie ihr Plakat letztendlich gestalten und wie sie die Vernetzung der einzelnen Lerntipps grafisch bewerkstelligen, das ist ihnen überlassen. Der Lehrer sollte sich in dieser Gestaltungsphase ziemlich zurückhalten, damit die Schüler ihre eigene Kreativität und Gestaltungskraft freisetzen können bzw. müssen. Die Größe des Plakats sollte etwa 80 cm x 120 cm sein. Helles Packpapier oder sonstiges billiges Plakatpapier genügt. Zusätzlich zur Plakatgestaltung werden einige grundlegende Lerntipps – ausgehend von Übungsblatt b – puzzleartig zusammengesetzt. Sie bilden einen weiteren Anstoß zur bewussten Auseinandersetzung mit dem Leittext a.

AUSWERTUNG: Die einzelnen Schülergruppen präsentieren ihre Plakate im Plenum, erläutern ihr »Design« und ihr Regelwerk, stellen sich der Diskussion und hängen ihre Produkte am Ende an geeigneten Stellen im Klassenraum aus. Der Lehrer kann in dieser Präsentationsphase – je nach Bedarf – ergänzen, korrigieren, nachfragen, verstärken, Beobachtungen mitteilen und in anderer Weise für die nötige Klarheit sorgen. Anschließend wird Übungsblatt b bearbeitet und das in den Arbeitshinweisen angedeutete Begründungsspiel durchgeführt.

ZEITBEDARF: Für die Vorbereitung, Gestaltung, Präsentation und Auswertung der Lern- bzw. Regelplakate sind 1 bis 2 Unterrichtsstunden zu veranschlagen. Für Übungsblatt b genügen 15 bis 20 Minuten.

B 29a LERNTIPPS

LERNPLAKAT GESTALTEN

Die nachfolgenden Ausführungen enthalten Hinweise und Tipps zur Vorbereitung von Klassenarbeiten. Wenn du nämlich ohne Plan und ohne Grundsätze an Klassenarbeiten herangehst, dann musst du dich nicht wundern, wenn plötzlich die große Leere im Kopf entsteht. Unsicherheit, Kopflosigkeit, Angst und mangelndes Erinnerungsvermögen sind nur zu oft die Folgen einer unzulänglichen Vorbereitung. Mit ein bisschen Geschick und Köpfchen könnten viele Schüler bei ihren Prüfungen ganz sicher besser abschneiden, als das bislang der Fall ist! Also, los geht's mit der Regelsuche!

➔ *Lies dir die folgenden Textabschnitte sorgfältig durch! Markiere wichtige Stellen! Schreibe dir »Merksätze« heraus!*

➔ *Gestaltet in Kleingruppen große Lernplakate mit den wichtigsten Regeln für das Vorbereiten von Klassenarbeiten! Stellt die betreffenden Regeln übersichtlich und anschaulich dar!*

➔ *Präsentiert eure Regelplakate anschließend in der Klasse. Besprecht offene Fragen! Hängt die Plakate im Klassenraum aus!*

Entscheidende Voraussetzung für eine Erfolg versprechende Klassenarbeit ist konsequentes Üben und Wiederholen, damit sich der jeweilige Lernstoff verlässlich im Gedächtnis absetzt. Doch wie sieht dieses Üben aus? Viele Schüler meinen, es sei am besten, möglichst kurz vor der betreffenden Klassenarbeit zu üben, damit nicht mehr so viel vergessen werden kann. Doch diese Vorstellung ist gleich aus doppeltem Grund falsch: Einmal ist unser Gedächtnis so beschaffen, dass es einige Zeit braucht, bis sich der Lernstoff so eingenistet hat, dass er bei Bedarf auch wieder gefunden werden kann. Daher sollte man am Tag vor der Klassenarbeit auf keinen Fall mehr neuen Stoff im betreffenden Prüfungsfach anrühren; ein lockeres Überfliegen des eingeübten Lernstoffs sollte genügen.

Der zweite Grund, weshalb das »Lernen auf den letzten Drücker« ungünstig ist, ist der, dass der frische Stoff im Gehirn leicht ein Chaos entstehen lässt, was zu Hektik, Unsicherheit und Konzentrationsmängeln führt. Kein Wunder also, dass zu Beginn der Klassenarbeit im Kopf unter Umständen ein ziemliches Durcheinander herrscht, das den Lernerfolg beeinträchtigt.

Ein dritter Grund schließlich besteht darin, dass der späte Lernbeginn in aller Regel zur Folge hat, dass zu viel auf einmal zu wiederholen ist, sodass womöglich stundenlang verbissen und verkrampft gepaukt werden muss.

B 29a LERNTIPPS

Wie das abgebildete Kurvendiagramm zeigt, führt diese stundenlange Paukerei zu einem abnehmenden Lernertrag, d. h., mit zunehmender Lernzeit wird immer weniger Lernstoff neu eingespeichert. Nach dreieinhalb Stunden ist sogar der Nullpunkt erreicht. Was auf der einen Seite aufgenommen wird, wird auf der anderen Seite wieder aus dem Gedächtnis hinausgedrängt. Diese Verdrängung kann unter Umständen so weit gehen, dass trotz intensiver Bemühungen am Ende weniger Klarheit herrscht als vorher, d. h., es wird mehr vergessen, als Neues hinzukommt. Die Folge ist ein dicker Kopf, gepaart mit Erschöpfung, Selbstzweifeln und allgemeinem geistigen Durcheinander. Für die Klassenarbeit am nächsten Tag ist das ganz sicher eine schlechte Grundlage.

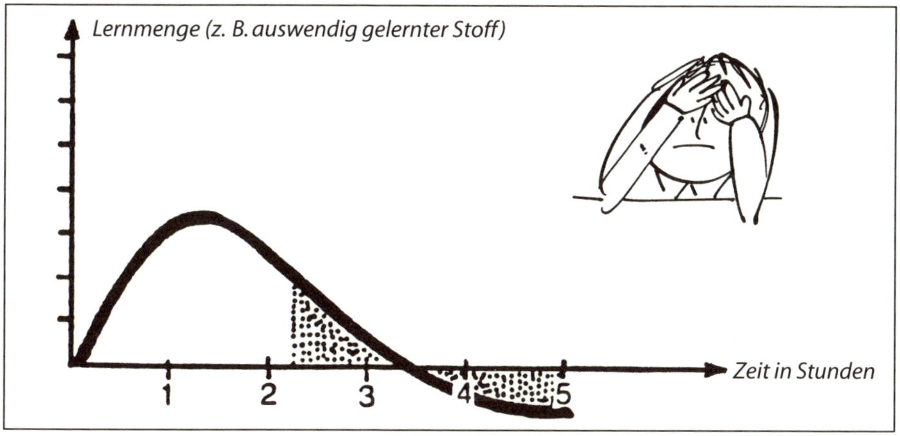

(aus: Endres 1987, S. 94)

Frühzeitiges und regelmäßiges Wiederholen in überschaubaren Portionen ist also unbedingt anzuraten. Das prägt den Stoff besser ein, entlastet das Gedächtnis, gibt mehr Sicherheit und fördert ein lockeres und gelassenes Arbeiten während der Prüfung. Voraussetzung dafür ist allerdings noch ein Weiteres: nämlich die aktive und abwechslungsreiche Gestaltung der einzelnen Wiederholungsphasen. Denn durch wiederholtes Lesen und/oder Angucken allein ist nur wenig zu erreichen – obwohl viele Schüler dieser irrigen Auffassung zuneigen. Soll der Lernstoff ins Langzeitgedächtnis gebracht werden, dann müssen einprägsame Gedankenketten, Strukturen und sonstige Begriffsnetzwerke gebildet werden, die den Lernstoff im Gehirn festhalten. Durch lediglich oberflächliches Lesen ist dieser »Tiefgang« nicht zu erreichen.

Dementsprechend müssen in den Wiederholungsphasen z. B. Tabellen, Schaubilder und Skizzen erstellt, Schlüsselbegriffe übersichtlich geordnet, Lernkärtchen angelegt, Eselsbrücken gebaut, Merksätze geschrieben, Spickzettel erstellt, Diskussionen geführt, Vorträge gehalten, Probetests vorbereitet, Probearbeiten geschrieben, Frage-Antwort-Spiele durchgeführt und sonstige aktive Übungsformen verwirklicht werden. Grundsätzlich gilt: Je anschaulicher der Lernstoff aufbereitet und je aktiver er eingeprägt wird, umso besser bleibt er im Gedächtnis haften. Man muss den »Spickzettel« letztendlich gar nicht mit in die Klassenarbeit nehmen; seine durchdachte Zusammenstellung ist der eigentlich

B 29a LERNTIPPS

entscheidende Schritt. Der auf diese Weise ins Gedächtnis eingeritzte Lernstoff kommt bei der Klassenarbeit mit hoher Wahrscheinlichkeit wieder zu Bewusstsein – auch ohne die Benutzung des Spickzettels.

Eine Klassenarbeit vorzubereiten verlangt also möglichst aktives und durchdachtes Üben und Wiederholen. Und es verlangt entsprechende Arbeits- und Zeitplanung. Die Faustregel »gut geplant ist halb gelernt« gilt auch und nicht zuletzt für das Vorbereiten von Klassenarbeiten. Am besten ist es, dazu einen kleinen Terminkalender oder ein übersichtliches Termin-Poster heranzuziehen, damit der Überblick gewahrt bleibt. In diesen Terminplan werden sowohl die bevorstehenden Klassenarbeiten als auch die entsprechenden Wiederholungsphasen eingetragen. Ratsam ist es, den Plan mindestens eine Woche im Voraus fertig zu stellen und regelmäßig zu ergänzen. Ansonsten kommt es doch wieder zu der unguten Situation, dass auf den letzten Drücker gearbeitet wird. Als günstig hat es sich erwiesen – wenn möglich –, jeweils am Wochenende eine kurze Besinnungsphase vorzusehen, in deren Verlauf die Termine der übernächsten Woche gesammelt, durchdacht und in den vorliegenden Plan eingetragen werden. Die oben erwähnten Grundsätze, die für ein Erfolg versprechendes Üben und Wiederholen gelten, sind dabei zu berücksichtigen.

Was ist sonst noch vor einer Klassenarbeit zu bedenken? Ein nicht unwesentlicher Punkt ist die Schulung des Zeitgefühls. Da bei Klassenarbeiten die Bearbeitungszeit üblicherweise recht knapp ist, empfiehlt es sich, dann und wann bestimmte Aufgabenbündel – eventuell auch frühere Tests bzw. Klassenarbeiten – unter Zeitdruck durchzuarbeiten. Dadurch kann das Zeitgefühl trainiert und eine entsprechend zielstrebige Arbeitsweise gefördert werden. Hilfreich ist es hierbei, wenn mehrere Schüler im Unterricht und/oder zu Hause eine Art »Arbeitsgemeinschaft« bilden und sich wechselseitig Übungsarbeiten mit exakten (knappen) Zeitvorgaben erstellen und vorlegen. Ein Küchenwecker, der auf die entsprechende Zeit eingestellt wird, kann dabei gute Dienste leisten. Reicht die Zeit nicht, so ist das ein Anzeichen dafür, dass womöglich zu wenig zielstrebig gearbeitet wurde.

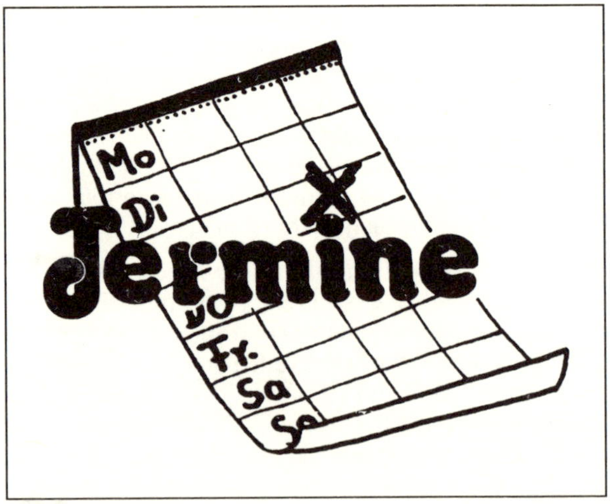

B 29a LERNTIPPS

Am Morgen vor der Klassenarbeit sollte man möglichst nicht mehr wiederholen, damit nicht unnötige Nervosität und Ängste entstehen. Meist macht man sich durch das hektische Nachlesen im Bus oder vor der Stunde nämlich nur noch zusätzlich durcheinander. Wirksames Lernen lässt sich unter diesen Umständen auf jeden Fall nicht erreichen. Auch die aufgeregten Diskussionen, Berichte und Fragen der Mitschüler kurz vor der Klassenarbeit sollte man am besten überhören. Denn alles, was belastet und/oder Unsicherheit stiftet, ist nur nachteilig!

Sobald die Arbeitsaufgaben zu Beginn der Klassenarbeit verteilt sind, ist es zunächst einmal wichtig, sich die einzelnen Aufgaben gründlich anzusehen und sich darüber klar zu werden, was genau gefragt und was gegeben ist. Bleibt trotz intensiven Nachdenkens etwas unklar, so sollte die zuständige Lehrkraft auf jeden Fall gefragt werden, auch wenn das manchmal nicht so gerne gesehen wird. Nur Mut! Anschließend gilt es, die Reihenfolge der Aufgabenbearbeitung grob abzuklären, die Zeit ungefähr einzuteilen und mit einer Aufgabe zu beginnen, bei der so ziemlich alles klar ist (das muss keinesfalls die erste Aufgabe sein). Denn ein Erfolgserlebnis zu Beginn beruhigt und schafft Zuversicht und Selbstvertrauen. Auch bei der Bearbeitung der übrigen Aufgaben sollte man sich nicht an einem Problem festbeißen, sondern nötigenfalls rasch und ohne schlechtes Gewissen zu einer leichteren Aufgabe übergehen.

Bei der Aufgabenbearbeitung selbst ist unbedingt darauf zu achten, dass präzise zur jeweiligen Frage geschrieben wird. Wer zu viel schreibt, wer sich nicht auf das Wesentliche konzentriert und/oder wer lediglich um den »heißen Brei« herumschreibt, der schadet sich letztlich nur selbst. Schließlich geht es bei einer Klassenarbeit nicht darum, sein geballtes Wissen abzuladen, sondern erwartet wird, dass auf gezielte Fragen auch gezielt und präzise geantwortet wird. Außerdem ist die undurchdachte Vielschreiberei letztlich bare Zeitverschwendung. Und die Zeit ist, wie erwähnt, bei den meisten Klassenarbeiten recht knapp.

Natürlich hängt der Erfolg bei einer Klassenarbeit nicht nur vom Können und vom methodischen Geschick des jeweiligen Schülers ab, sondern zum guten Abschneiden gehört immer auch ein Quäntchen Glück. Allerdings soll das Glück den Tüchtigen ja besonders winken!

B 29b | SPRECHBLASEN

MERKSÄTZE AUSTÜFTELN

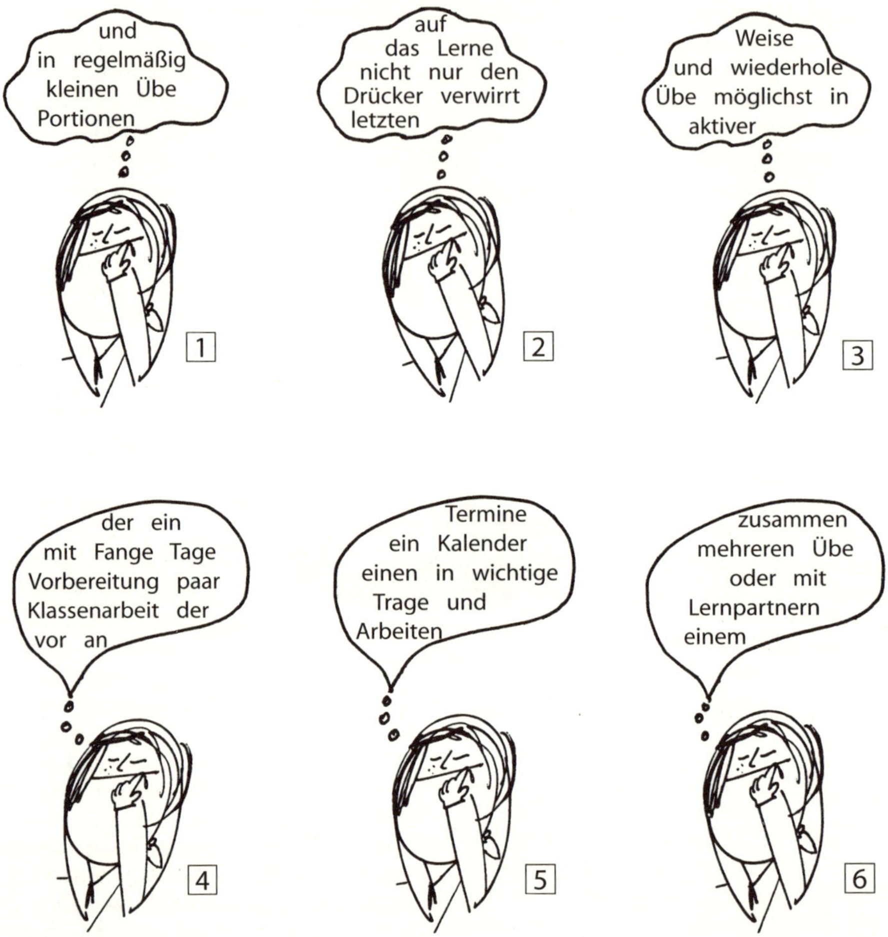

Füge die obigen Begriffe zu sinnvollen Merksätzen zusammen und trage sie in die nachfolgenden Kästchen ein!

Begründe jeden Merksatz gegenüber einem Mitschüler! Besprecht auftretende Fragen!

1	4
2	5
3	6

B 30: HAUSAUFGABEN LEICHT(ER) GEMACHT

GRUNDIDEE: Ähnliche Unsicherheiten wie beim Vorbereiten von Klassenarbeiten treten auch bei den Hausaufgaben auf. Viele Schüler fangen direkt nach dem Mittagessen an, wenn die Energie in den Magen abwandert. Sie arbeiten unter Umständen lustlos und ohne Pausen durch, nur um die leidigen Hausaufgaben vom Tisch zu haben. Sie sorgen weder für Abwechslung bei der Fächerfolge noch für eine überschaubare Portionierung der Aufgaben. Eine durchdachte Zeit- und Arbeitsplanung ist eher die Ausnahme als die Regel. Die Kontrastgruppe, d.h. diejenigen, die ihre Hausaufgaben möglichst lange vor sich herschieben, ist natürlich keineswegs besser. Die betreffenden Schüler sitzen womöglich abends, wenn sich der Organismus auf Schlafen einstellt, an ihren Hausaufgaben oder sie erledigen diese gar erst am nächsten Morgen in der allgemeinen Hektik im Bus oder im Pausenhof. Die Wirkungslosigkeit dieser Bemühungen ist evident. Nur ist sie den wenigsten Schülern hinreichend bewusst. Viele Schüler bleiben aus Gewohnheit, aus Unkenntnis und/oder aus Gedankenlosigkeit bei der skizzierten, fragwürdigen Praxis. Die nachfolgenden Materialien sollen Anstöße vermitteln, diese Praxis zu ändern.

ÜBUNGEN: Die erste Übung zielt auf das Erarbeiten bewährter Regeln für die Organisation und Planung der Hausaufgaben. Der entsprechende Leittext a umfasst 3 Seiten. Der Lehrer vervielfältigt diese Basisinformationen und verteilt sie an die Schüler. Diese lesen, markieren und besprechen die dargebotenen Lerntipps in Kleingruppen; sie tauschen Erfahrungen aus und problematisieren gegebenenfalls die eigene Hausaufgabenpraxis. Der Lehrer steht in dieser Phase als Ansprechpartner und Berater zur Verfügung. Ziel dieser Erarbeitungsphase ist es, am Ende einige zentrale »Merksätze« zusammenzustellen und diese mithilfe des Protokollblatts b zunächst festzuhalten und dann an der Pinnwand zu visualisieren – vorausgesetzt, im Klassenraum gibt es eine derartige Pinnwand. Eine andere Möglichkeit der Visualisierung ist das Erstellen eines möglichst anschaulichen Regelplakats (vgl. B 29). Weiterführende Überlegungen zur Gestaltung des häuslichen Arbeitsplatzes werden zudem durch Übungsblatt c angestoßen.

AUSWERTUNG: Die von den Gruppen herausgearbeiteten »Merksätze« werden im Plenum nach und nach vorgestellt, am Ende abgeglichen und auf 8 bis 10 zentrale Regeln verdichtet. Dabei auftretende Fragen bzw. Unklarheiten werden nötigenfalls vom Lehrer ausgeräumt. Alsdann werden die ausgewählten Regeln an der klasseninternen Pinnwand übersichtlich angeheftet. Zur Vertiefung können die einzelnen Regeln darüber hinaus auf kleine Zettelchen geschrieben, in der Klasse »verlost» und von den betreffenden Schülern zusammenfassend begründet und erläutert werden. Falls die oben erwähnte Alternative gewählt und großformatige Regelplakate gestaltet werden (vgl. B 29), sind diese abschließend im Plenum zu präsentieren und zu diskutieren. Der Vorteil der Plakatgestaltung ist die ausgeprägtere Visualisierung (grafische Untermalung) der ermittelten Regeln. Die erstellten Plakate können unter Umständen auch als Leitmaterial/Impulsmaterial im Rahmen eines Elternabends eingesetzt werden.

ZEITBEDARF: Für die Erarbeitung, Präsentation und Auswertung des Regelwerks sind 1 bis 2 Unterrichtsstunden anzusetzen – je nachdem, wie intensiv die Auswertung erfolgt. Werden Plakate gestaltet, so ist ein Zeitzuschlag zu kalkulieren. Für Übungsblatt c reichen 15 bis 20 Minuten.

B 30a LEITTEXT

INFORMATIONSTEXT AUSWERTEN

Der nachfolgende Informationstext enthält eine Reihe hilfreicher Tipps zum Thema Hausaufgaben. Hausaufgaben zu erledigen scheint zwar leicht; in Wirklichkeit kann aber manches falsch bzw. unzulänglich gemacht werden. Wenn z. B. Hausaufgaben keinen Spaß machen oder trotz aller Bemühungen nichts hängen bleibt, dann liegt das vielleicht daran, dass sie einfach falsch angepackt werden. Auch Hausaufgaben brauchen eben ein gewisses Maß an Planung. Worauf im Einzelnen zu achten ist, das zeigen überblickshaft die nachfolgenden Ausführungen.

➔ *Lies dir den Informationstext sorgfältig durch! Markiere wichtige Stellen! Schreibe dir Merksätze/Regeln heraus!*

➔ *Trage 6 bis 8 Merksätze/Regeln in das entsprechende Protokollblatt ein, das euch euer Lehrer bereitstellen wird! Beachte die weiteren Arbeitshinweise auf diesem Blatt!*

Markus hat gerade das Mittagessen beendet. Ihm liegt nicht nur das Essen schwer im Magen, sondern auch die Hausaufgaben. Also am besten gleich ran, damit diese alltägliche Quälerei schnell vorüber ist. Doch halt! Dieser selbstquälerische Anfang ist sicher keine gute Voraussetzung: weder für den Lernerfolg noch für das persönliche Wohlbefinden von Markus! Denn nach dem Essen wandert die Energie zunächst einmal in den Magen und fehlt deshalb im Kopf. Von daher ist es ratsam, nach dem Mittagessen erst mal eine Entspannungsphase einzulegen – vielleicht einen kleinen Spaziergang zu machen, angenehme Musik zu hören oder auch ein Nickerchen zu machen, auf jeden Fall aber nicht gleich eine anstrengende geistige Arbeit aufzunehmen. Nach einer Erholungsphase von etwa einer halben bis zu einer Stunde sieht dann die Welt schon wieder ganz anders aus. Körper und Geist haben neue Kräfte gesammelt und nun kann es mit den Hausaufgaben losgehen.

Manche Schüler meinen zwar, dass die Abendstunden viel besser seien, weil man dann am wenigsten abgelenkt werde. Daran ist jedoch nur eines richtig, nämlich die Feststellung, dass Ablenkung auf jeden Fall vermieden werden sollte. Ansonsten sind die Abendstunden insofern eine ungünstige Zeit, als sich der Organismus allmählich auf Schlafen einstellt.

Zu beachten ist ferner, dass die Hausaufgaben zu möglichst festen Zeiten gemacht werden sollten, da sich der Organismus dann darauf einstellen kann. Durch die entstehende Gewohnheit wird er über kurz oder lang so programmiert, dass er zur betreffenden Zeit auf Lernen schaltet, so wie er abends ab einer bestimmten Zeit auf Ruhe bzw. auf Schlafen umschaltet.

B 30a LEITTEXT

Wenn die Arbeit erst einmal erfolgreich angelaufen ist, dann bleibt die Leistungskurve für eine mehr oder weniger lange Zeit relativ hoch. Wie lange sie oben bleibt, das hängt unter anderem davon ab, wie abwechslungsreich die einzelnen Hausaufgaben-Portionen angeordnet werden. Am Anfang sollte – wie erwähnt – eine relativ leichte und interessante Aufgabe stehen (Anwärmphase). Dann kommen einige eher schwierige Portionen, da die Leistungsfähigkeit für eine gewisse Zeit ziemlich groß ist. Dann kommt wieder etwas Leichteres und am Ende vielleicht noch mal ein richtig unbequemer »Brocken«. Denn mit der Freizeit vor Augen lässt sich dieser in der Regel locker bewältigen.

Abwechslung lässt sich aber nicht nur vom Schwierigkeitsgrad der Aufgaben her erreichen, sondern auch dadurch, dass die Lernart ziemlich regelmäßig gewechselt wird. Wenn schriftliches und mündliches Lernen im Wechsel erfolgen, dann trägt das erfahrungsgemäß dazu bei, die drohende Eintönigkeit zu vermeiden. Das nachfolgende S-M-Schema veranschaulicht diese Regel. Wer Schriftliches und Mündliches regelmäßig abwechselt, der wirkt sowohl der drohenden Lernunlust entgegen als auch dem Absinken der persönlichen Leistungsfähigkeit.

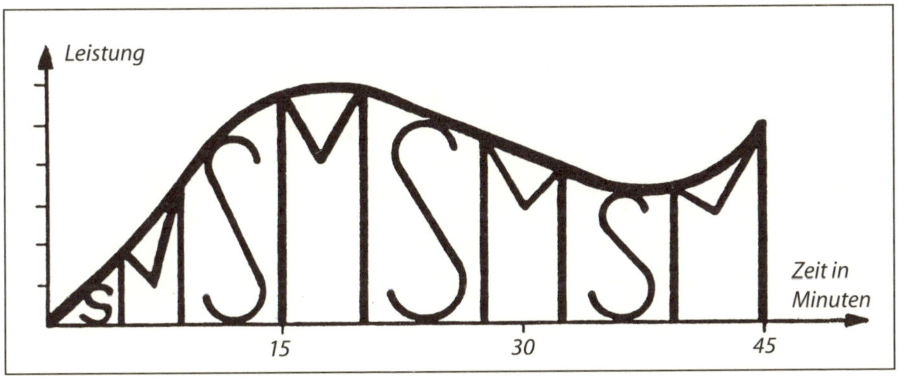

(aus: Endres 1987, S. 29)

Letzteres gilt auch bei Einhaltung vernünftiger Pausenregelungen während der Arbeit an den Hausaufgaben. Kleinere und größere Pausen helfen erwiesenermaßen, die geistige Frische zu erhalten. Denn wer pausenlos arbeitet, der quält sich letztlich nur und lernt kaum noch was. Sinnvoller ist es, etwa alle halbe Stunde eine Kurzpause von ca. 5 Minuten einzulegen. Am besten, man steht mal auf, macht irgendetwas (z. B. Getränk holen, Kniebeugen, Lieblingsmusik anhören usw.) und entspannt sich dabei. Dauern die Hausaufgaben mehrere Stunden, so ist es ratsam, nach einer bis eineinhalb Stunden Arbeitszeit eine etwa 20-minütige Entspannungspause einzulegen. Nur sollte diese Pause wirklich der Entspannung dienen und nicht etwa zum Fernsehen, zum Computerspielen oder zu irgendeiner anderen anstrengenden Nebentätigkeit benutzt werden. Belastungen dieser und anderer Art sind unbedingt zu vermeiden, denn sie stören den Arbeitsprozess, mindern die Aufmerksamkeit, gefährden den Lernerfolg und verlängern die Dauer der Hausaufgaben. Letzteres gilt auch und zugleich für einen unordentlichen Arbeitsplatz, an dem man vor lauter Durcheinander nicht zum zügigen Arbeiten kommt.

B 30a LEITTEXT

Bevor mit den Hausaufgaben begonnen wird, sollte ein bisschen Planung sein, damit es anschließend umso zügiger läuft. Zu dieser Planung gehört u. a. die Einteilung der Hausaufgaben in kleine, überschaubare Portionen. Diese »Häppchen« werden auf gesonderte Zettel geschrieben und gut sichtbar an der Pinnwand befestigt. Auf diesen Notizzetteln kann z. B. stehen: »Mathematikbuch S. 17, Aufgaben 3 bis 5«, »Englisch-Vokabeln, Lektion 4«, »Englisch-Grammatik, Buch S. 36« usw. Vorteilhaft sind die kleinen Notizzettel deshalb, weil man zum einen in etwa gleich große Arbeitsabschnitte vor Augen hat, zwischen die man kleinere oder größere Pausen einschieben kann; zum anderen kann man an der Pinnwand anschaulich sehen, wie die Hausaufgaben immer weniger werden. Das beschert kleine Erfolgserlebnisse und spornt zum weiteren »Abräumen« an.

Zur Planung gehört ferner die Klärung des Vorgehens. Eine wichtige Frage dabei: Mit welcher Aufgabe sollte begonnen werden? Sollte eher eine schwere oder eher eine leichte Aufgabe am Anfang stehen? Vieles spricht dafür, mit einer leichteren Aufgabe zu beginnen, damit der Start positiv verläuft. Denn bekanntlich ist aller Anfang schwer. Das gilt auch für die Hausaufgaben. Wie die abgebildete Leistungskurve zeigt, muss man sich in den ersten 15 Minuten erst langsam auf Touren bringen, ehe man zur nötigen Konzentration und Leistungsfähigkeit gelangt. Je interessanter und Erfolg versprechender die Aufgabe(n) am Anfang, umso besser. Denn das gibt Auftrieb und begünstigt den weiteren Arbeitsprozess. Mit dem Erfolg wächst das Selbstvertrauen und mit dem Selbstvertrauen steigt auch die Chance, dass selbst schwierigere Aufgaben leichter von der Hand gehen. Viele Schüler fangen hingegen genau umgekehrt an. Sie glauben, es sei besser, erst das Schwierigste wegzuschaffen, damit es dann angenehmer wird. Mag sein, dass diese Vorgehensweise bei manchen Schülern durchaus funktioniert; im Großen und Ganzen ist dieser Weg jedoch nicht zu empfehlen, da die Gefahr groß ist, dass die anfängliche Hürde zur übermäßigen Quälerei führt und deshalb zu Unlust und Selbstzweifeln Anlass gibt. Dies gilt umso mehr, als die Leistungsfähigkeit am Anfang relativ gering ist (s. Kurve).

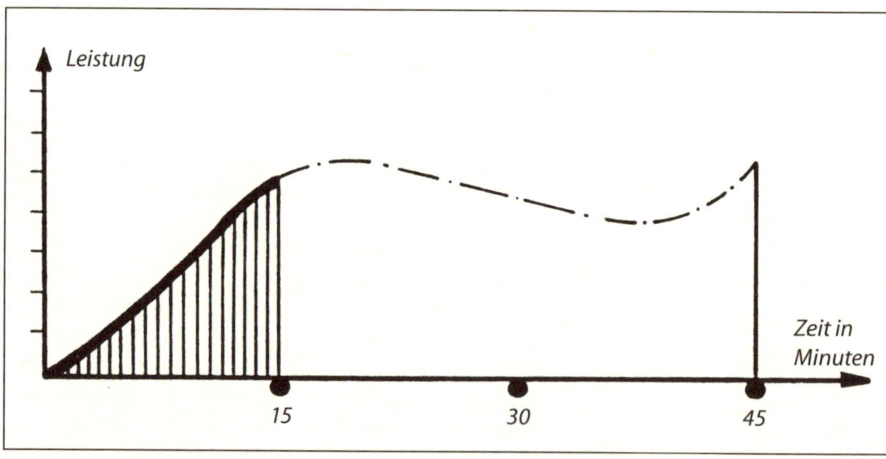

(aus: Endres 1987, S. 21)

B 30b PROTOKOLLBLATT

LERNTIPPS KURZ UND BÜNDIG

1	**5**
2	**6**
3	**7**
4	**8**

Formuliere auf der Grundlage des vorliegenden Informationstextes 6 bis 8 Merksätze (Regeln), die kurz und bündig angeben, worauf beim Erledigen der Hausaufgaben besonders zu achten ist! Trage deine Merksätze/Regeln in die obigen Kästchen ein!

Sammelt und besprecht eure Regeln anschließend in der Klasse! Heftet die wichtigsten Regeln (etwa 8 bis 10) an die Pinnwand im Klassenraum!

B 30c BEFRAGUNG

(UN)ORDNUNG AM ARBEITSPLATZ

Fragebogen: Zutreffendes ankreuzen!	**ja**	**nein**
Verzichtest du bei schwierigem Lernstoff aufs Musikhören?		
Ist dein Arbeitsplatz ausreichend beleuchtet?		
Lüftest du den Arbeitsraum immer mal wieder?		
Ist die Arbeitsfläche deines Tisches groß genug?		
Räumst du vor Lernbeginn lernfremde Gegenstände weg?		
Liegen die häufig gebrauchten Arbeitsmittel im Greifbereich?		
Sind die wichtigsten Arbeitsmittel vorhanden?		

Wichtige Arbeitsmittel

→ *Schreibe zur obigen Abbildung einen kritischen Kommentar! Tauscht eure Gedanken, Beanstandungen und eure persönlichen Erfahrungen in der Kleingruppe aus!*

→ *Wie sieht es bei dir auf dem Schreibtisch aus? Berichtet euch wechselseitig in der Kleingruppe und stellt vorhandene Mängel fest!*

→ *Kreuze im obigen Fragebogen das Zutreffende an! Trage außerdem in die rechte Tabelle die wichtigsten Arbeitsmittel ein, die am Arbeitsplatz zur Verfügung stehen sollten! Vergleicht und besprecht eure Ergebnisse in der Kleingruppe!*

B 31: DAS EINMALEINS DER ZEITPLANUNG

GRUNDIDEE: Die zur Verfügung stehende Zeit ist in aller Regel knapp und bedarf der Planung, soll sie nicht unnötig wirkungslos unter den Fingern zerrinnen. Das gilt für Arbeitsvorhaben am Schulvormittag wie für die Organisation des Nachmittags. Zur Rhythmisierung und Effektivierung der Hausaufgaben ist in B 30 bereits einiges ausgeführt und angeregt worden. Auch zur Vorbereitung von Klassenarbeiten sind in B 29 diverse Lerntipps gegeben worden, die Fragen der Zeitplanung einschließen. Zeitplanung meint hierbei allerdings keineswegs nur die rationelle Ausgestaltung der Arbeitsabläufe, sondern sie reflektiert auch und zugleich die Notwendigkeit, Phasen der Entspannung und der Muße einzuplanen und ernst zu nehmen. Zwar nehmen sich die meisten Schüler durchaus genügend »Auszeiten«, nur sind diese in der Regel nicht mit Entspannung und Regeneration verbunden, sondern mit Hyperaktivität auf anderen Gebieten (Fernsehen, Computerspiele, Freizeitstress etc.). Der sinnvolle und durchdachte Umgang mit der verfügbaren Zeit muss also vielfach erst noch gelernt werden. Das gilt für Schüler wie für viele Erwachsene. Die nachfolgenden Übungsmaterialien geben den Schülern Gelegenheit, das eigene »Zeitmanagement« kritisch zu überdenken und exemplarisch zu üben. Weitere Versuche in Sachen Zeitplanung sollten folgen.

ÜBUNGEN: Arbeitsblatt a fordert die Schüler auf, den eigenen »Zeitdieben« nachzuspüren, d. h., persönliche Situationen und Verhaltensweisen aufzudecken, die zu einer fragwürdigen Zeitverwendung führen. Indem die Schüler den vorgegebenen Fragebogen ausfüllen, machen sie sich eigene Gewohnheiten und Defizite bewusst; sie denken über ihre eigene Zeit- und Arbeitseinteilung nach und schaffen auf diese Weise die Voraussetzung für ein effektiveres Zeitmanagement. Ähnliche Chancen und Intentionen verbinden sich mit Übungsblatt b. Dieses verlangt von den Schülern, über einen Zeitraum von einer Woche einmal genau zu protokollieren, was sie zwischen 14.00 Uhr und 22.00 Uhr so alles machen. Dieser Zeitverwendungsnachweis zwingt die betreffenden Schüler zur detaillierten Ist-Aufnahme und bildet gleichzeitig die Basis für gewisse strategische Überlegungen. Mit Übungsblatt c schließlich lässt sich ein einfaches Entscheidungsspiel in Gang setzen, bei dem die Schüler – ausgehend von einem Fallbeispiel – einen Zeitplan erstellen sollen. Dabei ist unter einer Vielzahl möglicher Aktivitäten auszuwählen, d. h., es sind Prioritäten zu setzen und zu begründen.

AUSWERTUNG: Eine erste Auswertungsphase läuft in den einzelnen Gruppen, in denen die vorliegenden Arbeitsergebnisse verglichen, besprochen und nötigenfalls problematisiert werden. Weiterhin werden die aufgrund der Übungsblätter a und b identifizierten »Zeitdiebe« im Plenum zusammengetragen, diskutiert und anschließend auf einem großen Plakat anschaulich visualisiert. Die in Verbindung mit Übungsblatt c entwickelten Tagespläne werden von 2 ausgewählten Gruppen auf Folien übertragen und im Plenum präsentiert und begründet. Sinnvoll ist es ferner, von den Schülern gelegentlich konkrete Wochenarbeitspläne, Projektpläne oder sonstige Arbeitspläne erstellen zu lassen und diese im Plenum zu thematisieren.

ZEITBEDARF: Für Arbeitsblatt a ist – bei intensiver Auswertung – etwa eine Unterrichtsstunde anzusetzen (Fragebogen ausfüllen → Kleingruppengespräche → Identifizierung zentraler »Zeitdiebe« → Visualisierung). Für die Auswertung des Wochenprotokolls (vgl. b) sind im Allgemeinen 20 bis 30 Minuten ausreichend. Das Entscheidungsspiel dauert mindestens eine Unterrichtsstunde (Einzelentscheidung → Gruppenentscheidung → Auswertung).

B 31a SELBSTBEFRAGUNG

DEN ZEITDIEBEN AUF DER SPUR

Diese Aussage …	*stimmt*	*stimmt z. T.*	*stimmt nicht*
Ich telefoniere zu oft und zu lange mit meinen Freunden und Freundinnen.			
Ich verbringe zu viel Zeit vor dem Fernseher und/oder vor dem Spielecomputer.			
Ich trödele zu viel herum und drücke mich gerne vor »unangenehmen« Arbeiten.			
Ich arbeite oft zu verbissen; das nimmt mir die geistige Frische und kostet mich letztlich Zeit.			
Ich habe so viele Hobbys, dass ich kaum zu meiner eigentlichen Schularbeit komme.			
Ich suche oft unnötig lange nach irgendwelchen Dingen, weil ich zu wenig Ordnung halte.			
Ich werde durch viele Besucher und Unterbrechungen zu sehr abgelenkt.			
Ich höre gern und oft Musik bei den Hausaufgaben; dadurch schweife ich leicht ab und brauche länger.			
Ich arbeite häufig recht planlos vor mich hin und komme deshalb auch nicht richtig voran.			
Ich kann schwer Nein sagen, wenn andere mich von der Arbeit abzuhalten versuchen.			
Ich schiebe Aufgaben oft vor mir her; das belastet mich irgendwie und lähmt meine Arbeit.			
Ich mache es mir häufig selbst schwer, grüble herum und komme nicht richtig voran.			
Ich mache zu viel Nebensächliches und konzentriere mich zu wenig auf die wichtigen Aufgaben.			
Ich arbeite in der Regel nur unter Zeitdruck; das führt immer wieder dazu, dass ich verkrampfe.			

➔ *Kreuze an, ob die jeweilige Aussage für dich stimmt, teilweise stimmt oder absolut nicht zutrifft! Nutze eventuell auch das freie Feld!*

➔ *Vergleicht anschließend eure Ergebnisse in Kleingruppen und überlegt, was ihr gegen die festgestellten »Zeitdiebe« tun könnt! Nehmt euch auf jeden Fall was vor!*

B 31b ZEITAUFNAHME

ZEITVERWENDUNG PROTOKOLLIEREN

Uhrzeit	MONTAG	DIENSTAG	MITTWOCH	DONNERSTAG	FREITAG
30					
14.00					
30					
15.00					
30					
16.00					
30					
17.00					
30					
18.00					
30					
19.00					
30					
20.00					
30					
21.00					
30					
22.00					

→ *Führe eine Woche lang genau Buch, womit du zwischen 13.00 Uhr und 22.00 Uhr deine Zeit verbringst! Trage täglich ein! Achte auf exakte und vollständige Eintragungen!*

→ *Vergleicht eure Ergebnisse in Kleingruppen! Sucht Schwachstellen (Zeitdiebe, fehlende Abwechslung und Entspannung usw.), diskutiert darüber und tauscht Tipps und Ideen aus, wie ihr die Zeit besser nutzen könnt!*

B 31c | ENTSCHEIDUNGSSPIEL

TERMINPLAN ZUSAMMENSTELLEN

Heute ist Mittwoch. Sandra kommt um 13.10 Uhr von der Schule nach Hause. Sie ist ziemlich geschafft. Nach dem Mittagessen würde sie sich am liebsten etwas hinlegen und Musik hören, um sich zu entspannen. Nur weiß sie nicht, ob sie sich das leisten kann. Sie hätte eigentlich so viel zu tun. Was alles ansteht, geht aus den nachfolgenden »Merkzetteln« hervor. Allerdings kann sie mit Sicherheit nicht alles machen; sie muss auswählen und Schwerpunkte setzen.

! *Erstelle unter Berücksichtigung der nachfolgenden Merkzettel einen Zeitplan für die Zeit von 13.30 Uhr bis 22.00 Uhr, den du Sandra empfehlen würdest! Verwende dazu das Zeitraster auf der nächsten Seite! Trage die vorrangigen Arbeiten ein! Verwende eventuell verschiedenfarbige Markierungsstifte! Denke auch an Freizeit und Erholungsphasen!*

MÖGLICHE AKTIVITÄTEN SANDRAS

Nächste Woche schreibt Sandra 3 Klassenarbeiten. Am Montag in Religion, am Dienstag in Erkunde und am Donnerstag in Biologie.

Für 20.30 Uhr hat Sandra einen Kinobesuch mit ihrer Freundin verabredet. Ihre Eltern sind einverstanden.

Von 19.30 bis 20.15 Uhr läuft im Fernsehen der 5. Teil einer spannenden Serie, die Sandra bisher immer gesehen hat.

Sandra ist heute mit dem Geschirrspülen dran. Dafür benötigt sie etwa 20 Minuten. Die Eltern möchten, dass das Mittagsgeschirr möglichst bald weggespült wird.

Sandra hat die Aufgabe übernommen, jeden Nachmittag den Pudel »Topsy« für etwa 20 Minuten auszuführen.

Sandra muss im Fach Kunst spätestens bis Freitag eine Porträt-Zeichnung fertig stellen. Sie braucht noch mindestens 1 Stunde, um das »Kunstwerk« zu vollenden.

Folgende Hausaufgaben sind zu erledigen: Mathematik und Englisch jeweils etwa 30 Minuten (bis morgen); Deutsch etwa 1 Stunde (bis übermorgen).

Sandra hat mit ihrer Schulfreundin Julia vereinbart, dass sie im Laufe des Nachmittags mal anruft, um die für nächsten Samstag geplante Party näher durchzusprechen.

Außerdem ist morgen mit Hausaufgaben-Überprüfungen in Musik und Physik zu rechnen; die Hausaufgaben hat Sandra schon am letzten Wochenende gemacht. Für eine Wiederholung bräuchte sie etwa 2-mal 15 Minuten.

B 31c ENTSCHEIDUNGSSPIEL

Von 18.30 bis 19.00 Uhr ist Abendessen angesagt; die Eltern legen Wert darauf, dass Sandra zugegen ist.

Um 17.00 Uhr will Freundin Heike zum Spielen kommen. Mit Heike zu spielen, das macht eigentlich immer Spaß.

Im Nachmittagsprogramm des Fernsehens läuft zwischen 14.45 Uhr und 16.00 Uhr ein ganz berühmter Spielfilm, den Sandra gerne sehen würde.

Sandra muss an ihre englische Brieffreundin dringend einen Brief schreiben, da diese am kommenden Samstag Geburtstag hat.

Von 15.00 bis 16.00 Uhr findet in der örtlichen Sporthalle das wöchentliche Handballtraining statt, an dem Sandra in der Regel teilnimmt. Sandra spielt zurzeit in der 2. Mannschaft des SV Kurzweil.

Sandra kann gegen 16.00 Uhr mit ihrer Mutter in die Stadt fahren. Sie hat sich bis heute Abend einen Pulli in einem Bekleidungsgeschäft zurücklegen lassen, der ihr sehr gut gefällt, nur etwas teuer ist (120 DM).

ZEITPLAN ZUM EINTRAGEN

Uhrzeit	
30	
14.00	
30	
15.00	
30	
16.00	
30	
17.00	
30	
18.00	
30	
19.00	
30	
20.00	
30	
21.00	
30	
22.00	

B 32: PROBLEMLÖSUNGSPROZESSE ORGANISIEREN

→ GRUNDIDEE: Je stärker der Unterricht für Projektarbeit, Planspiele und andere Formen des eigenständigen Arbeitens geöffnet wird, umso häufiger kommt es vor, dass die Schüler vor kleineren oder größeren Problemen stehen, die sie faktisch oder gedanklich/hypothetisch zu lösen haben. Ganz gleich, ob es sich um einen experimentellen Ablauf in Biologie, um die Lösung eines technisch-naturwissenschaftlichen Problems in Physik, um die Bearbeitung eines politischen Problems in Sozialkunde oder um die Durchführung eines Projekts in Erdkunde oder in irgendeinem anderen Fach handelt, stets wird von den Schülern verlangt, dass sie die jeweilige Problembearbeitung zielstrebig und folgerichtig angehen. Das aber setzt voraus, dass sie die innere Logik – den Algorithmus – des problemlösenden Arbeitens überblicken und die entsprechenden methodischen Schritte kennen und einigermaßen routiniert umsetzen können. Die nachfolgenden Übungsmaterialien sollen zu dieser Routinebildung beitragen und das algorithmische Denken und Arbeiten der Schüler fördern. Natürlich sind die vorliegenden – relativ abstrakten – Ordnungs- und Systematisierungsaufgaben kein Ersatz für die konkrete, erlebnisbetonte Auseinandersetzung mit realen Problemen innerhalb wie außerhalb des Unterrichts. Wohl aber können und sollen die nachfolgenden Übungsblätter das Gespür der Schüler für die grundlegende Systematik und Schrittfolge problemlösenden Arbeitens vertiefen. Denn wenn die gängigen Algorithmen erst mal im Kopf gespeichert sind, dann ist das im Ernstfall nur von Vorteil.

→ ÜBUNGEN: Die Übungsblätter a bis d haben allesamt das gleiche Anliegen: Sie geben den Schülern Gelegenheit, sich in unterschiedliche Problemlösungsmuster einzuarbeiten und die entsprechenden Arbeitsschritte überblickshaft zu entdecken. Dementsprechend haben alle Übungsblätter Rätsel- bzw. Puzzle-Charakter, d. h., es sind unterschiedlichste Zuordnungsaufgaben zu lösen. Übungsblatt a bringt die wichtigsten Etappen problemlösenden Arbeitens ganz generell in den Blick: von der Problemfeststellung über die Suche und Eingrenzung von Lösungsalternativen bis hin zur Verwirklichung und Kontrolle der gewählten Problemlösungsvariante. Übungsblatt b verdeutlicht die logische Grundstruktur technischer Problemlösungsprozesse mit ihren verschiedenen »Ja-Nein-Weichen«. Übungsblatt c gewährt einen exemplarischen Einblick in die Systematik des problemlösenden Arbeitens im politisch-gesellschaftswissenschaftlichen Aufgabenfeld. Übungsblatt d beleuchtet diese Systematik für den Bereich der Projektarbeit, denn projektorientiertes Arbeiten kann nicht irgendwie erfolgen, sondern muss relativ klar strukturiert werden. Integraler Bestandteil eigentlich aller Ablaufpläne ist die so genannte »Brainstorming-Phase«, deren Regeln und deren Bedeutung in Übungsblatt e näher beleuchtet werden.

→ AUSWERTUNG: Eine erste Auswertungsphase besteht darin, dass die Schüler ihre Ergebnisse in Kleingruppen vergleichen und besprechen. Grundlegende Anfragen werden nötigenfalls im Plenum thematisiert und durch den Lehrer geklärt. Darüber hinaus kann die Klasse nach dem Zufallsprinzip in Gesprächspaare aufgeteilt werden; jeweils ein Gesprächspartner präsentiert und erklärt dem anderen sein Strukturmuster. Ein weiterer Transfer ist im Anschluss an die Arbeitsblätter b, c und e vorgesehen, indem die Schüler konkrete Probleme zu bearbeiten bzw. ein Brainstorming durchzuführen haben.

→ ZEITBEDARF: Für das Ausfüllen, Vergleichen und Besprechen der einzelnen Übungsblätter sind jeweils etwa 20 bis 30 Minuten zu kalkulieren. Hinzu kommen bei den Übungsblättern b, c und e zusätzliche Zeitansätze für die angedeuteten Planungs- und Brainstorming-Versuche.

B 32a ABLAUFPLAN

PROBLEMLÖSUNGS-SCHRITTE ORDNEN

Problemlösungsprozesse folgen einer gewissen Logik. Ist ein Problem festgestellt (z. B. der Klassenraum sieht so öde aus), so beginnt ein klar gestufter Informations-, Planungs- und Entscheidungsprozess. Die wichtigsten Schritte, die in diesem Prozess aufeinander folgen, sind unten stichwortartig angegeben.

➔ *Trage die angeführten Arbeitsschritte/Begriffe so in das vorgegebene Ablaufschema ein, dass sich ein stimmiger Problemlösungsprozess ergibt!*

➔ *Vergleicht eure Ergebnisse anschließend in Kleingruppen! Diskutiert etwaige Abweichungen! Klärt offene Fragen!*

Stichworte, die ins Ablaufschema einzutragen sind …

- *Kontrolle des Ergebnisses*
- *Suche nach Problemlösungsmöglichkeiten*
- *Befriedigende Lösung?*
- *Nähere Beleuchtung des Problems*
- *Prüfung ihrer Realisierbarkeit*
- *Verwirklichung des gefundenen Lösungsplans*
- *Rückblick auf den Planungs- und Arbeitsprozess*
- *Zielklärung/Klärung des Soll-Zustandes*
- *Machbar?* ■ *nein*
- *Problem wird festgestellt*
- *ja* ■ *nein* ■ *ja*

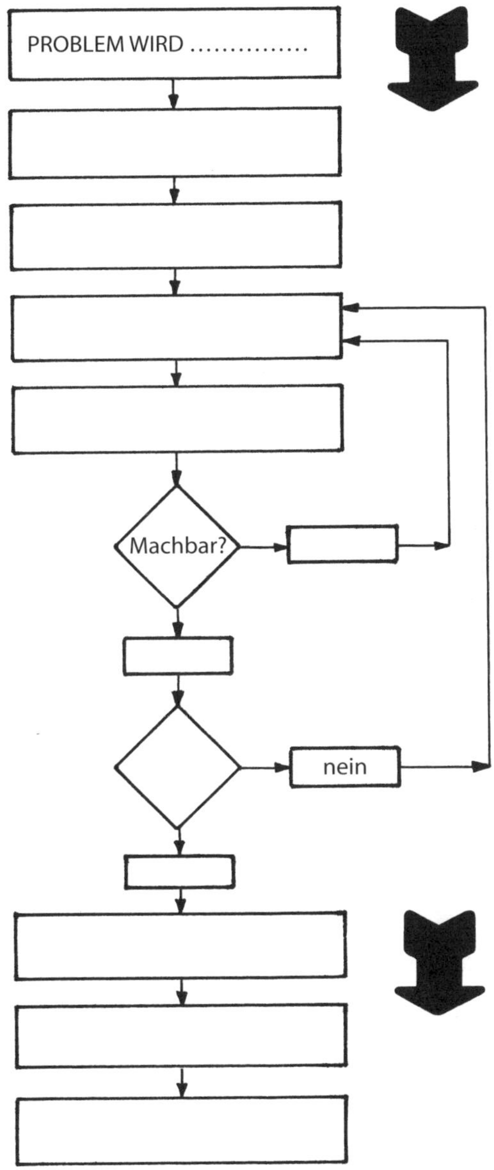

B 32b | ALGORITHMUS

PROBLEMLÖSUNGS-NETZWERK AUSFÜLLEN

Problemlösendes Denken und Arbeiten hat viel mit »Probieren« zu tun. Es wird dies überlegt und versucht und es wird jenes überlegt und versucht. Dieses Vorgehen nach dem Prinzip von »Versuch und Irrtum« (trial and error) findet auch im nachfolgenden Ablaufplan seinen Niederschlag, dessen Ausgangspunkt eine defekte Deckenleuchte ist.

➔ *Ergänze das Schema an den markierten Stellen so, dass sich ein folgerichtiger Ablauf ergibt! Die einzusetzenden Begriffe sind:*

PRÜFEN · EINSCHALTEN · DECKENLEUCHTE · GLÜHLAMPE · STEHLAMPE · ELEKTRIKER · STROMAUSFALL · SICHERUNG · LICHT · BRENNT · AUSWECHSELN · NACHBARN

PROBLEMLÖSEN AM BEISPIEL EINES ABLAUFPLANES

(vgl. Dehmel/Heimerer 1976, S. 29)

Die Vorgehensweise bei einer Problemlösung, hier bei einer Fehlersuche, zeichnet man sich zweckmäßigerweise in Form eines Programmablaufplanes auf.

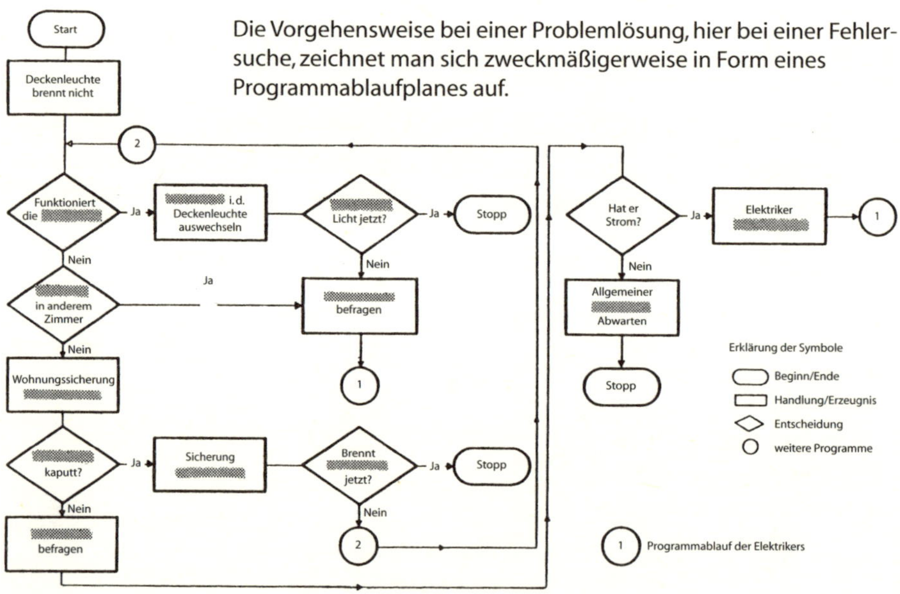

➔ *Erläutere den vorliegenden Ablaufplan einem Mitschüler deiner Wahl! Besprecht etwaige Fragen und Unklarheiten! Zieht nötigenfalls euren Lehrer zurate!*

➔ *Fertige allein oder in der Kleingruppe einen ähnlichen Ablaufplan zum Problem »Rücklicht am Fahrrad brennt nicht« an! Natürlich könnt ihr in der Klasse auch ein anderes Thema vereinbaren! Beachte bei deiner Darstellung die obigen Symbole!*

B 32c | ZUORDNUNGSAUFGABE

BEARBEITUNG POLITISCHER PROBLEME

Politisch-gesellschaftliche Probleme (z. B. Arbeitslosigkeit) müssen analysiert, erklärt, bewertet und auf Lösungsmöglichkeiten hin abgeklopft werden. Das abgebildete Raster gibt einen Überblick über die wichtigsten Etappen dieses problemorientierten Arbeitsprozesses. Die vorliegende Übersicht muss allerdings erst noch vervollständigt werden.

Trage die folgenden Begriffe bzw. Satzteile so in das Schema ein, dass sich ein stimmiger Arbeitsablauf ergibt!

POLITISCHE · DIE BETROFFENEN · SACHVERHALTE · ENTSCHÄDIGUNGSLEISTUNGEN · STIMMUNGSLAGE · DURCHSETZUNGSVERMÖGEN · PROBLEMLÖSUNG · ANALYSE · WIDERSTÄNDE · GESELLSCHAFT · ERFAHRUNGEN UND SICHTWEISEN · WIRTSCHAFTLICHE · MICH · PROBLEMLÖSUNG · MÖGLICHKEITEN · PROBLEMBEKÄMPFUNG · AUSWIRKUNGEN · BESCHREIBEN

Vergleicht und besprecht eure Arbeitsergebnisse! Klärt offene Fragen! Zieht nötigenfalls euren Lehrer zurate!

Nehmt euch in Kleingruppen ein aktuelles politisches Problem vor und bearbeitet es nach dem angeführten Ablaufplan!

- ___________ UND ÜBERDENKEN DES PROBLEMS
  - *Objektive* ....
  - *Eigene* ....

↓

- UNTERSUCHUNG DER ___________
  - *Folgen für* ....
  - *Folgen für* ....
  - *Folgen für die* ....

↓

- _______ DER URSACHEN
  - .... *Ursachen*
  - .... *Ursachen*
  - *Sonstige Ursachen*

↓

- WEGE DER ___________
  - .... *an die Betroffenen*
  - *Maßnahmen zur* ....
  - .... *der Problembegrenzung*

↓

- CHANCEN DER ___________
  - .... *in der Bevölkerung*
  - *Mögliche* ....
  - .... *der pol. Verantwortlichen*

B 32d PROJEKTPUZZLE

PUZZLE ZUR PROJEKTARBEIT

Ein Projekt zeichnet sich dadurch aus, dass eine Arbeitsgruppe ein vorgegebenes oder ein selbst gewähltes Arbeitsvorhaben schriftlich plant, organisiert, durchführt und auswertet. Die wichtigsten Arbeitsschritte sind im Folgenden ungeordnet aufgeführt.

Kläre die Reihenfolge der einzelnen Arbeitsschritte und trage die Ziffern 1 bis 10 dementsprechend in die vorgegebenen Quadrate bzw. Kreise auf der rechten Seite ein! (1 ist die erste Phase des Projekts, 10 die letzte) → Kontroll-Tipp: Wenn du die Ziffern in den Kreisen von den Ziffern in den Quadraten abziehst, dann musst du als Differenz die Zahl »5« erhalten! Wenn nicht, neu überlegen!

Trage die 10 Projektphasen (Arbeitsschritte) in der richtigen Reihenfolge in das links stehende Flussschema ein!

Vergleicht und besprecht eure Ergebnisse in Kleingruppen! Klärt offene Fragen! Zieht nötigenfalls euren Lehrer zurate!

PROJEKTTHEMA STEHT FEST

PROJEKTABLAUF		
↓	Nachbesinnung auf den Projektverlauf und den Arbeitsprozess der Gruppe.	○
↓	Projektergebnisse aufbereiten bzw. kleine Ausstellung vorbereiten.	○
↓	Schlussfolgerungen und Vorschläge für ein nächstes Projekt austauschen.	□
↓	Ideen zur Themenbearbeitung sammeln (Brainstorming veranstalten).	○
↓	Präsentation der Projektergebnisse in der Öffentlichkeit (Mitschüler, Eltern usw.).	□
↓	Arbeitsvorschläge übersichtlich festhalten (Tafel, Plakat, Folie).	○
↓	Produktorientiertes Arbeiten und/oder Forschen in der Gruppe.	○
↓	Konkrete Arbeitsaufgaben in der Gesamtgruppe verbindlich vereinbaren.	□
↓	Detaillierte Zeit- und Arbeitsplanung in der jeweiligen Kleingruppe.	□
↓	Verantwortliche Arbeitsgruppen für die einzelnen Aufgaben bilden.	□

B 32e — LÜCKENTEXT

RÄTSELHAFTES BRAINSTORMING

Die Lösung eines Problems hängt ganz wesentlich davon ab, dass bei den Verantwortlichen möglichst vielfältige __________ und Vorschläge wachgerufen werden. Wie ist das möglich? Eine ebenso einfache wie wirksame __________ zur Ideenproduktion ist das so genannte »Brainstorming«. Kennzeichnend für dieses __________ ist der freie und ungehinderte Ideenfluss, der durch folgende __________ sichergestellt wird.

1 BEIM BRAINSTORMING GIBT ES KEIN RICHTIG ODER __________. JEDE IDEE IST __________! JE AUSGEFALLENER EINE IDEE IST, DESTO __________.

2 KRITISCHE __________ UND SONSTIGE HEMMENDE ÄUSSERUNGEN SIND __________ DES BRAINSTORMINGS STRENG __________! DENN NICHTS STÖRT DEN __________ MEHR ALS KRITIK UND VORSCHNELLE __________ (KOPFSCHÜTTELN, STIRNRUNZELN ODER EINWÜRFE WIE »UNMÖGLICH« ODER »UNREALISTISCH«).

3 BRAINSTORMING IST __________. DAHER IST ES WICHTIG, DASS IDEEN EINZELNER GRUPPENMITGLIEDER VON ANDEREN TEAMANGEHÖRIGEN __________ UND WEITERGESPONNEN WERDEN. DIESE WECHSELSEITIGE BEFRUCHTUNG STEIGERT DIE GEISTIGE __________ UND FÖRDERT DIE CHANCE, DASS DAS JEWEILIGE __________ GELÖST WIRD.

4 DA WÄHREND DER IDEENSAMMLUNG __________ UNTERSAGT IST, JEDER ALSO GEWISSERMASSEN DAS RECHT AUF __________ HAT, MÜSSEN DIE __________ GEDANKEN IM NACHHINEIN __________ UND AUSGEWERTET WERDEN.

5 DAS BRAINSTORMING SOLLTE ZEITLICH ENG __________ SEIN. IN DER REGEL GENÜGEN 5 BIS 10 __________. DIE IDEEN SOLLTEN KURZ UND __________ GEÄUSSERT WERDEN, DAMIT MÖGLICHST VIELE SCHÜLER ZU __________ KOMMEN.

➔ *Trage die folgenden Begriffe so in den obigen Text ein, dass sich sinnvolle Sätze ergeben!*

REGELN · STELLUNGNAHMEN · BEWERTUNGEN · PROBLEM · BEURTEILT · WORT · BRAINSTORMING · BESSER · IDEENFLUSS · KREATIVITÄT · IRRTÜMER · GESAMMELTEN · BÜNDIG · METHODE · WILLKOMMEN · VERBOTEN · AUFGEGRIFFEN · MINUTEN · IDEEN · FALSCH · WÄHREND · TEAMWORK · KRITIK · BEGRENZT

➔ *Versucht in Gruppen (5 bis 8 Teilnehmer) ein Brainstorming unter Beachtung der obigen Regeln! Mögliche Themen könnten sein:*

Wohin sollte die nächste Klassenfahrt im Juni gehen?	*Wodurch könnte die Schülerzeitung attraktiver gemacht werden?*
Wie könnte der Unterricht interessanter/wirksamer gestaltet werden?	*Welche Möglichkeiten gibt es, den Klassenraum zu verschönern?*

III. Konsequenzen und Perspektiven für den Schulalltag

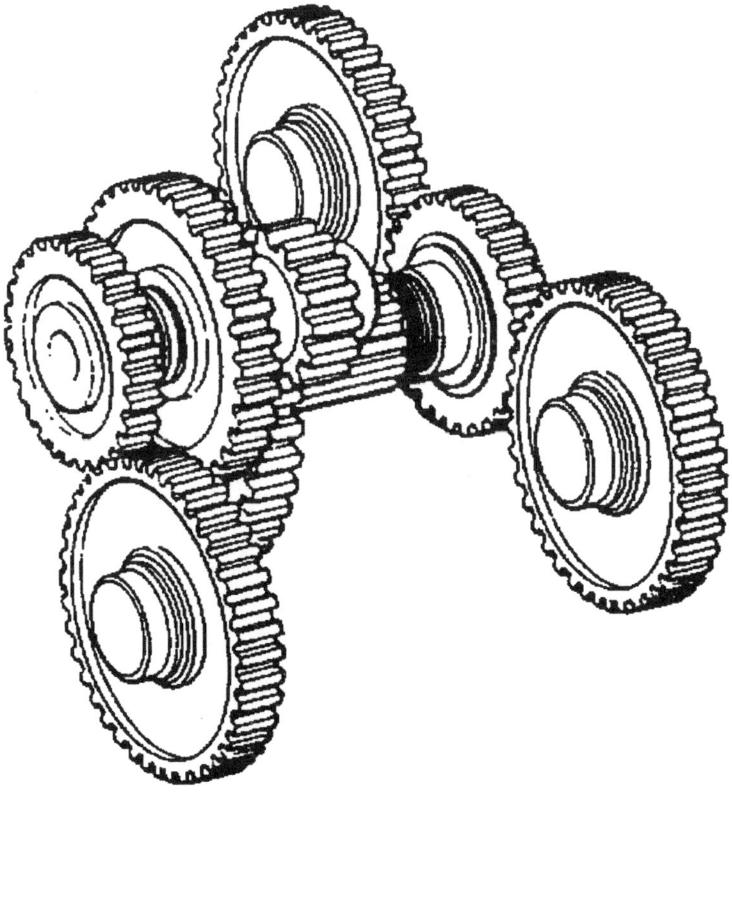

Die Umsetzung des skizzierten Methodentrainings verlangt selbstverständlich ein möglichst konsequentes und durchdachtes Innovationsmanagement in der Einzelschule. Das beginnt beim Rollenverständnis und bei der Kooperation im Kollegium und reicht über die wohlwollende Unterstützung des »Projekts« Methodentraining durch die Schulleitung bis hin zur Neuorientierung der Elternarbeit und der Leistungsbeurteilung. Nur wenn das Gros der Lehrkräfte, der Führungskräfte und der Elternvertreter mitspielt, wird es gelingen, dem Methodentraining den nötigen Nachdruck zu geben. Das gilt sowohl für die Trainingsarbeit im Rahmen mehrtägiger »Crashkurse« als auch für die darauf aufbauende Methodenpflege im Fachunterricht.

1. Neuorientierung der Lehrerrolle

Aus den in Kapitel I genannten Gründen ist ein verstärktes Methoden-Training dringend geboten – und zwar in allen Schularten und Schulstufen! Das heißt weiter, dass das traditionelle Rollenverständnis, das Lehrern durch ihre Ausbilder, durch die Schulaufsicht und durch die gängigen Curricula nahe gelegt wurde und wird, grundlegend überdacht und partiell ganz sicher modifiziert werden muss. Kennzeichnend für dieses Rollenverständnis ist nämlich eine ausgesprochen einseitige Betonung fachwissenschaftlicher und fachdidaktischer Ansprüche. Das Fachwissen ist unverkennbar der Dreh- und Angelpunkt sowohl in der Lehrerausbildung als auch in der Unterrichtspraxis. Methodische und soziale Zielsetzungen treten demgegenüber deutlich zurück. Dementsprechend verstehen sich viele Lehrer vorrangig oder gar ausschließlich als »Fachlehrer« bzw. als »Wissensvermittler«. Ihre Ambitionen gelten in erster Linie der Klärung und Erklärung der Sache und weniger der Vermittlung korrespondierender Methoden. Die Methodik der Schüler wird eher als deren Privatsache gesehen. Lehrpläne und Schulbücher stützen diese einseitige Fixierung des Unterrichts auf die Stoff- bzw. Wissensvermittlung, die in der Regel zudem mit direktiven/lehrerzentrierten Verfahren einhergeht. Dieses Rollenverständnis findet sich vor allem im Gymnasial-, Realschul- und berufsbildenden Bereich. Erfahrungsgemäß ist aber auch bei zahlreichen Hauptschullehrern der Wunsch dominant, möglichst viel Stoff über die Bühne zu bringen. Gegen dieses Ansinnen ist auch prinzipiell nichts einzuwenden; nur müssen flankierend dazu die nötigen methodischen und sozial-kommunikativen Kompetenzen mit der gleichen Konsequenz vermittelt werden, damit sich die Schüler den Lernstoff bewusst und methodisch versiert erschließen können. Die Crux der einseitig-rezeptiven Wissensvermittlung ist nämlich eine doppelte: Zum einen programmieren die betreffenden Lehrkräfte auf diese Weise ihre eigene Frustration, indem sie die Rezeptionsfähigkeit und -bereitschaft der Schüler überschätzen, zum anderen übersehen sie den engen Konnex von Fachkompetenz, Methodenkompetenz und Sozialkompetenz. Mit anderen Worten: Wirksames fachliches Lernen steht und fällt letztlich mit der Methodenbeherrschung, der Teamfähigkeit und der Gesprächskompetenz der Schüler (vgl. Abb. 2 auf Seite 28). Wie an verschiedenen Stellen dieses Buches gezeigt, muss der Lehrstoff möglichst aktiv und anschaulich strukturiert/visualisiert aufgenommen werden, wenn sich die korrespondierenden Kenntnisse und Erkenntnisse nachhaltig einprägen sollen. Das aber verweist einmal mehr auf die grundlegende Bedeutung der Lernmethodik. So gesehen, ist Methodenbeherrschung gleichermaßen Voraussetzung wie Gewähr dafür, dass inhaltlich-fachliches Lernen wirksam vonstatten gehen kann. Hinzu kommt, dass inhaltlich-fachliches Lernen im Rahmen von Projekten, Gruppenarbeit, Planspielen, Erkundungen, naturwissenschaftlichen Versuchen und sonstigen Formen des eigenverantwortlichen Arbeitens erklärtermaßen überhaupt erst möglich ist, wenn die Schüler über die nötigen methodischen Fähigkeiten und Fertigkeiten verfügen.

Diese Kompetenz zu vermitteln ist eine der zentralen Aufgaben der Schule und der Lehrer. Die Lehrkräfte müssen daher ihr Selbst- und Rollenverständnis entsprechend modifizieren bzw. erweitern und sich sehr viel stärker als bisher als »Methodentrainer« verstehen. Einige tun dies bereits, andere sind auf dem Weg, aber viele sind noch weit davon entfernt, diese Aufgabe wirklich zu akzeptieren und konsequent mit Leben zu füllen. Denn das impliziert, dass das gezielte Einüben, Reflektieren und Bewusstmachen grundlegender Lern- und Arbeitstechniken dezidiert in die Unterrichtsplanung und -organisation aufgenommen werden muss. Der Lehrer muss die entsprechenden methodenzentrierten Übungen vorbereiten, moderieren und nötigenfalls mit Rat und Tat zur Seite stehen. Geübt wird keineswegs abgehoben und fachfremd, sondern sehr wohl fach-, themen- und materialbezogen. Insofern stehen Methodenlernen und fachliches Lernen auch nicht in einem Konkurrenzverhältnis zueinander, sondern sie sind mittel- und langfristig hochgradig komplementär. Der einzige, aber wesentliche Unterschied zwischen stoff- und methodenzentrierter Unterrichtsarbeit: Der methodischen Reflexion, Diskussion und Vergewisserung wird im letzteren Fall relativ breiter Raum gegeben, damit die Schüler die entsprechenden Verfahrensweisen bewusst registrieren und einspeichern können. Andernfalls ist die Lernmethodik eher »Beiwerk«, dem weder auf Lehrer- noch auf Schülerseite größere Aufmerksamkeit entgegengebracht wird. Selbstverständlich ist die besondere Betonung und Reflexion des methodischen Vorgehens nur gelegentlich notwendig und sinnvoll. Das gilt vor allem für extensive methodische Übungen, die nur phasenweise ins Zentrum der unterrichtlichen Arbeit gerückt werden können. Langfristig betrachtet, ist es ohnehin so, dass mit zunehmender Übung und Methodenkompetenz der Schüler der Zeitanteil für die methodenzentrierte Arbeit in engerem Sinne deutlich geringer wird. Stellt man die höhere Effizienz eines methodenbewussten Lernens und Arbeitens in Rechnung, dann wird deutlich, dass mittel- und längerfristig nicht weniger Lernstoff vermittelt wird als im herkömmlichen Unterricht, sondern fraglos mehr. Denn erfahrungsgemäß gelangt der meiste Lernstoff, der von den Schülern rezeptiv aufgenommen wird, bestenfalls ins Kurzzeitgedächtnis und wird nur zu oft und nur zu schnell wieder vergessen. Dieser Aderlass, der von Lehrerseite durchweg beklagt wird, sollte zu denken geben. Und er sollte zugleich Mut machen, die Lehrerrolle im skizzierten Sinne neu zu profilieren.

Der Lehrer ist im stärker methodisch akzentuierten Unterricht vor allem Organisator, Moderator, Materialbeschaffer und Berater und weniger Instrukteur, fachlicher Stichwortgeber und Stoffdarbieter. Dabei wird die Beratungsaufgabe eher defensiv wahrgenommen, damit die Schüler ihre eigenständige Erprobungs- und Klärungsarbeit nicht vorschnell an den Lehrer abtreten. Denn – wie in Kapitel I angedeutet – es genügt nicht, den Schülern methodische Wege lediglich appellativ vorzustellen bzw. zu empfehlen; wirklich tief gehende methodisch-instrumentelle Fähigkeiten müssen unbedingt erfahren und experimentell angeeignet werden. Entsprechende Übungsphasen müssen von den verantwortlichen Lehrkräften immer wieder ermöglicht und konstruktiv begleitet werden. Die dazu benötigten Übungsmaterialien und -arrangements sind in Kapitel II dieses Buches in großer Vielzahl dokumentiert worden.

Die skizzierte Neuorientierung der Lehrerrolle zielt allerdings nicht nur auf die Effektivierung der Stoffvermittlung durch ein Mehr an Methoden- und Sozialkompetenz auf Schülerseite; diese »Handlangerfunktion« des Methoden-Trainings griffe zu kurz. Nein, die skizzierte Erweiterung des Lehr-/Lernanspruchs (vgl. Abb. 3 auf Seite 31) fußt auch und zugleich auf einem bestimmten Menschenbild. Einem Menschenbild, in dessen Zentrum Erziehungswerte wie Mündigkeit und Selbstständigkeit stehen. Wie die Schulwirklichkeit allerorten zeigt, genügt es nämlich nicht, die Schüler vordergründig mit umfänglichem Kulturwissen voll zu stopfen und das Ganze kurzschlüssig als humanistische Bildung zu deklarieren. Humanistische Bildung im strengen Sinne des Wortes verlangt auch und vor allem die Förderung und Entfaltung der Potenziale und Begabungen des einzelnen Schülers. Sie zielt auf Persönlichkeitsentwicklung in einer ebenso weiten wie anspruchsvollen Fassung. Sie zielt auf die Förderung von Selbstständigkeit, Selbstbestimmung und Selbstverantwortung, auf die Ausbildung von Urteils-, Kritik- und Handlungsfähigkeit, auf die Pflege von Kooperation und Solidarität. Bildung in diesem Sinne verlangt geradezu nach Methoden-Training und Methoden-Kompetenz, nach Selbstbildung und Selbstmanagement, nach Kommunikation und Kooperation. Denn ein Schüler ohne derartige »Schlüsselqualifikationen« ist wie ein Haus ohne Fundament. Er droht ins Bodenlose zu stürzen, wenn die Direktiven und Hilfen des Lehrers ausbleiben. Die chronische Hilflosigkeit vieler Schüler, die wir tagtäglich beobachten können, ist ein Indiz für die Fragwürdigkeit der traditionellen Belehrung und Unterweisung sowie der damit korrespondierenden Stoffhuberei. Die Schüler lernen in der Regel brav und angepasst, sind ansonsten aber bei der Bewältigung offener Aufgaben und Probleme nur zu oft hochgradig unsicher und unselbstständig. Auch von dieser Seite her spricht vieles für eine entschiedene Neuorientierung und Erweiterung des traditionellen Bildungs- und Rollenverständnisses der Lehrer.

Wohlgemerkt, diese Erkenntnis ist keineswegs neu, wohl aber sind die praktischen Konsequenzen, die auf Lehrerseite daraus gezogen werden, bislang eher dürftig. Zwar gibt es eine ganze Reihe engagierter »Pioniere«, die den skizzierten Paradigmenwechsel begriffen haben und ein entsprechend verändertes Rollenverständnis zu kultivieren versuchen; aber sie sind in den meisten Schulen deutlich in der Minderheit, sodass sie den Lern- und Arbeitsstil der Schüler zu wenig prägen können. Wenn diese unbefriedigende Situation nachhaltig überwunden werden soll, dann muss in den Kollegien ein möglichst breiter Konsens im Hinblick auf die veränderten Anforderungen und Perspektiven im Lehrerberuf hergestellt werden. Die verstärkte Betonung und Förderung des Methodenlernens im Unterricht ist eine derartige Perspektive. Ihre Verwirklichung ist zwar zunächst mit einigen zusätzlichen Arbeiten und Anforderungen verbunden; nach einer gewissen Übergangsphase stellt sich erfahrungsgemäß jedoch schon bald eine spürbare Entlastung für die betreffenden Lehrkräfte ein, da die Schüler mit zunehmender Methodenkompetenz sowohl zielstrebiger und selbstständiger als auch motivierter arbeiten. Das sollte Mut machen, den skizzierten Schritt zu gehen, zumal dieser durch die vorliegenden Übungsmaterialien und -anregungen wesentlich erleichtert wird.

2. Konsensbildung im Kollegium

Das Dilemma in vielen Kollegien ist, dass einige Lehrkräfte diese Anforderungen stellen, andere jene; dass einige auf Selbstständigkeit und Selbsttätigkeit Wert legen, andere die traditionelle Belehrung und Unterweisung pflegen; dass einige die Schüler ermutigen, eigene methodische Wege zu suchen und zu gehen, während andere vorrangig auf reproduktive Leistungen setzen. Zugegeben, diese Polarisierung vernachlässigt die vielen Zwischentöne, die es in jeder Schule natürlich auch gibt. Richtig daran ist jedoch, dass die methodisch-didaktischen Konzepte in den meisten Kollegien unnötig stark divergieren, was letztlich dazu führt, dass die Schüler ausgeprägten Wechselbädern ausgesetzt sind, die die Ausbildung einer klaren Arbeitslinie ausgesprochen erschweren. Die Folge ist nur zu oft ein prinzipien- und gedankenloser Opportunismus, der mit Methodenkompetenz und selbstständigem Lernen reichlich wenig zu tun hat. Entsprechend defensiv und lehrerfixiert verhalten sich viele Schüler im alltäglichen Unterricht.

So gesehen, ist kollegiumsinterne Konsensbildung dringend angezeigt, soll ein halbwegs konzertiertes Methoden-Training auf den Weg gebracht werden. Das heißt nicht, dass die individuelle Note der einzelnen Lehrkräfte darunter leiden muss; vielmehr geht es darum, ein möglichst breites Einverständnis darüber herzustellen, welchem Leitbild der Unterricht folgen soll und welche Verfahren und Anforderungen von daher geboten sind. Dieses Leitbild kann weder der Schulleiter überstülpen noch die Schulverwaltung. Auch das vorliegende Buch kann lediglich Anregungen geben und für eine verstärkte Methodenorientierung der Unterrichtsarbeit werben. Die eigentliche Klärungs- und Überzeugungsarbeit muss im jeweiligen Kollegium ablaufen, damit am Ende möglichst viele den propagierten Weg auch tatsächlich gehen wollen. Je mehr schließlich an einem Strang ziehen, desto besser; je breiter der Grundkonsens, umso geringer die Gefahr des Scheiterns! Dieser kollegiumsinterne Konsensbildungsprozess erfordert Gespräche und Erfahrungsaustausch, Kritik und Verständigung, Zielvereinbarungen und Strategieplanung, praktische Versuche und überzeugende Beispiele, damit durch ein Höchstmaß an Konkretion zum »Mitmachen« ermutigt wird. Die üblichen Nachmittagskonferenzen sind für einen derartigen Klärungs- und Verständigungsprozess in der Regel zu kurz und von der Atmosphäre her zumeist auch nicht dazu angetan, tiefer gehende Reflexionen, Dispute, Klärungen und Planungen in Gang zu setzen. Für eine sensible Vergewisserung und Perspektivplanung ist ein anderer Rahmen erforderlich. Wie kann dieser aussehen?

Eine bewährte Möglichkeit ist der Studientag, der von morgens 8.00 Uhr bis nachmittags gegen 17.00 Uhr dauert und ausschließlich dem Thema »Methoden-Training mit Schülern« gewidmet ist. Wie ein solcher Studientag ablaufen kann, das geht aus Abbildung 6 hervor. Am Anfang werden einige einführende Themen vorgestellt, die auf der Basis des ersten Kapitels dieses Buches formuliert werden können (vgl. den Thesenvorschlag in Abb. 9). Im Anschluss daran wird das Kollegium nach dem Zufallsprinzip in Arbeitsgruppen aufgeteilt. Diese sondieren und besprechen, wie es um die Methodenkompetenz der Schüler im Unterrichtsalltag bestellt ist. Dabei stehen die beiden folgenden Leitfragen

Studientag **Methoden-Training mit Schülern**
(Programmvorschlag)
8.00–12.00 Uhr
❑ Begrüßung/Einführende Erläuterungen und Thesen zum Tagungsthema ❑ Gruppen-Brainstorming; Einschätzungen zur Methodenkompetenz der Schüler/innen (Gruppenarbeit) ❑ Die Sicht der Schüler/innen: Besprechung der vorliegenden Befragungsergebnisse *(vor dem Studientag werden ausgewählte Klassen zu ihrem Methodenrepertoire befragt)* – Gruppenarbeit ❑ Impulsreferat: Warum ein verstärktes Methoden-Training im Unterricht wichtig ist … (mit Aussprache) – Gemeinsames Mittagessen –
13.00–17.00 Uhr
❑ Praktische Anregungen zum Methoden-Training mit Schülern (Beispiele, Übungen, organisatorische Anregungen) ❑ Arbeitsgruppen: Strategische Überlegungen zur Intensivierung des Methoden-Trainings an der eigenen Schule ❑ Präsentation der Gruppenergebnisse/Abstimmung der nächsten Schritte/Tagungsbilanz

Abb. 8

im Vordergrund: (a) Was finden Sie am Lern- und Arbeitsverhalten Ihrer Schüler unbefriedigend? (b) Was tun Sie, um das Lern- und Arbeitsverhalten Ihrer Schüler zu verbessern? Die wichtigsten Beanstandungen bzw. Gegenmaßnahmen werden von den betreffenden Gruppen auf großen Plakaten anschaulich visualisiert und anschließend im Gesamtkollegium vorgestellt und diskutiert. Wichtig ist diese Bestandsaufnahme deshalb, weil sie gezieltes Nachdenken in Gang setzt, Gespräche auslöst, Defizite bei Schülern wie Lehrern sichtbar werden lässt, Konsens anbahnt und insgesamt die Bereitschaft steigert, dem Methodenlernen verstärkte Aufmerksamkeit zu schenken. Damit jedoch nicht nur die Lehrerperspektive zum Tragen kommt, sondern auch die Schülersicht in die weiteren Überlegungen des Kollegiums einbezogen wird, werden rechtzeitig vor dem Studientag ausgewählte Klassen mithilfe des Fragebogens B 1 nach ihrer Sicht der Methodenproblematik gefragt. Die Befragungsergebnisse werden in gebündelter Form in den Studientag eingebracht, gesichtet, diskutiert und auf richtungweisende Impulse hin abgeklopft. Erfahrungsgemäß sind die Diskrepanzen zwischen Lehrersicht und Schülersicht ziemlich groß; das sorgt nicht nur für Gesprächsstoff, sondern macht zugleich auch deutlich, wie wichtig ein gezieltes »Sensitivity-Training« mit Schülern ist, das dazu beiträgt, ihr Problembewusstsein und ihre Selbstkritikfähigkeit zu steigern. Wie geht der Studientagspro-

Warum Methodenlernen wichtig ist

Einige Thesen für die schulinterne Diskussion

1. Viele Schüler sind beim Lernen unsicher und/oder überfordert, weil ihnen die nötigen methodischen Klärungen und Routinen (Algorithmen) fehlen!
2. Die Lernmethoden im Unterricht sind in aller Regel *Lehrer-Methoden*; die Lehrer/innen bahnen den methodischen Weg *für* die Schüler. Kein Wunder also, dass viele Schüler recht hilflos sind, wenn die gewohnte Lehreranweisung fehlt!
3. Die gelegentliche Methodenbelehrung durch die Lehrer/innen bewirkt wenig, da sie mehr oder weniger appellativ und abstrakt bleiben muss. Methoden müssen experimentell gelernt und gefestigt werden und sie können nur sehr begrenzt »gelehrt« werden!
4. Die einseitige Stofforientierung der Lehrpläne, der Schulbücher und der Lehrerausbildung verleitet dazu, das Methodenlernen der Schüler über Gebühr zu vernachlässigen!
5. Andererseits: Führende Bildungsexperten sind sich darin einig, dass die Methoden- und die Sozialkompetenz der Schüler relativ zur Fachkompetenz immer stärker an Bedeutung gewinnen!
6. Deshalb: Bildung ist mehr als die Vermittlung obligater Fachkenntnisse und enzyklopädischen Wissens. Bildung zielt auch und besonders auf die Befähigung zur »Selbst-Bildung«. Das aber verlangt methodische Versiertheit!
7. Fazit: Die Verbesserung der Methodenkompetenz ist der Schlüssel zu mehr Mündigkeit sowie zur Förderung des Lernerfolgs und der Lernmotivation der Schüler!

Abb. 9

zess weiter? Laut Programm folgt jetzt ein möglichst »anstößiges« Kurzreferat«, in dem zusammenfassend die Bedeutung eines verstärkten Methoden-Trainings begründet wird (vgl. dazu die Argumente in Kapitel I dieses Buches).

Nach dem Mittagessen werden ausgewählte Übungen aus der Angebotspalette in Kapitel II durchgespielt, die auch für Erwachsene reizvoll und lehrreich sind (bewährt haben sich u. a. die Übungen B 2 bis B 5). Diese exemplarischen Methodenerfahrungen sind unbedingt notwendig, soll der angelaufene Sensibilisierungsprozess nicht auf der Ebene relativ abstrakter Erkenntnisse und Bekenntnisse stecken bleiben. Denn die Bereitschaft zum gezielten Methoden-Training im Unterricht steht und fällt letztlich damit, dass bei den betreffenden Lehrkräften ein Mindestmaß an praktischer Vorstellungskraft, Sicherheit und Zuversicht vorhanden ist. Deshalb sind Konkretionen und ermutigende Erfahrungen unerlässlich. Das gilt für den Studientag wie für die Zeit danach, wenn im Rahmen von Hospitationen und gemeinsamer Materialsichtung und Unterrichtsplanung das vorhandene Repertoire weiterentwickelt werden muss. Diese Sichtungs- und Planungsphase beginnt bereits im letzten Abschnitt des Studientages (s. Abb. 8). Anregungen und Beispiele dazu finden sich im vorliegenden Buch in großer Fülle; daher sollte das Buch möglichst allen Teilnehmern als »Fundgrube« und »Ideenspender« zur Verfügung stehen. Der Studientag endet schließlich mit einer umsetzungsbezogenen Aktionsplanungsphase, in deren Verlauf festgelegt wird, was wann von welchen Gruppen in Angriff genommen wird, um das Vorhaben »Methoden-Training« konkret voranzubringen. Je klarer die Vorsätze und je verbindlicher die nächsten Schritte geregelt werden, umso größer sind natürlich die Chancen, dass aus dem angelaufenen Klärungs- und Abstimmungsprozess auch eine entsprechend akzentuierte Unterrichtspraxis erwächst. Darüber hinaus müssen korrespondierende Konferenzen, Hospitationen und gezielte »Pilotprojekte« die weitere Arbeit begleiten, damit aus dem Rinnsal der Methodenanwendung ein möglichst breiter Strom des Methoden-Trainings wird – eingebettet in einen tragfähigen Grundkonsensus des jeweiligen Kollegiums.

Hinzu kommt im innerschulischen Konsensbildungsprozess noch ein weiteres Feld, auf dem Aufklärungs- und Abstimmungsarbeit vonnöten ist: die Elternarbeit. Wenn nämlich die Eltern an ihren traditionellen Vorstellungen von stofforientiertem, rezeptivem Unterricht festhalten, dann erwachsen daraus leicht Irritationen und Widerstände, die eigentlich unnötig sind. Denn die Eltern sind zuallererst am Wohl ihrer Kinder interessiert; und wenn man ihnen plausibel machen kann, dass die Perspektiven in Studium und Beruf heutzutage ganz entscheidend von der Selbstständigkeit und der Methodenkompetenz der jungen Leute abhängen, dann ist ihre Zustimmung und Unterstützung in aller Regel gewährleistet. Und an entsprechenden Argumenten mangelt es ja nun wahrlich nicht, wie im vorliegenden Buch ausführlich verdeutlicht wurde. Voraussetzung ist nur, dass die Elternschaft möglichst frühzeitig und sensibel auf die skizzierte Akzentverschiebung vorbereitet wird. Themenzentrierte Lehrer-Eltern-Gesprächskreise und/oder Elternversammlungen haben sich diesbezüglich bestens bewährt. Sie sind durch kein noch so gut gemachtes Rundschreiben zu ersetzen!

3. Spielräume für das Methoden-Training

Die Spielräume für ein verstärktes Methoden-Training im Unterricht sind durchaus gegeben, wenn man die Lehrpläne und die sonstigen bildungspolitischen Verlautbarungen genau liest. Gewiss, die meisten Lehrpläne sind im Kern so konzipiert, dass zu den jeweiligen Themenfeldern fast ausschließlich inhaltlich-fachliche Lernziele ausgewiesen werden, die ganz überwiegend auf Wissens- und Kenntnisvermittlung abstellen. Diese Akzentsetzung verleitet das Gros der Lehrkräfte denn auch dazu, den Lernstoff über alles andere zu stellen und die Lernmethodik der Schüler geradezu sträflich zu vernachlässigen. Die Frage ist nur, ob die bestehenden Lehrpläne eine derartige Engführung der Unterrichtsarbeit tatsächlich erzwingen oder ob es nicht vielmehr darauf ankommt, gezielter im Vorspann und/oder zwischen den Zeilen zu lesen, um die nötige Legitimation für ein verstärktes Methoden-Training abzuleiten. Vieles spricht dafür, dass die vorhandenen Spielräume noch längst nicht ausgenutzt werden. Zwar gibt es von Fach zu Fach und von Bundesland zu Bundesland beträchtliche Unterschiede, aber Legitimationsquellen für eine verstärkte Betonung des Methoden-Trainings sind fast überall vorhanden. Dazu nur einige Stichworte:

a) In den Präambeln der Lehrpläne wird in aller Regel auf die grundlegende Bedeutung methodischer Fähigkeiten und Fertigkeiten hingewiesen und deren flankierende Vermittlung im Unterricht angeregt (vgl. Abb. 10).
b) In den letzten Jahren wird überdies vermehrt der Versuch unternommen, konkrete Methodenziele in das jeweilige fachbezogene Lernzielspektrum hineinzunehmen und ihre unterrichtliche Berücksichtigung und Umsetzung verbindlich vorzuschreiben. Die laufende Lehrplanrevision lässt diesbezüglich noch einiges erwarten.
c) Ferner sind in den meisten Bundesländern ganz gezielt und ganz bewusst so genannte »pädagogische Freiräume« in den Lehrplänen festgeschrieben worden, die dem jeweiligen Lehrer die Legitimation erteilen, in seinem Unterricht besondere erzieherische Akzente zu setzen und einen bestimmten Teil seiner Unterrichtszeit darauf zu verwenden. Methoden-Training ist ein derartiger Akzent!
d) Im Übrigen findet sich in nahezu allen Schulgesetzen der dezidierte Verweis auf die pädagogische Gestaltungsfreiheit des Lehrers; nur müssen die gewählten Akzente und Sonderaktivitäten im Bedarfsfall begründet werden können. Und das dürfte im Falle des Methoden-Trainings nun wahrlich nicht schwer sein.

Fazit also: Die nötigen Spielräume für eine verstärkte Methodenorientierung des Unterrichts lassen sich unter den gegebenen Bedingungen durchaus ableiten und begründen, wenngleich man sie manchmal etwas mühsam suchen muss. Zwar könnten sie vielfach größer sein und dezidierter ausgewiesen werden; aber möglich ist eine ganze Menge, wenn die betreffenden Lehrkräfte nur mutig und fantasievoll genug sind, die vorhandenen Gestaltungsräume offensiv zu nutzen. Genau daran aber hapert es vielfach. Ein zentraler Grund für die verbreitete Zurückhaltung ist ganz sicher die mangelnde Sensibilisierung und Qualifizierung der Lehrer/innen im Rahmen ihrer Aus- und Fortbildung; hier kann

Methodenzentrierte Lernziele im Fach Wirtschafts- und Sozialkunde an Realschulen (Rheinland-Pfalz)	
Lernziele	**Methodische Aspekte**
– Fähigkeit, Lern- und Kommunikationstechniken des Faches Wirtschafts- und Sozialkunde anzuwenden – Fähigkeit, Techniken der Arbeitsteilung in der Gruppe anzuwenden – Fertigkeit, Mittel der Informationsbeschaffung anzuwenden – Fähigkeit, Mediendarbietungen zu verstehen – Fertigkeit, verbale und grafische Methoden der Wiedergabe und Darstellung von Informationen und statistischen Angaben anzuwenden – Fähigkeit, Methoden der Verarbeitung von Informationen anzuwenden – Fähigkeit, Methoden der Analyse von Statistiken anzuwenden	– Protokoll, Referat, Vortrag, Rollenspiel, Planspiel, Entscheidungsspiel, Simulation, Fallstudie – Einzelarbeit, Partnerarbeit, Gruppenarbeit, Gesprächsleitung, Protokollführung, Planung, Ergebnisfindung – Interview, Befragung, Quellentexte, Nachschlagewerke, Sekundärliteratur, Statistiken, Zeitung, Magazin, Bilanz, Gewinn- und Verlustrechnung – Dia, Transparent, Tonband, Schallplatte, Rundfunksendung, Fernsehsendung, Film – Stichwortmethode, Zusammenfassung, Diagramm, lineare Darstellung im Koordinatensystem – Gliedern, Interpretieren, Generalisieren, Thesenaufstellen, Vergleichen – Erhebungsmethode, Beziehungsgröße, Indexzahl
Vgl. Lehrplan für das Wahlpflichtfach Wirtschafts- und Sozialkunde, S. 10	

Abb. 10

und muss manches verbessert werden. Ein zweiter gewichtiger Grund besteht darin, dass es vielfach an den entsprechenden Arbeits- und Übungshilfen mangelt, die für ein praktisches Methoden-Training benötigt werden. In beiden Punkten kann und will das vorliegende Buch die bestehenden Lücken schließen helfen. Ein dritter gravierender Grund bleibt jedoch als ernsthaftes Hemmnis nach wie vor bestehen: das Einzelkämpfertum der Lehrer. So lange sich nämlich Lehrer nicht stärker als bisher wechselseitig ermutigen, die vorhandenen erzieherischen Spielräume endlich zu nutzen, so lange wird sich die einzelne Lehrkraft in der Regel schwer tun, aus den gewohnten Gleisen und Denkmustern auszubrechen und neue unterrichtliche Wege zu suchen und zu gehen. Diese »Schwellenangst« gilt auch und nicht zuletzt für das offensive Training grundlegender Lern- und Arbeitstechniken. Kooperation ist von daher dringend geboten – auch im Hinblick auf die Modifizierung der Stundentafeln und des Lehrereinsatzes. Mehr Doppelstunden und eine möglichst hohe Stundenzahl des jeweiligen Klassenlehrers, das wäre im Interesse eines wirksamen Methoden-Trainings durchaus wünschenswert. Diese und andere Maßnahmen müssten innerhalb des jeweiligen Kollegiums abgestimmt und abgesichert werden.

4. Arbeitserleichterung durch Teamarbeit

Innovationsvorhaben wie das skizzierte setzen voraus, dass die Motivation, die Kreativität und das Wir-Gefühl innerhalb des jeweiligen Kollegiums stimmen. Teamarbeit ist diesbezüglich eine wichtige Stütze; sie bietet zugleich die Gewähr dafür, dass intern gefasste Vorsätze nicht vorschnell versanden. Zwar ist es erfahrungsgemäß weder nötig noch möglich, alle Mitglieder eines Kollegiums aktiv und kreativ in das betreffende Innovationsvorhaben einzubinden, aber sinnvoll ist es auf jeden Fall, so viele Lehrkräfte wie möglich in themenzentrierte Teams auf Klassen-, Jahrgangs-, Stufen- oder Schulebene zu integrieren, um sie zu möglichst kompetenten »Überzeugungstätern« werden zu lassen. Das beginnt beim Konsensbildungsprozess in der Gesamtkonferenz (vgl. III.2) und reicht über die korrespondierende Arbeit in den Fach- und Stufenkonferenzen bis hin zur sehr konkreten Operationalisierung und Erprobung des Übungsmaterials in so genannten »Innovationsteams«. Diese Innovationsteams sind genau genommen methodenzentrierte Projektgruppen, die auf Klassen-, Jahrgangs- und/oder Fachebene tätig werden und gezielte Trainingsprogramme zusammenstellen und durchführen. Sie können beispielsweise auch eine Projektwoche zum Thema »Methodenlernen« vorbereiten und federführend implementieren (vgl. den nächsten Abschnitt). Wichtig ist bei allem nur, dass diese Innovationsteams konzentriert, konstruktiv und kreativ arbeiten, damit auch entsprechende Ergebnisse und Erfolgserlebnisse ins Haus stehen. Sie sind sozusagen die »Avantgarde« in Sachen Methoden-Training und müssen daher mit entsprechend engagierten Lehrkräften besetzt sein. Die Größe dieser Teams kann unterschiedlich ausfallen, je nachdem, welches Vorhaben sie betreuen. Im Grenzfall kann sogar das ganze Kollegium ein einziges Innovationsteam sein, das sich lediglich aus arbeitstechnischen Gründen in mehrere Subteams aufteilt. Aber dieser Idealfall, dass tatsächlich alle Lehrkräfte aktiv an einem Innovationsvorhaben wie dem hier in Rede stehenden Methoden-Training mitwirken wollen, ist erfahrungsgemäß eher die Ausnahme. Die Regel ist hingegen, dass in jedem Kollegium neben den tatkräftigen Pionieren immer auch eine gewisse Zahl von Mitläufern und mehr oder weniger viele Skeptiker/Gegner anzutreffen sind. Deshalb geht es beim angedeuteten Teamwork auch in erster Linie darum, die latenten Innovationspotenziale zu wecken und zu stabilisieren. In dem Maße nämlich, wie arbeitsfähige, überzeugende Teams konstituiert werden, entsteht in aller Regel auch eine Sogwirkung, die zur Integration der Mitläufer und teilweise auch der Skeptiker beiträgt. Ursächlich für diese Sogwirkung sind u. a. die offenkundigen Vorteile, die die Teamarbeit für jeden Einzelnen hat, wenn es um die Operationalisierung und Implementation eines konkreten Innovationsvorhabens geht (hier: Methoden-Training). Als positiv und ermutigend werden Innovationsteams in aller Regel deshalb erlebt, weil sie …

- ❑ dem Einzelnen mehr Sicherheit und Rückendeckung geben, da die wechselseitige Vergewisserung sowohl die interne Klärung und Konsensbildung voranbringt, als auch ein Mehr an Solidarität und Miteinander erfahrbar werden lässt;

- ❑ der drohenden Resignation und individuellen Überforderung vorbeugen, indem sie den einzelnen Lehrkräften ein soziales Netzwerk bieten, das ermutigt, Ideen spendet, Verantwortung reduziert und insgesamt in vielfältiger Weise entlastet;
- ❑ den Arbeitsaufwand der einzelnen Teammitglieder reduzieren, da durch die arbeitsteilige Vorgehensweise der Gesamtertrag der Arbeit gesteigert und die Zahl der gesicherten bzw. entwickelten Lehr-/Lernhilfen maßgeblich vergrößert werden kann;
- ❑ einen größeren Ideenreichtum gewährleisten, da die »Ping-Pong-Effekte« beim Brainstorming oder während der Sondierung/Erarbeitung geeigneter Unterrichtshilfen in der Gruppe sehr viel größer sind als im »stillen Kämmerlein« zu Hause;
- ❑ immer wieder zu konkreten Absprachen und Kooperationsverbünden führen, die für die Erprobungsarbeit wichtig sind und darüber hinaus den Boden bereiten für wechselseitige Hospitationen und Reflexionen im Unterrichtsalltag.

Innovationsteams		
Mögliche Teams – Fachkonferenz – Klassenkonferenz – Stufenkonferenz – Projektgruppe – Gesamtkonferenz etc.		**Chancen der Teamarbeit** – Arbeitserleichterung – Zeitersparnis – Inspiration – Ermutigung – Klärung – Solidarität – Ansporn etc.

Abb. 11

Zugegeben, diese Vorteile einer konstruktiven Teamarbeit sind den meisten Lehrkräften durchaus bekannt; nur ist die Folge dieser Einsicht noch lange nicht, dass davon in unseren Schulen konsequent Gebrauch gemacht wird. Im Gegenteil, Teamarbeit führt in den meisten Schulen ein eher stiefmütterliches Dasein, da es an entsprechenden Gewohnheiten und Überzeugungen mangelt. Gleichwohl führt kein Weg daran vorbei, dass Innovationsprozesse umso konsequenter und erfolgreicher durchgestanden werden, je ausgeprägter sie von Teams geplant und getragen werden. Andernfalls besteht leicht die Gefahr, dass sich die einzelnen Lehrkräfte früher oder später überlastet fühlen, dass ihnen womöglich die Ideen ausgehen oder dass ihnen der erforderliche Zeitaufwand zu groß erscheint. Das gilt auch und nicht zuletzt für das hier zur Debatte stehende Methoden-Training. Fazit also: Teamarbeit im Allgemeinen sowie die Bildung aufgabenspezifischer Innovationsteams im Besonderen begünstigen und gewährleisten das erfolgreiche Einüben grundlegender Lern- und Arbeitstechniken. Und Erfolgserlebnisse benötigt schließlich jeder, der sich für ein Vorhaben in besonderer Weise engagiert!

5. Alternative Umsetzungsmöglichkeiten

Das skizzierte Methoden-Training kann selbstverständlich unterschiedlich organisiert werden, je nachdem, wie massiv und intensiv es ausgestaltet wird. Die Palette reicht von unverbindlichen Appellen bis hin zu konzentriertem Training. Grundsätzlich kann es ins Belieben der Fachlehrer gestellt sein, hin und wieder Übungen anzusetzen, ohne dass unterrichtsorganisatorische Verschiebungen notwendig werden und verbindliche Rahmenkonzepte vorliegen müssen. Es kann aber auch so sein, dass mehrere Lehrkräfte ein konzentriertes und konzertiertes Trainingsprogramm starten, das fächerübergreifendes Arbeiten, Stundenzusammenlegungen und manches andere mehr erfordert. Natürlich gibt es auch Varianten, die von ihrem Anspruch her dazwischenliegen. Die bislang erprobten Umsetzungsvarianten werden im Folgenden kurz umrissen:

a) **Gelegentliche Übungen im Fachunterricht:** Hierbei ergeht an alle Fachlehrer die Anregung, bei der Unterrichtsplanung und -durchführung verstärkt auf die fachspezifischen Methoden zu achten und diese gezielter zu thematisieren und den Schülern bewusst zu machen. Dementsprechend wird z. B. im Deutschunterricht verstärkt Textarbeit und effektives Lesen geübt oder in den gesellschaftswissenschaftlichen Fächern wird besonderes Augenmerk auf das Erstellen von Tabellen, Diagrammen und sonstigen Strukturmustern gerichtet. Der Vorteil dieser Implementationsstrategie ist, dass an den unterrichtsorganisatorischen und curricularen Rahmenbedingungen wenig oder gar nichts geändert werden muss. Der Nachteil ist freilich, dass das Methoden-Training auf diese Weise mehr dem Zufall überlassen bleibt und von den Schülern als solches kaum registriert wird, was der bewussten Verankerung methodischer Strategien natürlich abträglich ist. Wechselseitige Absprachen und koordiniertes Training sind unter diesen Umständen weder nötig noch nahe liegend. Angesichts der tief sitzenden Stofforientierung und Methodenferne der meisten Lehrkräfte ist diese unverbindliche Regelung gewiss nicht optimal und sollte auf alle Fälle durch weitergehende Absprachen zwischen den betreffenden Fachlehrern ergänzt werden. Anregungen dazu geben die folgenden Umsetzungsvarianten.

b) **Gezielte Übungsprogramme der Deutschlehrer und/oder Klassenlehrer:** Diese Variante zeichnet sich dadurch aus, dass die besagten Lehrkräfte auf ein möglichst intensives und umfassendes Methoden-Training verpflichtet werden. Da sie in ihren Klassen in aller Regel relativ viele Stunden haben und von ihrer Funktion her ohnehin besondere Verantwortung für die Methodenkompetenz der Schüler tragen, sind die Chancen für eine erfolgreiche Trainingsarbeit unter diesen Umständen recht günstig. Hinzu kommt beim Fach Deutsch, dass vom Lehrplan her sehr viele Anforderungen gestellt werden, die für eine nachdrückliche Pflege und Förderung grundlegender Lern- und Arbeitstechniken sprechen. Im Falle der Klassenlehrer ergibt sich zusätzlich die Verpflichtung, die erzieherische Verantwortung in besonderer Weise ernst zu nehmen, was ebenfalls für eine verstärkte Förderung der Selbstständigkeit und Methodenkompetenz auf Schülerseite spricht. So gesehen, ist die Gefahr relativ gering, dass das Methoden-Training nicht über den Status eines unverbindlichen, randständigen Anliegens hinauskommt. Den Konsens in der Gesamtkonferenz vorausgesetzt, sind die Deutschlehrer und/oder Klassenlehrer recht zuverlässige Garanten für eine konsequente Trainingsarbeit. Natürlich müssen sie entsprechend interessiert und engagiert sein.

c) **Systematisches Basistraining in den Anfangsklassen:** Diese Variante ist in aller Regel noch intensiver und wirksamer als die unter b) skizzierte. Kennzeichnend für das angesprochene Basistraining ist das fächerübergreifende Üben mehrerer Lehrkräfte in der Startphase neu gebildeter Klassen, also zu Beginn der fünften bzw. der siebten Jahrgangsstufe. Die Besonderheit dieses Basistrainings ist zum einen die sehr intensive und variantenreiche Übungsarbeit, die mit einem deutlichen Hintanstellen des Lernstoffs während dieser Übungsphase einhergeht, zum anderen das konzertierte Zusammenwirken mehrerer Lehrkräfte, die in der betreffenden Klassenstufe unterrichten und das anvisierte Methoden-Training als »Innovationsteam« verantworten und durchführen. In einigen Schulen ist diese Umsetzungsvariante so weit gegangen, dass Teams mit 3 bis 4 Lehrkräften die gesame Wochenstundenzahl für das methodenzentrierte Arbeiten eingesetzt haben – und dieses teilweise für mehrere Wochen (die Übungsbausteine im vorliegenden Buch reichen für mindestens 6 Wochen!). Nähere Erläuterungen dazu finden sich im nächsten Abschnitt. Der Grundgedanke bei diesen »Crashkursen« war und ist, dass den Schülern auf diesem Wege der zentrale Stellenwert der Lernmethodik so nachdrücklich vor Augen geführt werden soll, dass sie diesen Anspruch so leicht nicht wieder vergessen. Aus diesem Grunde wird der Lernstoff in dieser Phase auch relativ stark zurückgestellt. Gewiss, das Basistraining alleine reicht nicht aus, um die angebahnten methodischen Fähigkeiten und Fertigkeiten der Schüler längerfristig zu sichern. Hinzu kommen muss eine möglichst kontinuierliche Pflege und Weiterentwicklung ihres methodischen Repertoires durch die verantwortlichen Fachlehrer.

c) **Projekttage/Projektwoche mit Schwerpunkt »Methoden lernen«:** Da in vielen Schulen mittlerweile komplexere Projektangebote zum festen Bestandteil des Schullebens gehören, liegt es natürlich nahe, diese einmal mit einem systematischen Methoden-Training zu verbinden. Hierbei kann das Rahmenthema »Methoden lernen« entweder für eine bestimmte Jahrgangsstufe/Klassenstufe oder womöglich sogar für die ganze Schule angesetzt werden. Die betreffenden Schüler erschließen mehrere Tage lang bestimmte Methodenfelder und entwickeln ihr methodisches Know-how gezielt weiter. Welche Trainingsfelder dabei infrage kommen, das ergibt sich überblickshaft aus Kapitel II des vorliegenden Buches. Mögliche Schwerpunkte können z. B. sein: kreatives Schreiben, Gestalten von Wandzeitungen und Plakaten, das kleine ABC des Fragens, systematische Textarbeit, Vorbereiten von Klassenarbeiten, Hausaufgaben leichter gemacht, Gedächtnistraining mit System, das Einmaleins der Referatgestaltung etc. Egal, welcher Trainingsschwerpunkt gewählt wird, wichtig ist, dass die Schüler im Rahmen ihres jeweiligen Projekts möglichst eigenständig experimentieren, diskutieren, klären, produzieren und methodisch Sicherheit gewinnen. Die angebotenen Themen müssen dabei keineswegs alle verschieden sein. Bei entsprechenden Versuchen hat es sich als durchaus sinnvoll erwiesen, stark nachgefragte Themen mehrfach anzubieten, damit dem Interesse der Schüler einigermaßen Rechnung getragen werden kann.

c) **Arbeitsgemeinschaften mit methodischem Schwerpunkt:** Auch diese Umsetzungsvariante findet sich hin und wieder an Schulen. Ähnlich wie bei den zuletzt angesprochenen Projekttagen/Projektwochen geht es darum, interessierten Schülern ein Kompaktangebot in Sachen »Lernen lernen« zu machen. Nur verteilt sich die Übungsarbeit bei der Arbeitsgemeinschaft über zahlreiche Einzel- und Doppelstunden, während Projekttage ein relativ konzentriertes und kontinuierliches Methoden-Training ermöglichen. Hinzu kommt bei den Arbeitsgemeinschaften das Problem, dass in aller Regel nur ein Teil der Schülerschaft das Trainingsangebot nutzt, obwohl der andere Teil das Methodenlernen zumeist nicht minder dringlich braucht – ja manchmal noch nötiger hat. Von daher stellt sich zwangsläufig die Frage, wie man die spezifischen Problemschüler gegebenenfalls gezielt beraten und zur Teilnahme motivieren kann – immer vorausgesetzt, die AG-Kapazitäten reichen aus, um eine breite Partizipation zu ermöglichen. Aus schulorganisatorischer Sicht sind die Methoden-AGs auf jeden Fall recht problemlos, da sie in der Regel nachmittags stattfinden und von daher den Schulbetrieb nicht weiter beeinträchtigen.

Wohlgemerkt: Die skizzierten Spielarten a) bis e) sind keinesfalls im Sinne eines »Entweder–Oder« zu verstehen; vielmehr lassen sie sich durchweg miteinander kombinieren. Das gilt vor allem für die punktuellen Angebote der Fachlehrer und die mehr oder weniger weit reichenden Kompakttrainings der Deutschlehrer/Klassenlehrer, der Methodenteams, der Projektleiter oder der AG-Leiter. Unstrittig ist, dass die im Rahmen eines Intensivtrainings vermittelten methodischen Fähigkeiten und Fertigkeiten im Fachunterricht immer wieder aufgefrischt und weiterentwickelt werden müssen, soll die angebahnte Methodenkompetenz der Schüler nicht alsbald wieder verkümmern.

Methodentraining und Methodenpflege im Fachunterricht gehören also unmittelbar zusammen. Kennzeichnend für die methodenzentrierten Lernphasen ist stets, dass das Methodenlernen der Schüler ins Zentrum der Unterrichtsarbeit gerückt wird und einen gewissen Vorrang vor der Stoffvermittlung erhält. Zwar wird in den methodenzentrierten Lernphasen auch Stoff behandelt. Das Unterrichtsgeschehen kreist in diesen Phasen jedoch vorrangig um das methodische Vorgehen der Schüler, um ihre Unsicherheiten und Defizite, ihre Anfragen und positiven Ansätze zur Verbesserung der eigenen Lern- und Arbeitsmethodik. Dementsprechend werden Experimente durchgeführt, methodische Strategien erprobt und verglichen, auftretende Probleme besprochen, Regeln erarbeitet und geklärt, persönliche Tipps ausgetauscht und von Lehrerseite natürlich auch konkrete Anregungen gegeben. Die Methodik der Schüler wird also zum vorrangigen Lerngegenstand. Das bedeutet gleichwohl nicht, dass die inhaltsbezogene Lernarbeit vernachlässigt wird. Methodenlernen und inhaltliches Lernen sind letztlich in hohem Maße komplementär. Vor allem längerfristig sind die Lerneffekte der Schüler ganz entscheidend davon abhängig, dass sie den Lernstoff methodisch durchdacht erschließen und systematisch im Gedächtnis verankern können. Das aber ist wiederum eine Frage der Methodenbeherrschung!

6. Möglicher Ablauf einer Trainingswoche

Wie eine methodenzentrierte Trainingswoche ablaufen kann, zeigt Abbildung 12. Wie sich aus dieser Abbildung ersehen lässt, durchlaufen die Schüler mehrere Trainingsspiralen zu unterschiedlichen Methodenfeldern. Dabei üben und klären sie in handlungsbetonter Weise, wie man den Lernstoff effektiver ins Gedächtnis bekommen kann, wie man Klassenarbeiten geschickt vorbereitet, wie sich das Lese- und Nachschlagetempo steigern lässt, worauf beim Markieren, Strukturieren und Visualisieren von Informationen zu achten ist, und welche Tricks und Tipps es gibt, um das eigene Zeitmanagement zu verbessern. Die in Kapitel II dokumentierten Übungsbausteine können in diese Trainingsspiralen integriert werden.

Durchgeführt wurden derartige Sockeltrainings bislang sowohl in der 5. Jahrgangsstufe als auch in den Klassen 7, 9 und 11. Auch in diversen Grundschulen wurden in den letzten Jahren mehrtägige Methodentrainings in Anlehnung an das abgebildete 6-Stufen-Modell durchgeführt (vgl. Abb. 12). Die Erfahrungen waren durchweg positiv. Das konsequente Üben, Reflektieren, Wiederholen und Festigen elementarer Lern- und Arbeitstechniken führt zu einem deutlich gesteigerten Methodenbewusstsein sowie zu größerer methodischer Zielstrebigkeit, Flexibilität und Routine der Schüler. Diese methodenzentrierte Klärungsarbeit braucht naturgemäß viel Zeit, mehr Zeit auf jeden Fall, als den einzelnen Fachlehrern im Kontext ihres jeweiligen Faches normalerweise zur Verfügung steht. Um diesem Zeitdruck zu entgehen und den Schülern ein möglichst nachhaltiges Methodenlernen zu ermöglichen, sind die besagten Trainingswochen ins Leben gerufen worden. Zu deren Organisation noch einige Hinweise und Anregungen:

- ❑ Die Durchführung einer methodenzentrierten Trainingswoche empfiehlt sich im Bereich der Sekundarschulen, auf jeden Fall in der 5. Jahrgangsstufe (in der Regel ca. 4 Wochen nach Schuljahresbeginn). Ziel dieser Trainingswoche ist es, die Schüler mit ganz elementaren Lern- und Arbeitstechniken vertraut zu machen bzw. diese aufzufrischen und auszubauen, sofern in den Grundschulen bereits entsprechende Vorarbeit geleistet wurde. Bewährt hat sich darüber hinaus ein Intensivtraining auf höherem Niveau in der 11. Jahrgangsstufe, in dessen Mittelpunkt die Klärung wissenschaftspropädeutischer Methoden und Verfahrensweisen steht (Referatgestaltung, Bibliotheksnutzung, Anfertigen einer Facharbeit, Erstellen von Mitschriften, Einsatz von Visualisierungs- und Präsentationstechniken). Selbstverständlich kann auch zwischendurch der eine oder andere Trainingstag zu Behebung spezifischer Defizite im methodischen Bereich angesetzt werden.

- ❑ Zuständig für die Vorbereitung und Moderation der Trainingswochen sind in aller Regel Lehrerteams, bestehend aus zwei bis drei methodisch interessierten und engagierten Lehrkräften pro Klasse. Diese Lehrkräfte sollten in ihrer jeweiligen Klasse möglichst viele Wochenstunden unterrichten (zusammengenommen mindestens 15 Stunden), da-

Das 6-Stufen-Modell des Methodentrainings

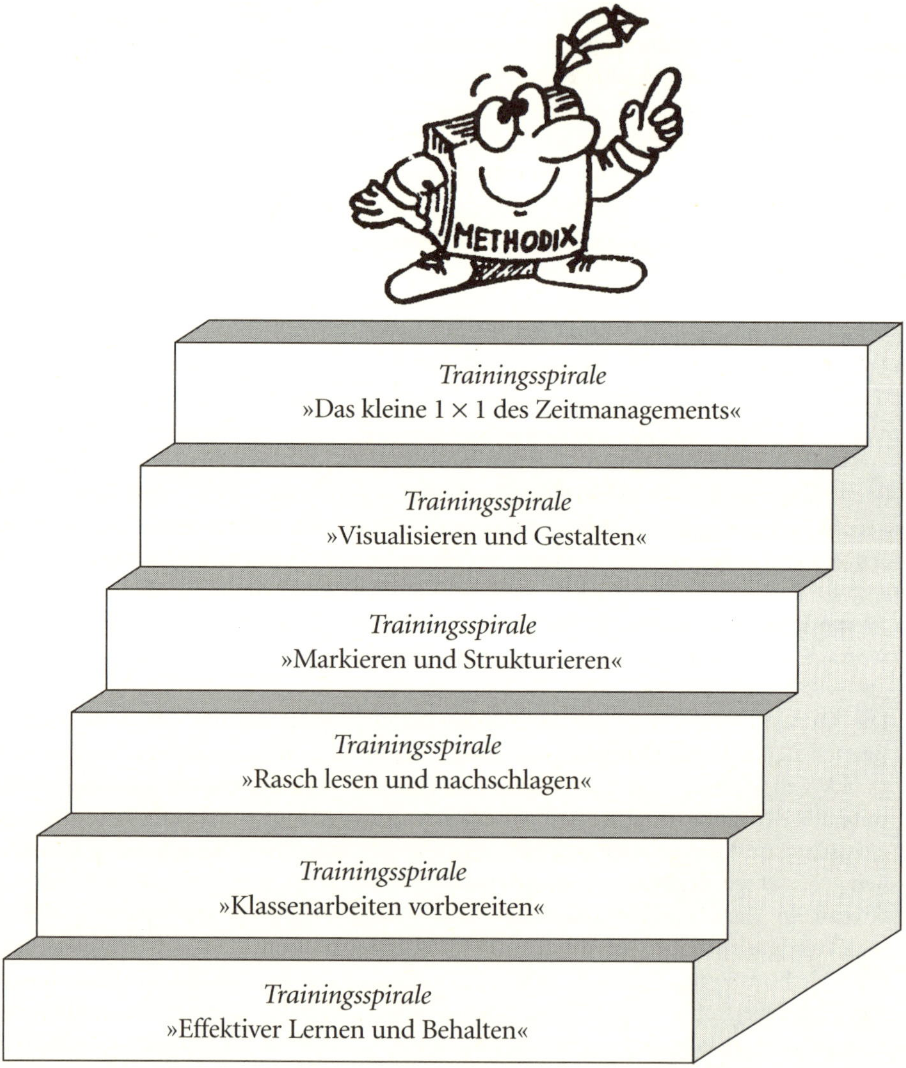

Abb. 12

mit sie ihre Schüler in methodischer Hinsicht eingehend »prägen« können und während der Wochenkurse in anderen Klassen möglichst wenig vertreten werden müssen. Die Realisierung dieses Anspruchs zu realisieren, ist in Grund-, Haupt- und Sonderschulen in aller Regel kein Problem, in den übrigen Schularten ist es dagegen häufig sehr wohl eines. Von daher sind bei der alljährlichen Lehrereinsatzplanung und bei der Gestaltung der Stundentafeln Kreativität und unkonventionelles Denken und Handeln gefragt.

- ❑ Die besagten »Kernlehrer« (3er-Teams) bereiten das anstehende Wochenprogramm vor und moderieren die vorgesehenen Trainingsspiralen im Wechsel. Das gilt für die Schulen der Sekundarstufen I und II. In den Grundschulen wird die Vorbereitung ebenfalls in Teams geleistet (Jahrgangs- bzw. Stufenteams), die Durchführung hingegen ist weitgehend Sache der Klassenlehrer, die in der Regel fast alle Stunden unterrichten. Moderiert wird das Training grundsätzlich tageweise, d.h. pro Tag ist jeweils nur eine Lehrkraft zuständig und kann von daher die einzelnen Übungen relativ geduldig und flexibel durchführen und auswerten lassen. Das begünstigt sowohl das Lernklima als auch die Lernintensität. Teamteaching wird dadurch selbstverständlich nicht ausgeschlossen, sondern ist sogar erwünscht. Auch Hospitationen anderer Lehrkräfte sind grundsätzlich gerne gesehen. Das gilt für alle Schularten und Schulstufen.

- ❑ Zur Vorbereitung des Wochentrainings ziehen sich die zuständigen Lehrerteams für 1–2 Tage in Klausur zurück (zumindest beim ersten Mal), um zum einen die einzelnen Übungen und Übungsfolgen für die Trainingswoche abzusprechen und auszuarbeiten sowie zum anderen den korrespondierenden Elternabend vorzubereiten (zu empfehlen ist das Thema »Klassenarbeiten vorbereiten« mit ausgewählten Übungen). Diese Vorbereitungsarbeit wird in der Schule als selbstorganisierte Fortbildung »verbucht«. Als Hilfe und Materialfundgrube für die zu planende Trainingsarbeit stehen den Teams die in Kapitel II dokumentierten mehr als 120 Übungsbausteine zur Verfügung.

- ❑ Durchgeführt werden kann das Wochentraining entweder in einem separaten Raum der Schule oder z.B. auch im Landschulheim oder in geeigneten Räumlichkeiten der Kommune (Jugendhaus, Dorfgemeinschaftshaus, kommunale Bildungsstätte etc.). Die Wahl einer externen Bildungsstätte empfiehlt sich vor allem für den wissenschaftspropädeutischen Crashkurs, der für die 11. Jahrgangsstufe vorgesehen ist (siehe oben). Auf jeden Fall sollten Räumlichkeiten zur Verfügung stehen, die ganztägig genutzt werden können und möglichst abgeschieden liegen – am besten fernab des Klingelzeichens und des üblichen Pausentrubels.

Wie bereits erwähnt, ist das Spezifische des Methodentrainings, dass die Schüler über mehrere Tage hinweg zur intensiven Auseinandersetzung mit ausgewählten Methodenfeldern veranlasst werden. Dabei bildet das in Abbildung 12 vorgestellte 6-Stufen-Modell den Orientierungsrahmen, der die einzelnen Etappen des Methodentrainings umreißt. Das Unterrichtsgeschehen kreist in diesen Etappen ganz vorrangig um das methodische Vorgehen der Schüler, um ihre Unsicherheiten und positiven Ansätze. Typisch für das Methodentraining ist dreierlei: Erstens das induktive Vorgehen – vom Experiment über die Reflexion bis hin zur Regelentwicklung und -festigung. Zweitens das Zugeständnis, dass Fehler und Unzulänglichkeiten erlaubt sind (trial and error) und letztlich die Basis für eine effektive Weiterentwicklung des eigenen Methodenrepertoirs bilden. Und drittens schließlich, dass Training zwingend auf redundantes Arbeiten angewiesen ist, d.h. auf partielle Wiederholungen und Überschneidungen der einzelnen Übungen, damit die Schüler sukzessive zu einer Optimierung und Automatisierung ihrer methodischen Handlungsabläufe gelangen. Da derartige Redundanzen im Rahmen des normalen Fachunterrichts mit seinen zeitlichen und stofflichen Restriktionen in aller Regel nur sehr begrenzt möglich sind, wird hier – wie erwähnt – auf einschlägige Trainingswochen mit ausschließlich methodenzentriertem Schwerpunkt gesetzt.

Im Vordergrund dieser Trainingswochen und/oder Trainingstage stehen ausgewählte *Trainingsspiralen*, die den Schülern Gelegenheit geben, bestimmte Methodenbereiche relativ ausführlich zu sondieren und im Zuge der korrespondierenden Übungen und Reflexionen die entsprechenden methodischen Fragen und Strategien zu klären. Welche Methodenbereiche dabei üblicherweise thematisiert werden, geht aus Abbildung 12 hervor. Die Trainingswoche beginnt also in der Regel mit der Trainingsspirale »Effektiver Lernen und Behalten«. Hierbei geht es darum, Mittel und Wege zu finden, wie der Lernstoff längerfristig im Gedächtnis verankert und verfügbar gehalten werden kann. Für diesen Übungs- und Klärungsprozess sind rund vier Unterrichtsstunden anzusetzen. Die zweite Trainingsspirale zum Thema »Klassenarbeiten vorbereiten« baut auf dieser Vorarbeit auf und gibt den Schülern Raum zur Klärung wichtiger Vorbereitungsstrategien sowie zur exemplarischen Anwendung dieser Strategien in Verbindung mit einer bevorstehenden Klassenarbeit. Der Zeitrahmen dieser Lernsequenz beträgt sechs bis acht Unterrichtsstunden. Die dritte Trainingsspirale – Zeitbedarf ca. vier Unterrichtsstunden – ist dem Methodenfeld »Rasch Lesen und Nachschlagen« vorbehalten und zielt darauf, den Schülern Tricks und Tipps bewusst zu machen, wie man sich rasch gesuchte Informationen in Texten, Lexika, Broschüren, Schulbüchern und nicht zuletzt im Computer erschließen kann. Die vierte und fünfte Trainingsspirale sind dem Verarbeiten und Aufbereiten relevanter Fach- und Sachinformationen gewidmet und geben den Schülern Gelegenheit, sich im »Markieren und Strukturieren« sowie im »Visualisieren und Gestalten« von Informationen zu üben. Für beide Trainingsspiralen ist je ein Unterrichtsvormittag zu veranschlagen. Thema der sechsten Trainingsspirale schließlich ist das »Kleine 1 x 1 des Zeitmanagements« mit den Schwerpunkten Zeit- und Arbeitsplanung. Dafür werden im Regelfall nochmals 4–6 Unterrichtsstunden benötigt. Eingedenk der angeführten »Zeitrichtwerte« ist klar, dass die letztgenannte Trainingsspirale während der Trainingswoche meist nicht mehr realisiert werden kann, sondern auf einen späteren Trainingstag verlagert werden muss.

Selbstverständlich muss die Trainingswoche nicht unbedingt am Montag beginnen und am Freitag abschließen. Unter bestimmten Umständen kann es sogar sehr sinnvoll sein, die Trainingswoche über ein Wochenende laufen zu lassen, d.h. am Mittwoch oder Donnerstag zu beginnen, das Wochenende als »Regenerationszeitraum« zu nutzen, und die Trainingsarbeit bis Dienstag bzw. Mittwoch der nächsten Woche fortzusetzen. Gerade in den fünften Klassen gibt es gute Gründe dafür, den Schülern diese Erholungsphase zuzugestehen, da das Trainingsprogramm erfahrungsgemäß doch sehr kompakt und anstrengend ist. Ähnliche Überlegungen gelten selbstverständlich auch für die Grundschulen. Allerdings ist es immer auch möglich, während des Trainings die eine oder andere Meditations-, Spiel- und/oder Bewegungsphase einzuplanen, damit sich die Schüler ein wenig entspannen können (z.B. können einzelne Sportstunden beibehalten werden). Einige Schulen gehen sogar soweit, die Trainingswoche in zwei zeitlich auseinander liegende Trainingsblöcke von je zwei bis drei Tagen aufzuteilen, um den Schülern nicht zuviel zuzumuten und zugleich den Fachunterricht nicht zu lagen auszusetzen. Vor dieser Lösung sei indes gewarnt, da die Trainingsarbeit erfahrungsgemäß erst nach 1–2 Tagen Anlaufzeit so richtig fruchtbar wird und die Schüler zu begreifen beginnen, dass es beim Lernen nicht nur um Inhalte, sondern auch und zugleich um Lern- und Arbeitstechniken geht, und dass diese Methoden verstärkt geübt und geklärt werden müssen. Nach zwei Tagen bereits wieder abzubrechen hieße also, die fruchtbare Phase im Trainingsprozess über Gebühr zu verkürzen.

Nähere Hinweise zum Aufbau der erwähnten Trainingsspiralen finden sich in Abbildung 13. Kennzeichnend für diese Trainingsspiralen ist, dass die Schüler ein je spezifisches Methodenfeld in mehreren Arbeitsetappen erschließen und auf diesem Wege eine Reihe methodischer Fragen und Strategien klären. Vorherrschend ist dabei das »learning by doing«, d.h. die Schüler erschließen sich unterschiedliche methodische Einsichten und Verfahrensweisen, indem sie differenzierte Arbeitsprogramme durchlaufen. Da wird markiert und exzerpiert, da werden Notizen gemacht und kleine Vorträge gehalten, da werden Kärtchen beschriftet und Plakate gestaltet, da werden Spickzettel erstellt und Tests bearbeitet, da werden Rollenspiele durchgeführt und Gruppenergebnisse präsentiert. Näheres dazu lässt sich aus Abbildung 13 ersehen. Der Grundgedanke bei dieser Trainingsarbeit ist: Methodische Einsichten und Fähigkeiten müssen von den Schülern sukzessive entdeckt und begriffen werden; sie können nur sehr begrenzt durch Lehrervorträge oder durch sonstige schriftliche Instruktionen vermittelt werden.

Der Zeitbedarf pro Trainingsspirale beträgt zwischen vier Stunden und eineinhalb Tagen – je nachdem, wie viele Übungen und Reflexionen hintereinander geschaltet werden. Die korrespondierenden Arbeitsschritte sind so aufgebaut, dass sich die Schüler sukzessive in das jeweilige Methodenfeld hineinarbeiten bzw. »hineinbohren«. Deshalb der Begriff »Spirale« in Anlehnung an den Spiralbohrer. Am Beispiel der beiden Trainingsspiralen »Effektiver Lerner und Behalten« und »Klassenarbeiten vorbereiten« soll dieses spiralförmige, redundante Lernen näher verdeutlicht werden.

Zunächst zur Trainingsspirale »*Effektiver Lernen und Behalten*«: In einem ersten Arbeitsschritt überlegen und notieren die Schüler anhand eines kleinen Fragekärtchens, ob es ihnen eher schwer oder eher leicht fällt, neuen Lernstoff ins Gedächtnis zu bekommen und längerfristig zu behalten und was sie im Einzelnen tun, um ihr Gedächtnis zu stützen und die eigene Behaltensleistung zu verbessern. Im zweiten Arbeitsschritt wird sodann ein Doppelkreis gebildet, in dem sich die Schüler paarweise gegenübersitzen und anhand ihres Notizzettels wechselseitig berichten, was sie zur Verbesserung der eigenen Behaltensleistung tun und wie sie versuchen, den jeweiligen Lernstoff längerfristig im Gedächtnis zu verankern. Im dritten Arbeitsschritt werden diejenigen Schüler, denen diese Verankerung »eher schwer« fällt mit solchen, die sich damit »eher leicht« tun, zu mehreren Arbeitsgruppen zusammengelost, deren Aufgaben es ist, sich zunächst auszutauschen und dann je drei wichtige Tipps zur Steigerung der Gedächtnisleistung zusammenzutragen und auf Visualisierungskarten zu übertragen. Diese Lerntipps werden im vierten Arbeitsschritt im Wege einer Stafettenpräsentation im Plenum vorgestellt und auf einer Pinnwand zu Clustern zusammengefügt. Im fünften Arbeitsschritt wird den Schülern sodann ein Text zum Problemschüler »Jan« vorgelegt, der beim Lernen so seine Schwierigkeiten hat. Dieser Text wird gelesen, in Gruppen ausgewertet und besprochen und schließlich zur Grundlage eines Beratungsgesprächs gemacht, das Jan (= Lehrer) zusammen mit zwei Mitschülern führt. Dieses Beratungsgespräch bildet den sechsten Arbeitsschritt und greift auf all das zurück, was in den vorangehenden Etappen an Lernstrategien zusammengetragen worden ist (Redundanz!). Der siebte Arbeitsschritt führt diese Vertiefung fort, indem die Schüler

Einige Trainingsspiralen im Aufriss

Trainingsspirale
Effektiver Lernen und Behalten

① Zettelabfrage zum Thema »Lernen«
② Partnergespräch im Doppelkreis
③ Strategiesuche in Mix-Gruppen
④ Präsentation der Lerntipps
⑤ Fallbeispiel »Jan« bearbeiten
⑥ Beratungsgespräch simulieren
⑦ Lerntypen-Test durchführen
⑧ Lernverhalten beurteilen
⑨ Individuelle Vorsätze fassen

Trainingsspirale
Klassenarbeiten vorbereiten

① Notizen zur eigenen Vorgehensweise machen
② Erfahrungsaustausch in Kleingruppen
③ Basistext zum Thema »Klassenarbeiten« lesen und markieren
④ Regelplakate erarbeiten und gestalten
⑤ Präsentation der Plakate im Plenum
⑥ Eine bevorstehende Klassenarbeit exemplarisch vorbereiten(Spickzettel, Übungstest, Quiz etc.)

Trainingsspirale
Rasch Lesen und Nachschlagen

① Übungen zum selektiven Lesen unter Zeitdruck (ausgewählte Texte)
② Gruppenarbeit: Lesetipps sammeln
③ Visualisierung und Besprechung der gefundenen Lesetipps
④ Weitere Texte unter Zeitdruck selektiv lesen
⑤ Gezieltes Nachschlagen im Schulbuch, im Lexikon etc.
⑥ Bibliotheks-Rallye in der Schule, in der Stadtbibliothek oder anderswo

Trainingsspirale
Markieren und Strukturieren

① Text(e) versuchsweise markieren
② Markierte Texte in Gruppen vergleichen und Regeln entwickeln
③ Regeln visualisieren / vertiefende Anregungen des Lehrers
④ Regelgebundenes Markieren ausgewählter Texte
⑤ Strukturieren eines markierten Textes ➪ Reflexion der Ergebnisse
⑥ Erstellen weiterer Struktogramme (Tabelle, Spickzettel, Diagramm ...)

Abb. 13

einen einfachen Lerntypen-Test ausfüllen müssen, der ihnen Aufschluss darüber gibt, auf welchem Lernweg sie das meiste behalten und welche Lernstrategien von daher als sinnvoll und hilfreich gelten können. Das Ergebnis ist praktisch immer das gleiche: Fast alle Schüler lernen am wirksamsten, wenn sie den Lernstoff handlungsbetont erschließen. Im achten Arbeitsschritt werden die bis dahin gesammelten Erkenntnisse und Einsichten auf unterschiedliche Lernverhaltensweisen angewandt, die auf 18 kleinen Kärtchen geschildert sind und von den Schülern zunächst in Einzelarbeit und dann in Gruppenarbeit gewürdigt werden müssen. Im neunten Arbeitsschritt schließlich müssen alle Schüler Bilanz ziehen und je drei persönliche Vorsätze für ihr zukünftiges Lernen fassen und schriftlich fixieren: einmal im obligatorischen Methodenheft, zum anderen auf kleinen Kärtchen, die – namentlich gekennzeichnet – als »Erinnerungsposten« an einer Pinnwand im Klassenraum angeheftet werden.

Ähnlich redundant und handlungsbetont verläuft der Trainingsprozess zum Thema »*Klassenarbeiten vorbereiten*«. In einem ersten Arbeitsschritt erhalten die Schüler Gelegenheit, sich ihre eigene Vorgehensweise beim Vorbereiten von Klassenarbeiten zu vergegenwärtigen und die gängigen Praktiken stichwortartig zu notieren. Dann werden im zweiten Schritt mittels Los- oder Abzählverfahren mehrere Zufallsgruppen gebildet, in denen sich die versammelten Schüler austauschen und einige wichtige Tipps zur geschickten Vorbereitung von Klassenarbeiten zusammentragen. Diese Tipps werden auf Visualisierungskarten übertragen und an einer Seitenwand des Klassenraums ausgehängt und von wechselnden Gruppensprechern erläutert. Auf diese Weise entsteht eine Landschaft mit mehr oder weniger durchdachten und hilfreichen Empfehlungen. In einer dritten Arbeitsetappe wird dieser Erfahrungsschatz überprüft und erweitert durch die Bereitstellung eines vierseitigen Informationstextes mit wichtigen Hinweisen zur besagten Vorbereitungsarbeit. Dieser Text ist von den Schülern zu lesen und zu markieren. Im vierten Arbeitsschritt werden erneut Zufallsgruppen gebildet, deren Aufgabe es ist, die im Text enthaltenen Anregungen zur Vorbereitung von Klassenarbeiten auf einem großen Plakat übersichtlich zu visualisieren. Die so entstehenden Plakate werden anschließend von ausgelosten Gruppensprechern im Plenum vorgestellt und bei Bedarf näher diskutiert und kommentiert. Für diese fünf genannten Arbeitsetappen sind ca. vier Unterrichtsstunden anzusetzen. Hinzu kommt dann noch eine sechste größere Arbeitsetappe dergestalt, dass die Schüler eingedenk der erarbeiteten Regeln und Anregungen eine realiter anstehende Klassenarbeit nach allen Regeln der Kunst vorbereiten. So werden zum Beispiel Spickzettel erstellt und im Doppelkreis erläutert, Lernkärtchen mit einschlägigen Fragen und Antworten zum betreffenden Stoffgebiet produziert, anschauliche Lernplakate gestaltet, Übungstests erstellt und im Austausch bearbeitet etc. Mit dieser aktiven Übungs- und Wiederholungsarbeit lässt sich leicht ein ganzer Schulvormittag ausfüllen. Die Chance, dass die Schüler nach diesem »learning by doing« ihre Klassenarbeiten bewusster und durchdachter vorbereiten, ist auf jeden Fall ungleich größer, als wenn sie zum betreffenden Thema nur »herumwursteln« und/oder von Lehrerseite lediglich einige allgemeine Hinweise erhalten.

Ähnliche Übungsfolgen lassen sich zu den anderen Trainingsspiralen zusammenstellen, so dass die Schüler im Zuge der skizzierten Trainingswoche eine recht breite Palette an bewährten Lern- und Arbeitsmethoden kennen lernen. Das relativ intensive, kontinuierliche, redundante Arbeiten und Üben trägt darüber hinaus dazu bei, dass die Schüler nicht nur ein Mehr an methodischen Kenntnissen erwerben, sondern auch einen deutlichen Zuwachs an methodischen Fertigkeiten erleben.

7. Methodenpflege im Fachunterricht

Allerdings reichen fächerübergreifende Intensivwochen der skizzierten Art alleine nicht aus, um den Schülern die nötige Methodenkompetenz zu vermitteln. Hinzu kommen muss zwingend eine möglichst konsequente Methodenpflege in möglichst vielen Fächern, damit die Schüler die nötigen methodischen Routinen entwickeln können. Kennzeichnend für die anvisierte *Methodenpflege* ist, dass die zuständigen Fachlehrer ein verstärktes Augenmerk auf die spezifischen Lern- und Arbeitstechniken richten, die sich in Verbindung mit dem jeweiligen Fachthema üben und festigen lassen. Diese Lern- und Arbeitstechniken werden im Fachunterricht möglichst oft und möglichst gezielt aufgegriffen, praktisch durchgespielt und (selbst-)kritisch reflektiert. Das Methodenlernen wird also phasenweise auch im Fachunterricht zum Lerngegenstand. Auf diese Weise können sich die Schüler immer wieder methodisch vergewissern und ihr praktisches Methodenrepertoire bewusst und durchdacht weiterentwickeln.

Möglichkeiten zur fachbezogenen Methodenpflege gibt es viele. Nur muss bei der Unterrichtsplanung und -vorbereitung gründlich umgedacht werden. Normalerweise planen die Lehrkräfte inhalts- bzw. stofforientiert, d.h. überlegt und geplant wird, welcher Lernstoff wie behandelt und gesichert werden soll und welche inhaltlichen Lernziele dabei im Vordergrund stehen. Nur selten hingegen wird sondiert, welche elementaren Lern- und Arbeitstechniken beim jeweils anstehenden Thema zur Anwendung gelangen und von den Schülern gezielt gepflegt und gefestigt werden können. Diese letztgenannte Sichtweise aber ist das A und O, wenn die Schüler nachhaltige Methoden- und Fachkompetenz erwerben sollen.

Die hier anvisierte Methodenpflege kann praktisch in allen Fächern forciert werden. Geeignete Themen und Materialien gibt es genug. Und auch die Lehrpläne lassen inzwischen eine Menge Spielraum für methodenzentriertes Arbeiten und Üben. Teilweise wird dieses sogar explizit gefordert. Wie eine gezielte Methodenpflege im Fach Deutsch aussehen kann, wird in Abbildung 14 am Beispiel des Themas »Umgang mit Hunden« für den Deutschunterricht exemplarisch aufgezeigt. Die angeführten Ansatzpunkte sind gewiss noch nicht vollständig, sondern können ganz sicher durch weitere Varianten ergänzt werden. Wichtig ist nur, dass die je zuständige Lehrkraft vor Beginn einer Unterrichtssequenz ein gezieltes Brainstorming durchführt, um möglichst viele methodenzentrierte Arrangements ausfindig zu machen, die später gegebenenfalls wahlweise in die Unterrichtsarbeit eingebaut werden können. Selbstverständlich ist dieses Brainstorming um so ergiebiger, je mehr Fachlehrer daran beteiligt sind und ihre unterschiedlichen Erfahrungen und Ideen einbringen. Die an anderer Stelle angesprochenen »produktiven Fachkonferenzen« sind geeignete Orte für dieses Brainstorming in Sachen Methodenpflege. Was dabei herauskommen kann, zeigt die folgende Übersicht über verschiedene Möglichkeiten zur Methodenpflege in Verbindung mit dem Thema Arbeitslosigkeit. Folgende Varianten bzw. Optionen wurden von den Teilnehmern einer entsprechenden »produktiven Fachkonferenz« vorgeschlagen:

Methodenpflege im Fach Deutsch

- ❐ **Nachschlagen im Schulbuch:** Den Schülern werden Autor und Kapitelüberschrift des betreffenden Sachtextes zum Thema »Hunde« vorgegeben;
- ❐ **Markieren:** Die Schüler markieren jene Schlüsselbegriffe bzw. -passagen, die andeuten, wie man sich Hunden gegenüber verhält;
- ❐ **Strukturieren:** Die Schüler arbeiten 8–10 wichtige Verhaltensregeln heraus und ordnen diese übersichtlich auf einem vorgegebenen DIN-A4-Blatt;
- ❐ **Präsentieren:** Ein Schüler nennt eine erste Regel ⇨ dann gibt er das Wort weiter ⇨ der nächste Schüler wiederholt die erste Regel ⇨ dabei schaut er den Vorredner an ⇨ dann nennt er eine zweite Regel usw.
- ❐ **Erlebnisgeschichte schreiben:** Die Schüler beschreiben ein besonderes Ereignis/Erlebnis, welches mit Hunden zu tun hat (DIN-A4-Seite);
- ❐ **Spickzettel erstellen:** Die Schüler fassen ihre Erlebnisgeschichten auf übersichtlichen Spickzetteln mit maximal zehn Wörtern zusammen – Skizzen, Symbole und andere grafische Elemente sind unbegrenzt erlaubt;
- ❐ **Freies Erzählen:** Die Schüler tragen ihre Erlebnisgeschichten in kleinen Gesprächszirkeln anhand ihres »Spickzettels« frei vor;
- ❐ **Plakat gestalten:** Die Schüler fassen die erarbeiteten Regeln bzw. Tipps zum Umgang mit Hunden auf einem großen Plakat anschaulich zusammen.

Abb. 14

- ❑ Die Schüler erstellen auf der Basis vorgegebener empirischer Daten einschlägige *Tabellen* und *Schaubilder* zur Veranschaulichung spezifischer Gegebenheiten und Entwicklungen auf dem Arbeitsmarkt.

- ❑ Sie *markieren* in einem umfangreicheren Informationstext die darin angeführten Ursachen der Arbeitslosigkeit, indem sie sich der »Drei-Schritt-Methode« bedienen (→ Text überfliegen → mit Bleistift vormarkieren → mit einem Textmarker und einem roten dünnen Stift differenziert markieren).

- ❑ Sie *schlagen* im Schulbuch, in Broschüren oder in sonstigen Leitmaterialien lernrelevante Informationen *nach* und/oder klären spezifische Fachbegriffe zum Themenfeld Arbeitslosigkeit mit Hilfe des Lexikons.

- ❑ Sie erstellen auf der Basis ihres Vorwissens oder unter Heranziehung einschlägiger Informationsmaterialien persönliche *Mindmaps* zu den psycho-sozialen und sonstigen Auswirkungen der Arbeitslosigkeit auf Seiten der Arbeitslosen und ihrer Familien.

- ❑ Sie entwickeln einen *Fragenbogen* für eine Bürgerbefragung zum Thema »Arbeitslosigkeit« und führen auf dieser Grundlage gezielte Interviews z.B. in der Fußgängerzone durch und *protokollieren* die dabei ermittelten Argumente.

- ❑ Sie erstellen unter Zugrundelegung einschlägiger Informationsmaterialien einen übersichtlichen *Spickzettel* zu den beschäftigungspolitischen Ansatzpunkten in der Bundesrepublik und halten anschließend in kleinen Gesprächszirkeln entsprechende Kurzvorträge.

- ❑ Sie *visualisieren* die Angebote und Leistungen des Arbeitsamtes in Form eines großen Plakats und stellen dieses unter dem Thema »Was ein Arbeitsloser vom Arbeitsamt erwarten kann ...« im Plenum vor.

- ❑ Sie fertigen zu einem kompakten Lehrervortrag und/oder zu einem eingespielten Informationsfilm eine möglichst hilfreiche *Mitschrift* an und optimieren die individuellen Mitschriften in Kleingruppen.

- ❑ Sie erstellen *Frage-Antwort-Kärtchen* mit wichtigen Schlüsselfragen zur Wiederholung des anstehenden Lernstoffes und bereiten damit eine Lernkartei vor, die als Grundlage für Quiz-Spiele und/oder zur Vorbereitung der nächsten Klassenarbeit dienen kann.

- ❑ Sie entwickelten in Kleingruppen einen *Übungstest* zum Gesamtkomplex »Arbeitslosigkeit« mit möglichst intelligenten und differenzierten Aufgaben und geben diesen zwecks Bearbeitung an andere Gruppen weiter (und umgekehrt).

Diese Übungspalette ist weder vollständig noch ergibt sie in Summe eine ausgefeilte Unterrichtseinheit. Wohl aber zeigt sie exemplarisch, wie vielfältig die methodenzentrierten Übungsmöglichkeiten sind, die sich im Fachunterricht bei den unterschiedlichsten Themen finden und einsetzen lassen, wenn nur bei der Unterrichtsvorbereitung dezidiert danach gesucht wird. Selbstverständlich ist die Bandbreite der Methodenpflege von Fach zu

Fach und von Thema zu Thema verschieden. In Fächern wie Deutsch, Sozialkunde, Geschichte, Geografie, Biologie und Religion ist in aller Regel mehr möglich als z.B. in Mathematik oder im Anfangsunterricht in den Fremdsprachen. Dennoch bestehen auch im mathematisch-naturwissenschaftlichen Bereich und im Bereich der Fremdsprachen viele Gelegenheiten zur gezielten Pflege ausgewählter Lern- und Arbeitstechniken. Typisch für diese Pflege ist, dass die betreffenden Lern- und Arbeitstechniken nicht nur angewandt, sondern immer wieder auch reflektiert, problematisiert und von den Schülern bewusst optimiert werden.

Diese konsequente Methodenpflege gelingt erfahrungsgemäß um so besser, je mehr Lehrkräfte daran mitwirken und je höher ihr Stundendeputat ist, das sie in den betreffenden Klassen unterrichten. Denn eines steht fest: Ein Einzelkämpfer, der in seinen vielleicht zwei bis drei Unterrichtsstunden pro Woche die Schüler methodisch »auf Vordermann« zu bringen versucht, der wird in aller Regel nicht nur wenig ausrichten, sondern über kurz oder lang mit hoher Wahrscheinlichkeit auch frustriert aufgeben. Von daher sind Teamkonzepte dringend erforderlich, die den engagierten Lehrkräften die nötige Unterstützung und Inspiration gewährleisten. Nur wenn das Gros der Lehrkräfte und der Führungskräfte im jeweiligen Kollegium mitspielt und zur konzertierten Vorbereitungs- und Umsetzungsarbeit bereit ist, wird es gelingen, dem Methodentraining den nötigen Nachdruck zu geben.

Freilich müssen die betreffenden Lehrkräfte dazu auch mal vom Unterricht freigestellt werden, um z.B. das angesprochene Wochentraining und/oder den korrespondierenden Elternabend gründlich vorzubereiten. Produktive Teamarbeit dieser Art wirkt erwiesenermaßen inspirierend, motivierend und nicht zuletzt zeitsparend und entlastend. Von daher sind Teamfortbildung, Teamklausurtage, Teamteaching, Teambesprechungen, Teamhospitationen und produktive Fachkonferenzen zur Entwicklung einschlägiger Materialien zur Methodenpflege wichtige Maßnahmen zur Sicherstellung einer nachhaltigen Methodenschulung. Die Schulleitung sollte derartige Aktivitäten großzügig unterstützen.

8. Sensibilisierung der Elternschaft

Wenn die skizzierte Innovationsarbeit gelingen und die Lehrkräfte zur systematischen Implementierung des Methodentrainings veranlasst werden sollen, dann bedarf es dazu nicht nur aufgeschlossener Schulleiter, Stundenplanmacher und Kollegien, sondern auch und nicht zuletzt wohlwollend eingestellter Eltern und Elternvertreter. Denn wenn die Elternschaft querschießt, sofern z.B. für schulinterne Fortbildungszwecke die eine oder andere Stunde ausfällt oder in Verbindung mit dem Methodentraining regulärer Fachunterricht ausfällt bzw. durch fachübergreifende Schulungsmaßnahmen ersetzt wird, dann kann dieses sehr schnell zu schwerwiegenden Blockaden führen, weil sich die zuständigen Pädagogen aufgefordert sehen, lieber beim konventionellen Repertoire zu bleiben und besser die Finger von der Implementierung des Methodentrainings zu lassen. Es kann aber auch genau der umgekehrte Effekt eintreten, nämlich dann, wenn von Elternseite offensiv Verständnis und Unterstützung für die anvisierte Neuorientierung der Unterrichtsarbeit signalisiert und den betreffenden Lehrkräften der Rücken gestärkt wird. So gesehen sind die Eltern ein ganz wichtiger Faktor in jedem schulinternen Innovationsprozess. Sie frühzeitig ins Vertrauen zu ziehen und um ihre Unterstützung zu werben, ist eine entscheidende strategisch-taktische Maßnahme, um hernach keinen unnötigen Ärger zu bekommen. Von daher empfiehlt es sich für jedes Innovationsteam, das sich der verstärkten Methodenschulung verschrieben hat, die Elternschaft möglichst frühzeitig anzusprechen und als verständnisvolle Lobby zu gewinnen.

Da sich das benötigte Wohlwollen der Elternschaft in aller Regel nicht von selbst einstellt, sondern viele Eltern doch noch sehr konventionelle Vorstellungen von gutem Unterricht und effektivem Lernen haben, muss zwingend daran gegangen werden, die Elternarbeit zu intensivieren und durch möglichst überzeugende Elternveranstaltungen dazu beizutragen, dass die Meinungsführer unter den Eltern nachhaltig sensibilisiert und für die anvisierte Unterrichtsreform gewonnen werden. Das aber ist erfahrungsgemäß nur sehr begrenzt durch Elterninformationen mittels Rundschreiben und/oder Elternbrief zu machen. Selbst wenn die betreffenden Eltern die eingehenden Informationsschreiben vielleicht noch lesen sollten, so werden sie sich in aller Regel doch ziemlich schwer damit tun, die angeführten Begründungen und Erläuterungen zum Sinn und Zweck der neuen Lern- und Trainingsformen wirklich zu verstehen und im Blick auf das eigene Kind konkret nachzuvollziehen, was dieses wohl davon haben wird. Von daher ist die Gefahr groß, dass es im Schulalltag zu unnötigen Missverständnissen und Vorbehalten kommt, die den innerschulischen Innovationsprozess unter Umständen erheblich beeinträchtigen können.

Dieser Gefahr ist am besten dadurch zu begegnen, dass für interessierte Eltern bzw. Elternvertreter ganz spezifische methodenzentrierte Veranstaltungen angeboten werden, in deren Rahmen nicht nur informiert, gefragt und diskutiert, sondern zudem Gelegenheit gegeben wird, in das eine oder andere richtungsweisende Lehr-/Lernarrangement der SchülerInnen auch mal ganz konkret hineinzuschnuppern, um im praktischen Vollzug zu sehen, welche Chancen und Effekte sich damit für die betreffenden Lerner ergeben. Dieses

»learning by doing« hat sich nicht nur in der Lehrerfortbildung, sondern auch in der Elternarbeit bewährt. Die versammelten Eltern brauchen zunächst zwar etwas Zeit, um sich auf die ungewohnte Sitzordnung und Arbeitsweise einzustellen, dann aber gehen sie erfahrungsgemäß durchweg mit viel Engagement und Gewinn daran, die eingesetzten Methoden zu erproben und auf ihre Lernrelevanz hin zu befragen.

Derartige Schnupperveranstaltungen für Eltern können sowohl abends stattfinden als auch z.B. an einem zu vereinbarenden Samstag. Die Abendveranstaltungen dauern in der Regel zwei bis drei Stunden, das angesprochene Samstag-Seminar erstreckt sich üblicher Weise über 5 bis 6 Stunden (vgl. dazu Abbildung 15). Als Schwerpunktthema hat sich dabei das Problemfeld »Klassenarbeiten vorbereiten« bewährt, das nicht nur den Schülern, sondern auch vielen Eltern auf den Nägeln brennt. Dazu werden – wie erwähnt – nicht nur Informationen gegeben, sondern auch und zugleich korrespondierende Gespräche und Trainingsaktivitäten in Gang gebracht. Welche Aktivitäten das sein können, lässt sich aus der betreffenden Trainingsspirale in Abbildung 13 auf Seite 262 ersehen. Einen detaillierteren Überblick über ein kürzlich durchgeführtes Samstag-Seminar gibt Abbildung 15. An diesem Seminar nahmen interessierte Elternvertreter mehrerer Schulen teil.

Das Fazit der versammelten Eltern am Ende des Seminars: »Eine geglückte Initiative«. In einer Dokumentation der Veranstaltung heißt es dazu weiter: »Die Elternvertreter waren von dem Seminartag, seinen Inhalten, den Zielen der pädagogischen Schulentwicklung und dem methodenorientierten Vorgehen durchgängig begeistert. Die wichtigste Frage war, wann an ihrer Schule ein derartiges Konzept umgesetzt würde.« Dieses Stimmungsbild verdeutlicht, dass die Elternschaft für das hier in Rede stehende Methodentraining sehr wohl zu gewinnen ist – vorausgesetzt, sie erhält hinreichend Gelegenheit, sich mit den Zielen und Methoden dieses Trainingsprogramms möglichst konkret vertraut zu machen.

Veranstaltung für Elternvertreter **Für die Zukunft lernen**
Methodentrainig als Aufgabe und Chance der Schüler
10.00–16.00 Uhr
☐ Begrüßung/Erläuterungen zum Programm/Vorstellung einiger Thesen zur Veränderung von Kindheit und Lernen ☐ Gezielter Erfahrungsaustausch: »Welche Qualifikationen brauchen Schulabsolventen heute und morgen?« (mehrstufiges Brainstorming) ☐ Vortrag: »Der Schüler muss Methode haben! – Praktische Hinweise zum anstehenden Methodentraining« (mit Aussprache) – Gemeinsames Mittagessen –
☐ Schnupperphase: Praktische Beispiele, wie mit Schülern das Lernen trainiert wird (Schwerpunktthema: »Klassenarbeiten vorbereiten«) ☐ Tagesbilanz: Rückmeldungen und Anfragen zum vorgestellten Lehr-/Lernkonzept

Abb. 15

9. Konsequenzen für die Leistungsbeurteilung

Mit der Intensivierung des Methodenlernens muss selbstverständlich auch eine gewisse Neuorientierung der Leistungserfassung und -bewertung einhergehen. Andernfalls wird den Schülern Unrecht getan, die sich auf die methodischen Anforderungen engagiert einlassen und ihr Methodenrepertoire entsprechend zu entwickeln versuchen, bei der Leistungsbeurteilung aber feststellen müssen, dass dies alles kaum Gewicht hat, sondern die tradierten stofforientiert-reproduktiven Lernleistungen ganz eindeutig die Zeugnisnote bestimmen. Und genau das Letztere ist in der Praxis weithin der Fall. Tests, Hausaufgabenüberprüfungen, Klassenarbeiten und mündliche Abfragen stellen ganz überwiegend auf mehr oder weniger vordergründige Wissens- und Verstehensleistungen der Schüler ab; die Methodenkompetenz tritt demgegenüber deutlich in den Hintergrund. Diese Engführung des Leistungsbegriffs ist gleich aus mehreren Gründen fatal: Erstens verleitet sie die Schüler zum ebenso vordergründigen wie kurzfristigen Auswendiglernen des jeweiligen Lernstoffes; zweitens signalisiert sie den Schülern, dass das Methodenlernen wohl doch nicht so wichtig und ernst gemeint ist; drittens benachteiligt sie all diejenigen, die das rezeptive Lernen zugunsten eines stärker selbstständigen, methodenzentrierten Arbeitens vernachlässigen, und viertens schließlich trägt sie maßgeblich dazu bei, dass die lernmethodischen Potenziale vieler Schüler völlig unzulänglich entwickelt werden, weil es nurmehr rational und effektiv erscheinen muss, die vorgegebenen Kenntnisse und Erkenntnisse wiederzukäuen.

Mit dieser Engführung und »Irreführung« der Schüler muss Schluss sein, soll das Methodenlernen das ihm zustehende Gewicht erhalten. Wer selbstständig und methodisch versiert zu lernen und zu arbeiten versteht, der muss dieses bei den gängigen Prüfungen auch honoriert bekommen. Von daher sind im Rahmen der Klassenarbeiten entsprechende Anforderungen und Aufgaben zu stellen. Außerdem muss die gezielte Beobachtung des Lern- und Arbeitsverhaltens der Schüler durch den Lehrer verstärkt und durch entsprechende Beobachtungskriterien und -praktiken nachdrücklich qualifiziert werden. Zu beiden Ansatzpunkten sind einige Erläuterungen erforderlich:

a) **Methodenzentrierte Lernkontrollen in schriftlicher Form:** Hierzu gehören all jene Aufgaben, die von den Schülern den Nachweis verlangen, dass sie bestimmte Lern- und Arbeitstechniken beherrschen. Angesagt ist von daher also vermehrt konstruktives Arbeiten während der Klassenarbeiten und weniger das gängige Rezipieren und Memorieren. Entsprechende Ansatzpunkte und Beispiele gibt es eine ganze Menge. Einige Anregungen dazu finden sich in Abbildung 16. Weiterhin lassen sich bei der Durchsicht der rund 100 Arbeitsblätter in Kapitel II dieses Buches zahlreiche konkrete Ansatzpunkte für methodenzentrierte Lernkontrollen ableiten. Eine wichtige Besonderheit bei alledem ist, dass den Schülern zur Lösung der betreffenden Aufgaben in aller Regel erlaubt wird, Nachschlagewerke, Leittexte, Wörterbücher, Schulbücher, Haushefte, Formelsammlungen und andere Kompendien mehr zu benutzen – auch im Rahmen der Klassenarbeiten. Nur müssen die Schüler entsprechend anspruchsvollere Aufgaben lösen, die Rückschlüsse auf ihre Methodenkompetenz zulassen. Gemessen am gängigen Verständnis und Design von Klassenarbeiten sind diese Vorschläge gewiss unkonventionell, aber sie zeigen einen ebenso gangbaren wie bewährten Weg auf, wie die Methodenkompetenz der Schüler gezielt erfasst und diagnostiziert werden kann. Allerdings: Die schriftlichen Leistungsnachweise sind nur ein diagnostischer Ansatz; ein anderer Zugang zur Methodenkompetenz der Schüler ergibt sich auf dem Beobachtungsweg.

Methodenzentrierte Fähigkeitsnachweise *Im Rahmen von Klassenarbeiten*	
– Schlüsselbegriffe markieren – Bestimmte Informationen nachschlagen – Tabelle erstellen – Suchaufgaben zum Schulbuch lösen – Lernpuzzle zusammensetzen – Kommentar schreiben – Rechenaufgaben lösen – Informationen strukturieren – Problemlösungsalgorithmen aufzeichnen etc.	– Fragen zum Text beantworten – Diagramme erstellen – Schaubild beschreiben – Gliederung anfertigen – Text nach Stichworten schreiben – Schlüsselfragen formulieren – Versuchs-Skizze anfertigen – Fehler entdecken – Struktogramme ausfüllen etc.

Abb. 16

b) **Gezielte Beobachtung des Lern- und Arbeitsverhaltens:** Eigentlich ist es ein Unding, dass die vielfältigen Leistungsnachweise, die die Schüler im Rahmen des alltäglichen Unterrichts erbringen, weitgehend unter den Tisch fallen. Das gilt für Einzel- wie für Partnerarbeit, für Gruppenarbeit wie für die diversen Auswertungsphasen im Plenum. In all diesen Phasen arbeiten die Schüler mehr oder weniger selbstständig und eigenverantwortlich. Methodische Leistungen sind gefordert und sie werden von den Schülern auch gekonnt oder weniger gekonnt erbracht. Nur scheuen die meisten Lehrer davor zurück, diese Arbeitsprozesse mit dem entsprechenden Nachdruck in die Leistungsdiagnose einzubeziehen. Auslöser dieser Zurückhaltung ist vor allem die Furcht, die so gewonnenen Noten seien im Bedarfsfall nicht justiziabel. Diese Deutung ist falsch und fatal zugleich. Falsch ist sie deshalb, weil in allen Bundesländern die Vorschrift existiert, die Leistungsbeurteilung solle nicht nur auf punktuelle schriftliche Leistungsnachweise gestützt werden, sondern zu berücksichtigen sei auch und zugleich die Vielfalt der »sonstigen Leistungen«. Dazu gehören sowohl mündliche Leistungen als auch die erkennbaren Qualifikationen auf methodischem Gebiet. Da sich Letztere in den alltäglichen Lern- und Arbeitsvollzügen sehr konkret spiegeln, liegt es nahe, die betreffenden Fähigkeiten und Fertigkeiten der Schüler auf dem Beobachtungsweg zu diagnostizieren. Die Möglichkeit, entsprechende »Epochalnoten« zu erteilen, ist in nahezu allen Bundesländern gegeben (Epochalnote = zeitraumbezogene Note, die auf Beobachtung beruht). Voraussetzung für die zeitraumbezogene Diagnose der Methodenkompetenz ist jedoch, dass die verantwortlichen Lehrkräfte über ein tragfähiges Instrumentarium verfügen, das ihre Beobachtungsleistung steigert und ihre Subjektivität minimiert (vgl. Klippert 1986).

Das in Abbildung 17 vorgestellte Kriterienraster erfüllt diese Funktion. Indem sich der jeweilige Lehrer bei seiner Beobachtungstätigkeit an bestimmte, für alle Beteiligten transparente Kriterien hält, entsteht mit der Zeit ein recht differenziertes Leistungsbild, das sicherlich nicht weniger aussagekräftig ist als die üblichen schriftlichen Momentaufnahmen. Nur muss der Lehrer den Unterricht entsprechend schülerzentriert gestalten (Still-, Partner- und Gruppenarbeit), damit er ausreichend Zeit für die gezielte Beobachtung des Lern- und Arbeitsverhaltens der Schüler hat. Darüber hinaus ist es wichtig, dass er nicht gleichzeitig alle Schüler zu beobachten versucht; das ist erfahrungsgemäß eine absolute Überforderung. Vielmehr hat es sich als sinnvoll und praktikabel erwiesen, jeweils für etwa eine Woche eine bestimmte Schülergruppe ins Zentrum der Beobachtungstätigkeit zu rücken, sodass nach ca. 6 Wochen ein erster Eindruck von der Methodenkompetenz der Schüler vorhanden ist. Die erste Epoche ist also abgeschlossen. Dieser mehr oder weniger präzise Ersteindruck wird den Schülern in einer eigens eingeplanten Stunde zum Thema »Leistungsbeurteilung« zurückgemeldet. Defizite werden angesprochen, Fragezeichen angedeutet und Anregungen für die weitere Arbeit gegeben. Mit diesem Prozedere wird zwei zentralen Punkten der Schulordnung Rechnung getragen: einmal dem Angebot, zeitraumbezogene Epochalnoten zu erteilen, zum Zweiten der Forderung nach rechtzeitiger Notentransparenz und -bekanntgabe, damit sich die Schüler bis zum Zeugnis noch gezielt anstrengen können.

Zur Transparenz der Notengebung gehört aber noch ein Weiteres: die frühzeitige Offenlegung der skizzierten Erwartungen und Bewertungskriterien durch den jeweiligen Lehrer. Denn die Schüler müssen wissen, was von ihnen gefordert wird, damit sie ihre Leistungsanstrengungen gezielt in Gang setzen können. Sie sollten außerdem nach Abschluss der genannten Beobachtungsepoche (nach ca. 6 Wochen) Gelegenheit erhalten, sich zu den – vorläufigen – Bewertungsergebnissen des Lehrers zu äußern, ergänzende Hinweise zu geben und gegebenenfalls um Erläuterungen nachzusuchen. Die Erfahrung zeigt, dass eine derartige Offenlegung und Thematisierung der Schülerbeurteilung sowohl die Beobachtungskompetenz des verantwortlichen Lehrers steigert als auch und zugleich die Akzeptanz und das Verständnis auf Schülerseite. Darüber hinaus stellt das skizzierte Verfahren sicher, dass die alltäglichen Lern- und Arbeitsprozesse der Schüler gebührend gewürdigt werden.

Kriterienraster zur Erfassung und Beurteilung methodischer Fertigkeiten	
– Unterstreichen, exzerpieren, zusammenfassen – Ordnen, gliedern, strukturieren, konzipieren, visualisieren – Saubere, normgerechte Arbeitsweise praktizieren – Diszipliniertes, planvolles, zielgerichtetes Arbeiten – Schaubilder, Tabellen, Diagramme erschließen – Referate und Protokolle schreiben und gestalten	– Fragen stellen, erfassen, beantworten – Selbstständig Informationen beschaffen (nachschlagen etc.) – Wichtiges von Unwichtigem unterscheiden – Überzeugend begründen und argumentieren – Informationen systematisch sammeln und archivieren – Probleme analysieren und durchdacht lösen etc.

Abb. 17

10. Nur Mut: Wer sät, der wird auch ernten!

Bleibt abschließend nur noch die Frage: Lohnt sich der ganze Kooperations- und Innovationsaufwand, der mit dem nachdrücklichen Ausbau des Methoden-Trainings verbunden ist? Werden sich die notwendigen Anstrengungen am Ende auch tatsächlich auszahlen? Die Antwort ist aufgrund der bisherigen Erfahrungen ebenso eindeutig wie ermutigend: Die Investition ins Methodenlernen wird sich mit hoher Wahrscheinlichkeit kräftig amortisieren – vorausgesetzt, das besagte »Training« wird konsequent und intensiv genug durchgeführt. In dem Maße nämlich, wie die Schüler ihre eigene Arbeitslinie und ihr methodisches Repertoire entwickeln und verlässlich einüben, in dem Maße werden sie ihre Selbstständigkeit, ihr Selbstvertrauen und ihre Lernbereitschaft verbessern. Das bringt zwar nicht für jeden einzelnen Schüler den entscheidenden Durchbruch, im Schnitt jedoch, das zeigen die bisherigen Erfahrungen, wird sowohl die Lernatmosphäre in der Klasse als auch die Lerneffizienz der einzelnen Schüler ausgesprochen positiv beeinflusst. Selbst die Problemschüler sind in aller Regel weder unwillig noch unfähig, konstruktiv und diszipliniert zu arbeiten, sondern sie wollen die redliche Aussicht auf Erfolg und Selbstbestätigung. Beides aber hängt ganz maßgeblich davon ab, wie es um ihr methodisches Repertoire bestellt ist. Insgesamt gilt: Je ausgeprägter die methodischen Fähigkeiten und Fertigkeiten der Schüler, je größer ihre Routine und Zielstrebigkeit beim eigenständigen Lernen, desto eher stellen sich die gewünschten Erfolgserlebnisse ein. Die Lernpsychologie (Bruner) spricht in diesem Zusammenhang von »Kompetenzmotivation«, die auf der Erfahrung und Gewissheit beruht, dass das benötigte Rüstzeug vorhanden ist, um die anstehenden (Schul-)Aufgaben mit begründeter Aussicht auf Erfolg zu lösen.

So gesehen, hat die Intensivierung des Methodenlernens für die betreffenden Lehrkräfte gleich zwei positive Effekte, die für ein entsprechendes Engagement entschädigen: Zum einen mehren sich die Erfolgschancen auf Schülerseite, was den verantwortlichen Lehrern/Lehrerinnen vermehrt Bestätigung und positives Feedback einträgt. Zum Zweiten führt die trainingsbedingte Förderung von Selbstständigkeit und Selbstmanagement auf Schülerseite ganz zwangsläufig dazu, dass die betreffenden Lehrkräfte im Unterricht erheblich entlastet werden. Die Unterrichtsstörungen nehmen ab und die Phasen des disziplinierten, selbsttätigen Lernens und Arbeitens der Schüler nehmen zu. Alles in allem werden die zuständigen Lehrer/innen also sowohl vom ständigen »Gebenmüssen« als auch vom nervtötenden Desinteresse eines mehr oder weniger großen Teils der Schülerschaft entlastet. Diese Entlastung ist zwar nicht unter allen Umständen garantiert, denn es gibt natürlich nicht nur kompetenzbedingte Störungen und Defizite im Unterricht, wohl aber wird mit dem Anwachsen der Methodenkompetenz auf Schülerseite eine wichtige Quelle des Misserfolgs und der Unzufriedenheit auf ein relativ erträgliches Maß reduziert. Das gilt für Lehrer wie für Schüler. Noch mal: Es liegt dem Autor dieses Buches fern, in einem verstärkten Methoden-Training ein Allheilmittel für die Lösung schulischer Probleme zu sehen; das wäre ganz sicher unrealistisch und irreführend. Unstrittig ist jedoch, dass das skizzierte Methoden-Training einen viel versprechenden Ansatz für Schüler wie für Lehrer darstellt, den Unterrichtsalltag leichter, erfolgreicher und zufriedenstellender werden zu lassen. Wer wollte bestreiten, dass ein Engagement mit dieser Option und Perspektive sich lohnt!? Oder um die Überschrift dieses Abschnitts nochmals aufzunehmen: »Wer sät, der wird auch ernten!« Diese Verheißung ist fraglos begründet und durch die bisherigen Erfahrungen des Verfassers auch überzeugend gedeckt. Fazit also: Lehrer/innen, die wirklich im positiven Sinne »egoistisch« sind und ihre pädagogische Substanz und Balance erhalten möchten, die dürften eigentlich keinen Moment zögern, verstärkt ins Methoden-Training zu investieren. Zwar ist diese Strategie nur ein Weg, der Besserung verspricht, aber ganz sicher einer, den die meisten Lehrkräfte ohne übermäßigen Aufwand und ohne nennenswertes Risiko gehen können. Die Erfolgsaussichten sind – wie gesagt – bemerkenswert gut!

Literaturverzeichnis

Aebli, H.: Zwölf Grundformen des Lehrens und Lernens. Eine allgemeine Didaktik auf psychologischer Grundlage, Stuttgart 1983.

Arbeitsgemeinschaft Lernmethodik (Hrsg.): Gewußt wie: Bewährte Lerntips für Schülerinnen und Schüler ab Klasse 5, erschienen im Deutschen Sparkassenverlag, Stuttgart 1988.

Bönsch, M.: Üben und Wiederholen im Unterricht, München 1988.

Bronnmann, W. u. a.: Lernen lehren. Training von Lernmethoden und Arbeitstechniken, Bad Heilbrunn 1981.

Bruner, J. S.: Der Akt der Entdeckung. In: Entdeckendes Lernen, hrsg. von H. Neber, 3. Aufl., Weinheim/Basel 1981, S. 15 ff.

Cube, F. v./Alshuth, D.: Fordern statt Verwöhnen. Die Erkenntnisse der Verhaltensbiologie in Erziehung und Führung, 4. Aufl., München 1989.

Dehmel, H./Heimerer, L.: Lern- und Arbeitstechnik, Bad Homburg v. d. H. 1974.

Endres, W. u. a.: So macht Lernen Spaß. Praktische Lerntips für Schüler, 12. Aufl., Weinheim/Basel 1993.

Gaudig, H.: Die Schule im Dienste der werdenden Persönlichkeit, Leipzig 1922.

Geppert, K./Preuss, E.: Selbständiges Lernen. Zur Methode des Schülers im Unterricht. Bad Heilbrunn 1980.

Giesecke, H.: Das Ende der Erziehung. Neue Chancen für Familie und Schule, 4. Aufl., Stuttgart 1988.

Hage, K. u. a.: Das Methoden-Repertoire von Lehrern. Eine Untersuchung zum Unterrichtsalltag in der Sekundarstufe I, Opladen 1985.

Hilligen, W.: Zur Didaktik des politischen Unterrichts, 4. Aufl., Opladen 1985.

Hülshoff, F./Kaldewey, R.: Training. Rationeller lernen und arbeiten, 9. Aufl., Stuttgart 1990.

Hurrelmann, K.: Leistung und Versagen. Alltagstheorien von Schülern und Lehrern, München 1980.

Keller, G.: Lehrer helfen lernen. Lernförderung – Lernhilfe – Lernberatung, 2. Aufl., Donauwörth 1986.

Klafki, W.: Neue Studien zur Bildungstheorie und Didaktik. Zeitgemäße Allgemeinbildung und kritisch-konstruktive Didaktik, 2. Aufl., Weinheim/Basel 1991.

Klippert, H.: »Der Schüler hat Methode«. Zur Erfassung und Beurteilung methodischer Fertigkeiten, in: arbeiten + lernen, Heft 44/1986, S. 24 ff.

Klippert, H.: Handlungsorientiertes Lehren und Lernen in der Schule, in: Schulmagazin 5–10, Heft 1/1991, S. 54 ff.

Leitner, S.: So lernt man lernen, 16. Aufl., Freiburg/Basel/Wien 1991.

Löwe, H.: Probleme des Leistungsversagens in der Schule, Berlin/Ost 1972.

Mannesmann-Demag: Vermittlung von Schlüsselqualifikation in der Ausbildung, Duisburg 1988.

Maturana, R. Varela, F.: Der Baum der Erkenntnis. Die biologischen Wurzeln des menschlichen Erkennens. Bern u.a. 1984.
Metzig, W./Schuster, M.: Lernen zu lernen. Anwendung, Begründung und Bewertung von Lernstrategien, Berlin u. a. 1982.
Miller, R.: Sich in der Schule wohlfühlen. Wege für Lehrerinnen und Lehrer zur Entlastung im Schulalltag, 4. Aufl., Weinheim/Basel 1991.
Odenbach, K.: Die deutsche Arbeitsschule, Braunschweig 1963.
Ott, E. u. a.: Thema Lernen. Methodik des geistigen Arbeitens, 2. Aufl., Stuttgart 1990.
Rainer, W.: Lernen lernen. Ein Bildungsauftrag der Schule, Paderborn u. a. 1981.
Schräder-Naef, R.: Schüler lernen Lernen. Vermittlung von Lern- und Arbeitstechniken in der Schule, 4. Aufl., Weinheim/Basel 1991.
Schulz, W.: Selbständigkeit – Selbstbestimmung – Selbstverantwortung, in: Pädagogik, Heft 6/1990, S. 34 ff.
Vester, F.: Denken, Lernen, Vergessen, München 1978.
Wang, M.: Entwicklung und Förderung von Kompetenzen zur Selbststeuerung und zum Selbst-Management bei Schülern, in: Unterrichtswissenschaft, Heft 2/1982, S. 129 ff.
Wenzel, H.: Unterricht und Schüleraktivität. Probleme und Möglichkeiten der Entwicklung von Selbststeuerungsfähigkeiten im Unterricht, Weinheim 1987.
Witzenbacher, K.: Handlungsorientiertes Lernen in der Hauptschule. Anregungen und Beispiele für einen hauptschulgemäßen Unterricht, Ansbach 1985.

Abbildungsnachweise

S. 17 Aus: Leitner, S.: So lernt man Lernen, 16. Aufl., Verlag Herder, Freiburg 1991, S. 301

S. 18 Marie Marcks, Heidelberg.

S. 37 Aus: Koch, J.: Projektwoche konkreter. AOL-Verlag, Lichtenau-Scherzheim, o. J., S. 41

S. 49 (Oben) Aus: Leitner, S.: a. a. O., S. 24.

S. 49 (Unten) Aus: Keller, G.: Lernen will gelernt sein! Quelle & Meyer Verlag, Wiesbaden, S. 75

S. 50 Aus: Leitner, S., a. a. O., S. 54 und S. 57.

S. 51 (Oben) Aus: Leitner, S., a. a. O., S. 19 (abgewandelt).

S. 51 (Unten) Aus: Keller, G., a. a. O., S. 70.

S. 52 (Oben) Aus: Arbeitsbogen 2 der S3-Schulfernsehreihe »Gut geplant ist halb gelernt« (abgewandelt).

S. 52 (Unten) Aus: Keller, G., a. a. O., S. 73.

S. 53 Aus: Leitner, S., a. a. O., S. 224 und S. 301.

S. 103 Aus: Grüneisl, G./Zacharias, W., Schnippelbuch, hrsg. von der Pädagogischen Aktion e. V., Nürnberg. Kretschmer Verlag, Darmstadt.

S. 180 Aus: Biologie heute 2G. Ein Lehr- und Arbeitsbuch für das Gymnasium. Schroedel Schulbuchverlag GmbH, Hannover 1985, S. 258.

S. 182 Aus: Plauen, E. O., »Vater und Sohn« Gesamtausgabe © Südverlag GmbH Konstanz 1982. Mit Genehmigung der Gesellschaft für Verlagswerte GmbH, Kreuzlingen/ Schweiz.

S. 213 Aus: Biologie heute 2G, a. a. O., S. 157.

S. 228 Aus: Arbeitsbogen 2 der S3-Schulfernsehreihe, a. a. O.

S. 253 Aus: Evangelischer Werbedienst (Hrsg.): Druckfertige graphische Vorlagen, Band 3, Stuttgart 1983, Anhang.